DILI
QIANXING
JIWANG
KAILAI

砥砺前行 继往开来

——辽宁省图书馆新馆建设与服务创新实践

王筱雯／主编

辽宁人民出版社

图书在版编目（CIP）数据

砥砺前行　继往开来：辽宁省图书馆新馆建设与服务创新实践 / 王筱雯主编．— 沈阳：辽宁人民出版社，2018.10

ISBN 978-7-205-09397-6

Ⅰ．①砥…　Ⅱ．①王…　Ⅲ．①图书馆－文献资源建设－介绍－辽宁　Ⅳ．①G259.273.1

中国版本图书馆CIP数据核字(2018)第184639号

出版发行：辽宁人民出版社

地址：沈阳市和平区十一纬路25号　邮编：110003

电话：024-23284321（邮　购）　024-23284324（发行部）

传真：024-23284191（发行部）　024-23284304（办公室）

http://www.lnpph.com.cn

印　　刷：鞍山新民进电脑印刷有限公司

幅面尺寸：170mm×240mm

印　　张：35.5

字　　数：465千字

出版时间：2018年10月第1版

印刷时间：2018年10月第1次印刷

责任编辑：郭　健

装帧设计：留白文化

责任校对：张玉斌

书　　号：ISBN 978-7-205-09397-6

定　　价：98.00元

本书编委会

主　编　王筱雯

副主编　蔡学勤　姜　猛　吴丽杰

编　委　于荣全　薛　明　王　爽　孙　超

撰稿人（以姓氏笔画为序）

于荣全　亢　月　王传金　王方圆　王　娇　王　昊
王　蕾　王　爽　王天泥　王彤旭　王晓青　王筱雯
王彦君　卢　丹　刘博宇　刘　芳　刘　妍　刘语涵
吕巧珍　孙　超　孙　意　任　刚　杜希林　谷　毓
芦　艺　吴丽杰　邹　杰　李丹丹　李光媛　李　佳
李品升　李晓东　李　欣　张恩铭　张险峰　孟志丹
庞　飞　屈　芳　杨丹丹　郝　庆　侯小云　胡海燕
姜　猛　娄明辉　南晓凡　姚　杰　赵　楠　郭　彧
秦　爽　徐向东　崔　岩　盖玲月　寇德琴　韩冬青
韩　宁　路海生　赫英鹏　薛　明　魏　雯

前 言

Preface

近年来，党和政府高度重视公共文化服务体系建设，相继出台了一系列政策，推出了一系列重点文化工程和示范性建设项目，公共文化服务体系建设蓬勃发展，作为公共文化服务体系重要组成部分的公共图书馆事业取得了丰硕成果。

2018 年 1 月 1 日开始实施的《中华人民共和国公共图书馆法》明确界定：公共图书馆是指向社会公众免费开放，收集、整理、保存文献信息并提供查询、借阅及相关服务，开展社会教育的公共文化设施。公共图书馆是社会主义公共文化服务体系的重要组成部分，应当将推动、引导、服务全民阅读作为重要任务。公共图书馆应当坚持社会主义先进文化前进方向，坚持以人民为中心，坚持以社会主义核心价值观为引领，传承发展中华优秀传统文化，继承革命文化，发展社会主义先进文化。该法的颁布与实施，标志着我国公共图书馆事业进入了新时代。

辽宁省图书馆原名东北图书馆，是在中国共产党领导下建立的第一所省级公共图书馆。自 1948 年 8 月 15 日在哈尔滨正式开馆，到 2018 年 8 月 15 日，辽宁省图书馆迎来 70 岁的生日。70 岁之于人生已届古稀之年，70 岁之于一所图书馆来说，则方兴未艾，任重道远。

在 70 年的发展历程中，辽宁省图书馆沐浴着党和政府的阳光雨露蓬勃发展。特别是改革开放40年来，辽宁省图书馆在省委、省政府的亲切关怀下，在广大读者以及社会各界的大力支持下，办馆条件不断得到改善；几代辽图人始终秉持“读者至上，服务第一”的办馆宗旨，不断摸索前行，不断探索和寻求图书馆保存文化、传承文明、传播知识、服务社会的有效形式和有效方法，服务效能不断提升，充分发挥了图书馆的各项职能，为推动经济社会的发展做出了积极贡献。

2015年8月，作为辽宁省重点文化工程的辽宁省图书馆新馆面向社会试开放，2017年4月23日，面向读者全面开放。新馆建筑面积10.3万平方米、藏书能力1000万册、信息节点4000个、网络带宽1000兆，这些不单单是数字的堆砌，它象征着辽宁省图书馆的重大历史变迁，也是辽宁图书馆发展史上的一次重要的里程碑。

当前，辽宁省图书馆正迎来有史以来最好的发展机遇期。新馆建设不是简单的地理位置的迁移和建筑面积的增加，新馆是一个新建筑、新理念、新技术、新布局、新模式的综合体，文献管理、服务模式都融入了当前国内外最先进的管理理念和管理技术。在馆内开辟有24小时自助图书馆、少儿天地、特殊群体服务中心、新书坊、保存本阅览室、多媒体服务、中文图书借阅、电子文献阅览、报刊借阅、历史文献阅览、信息咨询服务、地方文献服务、东北抗联历史资料馆、典籍展示馆等服务窗口，总开放面积6万多平方米，设置阅览座席7000余个。同时，在馆外建立了以流动服务、分馆建设、流通站服务、数字化虚拟服务为主体的延伸服务体系，图书馆服务的覆盖范围不断拓展。普遍均等、资源共享的现代服务理念已深入贯彻到图书馆管理与服务的每一个环节。馆藏文献信息资源的结构发生了巨大变化，现代信息技术得到广泛应用，图书馆服务的内容与形式与时俱进，不断创新。一个传统服务与现代服务相互融合，馆内服务与馆外服务相互补充，以最大程度发挥图书馆资源效能、最大程度满足社会公众文化需求为目标的现代公共图书馆服务体系基本形成。

辽图人在新馆建设过程中，认真贯彻落实党和政府有关文化发展的方针、政策、规划和标准规范，立足实际，深入调研，科学规划，将图书馆馆舍设备资源、文献信息资源、人力资源、环境资源、读者资源与当代社会多元化的服务需求相结合，科学设计图书馆的资源布局、服务布局和服务体系，吸收和引入了当今国内外图书馆行业最先进的管理理念、管理技术，开创了很多新的管理方式和服务模式。新馆开馆以来的实践证明，这些新的管理方式和服务模式，极大地提高了图书馆的现代化管理和服务水平，有效提升了公共图书馆的服务效能。辽宁省图书馆在新馆建设实践中所做的一些尝试，深受广大读者欢迎，备受社会各界关注，一些服务案例相继得到国内外图书馆界同行的好评。

辽宁省图书馆新馆建设与服务创新的实践值得认真总结和梳理，其重要意义和价值主要体现在以下三个方面：

一是梳理工作，努力挖潜。图书馆事业没有止境，图书馆管理与服务需要与时俱进，不断融入新理念、引入新技术、实现新发展、满足新需求、开创新局面。图书馆事业建设需要革故鼎新，而对图书馆实践进行总结和梳理的过程，其本身既是一个发现自身优势、工作亮点和汲取经验的过程，同时也是一个检视自身不足、发现潜力和规划未来的过程。党的十九大报告对文化事业建设提出了很多新要求，图书馆事业必须认真贯彻落实党的十九大精神，立足新时代，不忘初心，继往开来，砥砺前行。

二是总结经验，引领示范。省级图书馆是全省的文献信息收藏、管理和服务中心，在地区图书馆事业协同发展过程中承担着重要的职能，起着引领与示范的作用。辽宁省图书馆需要立足新时代，对其自身的发展经验进行梳理和总结，需要对其在实践中凝聚成的具有普及性和推广性的典型案例进行宣传和推广，以期在地区图书馆事业发展中发挥引导和示范作用，促进地区图书馆事业的协同发展、整体发展、和谐发展。

三是记录变迁，以志纪念。2018 年 8 月 15 日 ，辽宁省图书馆迎来 70 华诞。70 年的沧桑岁月，70 年的栉风沐雨，70 年的不忘初心，70 年的孜孜以求，让辽宁省图书馆有了新积淀、有了新高度。面向新时代，辽宁省图书馆拥有新梦想和新期待。在这值得纪念的时刻，辽宁省图书馆以这样一种形式对新馆工作进行全面梳理和总结，既是辽宁省图书馆历史变迁、飞速发展的记录，又是献给 70 周年华诞的珍贵礼物。

建设新馆离不开党委、政府和社会各界的支持，但管理和用好一所图书馆的每一个空间及其所有资源，并使这所图书馆充分发挥出应有的价值和效能，则需要充分激发图书馆人智慧，需要充分发挥图书馆人的想象力和创造力。《砥砺前行　继往开来——辽宁省图书馆新馆建设与服务创新实践》一书，是辽宁省图书馆新馆建设与服务创新的实践记录，是辽图人不忘初心、摸索前行的智慧结晶。

愿此书能给读者以启迪，能给图书馆实践以助益。

编者

2018 年 8 月

目　录
Contents

379 Part 6 文化传承篇

411 Part 7 管理与队伍建设篇

Part 1

新馆建设与空间布局篇

辽宁省图书馆新馆空间再造的实践与启示

∷ 撰写／王筱雯　王天泥

辽宁省图书馆原名东北图书馆，是由中国共产党领导建立的第一所大型公共图书馆，1948 年 8 月 15 日在哈尔滨开馆，1949 年 2 月迁至沈阳，1955 年改名辽宁省图书馆，1994 年 10 月南塔馆舍试开放， 2015 年 8 月浑南新馆试开馆。馆舍的变迁，折射出辽宁省图书馆从无到有、从小到大的发展历程。而每一次的变迁，都伴随着图书馆馆舍条件的改善和服务理念的更新，特别是从新馆建设方案的设计到内部布局的规划，从信息系统的建设到服务内容的设置，都体现了现代图书馆的服务宗旨和内涵。

一、新馆空间再造的背景

2011 年 3 月，在辽宁省委、省政府的重视下，辽宁省图书馆新馆建设

◎ 辽宁省图书馆外景

在浑南启动，新馆建设用地83200平方米，工程总建筑面积103150平方米，比旧馆增加了2倍，建筑总高度22米，建筑密度31.7%，绿化率31.2%，新馆从空中俯瞰为一个“E”字形，是目前国内单体面积最大的省级图书馆之一。新馆计划设置阅览座位7000余个，设计藏书能力达到1000万册，年均读者超过330万人次，信息节点4000个，无线网络全覆盖。

作为辽宁省文化建设的重点工程，如何挖掘和利用新馆的空间资源、设施资源、文献资源、人力资源等，实现空间的再造、文献资源的优化利用、服务水平和服务能力的提升，成为摆在我们面前的重要课题。为此，从新馆建设之初，我们就积极组织全馆职工进行研究，同时积极借鉴国内外先进图书馆的办馆经验，并先后组织召开国内、省内专家学者论证会议。

在此基础上，确定省图书馆新馆建设目标应包括以下内容：标志性的图书馆馆舍、海量的数字文献存储、领先科技的阅读服务设施、现代化的传输和办公手段、开放创新的服务理念、现代化的管理模式和机制。将建成后的省图书馆新馆定位为全省文献资源的共建共享中心、全民接受终身教育的学习中心、开展社会教育的活动中心以及辽宁文化成果展览展示中心。

二、新馆空间再造的原则

（一）以读者需求为导向的原则

公共图书馆服务的出发点在于最大限度地满足公众日益增长的精神文化需求，只有确切识别读者的服务需求，才能够提供更具针对性的公共文化服务。图书馆不仅是一个文化设施，而且是独特的、受到市民喜爱的城市公共空间。因此，在新馆空间再造的过程中，我们将按需提供服务作为空间再造应遵循的最基本的原则，注重以读者需求为导向来设计对外服务区域，从空间的规划、布置到阅览桌椅的陈列，都蕴藏着以读者需求为导向的设计原则，如在一楼大厅设计了简餐区、咖啡区、数字阅读体验区，在各个服务区域都设计了读者研讨室，体现了对读者的人文关怀。

（二）面向效能的原则

提升公共图书馆的服务效能是构建公共文化服务体系的新要求。因此，在新馆空间再造的过程中，也要着重对服务效能进行考量，即设施、资源、服务能否与读者需求有效对接，读者对公共图书馆的利用范围、程度、效益能否实现最大化。在新馆空间布局规划的过程中，我们将少儿服务区、特殊群体服务区、24 小时自助服务区、展厅、报告厅等设置在一楼，设计了多媒体体验墙、儿童涂鸦墙、室内园林景观等，努力为读者打造舒适、温暖的空间，体现科学与艺术、技术与人文的交融。通过空间再造，最大限度地提高图书馆的服务效能，吸引读者将图书馆作为终身学习的场所。新馆全面开馆后，年接待读者超过330万人次，是旧馆年接待读者的3倍。

（三）惠及全民的原则

公共图书馆是公共文化服务体系的重要组成部分，惠及全民是公共文化服务体系建设的重要目标。在新馆空间再造的过程中，我们将惠及全民作为重要原则，充分考虑到对城市与农村、发达地区与贫困地区、普通群体与特殊群体的服务，使公众的基本文化权益得到保障，如特殊群体服务区可为视障读者、老年读者提供服务；少儿服务区可为儿童、少年提供服务；信息咨询服务区可为省委、省人大、省政府、省政协等提供决策咨询服务；同时还积极为进城务工人员、农村留守儿童提供服务。

（四）为地区经济社会发展服务的原则

图书馆是一个生长着的有机体，在空间再造时，要做出具有前瞻性的规划，以保证为地区经济社会发展服务。例如，配合国家提出的“双创”战略，设置了众创空间，为企业创新、创业提供设施、资源服务，同时还将企业的创新成果与图书馆服务相结合；设置了东北抗联历史资料馆，将征集、整理、开发东北抗联文献作为地方文献工作的重要内容；同时，围绕“三个推进”积极为我省国有企业提供信息咨询服务。

三、新馆空间再造的探索与实践

根据辽宁省图书馆新馆的总体规划，我们分三期推进辽宁省图书馆新馆的对外开放。其中，一期于2015年8月22日对外开放，二期于2016年1月9日对外开放，三期于2017年4月23日对外开放。新馆开放后，年接待读者超过330万人次，外借文献超过130万册次，年举办讲座、展览、阅读推广活动1700余场，成为我省的文化新地标。

（一）一期开放的服务空间

1. 少儿天地

少儿天地位于新馆一楼西南侧，总面积3600平方米，设有少儿阅读区、幼儿阅读区、魔幻数字体验区、玩具体验馆、多媒体阅读区和少儿国学坊等区域。丰富的文献资源、舒适的阅读环境、魔幻的数字体验让孩子们体会到高科技带来的游戏乐趣；专为低幼读者开放的绘本阅读空间，让孩子们从小养成阅读习惯；主题丰富的少儿活动，满足各年龄段小读者对知识的渴望；馆校联动机制的建设、研学活动的开展，让图书馆成为延伸课堂知识、增强阅读乐趣的第二课堂。少儿天地开放后，年外借文献60余万册次，举办阅读推广活动400余场，打造了“童阅乌托邦”“阅·历LIBRARY”等阅读服务品牌，受到广大少儿读者的欢迎。2017年，“童阅乌托邦”入围国际图联营销奖提名奖，被全国妇联命名为“全国家庭亲

◎ 辽宁省图书馆少儿天地

子阅读体验基地”。

2. 特殊群体服务中心

服务中心配备4000册盲文书刊和大字本文献，80个阅览座席；盲人通道、轮椅通道、残障读者专用卫生间、阅读座位边放置盲杖的凹槽、视弱读者专用台灯等，让读者感受图书馆的温暖与人性。现已形成了“对面朗读”“手语世界”“乐龄俱乐部”等大家耳熟能详的服务品牌。2016年年底，“对面朗读”被中宣部、中央文明办等部门授予文化志愿“四个一百”优秀项目。

3. 展览展示厅

作为图书馆的艺术之窗，展览展示厅突出艺术特点和视觉效果，为各类展览提供了良好场地。推出“城市记忆——沈阳老建筑雕塑绘画展”“光辉历程　伟大成就——庆祝中国共产党成立95周年馆藏文献图片展”“中国梦·汉字情——汉字发展史”“书香辽宁　阅筑童心——辽宁省第二届少儿书法绘画大赛”“纸上宝石——辽宁省首届藏书票特展”“跟着孔子去旅行摄影展”“伟大的征程——纪念中国工农红军长征胜利80周年主题展览”等大型展览，为读者提供了多元的文化服务。

4. 多功能报告厅

新馆设有3个报告厅，可同时容纳千余人。新馆报告厅定期举办名人名家论坛、社会热点专题报告、科普讲座等报告会，邀请王蒙、阎崇年、田连元等文化名人，定期举办讲座，“辽图讲坛”已经成为读者心目中的文化品牌。

（二）二期开放的服务空间

1. 多媒体和数字资源服务区

服务区总面积4350余平方米，设有阅览坐席400余个，其中电子阅览区服务终端296台，视听阅览区阅览坐席116个。同时设有专业的听音室、高保真立体声环绕视听室、3D影院和录音棚，拥有先进的音响设备和专业的音乐工作室，为广大音乐、电影爱好者及音乐艺术人才提供音乐影片鉴赏、体验、交流、创作和展示的平台。定期开展主题音乐赏析、主题影片欣赏、音响沙龙、佳片赏析等活动，读者报名踊跃，一座难求。同时，还开通了数字阅读，将图书馆从资源型服务转向为学习型服务和知识型服务，解决了学习者面对纷杂的资源无从下手的问题，从而有的放矢地获取所需资源，为用户提供了一个全新的数字图书馆平台。

2. 众创空间

2016年8月28日，辽宁省图书馆众创空间正式开放。众创空间分为

◎ 辽宁省图书馆众创空间

智能会议区、创客办公区、智汇学习区、创新实践区、智能输出区、资料查阅区和分享讨论区七个功能区域，配有能实现智能会议、无纸化办公的多人互动讨论桌，能进行动画、影视创作的BOXX图形工作站，工业级的树脂粉末3D打印机等高科技设备，为创客们提供工作空间、网络空间、社交空间和资源共享空间，同时提供知识分享、创意交流、政策咨询、专利检索、产品信息发布等服务。

（三）三期开放的服务空间

1. 综合借阅区

综合借阅区位于三、四楼中心区域，面积25000平方米，由中文图书借阅区、报刊借阅区、外文文献阅览区三部分组成。中文图书采用主题分区，打造文溯书房、历史地理等主题空间，不定期举办的主题沙龙活动，以更加直观和灵活性的服务方式，彰显图书馆服务的个性化和专业化；另外，在空间布局上，打破传统图书馆的区域界线，将文献借阅与读者的体验、交流、研习融为一体，临窗设置的数个独立空间，可以进行交流讨论和阅读分享活动。书海墨香洋溢，徜徉于此，尽享安然舒适惬意。这里既是城市书房、书友会所，也是爱书人的天堂。

2. 信息咨询服务区

信息咨询服务区位于三楼北区，面积近1000平方米，设有工具书阅览室、参考咨询服务区及企业发展研究室。工具书阅览室拥有中外文工具书及图书情报专业书刊36000余册，除提供常规查阅服务外，还面对广大读者开展不定期的电子文献、数据库资源的查询检索培训，向社会公众传授如何从浩如烟海的信息中检索、整合出需求信息。参考咨询服务区为机关、企事业单位、学校、科研机构及社会公众提供决策咨询、会议服务、专题咨询、信息专供、文献传递、课题代查、定题跟踪等综合性信息服务。企业发展研究室综合诸多服务手段，全力为我省企业振兴提供全方位的文献信息支撑和智库服务。

3. 历史文献阅览区

历史文献阅览区位于三楼南区，面积 2000 平方米，包括古籍阅览室、民国书刊阅览室、《四库全书》系列丛书阅览室三大区域。历史文献阅览区打破了古籍文献“养在深闺人未识”的旧常态，通过数字技术及缩微技术，让馆藏古籍“活”起来。读者可通过电脑终端实现古籍文献的数字化查阅。《四库全书》系列丛书阅览室内，古朴的原木书架内陈列着包括《四库全书》《续修四库全书》《四库存目丛书》《四库禁毁书丛刊》《四库未收书辑刊》等书籍的影印文献。此外，还设有萃升书院、传统文化体验区、典籍展示馆三个体验区域，不定期举办如传统文化体验、古籍修复演示、传统文化讲座、馆藏古籍展示等系列活动，让读者感受到中华古籍之魅力。

4. 地方文献服务区

地方文献服务区位于四楼西南区，面积 2000 平方米，由地方文献咨询区、地方文献阅览区、东北抗联历史资料馆、辽宁省政府信息公开查阅中心四大区域组成，是辽宁省地方文献咨询中心、查阅中心、收藏中心和专题研讨中心。地方文献服务区拥有 12000 余份辽宁省人民政府及各委办厅局发布的文件信息；有与辽宁地区相关的图书、报刊、视听资料等文献 2 万余册（件）；有反映东北抗日联军 14 年艰苦卓绝斗争历史的大量史料、图片。这里能提供有关地方文献的多种形式的咨询服务、政府信息公开查阅服务，是研究辽宁地域文化的重要场所，是传承抗联精神，弘扬爱国主义精神的重要基地。围绕丰富的馆藏资源，地方文献服务区开展丰富多彩的主题活动，解读辽宁地域文化。

四、新馆空间再造的价值特征

（一）完善和丰富了公共图书馆服务体系

辽宁省图书馆新馆开放以来，发挥全省文献中心的地位优势，联合省内各馆实现文献资源共建共享。集全省传统文献、地方文献与现代网络资源为一体，以知识聚集和知识服务交融的数字资源库群及数字化服务体系为基础，形成以辽宁省图书馆为中心，辐射市、县（区）、乡镇、村的五级文献服务体系。借助新馆建设这一历史发展契机，通过空间再造实现了图书馆物理服务空间的进一步创新和拓展，赋予了空间文化属性、创新属性、交流属性等多元属性和生命力，极大地完善和丰富了辽宁省图书馆的服务体系。

（二）引领了区域图书馆建设

辽宁省图书馆通过优化资源配置和科学空间再造设计，奠定了其在辽宁省地域的空间再造领先地位，而在与全国公共图书馆的横向比较中，也不难发现辽宁省图书馆在空间再造方面的创新举措与独到视野均居于国内先进与领先地位，也将在全省乃至全国的公共图书馆空间再造等事业发展方面起到示范、引领与借鉴作用。

（三）适应了时代发展要求

辽宁省图书馆的空间设计与再造不仅符合图书馆事业的发展，在总体设计上注重环境的生态化、结构的开放化、布局的人性化、功能的智能化和形式的标志化，还响应时代和社会的发展号召，如响应国家当前正在全社会多领域提出的“双创”战略而构建的众创空间、顺应事业发展开设的辽宁省全民学习中心等网络第三空间，使得辽宁省图书馆不仅成为辽宁地区的图书馆事业引领者和文化服务中心，也成为当地的科技创新创造、文化创意研发、创客实践和艺术活动中心。

（四）改善了阅读环境，丰富了阅读元素

少儿天地、24小时自助服务区、各种阅读活动及体验，不但通过全天候、无差别的服务提升了服务质量，也通过高科技的魔幻数字体验、组织的“手语世界”阅读项目等体验式、交互式阅读服务提升了用户的阅读体验，在改善阅读环境的基础上丰富了阅读元素。

（五）延伸了服务触角，拓展了服务范围

辽宁省新馆建成开放后，形成了阵地服务、流动服务、网络服务三位一体的图书馆服务，极大拓宽了辽宁省图书馆的服务半径，扩大了图书馆的用户群体，延伸了服务触角，拓展了服务范围。

五、新馆空间再造的启示

辽宁省图书馆紧紧抓住新馆建设的有利契机，创新服务理念，通过对新馆的全新定位和空间再造，为事业的发展提供了一个良好的平台。未来，我们还需在以下方面进行积极的探索。

（一）加强公共图书馆多元空间的融合与交互发展

随着生活节奏的加快和一站式体验服务的产生，公共图书馆的空间再造也将不再局限于原有单一的空间再造，打造一个类目多样、功能融合、便捷一体的多元服务体系和文化空间，已成为公共图书馆空间再造的趋势。辽宁省图书馆在新馆定位、空间布局设计中，充分考虑到空间再造的发展趋势，在外部空间上做到与博物馆、科技馆、档案馆的“四馆合一”设计，在内部空间上打造了集文献信息服务、用户学习、共享交流、休闲体验于一体的多元空间，尽最大可能将最好的资源和最好的空间提供给读者，提升了图书馆的服务能力和服务水平。

（二）加强公共图书馆创新空间多元属性的表达与传递

图书馆，特别是公共图书馆，实现了时间与空间、历史与未来交融的“第三空间”，其空间已经具有了创新和交流这两大文化属性。发展到以众创空间为代表的新一代创新空间，实现思想的交流、知识的创新成为主旋律。辽宁省图书馆在空间再造时，主要考虑的是空间的功能、服务如何能够让用户与用户之间、用户与图书馆之间进行充分的交流、互动，进而进行知识的创新，让辽宁省图书馆成为用户知识成果产学研转化、创新思维及人生价值实现的平台。

（三）加强公共图书馆“以读者为中心”服务理念的实现

“第三空间”根据人的需要设置，因此“以人为本”是最主要原则，这一点尤其体现在内部空间的设计和再造上。辽宁省图书馆内部的中庭设计采用采光顶，现代感强烈，空间整体识别性高。在这座10万平方米的建筑里，读者可以浏览中外文图书、古代典籍、电子资源、辽宁地方史料，可以欣赏高雅音乐，可以观看展览、参加讲座和各种体验活动。辽宁省图书馆新馆的内部空间设计打破了传统的图书馆布局，真正做到以读者为中心，关注并力图实现读者的良好感受与体验。

（四）加强省级图书馆行业指导功能与承接政府职能的统一

公共图书馆作为重要的文化建设项目，已成为城市发展的重要内容，基于城市治理视角将公共图书馆外部空间建设与城市形象、城市品质建设融为一体，并在内部空间再造上体现政府思维，打造具有地域特征的空间，成为公共图书馆建设的常态；同时，从行业发展角度看，省级公共图书馆承担着对辖区内公共图书馆开展业务指导和技术支持的职能，同时通过行业组织与高校图书馆、科研图书馆等开展业务交流。因此，辽宁省在新馆空间再造时，充分考虑了其在本省的行业指导功能与承接的政府职能，建设了可连通市、县（区）、乡镇、村的网络服务平台，建设了辽宁省古籍修复中心和古籍保护人才培训基地，努力做到行业指导功能与承接政府职能的协调统一。

新馆的建成开放，意味着在历经70年风雨之后，辽宁省图书馆又一次实现了蜕变和提升，并由此开启了全新的征程。展望未来，我们将以新馆全面开放为契机，深入贯彻落实习近平新时代中国特色社会主义思想和党的十九大精神，努力将辽宁省图书馆打造成为全省文献资源的共建共享中心、全民接受终身教育的学习中心、开展社会教育的活动中心以及辽宁文化成果展览展示中心，为建设书香辽宁，促进我省文化繁荣发展做出新的、更大的贡献。

借阅区主题阅览空间构建

:: 撰写／赫英鹏　刘　妍

在传统的认知中，图书馆空间是一个静态的、刻板的、用来存储书籍的载体。随着科技的发展和社会的进步，人们的认知形态发生转变，对图书馆空间的认识及定位也悄然而变。2009 年，在意大利都灵市召开的国际图联卫星会议，提出了“作为场所与空间的图书馆”和“作为第三空间的图书馆”两个不同寻常的命题，标志着后现代“空间转向”思潮已经开始对图书馆空间观念和建筑设计理念产生了实质性影响。国内图书馆学界，在吴建中的倡导和引领下，开启了图书馆空间思考的大门。“知识共享空间”“第三空间”“社会创新空间”“学习交流空间”等概念的提出，赋予了图书馆空间再造更多的活力。是什么吸引读者到图书馆来？过去可能是书本身，在当今这个政治民主化、经济一体化、文化多元化的时代，更多的是阅读的环境及人性化的服务。如何更加高效地整合“信息”“空间”

及“人”这三类资源，对图书馆资源建设是一个巨大的考验。

图书馆是生长的有机体，图书作为图书馆服务的主要载体，会被读者在阅览空间中进行长时间的筛选与阅读，对图书筛选与阅读的感受会直接影响到读者对图书馆的主观印象，阅览空间的建设在图书馆空间设计中尤为重要。阅览空间作为图书馆的重要服务空间，书海墨香洋溢，能够通过推广阅读唤醒读者的文化意识，通过文化的融合、思想的交流，启迪公众不断思索，以达到思想的进步。图书馆的其他空间建设通常是围绕阅览空间展开的，因此，对阅览空间进行再造升级，对于提升图书馆的整体空间品位和文化价值产生最为重要。

互联网产业的发展、数字技术的升级，使得公共图书馆的服务效能有所提升的同时弱化了传统资源的优势。挖掘和利用公共图书馆的服务空间、文献资源、知识服务等优势，实现公共图书馆空间再造、发挥专业人才的知识优势、培养读者的创新思维、促进知识的创造共享等已成为公共图书馆事业的发展方向。在图书馆事业发展趋势及构建创新型国家的时代背景下，辽宁省图书馆在空间再造上进行了积极的探索与尝试，在新馆建设中借鉴“主题图书馆”构建模式，围绕“以人为本”的理念，对软硬件资源进行整合及再造，努力为读者提供舒适的环境、个性化的服务，从而更好地发挥图书馆作为城市“第三空间”的价值。

一、总体目标

现代图书馆不再是以传统的文献为中心，已转向以用户服务为导向。辽宁省图书馆将约 3 万平方米的主体借阅区域打造成主题阅览空间，目的在于营造舒适的阅读环境，激发读者阅读兴趣，突出区域文化特色，让读者真正感受到阅读的满足感。

二、创意理念

将“第三空间”理念融入到主题阅览空间建设，以特色馆藏为基础，营造以人为本的环境，实行以人为本的管理，进而推行多层次、个性化的信息服务，最大限度地为读者提供图书馆的独特价值。“以人为本”是辽图构建主题阅览空间的主要原则，主题的选择、空间的布置、服务的设计都以读者的信息行为特征和读者的信息需求为前提。

三、构成要素

主题阅览空间是由主题空间的环境布局——基础、主题相关的文献资源——支撑、主题相关的服务内容——拓展、主题图书馆员——核心四大支柱组合而成，四大要素有机融合、相互配合。

（一）基础设施

主题阅览空间位于辽图新馆三、四楼中心区域，由中文图书借阅区、报刊借阅区、外文文献阅览区三部分组成，占地面积约 3 万平方米。信息节点 4000 个，网络带宽 1000 兆，实现了无线与有线网络全覆盖，在阅览区域内设置了台式电脑、iPad、查询机等丰富的信息设备，设置阅览座席 7000 个，是旧馆的 6 倍，日均读者接待能力超过 1 万人次。在设计上凸显“以人为本”的服务理念，使用大空间、无间隔的设计，能够灵活应对未来的发展变化。在布局上，工作区既相对独立，又紧密相连，合理设置书流、读者流、工作流，为主题空间的环境布局、装修装饰提供了坚实的基础。

（二）文献资源

馆藏资源是图书馆提供服务的基础，辽图新馆目前藏书能力达到 1000 万册，并与 17 个国家和地区的图书馆建立了文献交换关系。有 61 万册古籍藏书，其中善本书约 12 万册，宋、元版书近百部，藏书质量位居全国公共图书馆前列。此外，还收藏有丰富的东北地方文献和有关满族、清代以及伪满时期的文献资料。阅览区域现有流通中外文图书 100 多万册，时政、文学、信息文摘、自然科学等中外文期刊 600 多种。

（三）主题服务

在充分整合利用丰富馆藏资源的基础上，服务理念和服务手段与传统相比都有了质的飞跃，辽宁省图书馆新馆更注重需求导向，密切关注读者的情感和需求，举办各种主题讲座、展览、读书活动等，满足不同职业、年龄、性别读者的需求。例如，以特色主题阅览空间文溯书房为依托，举办“真人图书馆”系列活动等。

（四）主题馆员

高素质、高水平的人才队伍，是提升业务能力的关键所在，文溯书房设有专门的“主题馆员”，从事主题阅览空间内的阅读推广工作，为读者提供专业化、个性化的服务，保障主题阅览空间的良好运行。

四、构建内容

（一）选定主题，组织文献资源

根据我省地域文化特点，并结合 2000—2013 年的读者文献利用情况，打造了文溯书房、文学艺术、历史地理、医药养生、多元文化等 9 个主题阅览区域。空间内部依据资源特征，将相同主题的资源融合，打破了传统分类法所造成的文献分散的局限。在书籍排架上，采用主题法与分类法相结合的方式进行科学布局，能够将整个藏书中关于某一主题的文献进行集中，从而完成同一主题的知识重组。

（二）依据主题特征，打造“悦读”环境

辽图与国内高水平的专业设计公司进行合作，空间设计上，应用主题元素，突显主题文化，同时注重为读者提供休闲氛围。每一个主题的空间区域按照相应主题进行装修、装饰，各个主题阅览空间内部根据主题特色进行分区布局，如在历史地理主题空间中，分出了人物传记和旅游地理两个重点区域建设了环形书墙，书墙外侧布置国外人物传记和旅游地理文献资源，内侧布置中国人物传记和旅游地理文献资源。除了文献借阅区域外，还为读者设立了充分的知识交流空间，如主题资源展览展示区、主题文化交流区、读者研习室等，提供了人与知识交流、人与他人交流、人与自我交流的空间，以满足读者学习、娱乐、沟通、休闲等多元化的需求。

（三）围绕特定主题，创新服务模式

传统的图书馆是以书为中心，而今天的图书馆已不单单是一个信息资源的中心，而是以人为中心。便于读者阅读，满足读者多元化的需求，才能让他们产生阅读的获得感。首先，围绕特定主题，改变了传统的借阅服务模式，将被动服务转变为主动服务，设立专业导读岗位，为读者提供阅读指导。其次，依托主题空间环境，开展阅读推广活动。辽图利用媒体资源，将主题阅览空间推送出去，并且在读者利用图书馆的同时，利用荐读、讲座、“真人图书馆”等活动方式，鼓励读者积极参与到阅读推广中来，帮助读者融入图书馆，更快达到自主阅读的目的。再次，随着服务的不断升级，设立主题馆员，提供个性化服务。在主题环境及主题馆藏的基础上，提供个性化服务是主题馆的精华所在，不仅能够满

◎ 艺术空间主题借阅区

足深层次读者的需求，更有利于图书馆人才知识结构的丰富、综合能力的提升和服务质量的提高。

五、特色区域

（一）文溯书房

位于三楼南侧的文溯书房是一个侧重国学思想传播、彰显中华传统文化风格的国学经典主题专区，其名源于沈阳故宫的“文溯阁”。文溯书房以古典装饰和中国式风格打造庄重大气、雅致厚重的空间环境，配备了古香古色的阅览坐席，读者可以身临其境地感受传统文化的氛围。它承担了资源和服务的展示功能，可以进行图书展示活动，传播国学经典。同时，它又是一个分享交流的空间，在这里可以举办与国学主题相关的阅读沙龙、读书分享会和“真人图书馆”等活动，亲临文溯书房，可以让读者感受最深层次的精神追求。

（二）期刊借阅区

经过长期的工作实践，深感读者对期刊、报纸的兴趣不亚于图书，很多读者特别享受对期刊和报纸的阅读。期刊、报纸具有前沿性、时尚性的特点，体现着各学科领域最鲜活的内容，读者可以从中获取新信息，激发对知识的再思考。因此，辽图特别打造了报刊阅览室，环境布局主要采用美式古典风格，装修装饰典雅文艺，营造了一个雅致古典的氛围。在空间内，除了传统的报刊借阅区域外，还设立了期刊展示书墙，对本馆的特色期刊进行展示，直观地向读者展示馆藏资源。在这里，还有全国首次推出的“馆藏期刊创刊号”专题微展览，展出了辽宁省图书馆1950—1980年期刊创刊号，让读者拂去历史的尘埃，去重新审视这一

◎ 文溯书房国学经典阅览区

张张具有时代特征的面孔。

六、创新亮点

（一）重视读者需求，彰显“以人为本”理念

主题阅览空间不仅仅是物理意义上的“空间”，更是社会学意义上及诗学意义上的“空间”。因此，在其构建及运营过程中更加关注人文关怀。在环境布局方面，注重建筑设计及空间需求的多元化，将特定主题贯穿于整体的环境布局。在馆藏资源排布上，以主题法聚集文献资源，以分类法对内部资源进行科学排布，最大限度地实现对读者的引导，方便读者使用。在阅读推广活动方面，紧扣主题，传承文化经典，引领读者走向更丰富的精神追求。

（二）重视主题空间营销，传播空间价值

文献是资源，服务是资源，同时空间也是资源。辽图通过官方网站、自媒体平台的宣传推广，并且注重与媒体、宣传资源的合作，加大对主题阅览空间的宣传力度，让更多的读者了解主题阅览空间的特色、及时知晓推出的相关活动，调动读者积极参与。

（三）打造空间文化品牌，注重读者参与和体验

辽图主题阅览空间结合读者需求及自身特色，突破传统的思维模式，创建了特色的文化品牌空间，带动空间利用，通过积极开展阅读活动，加强读者的参与感与体验感。以文溯书房为例，除提供国学经典书籍之外，定期举办“真人图书馆”系列活动十余场，已成为备受公众关注的品牌活动。读者走入主题空间，参与到活动中来，同时促进图书馆向交流、研讨、娱乐多功能方向发展。

◎ 文溯书房·真人图书馆系列活动

（四）联动社会多方力量，协同传承文化经典

在主题阅览空间后续的运营过程中，辽图充分利用可以进行合作的资源，主动与博物馆、民间“非遗”传人等相关机构及辽宁省内文化名人合作，发挥各自所长，高效利用多方资源，寻求最大效益，实现资源共享。

七、示范作用

在图书馆事业发展趋势及构建创新型国家的时代背景下，辽图在空间再造上进行了积极的探索与尝试，在国内率先打造了主题阅览空间，建造并运营主题阅览空间，充分发挥了地域中心图书馆引导创新、协同发展的作用，并形成了自身特色，建立崭新的服务格局，为图书馆的空间建设及发展提供了重要的参考借鉴作用。

八、社会影响

一个人只拥有此生此世是不够的，他应该置身于人文空间，拥有人文精神。辽图主题阅览空间，自建设运营以来，读者数量有了大幅上涨，文献利用率显著提升，并且吸引了大量的传统文化传承者、国学经典爱好者广泛参与其中，沈阳市内的主流新闻媒体都相继对辽图主题阅览空间及“真人图书馆”等品牌阅读推广活动进行了报道，在辽沈大地引起了巨大的反响，吸引广大公众来到主题阅览空间，体会中华文化的博大精深、源远流长，进而陶冶心性，提升道德修养。

九、结语

随着社会的快速发展，读者阅读需求也在不断变化，公共图书馆只有不断自我创新，才能适应时代需求，切实发挥自身应有的价值。辽图主题阅览空间的构建，将有助于提高省级图书馆在公共文化体系中的地位，彰显其引领作用，同时也为其他公共图书馆打造城市“第三空间”，构建都市文化阵地提供借鉴。

历史文献区结构布局与服务特色

∷ 撰写／王　蕾

辽宁省图书馆藏历史文献资源丰富，特色鲜明。其中古籍藏书 61 万册，包含善本书 12 万册，宋、元版书近百部，在全国各省级图书馆居于前列，在国内外享有较高声望；又藏有民国中文图书 3 万余册，日文图书 10 万余册，俄文图书 14 万余册，英文图书 8 万册；此外，还有众多民国时期有关东北地区的中外文期刊。它们是历史文化的珍贵遗产，是弘扬和继承传统文化的重要载体，是具有一定文物价值、学术价值、艺术价值的文献资源。历史文献丰富的价值属性决定了其面向服务用户的多样性，不仅有从事整理、开展文献研究的学术型读者，还有热爱历史、欣赏浏览的参观型读者。新馆历史文献区的结构布局参考文献整理保护工作与阅览服务读者群的特点，一改以往单线性面对单一类型读者进行关照的问题，将多类型读者并行考虑，进行空间区域设置，做到有统有分、功能多样、灵活开放，在创新服务内容、拓展服务形式的基础上，提升历史文献服务的普惠性与学术性。

一、结构布局与风格特点

图书馆空间布局不仅影响图书馆服务的开展，更是构建新型服务体系必须要考虑的重要方面。随着读者不断增长的空间需要与新时期文化需求的多样化，传统的区域空间布局已经无法满足，因此应对这种空间需求的变化，新馆历史文献区在空间设置上进行了相应的变革。

（一）结构布局

辽宁省图书馆历史文献区整体分布在馆舍三楼，因其文献特殊性，不能完全开展藏阅一体的开架式服务，为协调这种客观情况，方便对历史文献的管理、保护，同时保证读者利用有效快捷，整体区域的空间构造以书库为中心向南北进行延伸。区域中部为库房区，北部为业务办公区（文献编目整理、古籍修复与数字化工作区），南部为阅览区和展览展示体验区。相较以往老馆文献的藏、研、修、用几个功能区分布在不同楼层而形成的空间割裂，新馆历史文献区的空间布局更能充分体现连续性、整体性，保证文献保管、整理、开发、阅览、研究等业务工作与阅览服务流程的集成化和连续化。

中部库房区域分别建有古籍善本库、普通线装书库、民国文献库，共3328平方米（古籍库房总面积为1459平方米，民国文献书库面积1869平方米）。北部设有历史文献整理开发室、古籍修复中心、古籍数字化室、古籍保护人才培训基地，共1200平方米（其中修复中心面积达到600平方米、古籍数字化室面积达到100平方米）。南部阅览展示区提供古籍、民国图书、期刊等历史文献查询阅览服务与传统文化展示推广服务。这一区域是历史文献区最主要的部分，是为读者阅读而设计的空间，面积开阔，总共3033平方米，阅览坐席232个，设有多个功能区域块。整体分为两大部分：一是读者咨询阅览区域，即古籍阅览室、学术研讨室、四库系列丛书阅览区、民国书刊阅览区；二是传统文化展示体验区，即文创产品陈列区、传统文化体验区、萃升书院、典籍博物馆。

历史文献区三大区域块以书库保管为中心，辐射开展业务整理与阅览咨询等工作，三区域块联系紧密，文献提供便利，文献保护开发安全，且能开展丰富多彩、特色鲜明的历史文献展示与传播活动，将以往独立的传统文化宣传推广功能完美地引入结合，为推动传统文化宣传、丰富与读者交流等活动开辟出了一个关联空间，形成综合型历史文献服务体系。

◎ 历史文献阅览区入口

（二）风格特点

新馆历史文献区在建筑风格上将现代智能技术与古典文化建筑艺术相结合。藏书库房采用了现代智能的恒温恒湿系统，库房为全封闭，配备自动灭火装置，一旦出现火情，消防装置能够立刻启动；并设置自动防盗报警系统和全天候、无死角的监控系统。南部阅览区域建筑风格配合文献类型，以古典建筑艺术为主题，突出古典建筑美，融入镂空花窗、柱梁木造等传统建筑元素，阅览区坐席桌椅为中式风格，各功能分区挂有名人字画碑帖仿真件（真品均为辽宁省图书馆藏），展示出深厚的文化底蕴。各区域灯光布置合理。内部各个功能分区之间过渡自然，有机融合，为读者提供了一个现代智能化与文化优雅感相结合的舒适环境。

二、历史文献服务特色

（一）以人为本　功能多元

历史文献的阅览读者分为研究型与观览型，有的是科研需要，有的是文化好奇需求。新馆在文献阅览区的设置上将不同需求读者总体考虑，既包括提供文献阅览、专题咨询，也提供讨论交流、协作研究的场所（学术研讨室），加强图书馆员与读者的沟通，符合学界研究人员的文献需求，满足普通大众对传统文化典籍的好奇，引导大众读者对传统文化的兴趣。除了传统的文献阅览服务，新馆还提供多种传统文化大餐，增设文创产品陈列区、传统文化体验区、萃升书院、典籍博物馆，举办修复技艺展示、文化讲座、古籍展览等多元读者活动。

文创产品陈列区陈列了辽宁省图书馆依托馆藏古籍资源开发的各类文化创意产品，位于阅览区入口左侧。读者步入历史文献阅览区，首入眼帘的便是琳琅满目的图书馆文创产品。省馆文创产品的开发不是停留于对古籍中各元素的提取，而是找准转换的契合点，研发出各种日常的、构思巧妙的文创产品，通过创意设计让古籍文化真正走进日常生活，发挥古籍的文化价值。辽宁省图书馆结合馆藏特色，开发了《聊斋志异》《贞观政要》《七十二贤像》《御制盛京赋》《李文忠公书牍》等高仿复制品，以及古籍书签、笔筒、辽图藏书票等接地气的文创产品，举办“文生物化、创念天成”的专题自产文创产品展览。通过文创产品展示，为读者传递中华文化独特的内涵与美学，让古籍里的文化内核活起来。文创产品的开发展示进一步推动了中华文化创造性转化和创新性发展，搭建起历史感、创新性并重，故事性、艺术性并存的合理框架。

传统文化体验区主要开展展示与体验活动，一是古籍修复工作者展示古籍装帧、修复等技艺，二是与读者现场互动，开展技艺体验活动。这样的体验活动不局限于此区域，而是在空间上进行延伸，在新馆一楼共享大厅也举办过多次，如2016年“妙手回春展故颜——古籍装帧修复技艺展示体验活动”，2017年6月10日配合“文化和自然遗产日”举办的古籍修复展示体验活动。古籍修复员现场演示了书页的展平、喷水、点糨糊、上补纸、压平、捻纸钉、打眼、订线等一系列古籍修复流程，让现场的读者对这一古老的传统技艺产生了浓厚的兴趣。这类体验活动更容易吸引大众注意，提升关注度，扩大传统文化共享与传播的影响力和覆盖面。

历史上，萃升书院是辽宁地区的知名学府，已成为辽宁地方传统文化的一个历史标志，省馆在历史文献区独立划设一区，开展文化活动，贴合传播传统文化知识功能。书院会定期开设“萃升讲堂”，举办读书会。

在典籍博物馆举办的古籍展览中，我们把“普及推广”与“重点推介”两点作为展览创意的核心，多视角、全方位地展现和揭示中华优秀文化的

◎ 典籍博物馆

魅力和深邃内涵，力争为读者提供优质的、有新意的服务。新馆开馆以来开展了多场精彩纷呈的展览，如“册府菁华——辽宁省图书馆馆藏珍贵古籍展”“努力名山接薪火——辽宁古籍保护十周年成果展”（一楼展览展示厅）“萃升书院相关历史文献展”等，均收到了良好反馈，备受大众欢迎，吸引了社会大众对古籍保护工作、优秀传统典籍、地方文化历史的关注和支持。

通过以上阅、讲、展、演多方位活动形式的整合开展，历史文献区读者服务把传统与创新结合在一起，改变过去历史文献带给大众的晦涩和沉重的印象，融入趣味，由浅入深引导大众对知识、阅读的乐趣，服务深度与广度并重。

（二）设备智能化　内容数字化

历史文献阅览区设有古籍、民国文献查询电脑，引入 TRS WCMV7.0 内容协作平台、MSQ online 高清古籍文献数字资源在线发布平台，搭建新馆古籍数字化发布平台，方便读者检索、浏览文献资源。阅览区配置足够光源，覆盖有无线网络，配置足量、合理的电源接头，让读者在阅览纸质文献的同时可以使用移动智能终端设备（笔记本、手机、平板），访问和使用图书馆提供的各类应用与服务，力求让读者在舒适、便捷与人性化的环境中享受文海畅游的乐趣。

新馆历史文献数字资源服务快速发展，将实体馆藏与数字馆藏以及网络信息资源进行整合重组，提高馆藏资源配置的合理性，服务内容上强化数字化形式介入，提升历史文献资源服务的方便有效性，实现新形势下的文献信息资源整合重组、推介共享。

多年来，辽宁省图书馆通过开展古籍数字化系统工程，建立“古籍数字资源库”，对民国文献开展书目数据整理、缩微影像、数字化全文影像

◎ 古籍阅览区

数据库建设等工作，为历史文献数字化服务工作奠定了坚实的基础，形成了具有地方特色的历史文献体系与规模，为新馆历史文献智慧服务提供了技术前提。新馆在古籍阅览室设置多台查阅数字资源的电脑，读者可以在电脑上浏览我馆特色古籍，既方便了读者，也避免了古籍出库易造成损坏的情况，推进并加强了对古籍的利用与保护工作。目前数字平台已发布 101 部闵凌刻套印本和多部馆藏孤本善本数字资源，随着古籍数字资源库的建设，将面向广大读者推出更多古籍数字资源。

（三）**服务快捷连续**

辽宁省图书馆围绕藏书区将读者阅览区、研究区、展览展示区和业务办公区布置于一个空间层面，方便彼此呼应，形成网状服务，改变旧时提书、咨询、浏览、交流等环节需要在不同楼层转换带来的不便。

在服务方式上，除四库系列丛书、本馆整理出版的《辽宁省图书馆藏民国时期东北大学毕业论文》《辽宁省图书馆藏抗战文献汇编·历史卷》等数种民国文献出版成果实行开架阅览外，对其他文献（古籍、民国图书期刊）实行闭架阅览。闭架文献由读者填写索书单，工作人员依据索书单入库提书，阅览 1949 年前民国文献需出示本人身份证。由于古籍文献特殊的稀有性、文物性，查阅古籍的读者需要提供身份证、介绍信等相关手续。阅览普通线装书，要明示阅览需求，并出示身份证；阅览善本古籍，需出示身份证及单位介绍信，并经部室主任批准。古籍数字资源的使用：一是读者可以通过互联网在官方网站上发布的“中国古籍”平台上浏览；二是在新馆古籍阅览区装有数字资源库的电脑上进行浏览，工作人员通过科讯管理系统与读者身份证阅读机的对接，为需要浏览在线古籍数字资源的读者开放使用电脑权限。这些措施整体保证了服务流程快捷连续、能够满足读者不同需求，也确保程序规范、文献安全，并节省时间。学术研讨室有图书馆古籍专家回答读者对古籍文献的学术咨询，保证图书馆学术信息咨询的深度。

三、业务区改造升级　助力文献保护与服务

对新馆古籍业务办公区环境和设备进行了改造升级，尤其加强了古籍修复中心和古籍数字化室的改造和配置。

辽宁省古籍修复中心是首批 12 家“国家级修复中心”之一，新馆建成的修复中心面积由老馆的 300 平方米增加到 600 平方米。中心分修复专用设备操作区、字画装裱区、古籍修复区、纸张检测区、纸库、修复培训区等六大功能分区，集古籍修复、实验、教学实训、库房存储为一体。中心建设遵循科学性、实用性的原则，在设计上将传统风格与现代理念完美结合，其硬件环境和设施在国内同类同级别修复中心中处于较领先位置。

新馆独立增设了古籍数字化室，配有专业人员管理，购置了先进仪器（德国 Bookeye4 自动书刊扫描仪）。先进的扫描仪的应用，保证了扫描的书影，画面清晰、字迹清楚、颜色逼真，能清楚显示古籍本身的水渍、霉斑等污迹，真实反映了古籍的原貌。其应用的冷光源有效地避免了热光源长期照射加速古籍纸张老化的问题，且扫描速度快，A2-600dpi 扫描时间不到 10 秒，极大地提高了工作效率，有力地促进了古籍数字化工作的开展，保证了馆藏古籍数字资源阅览服务的供给。

四、结语

新馆历史文献区合理规划空间资源，充分运用现代科技和传统建筑艺

术特色，将空间布局各项功能加以融合并整体提升，整合纸质典籍与数字资源，将文献业务工作、咨询阅览服务、传统文化宣扬传播功能紧密结合，构建集馆藏、编目、阅览、展览、交流、教学、实践于一体的主题特色区域。新馆历史文献区开放以来，依托软硬件优势，在读者服务方面创新服务形式、丰富渠道、提供人性化服务、展示人文关怀，减轻了网络发展带来的对实体图书馆的冲击，将更多的读者吸引进馆，迈入新馆营造的传统文化阅读空间。

地方文献服务区功能构建

:: 撰写 / 薛　明　于荣全

地方文献作为一地一方之“百科全书”“古今总览”，不仅为当地政府制定各项发展计划、方针政策提供了重要的依据，也为研究地方历史、弘扬地方文化、进行乡土教育提供了丰富素材。地方文献是地方文化的深厚积淀，社会实践和社会需求是产生这些文献的社会基础和根本前提，其内容较全面地反映了不同时期本地区政治、经济、文化、生态的发展，是历史与文化的重要载体，也是促进经济发展和社会进步不可缺少的信息资源。辽宁省图书馆对地方文献建设与发展非常重视，于 2013 年 4 月正式成立了地方文献部，专职开展有关地方文献的收集、整理、咨询、开发、利用、保存与传承工作。2015 年新馆投入使用，将南四楼西侧 2000 余平方米的区域规划为地方文献服务区。

任何规划，首先是要解决的是要做什么、能做什么、怎么做，即功能决定形式。数字技术的发展使得人们能够很容易地通过网络随时获取知识、信息和数据，因而传统意义上的以图书借阅和文献检索及传递为主的服务模式已经无法满足读者的新需求。2009 年，在意大利都灵市举行的国际图书馆协会与机构联合会（IFLA）年会上，图书馆第一次与第三空间联系起来。这次会议探讨的论题是“作为第三空间的图书馆”，其本质就是使图书馆从“书”的空间转变为“人”的空间，通过打造舒适的空间，为读者提供社交和活动的机会。这种空间是一个集学习、交流、展示、休闲、创意于一体的新型空间。因此，在新馆的地方文献区域的构建中，怎样将我馆具有唯一性和不可替代性的地方文献资源充分体现出来，怎样合理地规划这个空间，推出新的服务模式和服务方法来满足数字时代读者对阅读空间的需要，实现图书馆的核心功能，使之成为图书馆惠民服务的重要窗口、地域文化展示和交流的重要平台，成为考虑的重中之重。

一、服务区域规划原则

（一）开放、便利性原则

图书馆建筑由封闭的固定空间形态变为开放、灵活的空间形态，是图书馆建筑发展中的重大变革。灵活开放的空间格局给图书馆空间功能的转换提供了更多的可能性。新馆的地方文献服务区有四个核心服务功能，即地方文献阅览服务、地方文献咨询服务、辽宁省政府信息公开查阅服务、东北抗联历史资料馆。在区域构建过程中，充分考虑了读者对环境的需求，尽最大可能实现空间的开放和信息获取的便利。地方文献服务区采用当前世界流行的“模数化”设计，大空间、无间隔，统一层高、统一荷载、统一柱网，将四大功能区域在开放的空间内有机地结合在一起。大开间的空间结构设计，开放的灵活空间，为图书馆提供了较强的可变性、互换性，为读者提供方便的可达性和可选择性。

（二）以读者为本的综合、多元性原则

地方文献特点就是文献地域化及读者需求个性化、专业化。据工信部发布的最新数据显示，2018 年 4 月末，移动互联网用户总数达到 13.2 亿户，同比增长 15.3%。使用手机上网的用户为 12.2 亿户，4G 用户总数达 10.8 亿户。人类社会已经进入信息化社会，信息需求多元化。新型空间应该是一种更加适应信息化社会而存在的空间形式，应是一种综合、多元的空间服务体系。新馆的地方文献服务区设计充分考虑读者需求，为满足读者多元的个性信息需求而将地方文献的采访、数字知识空间建设、收藏、阅览、咨询服务、智能服务设施、学习研究场所、专家研讨室、读者沙龙、地域文化展示等一系列信息按照所需要的内容充分整合。更强调服务的综合性，即一站式服务，使地方文献采访、收藏、阅览、咨询、研究、管理一体化的服务模式在以读者为中心的理念下得以实现。重视交流与合作、重视读者的获得感，能在一处解决的问题不让读者跑第二处。

（三）舒适性原则

现代图书馆是多功能的社会文化活动中心。其空间布局和环境设计是否舒适，不仅会直接影响到读者的使用效率，而且影响到读者的心理状态。地方文献服务区在功能布局设计上，力求满足读者和工作人员的人性化需求，为读者开辟了休闲空间，让读者在阅读、研究之余可以怡心养性。在休闲区配备色彩淡雅的沙发，种植了多种绿色植物，为读者营造了优美舒适的室内休闲空间。在室内家具的引进方面，借鉴人体工程学原理，针对不同的空间、不同的读者对象，对书架、阅览桌椅从高度、结构到色彩都进行了精心调研，不仅讲究实用，更重在利于读者的身体健康，并能从视觉和心理上给人以愉悦感和舒适感。

（四）地域性原则

美国诗人弗罗斯特说："人的个性的一半是地域性。"也就是说，地域性对人个性的形成和塑造是至关重要的。而空间作为承载生活的容器，与人的成长经历密不可分。所以，将地域性与空间设计相结合，能使客观存在的物理空间具有人性的色彩。另一方面，地域文明中包含的文化思想、艺术门类、表现技艺，为当今空间设计提供了丰富的素材。地方文献服务区采用民间版画、作家书稿、辽宁物产、辽宁老建筑等元素对区域进行构建，用一幅幅图画、一页页手稿展示了辽沈大地的风俗、风韵、风物、风情、风骨，充分体现了辽宁的地域文化特色，从多角度反映了本地区特有的精神风貌，传承并弘扬了辽海传统文化，弘扬了时代精神。

二、地方文献服务区功能实现

读者对空间的需求不仅仅是一个场所，他们还需要一个在场所内能激发创意与创新的环境。这个空间应是一个随时可以获取信息的资源库、便于交流与沟通的平台，包括能辅助他们实现目标的专业人员、先进的设施设备、便捷而高效的数字资源系统等。因此，"空间服务"作为图书馆新型的服务类型，其意义不仅在于环境和实体空间，更在于它的职能与内涵，即除了空间的满足，更为重要的是空间承载下的服务。

新馆地方文献服务区以知识交流与共享的阅览服务、个性化的地方文献咨询、承接政府职能的辽宁省政府公开信息查阅和东北抗联历史资料馆作为空间承载下的服务目标，开展了富有地域特色的五大服务。

（一）地方文献阅览区

地方文献阅览区以开放、安静、自由、流动为设计理念，以“图书墙”为设计语言。采用半透明玻璃幕墙封闭直通顶层以上空间，透光、隔声。高高的书墙除了摆放图书、保存和传播知识外，本身就是一种文化象征，有环境育人的作用，营造出了浓浓的读书氛围。长长的一面书墙与阅读桌椅摆放相得益彰，打破以往书架摆放图书的局限性，以最大限度的开放，彰显了以读者为本的服务理念，让读者能随手找书，顺手上架还书，这样大大地方便了读者，且提高了地方文献图书的利用率。地方文献阅览区配备阅览坐席 200 余席，以书墙作为地方文献总资源库展示，有地方志、地方史、统计年鉴、报表、企业名录、统计手册、图书、报刊、视听资料等文献 2 万余册（件），是读者了解家乡文化、风土民情，研究家乡文化的

◎ 地方文献阅览区一角

最佳场所。

（二）地方文献咨询区

“一切为了读者”是图书馆服务永恒的主题，提供个性化服务是地方文献服务的主线。地方文献咨询区的设置以便于读者、用户与咨询馆员直接接触为前提，将馆员咨询室嵌入文献阅览区内，与阅览区融合共存，但又相对独立。在这一空间内，读者、用户可以随时找到馆员咨询、问答、沟通。而地方文献的读者群多以学术研究人员、编史修志人员、政府机关工作人员、大学研究生等为主体，其对文献资料需求更广、更专，这也决定了地方文献咨询必须提供高质量、高标准的服务。同时，随着人们生活水平的提高和文化自觉的觉醒，在今天这种共建共享的网络时代，有越来越多的读者开始喜欢地方文化，而地方文献则是地方文化的重要载体，那么开展好地方文献参考咨询服务，满足读者的个性化需求，进而提高地方

◎ 地方文献咨询区

文献资源的价值，一直是我们工作的重点和重心。在工作中，我们广开思路，首先是集合本馆的资深咨询馆员从原有的资源查阅、检索指导服务，转变为嵌入式服务、知识服务，用馆员的智慧与信息获取技术为读者服务。其次是汇聚辽沈地区的地方名家与爱好者，建立辽宁地区地方专家微信群、辽宁地方文献工作专家学者群、辽宁省地方文献志愿者群、辽宁历史遗迹研究者群等，为读者开启了读者是专家、专家亦是读者的互助服务模式，成为地方文化研究者的集散地，丰富了地方文献专家结构，大大满足了地方文献咨询的个性化服务功能。

（三）辽宁省政府信息公开查阅中心

2008 年 5 月 1 日《中华人民共和国政府信息公开条例》正式实施，2008 年 10 月 辽宁省人民政府令第 222 号《辽宁省政府信息公开条例》实施，根据国家和政府的精神，辽宁省图书馆于 2008 年 10 月在信息部为公众开展了辽宁省政府公开信息查阅服务。这标志着以维护公众阅读权为核心职能之一的公共图书馆不再只是一个借阅场所，又被赋予了另一项重要使命——成为政府信息发布的重要渠道之一。新馆在地方文献服务区专门开辟了 200 平方米的专区，设置政府文件、政府公报专架，配备专门设备、专业咨询员，利用纸质文献 12000 余件。中国政府公开信息整合服务平台辽宁分站开展了辽宁省政府信息公开查阅服务，架起了公共信息与公众之间的桥梁，发挥了信息社会中公民信息资源公平获取的积极作用。

（四）东北抗日联军历史资料馆

东北抗日联军历史资料对进一步深化东北抗日联军历史研究，丰富中国抗日战争历史内容，弘扬抗战精神，充分发挥党史以史鉴今、资政育人作用具有重要意义。辽图作为东北地区最大的图书馆，有着丰富的相关资料，以此为依托建立了“东北抗联历史资料馆”，并于 2017 年 4 月 23 日正式开放。该馆现已成为研究东北抗联历史的宝库，传承抗联精神、弘扬爱国主义精神的教育基地。

（五）精品阅读推荐

精品阅读推荐旨在为培养阅读兴趣，提升阅读水平，促进民众阅读所开展的活动，其本质上是图书馆对读者阅读行为实施专业化干预的过程，是经由馆员创意策划、精心挑选，将读者从海量的馆藏引导至或聚集于特定专藏，以提高读者对地域文化了解和馆藏利用率的业务活动。

地方文献部开展的精品推荐活动，让精品阅读回归本位，经典、精品是民族历史留存的最重要、最具有价值的文献，在推荐它们的过程中，避免强调阅读的娱乐性，让精品阅读回归本位，即回归原著、原史、原意，重视阅读的深度，分层次推荐，现已通过微信公众号推荐了《辽沈民国时期金石书画史》《老沈阳——盛京流云》等20余种。把握数字阅读趋势，创新精品推荐新天地，数字阅读正在成为人们获取信息的主要途径，传统阅读和数字阅读共同构成今天获取知识和信息的渠道。我馆努力引导数字阅读，将数字阅读与传统阅读有机融合，使书香不仅留于纸本中，也贮存在网络和手机里。通过一年多的精品推荐的微信平台发布，我馆实现了信息的链接与交互，达到个性化精品化服务目标，拓展了地方文献的数字文化空间。

党的十九大报告中强调："文化自信是一个国家、一个民族发展中更基本、更深沉、更持久的力量。"地域文化是文化自信的根基，只有热爱地域文化，文化自信才能落到实处。每个人从出生到成熟，首先接触的就是自己所在的地域文化，从了解到认识，再从认识到喜欢到热爱，让地域文化根植于每个人的心中，是地方文献服务的出发点，也是落脚点。

构建多媒体阅读空间

:: 撰写 / 侯小云

随着多媒体技术和网络技术的发展，新兴媒体改变了人们的阅读方式，导致利用传统方式获取电子文献的人群逐渐减少。为了巩固传统阅读群体，吸引新型阅读群体，增加到馆读者数量，提高图书馆空间、设备和资源的利用率，辽宁省图书馆新馆建设中前瞻性地增加了高保真视听音响设备、智能读取设备与系统，充分发挥馆员智力与主观能动性，有效利用书墙、阅览设备进行物理隔断与区域功能划分。通过后期背景装饰揭示服务项目，并结合馆员特长与区域视听电子文献资源特点，科学设计服务内容与活动栏目，搭建信息开发、知识创造、创意设计平台，构建集视听空间、数字空间、创造空间、展示空间、研讨空间和休闲空间于一体的多媒体阅读空间，开展自助视听欣赏、数字阅读、信息咨询、创客服务、录音录制服务、主题影音赏析、创客营活动、视听数字资源利用推广系列活动。

一、总体目标

从传统的现实空间服务至虚拟的网络空间服务，辽宁省图书馆通过多媒体阅读空间实现无缝对接。以用户需求为导向，以视听环境构建和氛围营造来吸引阅读，以多样的体验式活动和阅读推荐来引导阅读，以精准服务来提升阅读，开创多媒体服务的新局面。吸引读者重新走进图书馆，利用图书馆，爱上阅读，成为以市民为主体的图书馆学习、交流、分享的空间，充分发挥图书馆作为城市文化名片的作用。

二、空间构建实践

（一）空间位置

新馆的多媒体阅读空间较老馆面积增加不止 5 倍，位于南侧二层，贯穿东西纵深近 210 米长，配阅览座席 619 个，总面积 4429 平方米，其中电子阅览空间面积约 2700 平方米，视听阅览空间面积 1650 平方米，是图书馆在基建时期为增加使用面积进行空间有效利用在一层整体层高 13.5 米上加建的夹层。2017 年 1 月在一楼共享大厅南侧开辟 79 平方米区域，增加一个数字阅读体验空间。

（二）空间资源

多媒体阅览空间 Wi-Fi 全覆盖，提供包含 9 类载体的近 9 万件视听文献、容量 400TB 的 61 种自建和购买数据库的非纸质文献查阅服务。新增的 VOD 视频点播资源更给读者一种视频阅读新触感，让人爱不“视”手，自助影音欣赏机位 49 台。有独立 500 兆光纤的服务终端 326 台。硬件设备和网络技术环境顺畅，保障用户快速、高质量的进行资源访问。

（三）空间设备

音乐欣赏室以高品质原声音乐欣赏为主，拥有手工打造定制的阿卡佩拉音箱、音乐之旅功放和盘王黑胶唱片机等设备。

影音欣赏1室以欣赏立体声高保真音乐、环绕声音乐会和3D环绕声电影为主，天朗音箱和金嗓子功放设备搭配有“天仙配”之称，给读者带来绝佳视听享受。

影音欣赏2室以3D环绕声影院为主，配置美国JBL Synthesis至尊系列7.2声道音箱、功放及原装处理器，搭配JVC DLA-XC7880RB 4K 3D高清投影机和JVC原装3D眼镜。

录音室以提供录音录制编辑服务为主，配有澳大利亚Fairlight品牌制作中心工作站系统，该系统设计具有较高的稳定性和可靠性，可适应不同类型制作要求。

众创空间以提供新技术应用和体验为主，拥有智能工作会议平台、BOXX图形工作站和工业级粉末型3D打印机等高端设备。多通道47寸四拼会议主屏和4台桌面会议分屏讨论一体机实现智能会议、无纸会议。BOXX品牌的专业图形处理工作站，实现三维图形创作、平面图形创作、动画创作、影视创作。工业级的树脂粉末3D打印机与桌面3D打印机，将创意打印出来。

数字体验区以提供新媒体阅读体验服务为主，拥有导航机器人、教学机器人、智能终端和VR虚拟情景阅读等设备，读者可以体验、互动、触摸、感知等形式进行参与。

（四）空间营造

调亮区域色调，揭示服务特色。多媒体空间服务区域整体色调为黑色和黄棕色，配合多媒体阅读整体灯光略暗，要通过装饰将空间

“点亮”。

1. **多媒体服务台背景墙的设计制作**

木制烤漆白色背景，网络图饰，黄蓝相间的 BOOK 文字装饰灯，黑底凸体字直观揭示本区域的功能和服务特色，通过射灯让视听服务区变得醒目明亮，让第一次来服务区的读者能一目了然地了解该区的服务特色：数字阅读、影音欣赏、音乐沙龙、多轨录音和众创空间。

◎ 多媒体阅读空间服务区域

2. 多媒体黑色铝板墙体装饰

用绿色和白色亚克力板制作的电脑树、主板线路图和与科技、电脑有关的装饰画组成的装饰墙充满个性化，带有引导性的线路图直到众创空间，搭配上整齐摆放的显示器、触摸阅读屏与红色座椅，让整体空间显得明快而现代感十足。

3. 书墙亚克力板装饰

全开放的公共空间通过书墙和异型桌椅规划不同的功能区域，5组中空的书墙将读者自助欣赏区隔断出视听文献库、视听文献阅览、视听资源点播、音乐吧和文化长廊5个功能区。书墙中空部分用透明亚克力板贴膜，配体现区域特色的音乐字符和12个不同主题的海报，揭示书墙展陈的类别和区域的功能，同时也起到区域提亮的效果。

4. 区域展陈装饰

区域展陈装饰联合省艺术院团和高校院系搭建合作平台，提供原创艺术作品、科技作品素材，形成特色多媒体文化长廊、艺术墙，向读者展示、宣传本土文化、艺术、科技成果。

5. 整体空间

整体空间营造、定位、功能细化及服务品牌设计由多媒体自主完成，发挥图书馆工作人员专业性与文化艺术融合的业务素养，打造一地、两区、三室、四空间格局的多媒体阅读空间。

三、特色区域

（一）文化艺术科技长廊，回味经典，感受科技进步

文化书墙展示不同时期的载体视听文献和老旧读取设备，包括老旧录像

带、磁带、LD光盘、3M磁盘和3.5寸软盘，以及年代不同的功放、录像带机、VCD机、DVD机、磁带复制机、胶片阅读机、条码打印机，直观感受科技进步对阅读存储方式产生的巨大影响，感受影音时代的艺术魅力，体验高保真设备带来的视听享受。艺术长廊展陈的是辽宁具有代表性的艺术家和艺术作品的剧照及介绍，富有地域特性和特点。大幅的电影主题怀旧装饰画让人有种重新观看经典老片的冲动，回味影片所带来的美好情境。

（二）音乐吧，营造冥想空间

音乐吧内柔和的灯光打在音乐主题的装饰画、老式电视、录音机、

◎ 文化艺术长廊与音乐吧

收音机和老唱片上，感受时光在静静地流淌，心灵得到片刻放松，让读者驻足安静地思考冥想。这里有库客留声机两台，库克云 CD 一台，有古典音乐、中国民乐、儿童音乐等不同风格唱片供读者自主选择播放或下载欣赏，读者也可边听音乐边翻看手边的时尚类期刊，享受一段休闲时光。

（三）高保真立体视听欣赏空间，提供高成本惠民服务

影音欣赏室为读者提供集体欣赏服务，专业的建声装修，配备可调节舒适度的高档沙发，高保真立体声音响和 3D 高清立体画面让读者如亲临音乐会现场或置身于影片当中，享受在剧院才能体验到的视听感受，让读者流连忘返。

（四）众创空间，提供创意设计体验展示平台

众创空间位于多媒体空间服务区域最西端，众创空间的 LOGO 设计为 30 厘米 ×30 厘米的多彩亮色太阳花，非常醒目，远远就能看到，房间内以明黄色为主打，白色为辅，简洁流畅的异形桌椅配以智能隔离玻璃幕墙，科技、现代而神秘。这一区域分为智能会议区、创客办公区、智慧学习区、创新实践区、智能输出区、资料查阅区、讨论分享区，提供大众创意、大众创新、大众创业、大众创造、大众点评交流互动的众创平台。

（五）数字阅读体验空间，智慧阅读体验新技术

在位于共享大厅南侧的人流密集区域打造一个 10.5 米 ×7.5 米，高度 5 米的带有聚众性开放式数字阅读体验空间。在这富有现代气息的区域内，和谐的人机交互环境让人们直观感知知识的深度，围绕媒体空间开展不同主题体验式阅读活动，讨论文化类话题，增加图书馆与市民的紧密联系，缩小数字鸿沟，是打造多媒体立体阅读推广数字资源的主要空间。

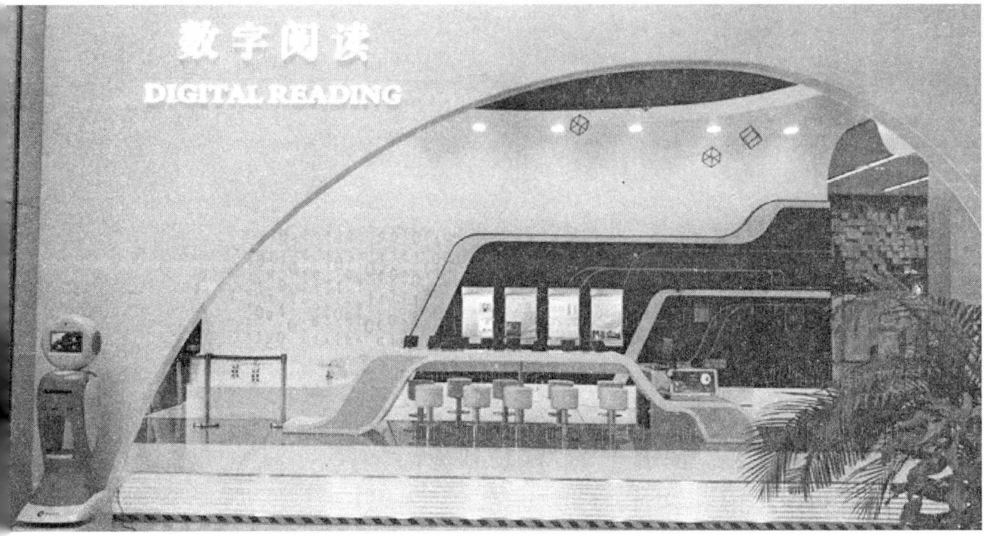

◎ 数字阅读体验

四、创新亮点

（一）注重用户参与度，以满足读者需求为目标

构建多媒体阅读空间，重点突出人的作用，围绕读者的需求来设计和构建。例如，在影音欣赏室建声装修过程中，非常重视用户的参与度和体验感，采纳音响发烧友的多个建议，购买专业设备，满足读者高品质视听欣赏需求。

（二）注重空间利用效率，提高读者阅读热情

多媒体阅读空间为广大读者提供了一个适宜的阅读交流平台，进一步传播了理念，提高了读者的阅读热情。音乐吧为读者提供了一个集休闲娱乐为一体的视听空间，读者可以在这里舒适地阅读，也可以通过 VOD 点播欣赏名家名作，提高人文素养。数字阅读空间通过各种体验式活动，也提高了读者阅读的积极性。

（三）注重整合资源，保障空间高效运行

发挥志愿者资源和社会团体的力量，统筹各类技术、文献资源、活动组织资源等，以满足不同类型阅读活动所需，并且通过多种技术手段将阅读的益处向广大读者推送，真正起到推广阅读的作用。例如联合省内各系统图书馆，共享馆藏资源，举办戏曲音乐欣赏季和数字阅读活动，提高多媒体空间和移动平台的认知率与利用率。

五、服务的效果及影响

（一）为读者提供多媒体阅读体验

自 2016 年 1 月 9 日开放以来，多媒体空间服务读者 555291 人，开展各类视听数字资源阅读推广活动 806 场，参加活动读者 69379 人。多媒体服务区月均到访读者 1.68 万人。

（二）为文化提供推广展示平台

营造充满人文关怀，充分尊重人格、平等自由的阅读、休闲、娱乐、交流空间，让每个人在温馨的氛围中学习新知识，让民众的阅读需求和图书馆的完善服务有“精准”的对接。

（三）为群众提供交流互动空间

利用辽图多媒体宣传屏和网络移动平台发布活动消息，首推微信预约报名，建立读者活动群，实时互动。提升阅读推广持续性，借助微信平台将上一期的阅读推广活动精彩视频在下一期活动预告中发布，读者既可获取近期活动资讯，也可回顾和了解。利用网络技术，将活动视频通过微信向社会公众发布，有效地提高了多媒体活动的社会影响，扩大了服务范围。

（四）馆员能力得到提升

借助新馆多媒体服务平台，以用户需求为中心，提供个性化、差异化、专业化服务，馆员有了广阔的业务发展空间，拥有良好的发展愿景。

（五）读者也是图书馆的资源

每个人都是图书馆的资源，每个人都可以展示、分享，不远的将来，辽图将拥有一大批忠实的读者，他们的一生将离不开图书馆。

六、结语

随着社会的不断发展和物质水平的不断提高，人们对精神生活的追求越来越高，图书馆已经不再是简单的文献借阅和信息获取场所，更是素养提升、思想碰撞、知识创造的空间。构建多媒体阅读空间，并配备特色服务功能，不仅融阅读、活动、展示、休闲为一体，而且汇集音乐沙龙、影音赏析、创意设计等，形成“阅读 +”格局，让“读书”既包含传统意义上的阅读，更具有一种感官的全新体验，从而充分发挥馆藏资源的最大优势。

少儿天地空间布局与创新服务

:: 撰写／胡海燕　张险峰

2013 年 8 月 5 日，全民阅读法已列入 2013 年国务院立法工作日程。阅读是所有公民应享有的权利，保障少年儿童的阅读更是省级图书馆的职责所在，图书馆是推进阅读教育的主阵地，实现“全民读书，终身读书”，阅读从孩子抓起，给少年儿童创造一个良好、舒适的阅读空间，养成终身的阅读习惯是我们努力追求的目标。

一、少儿天地空间布局理念

为了更好地体现辽宁省图书馆对少年儿童阅读推广事业的关心和重视，我馆于 2013 年成立了专门为少年儿童阅读服务的机构——少儿部。党的十九大的胜利召开，《公共图书馆法》的顺利颁布，教育部推进场馆实践教育通知的发布，都让新馆的少儿天地成为一个巨大的阅读推广和研学实践的阵地。辽宁省图书馆少儿天地以形成集教育性、娱乐性、休闲性为一体的综合阅读场馆为宗旨，努力打造良好的品牌形象，让孩子在阅读中享受快乐，在阅读中快乐成长。

辽宁省图书馆少儿部主要服务对象为18岁以下的少年儿童、中小学教师、家长和少儿工作者。持证小读者34000余名，年接待读者50余万人次。现有少儿图书文献资源26万册（件），形成了以绘本、科普读物、中外优秀文学作品、教育教学类图书为主体的藏书体系。少儿部旨在通过科学地收集、整理、传递青少年文献信息，举办形式多样的少儿公益活动，努力培养少年儿童良好的阅读习惯和阅读能力，注重少儿综合素质的提高，致力于成为为广大少年儿童服务的国家级品牌文化机构。

少儿天地坐落于新馆一楼的东南侧，东西长99米，南北宽36米，总面积约3600平方米，可使用面积3000平方米左右。新馆建成后对比老馆总面积增加了5倍，少儿部的主体布局由少儿总服务台、低幼区、少儿区、魔幻数字体验区、多媒体服务区、主题活动区和玩具体验馆组成。

二、少儿天地空间布局概况

表1　少儿天地空间布局

区　域	设　施	人员配置	功　能
少儿总服务台	小火车咨询台、展示书架、自助借还机、书籍消毒机	6人	设有导读岗
低幼区	阶梯式阅读空间、少儿非标书架、半封闭阅读小屋	1人	自主阅读、亲子阅读、团体性主题阅读
少儿区	书架、阅读桌椅、阅读魔方	4人	自主阅读
魔幻数字体验区	电子涂鸦墙、感应地板、电子投影书、电子移动故事书墙、体感游戏机	1人	体验科技阅读，实现单人或多人同时操作，可增强家长与儿童之间的亲子互动

续表

区 域	设 施	人员配置	功 能
多媒体服务区	24台电脑及主题电脑桌椅	1人	连接馆内资源数据库，完成数字阅读体验
家长休息区	休闲沙发、报刊架		休闲、陪伴、亲子
玩具体验馆	玩具展示架、桌椅、乐高玩具	2人	周末玩具体验活动
主题活动区	国学坊、儿童阅读活动室、阳光阅读空间（蓝地毯）	4人	阅读推广常规活动、研学主题活动

（一）少儿总服务台

设有导读岗，介绍少儿部的各项功能。配有自助借还机6台，帮助读者解决借还图书中遇到的一些常规问题。

（二）低幼区（0—6岁）

设在总服务台的西侧，主题为自然。考虑到幼儿的特点，将幼儿区域设在离门较近、相对独立的地方，尽量减少对其他区域的干扰。根据幼儿

◎ 少儿天地总服务台

◎ 低幼区

的特点，幼儿图书借阅采用较低的、格子比较多的非标书架供幼儿读者使用。在综合阅读区设计了半封闭式的小房子，满足孩子需要独立阅读空间的阅读形式。在低幼区设立绘本专架，根据绘本的特点进行展示型摆放。把大量优秀的绘本书长期推荐给小朋友和家长们，定期举办少儿绘本阅读活动。通过“童阅乌托邦”少儿公益活动中的子项目四维绘本阅读，我们把更好的故事及其讲述方法传达给喜爱绘本故事的孩子和家长们。

（三）少儿区（7—18 岁）

魔方书架是此处的标志，主题为四季。此区域是少儿部主要的开架藏书区域，文学、动漫、艺术、历史等大部分图书收藏在此处。

（四）魔幻数字体验区

魔幻数字体验区设在低幼区与少儿区中间的位置，由五项大型电子设备组成：电子涂鸦墙、感应地板、电子移动故事书墙、电子投影书、Xbox360 及 XboxOne 大型体感游戏机。

1. 电子涂鸦墙

电子涂鸦墙长6米、高2米，利用墙面投影互动技术，可以实现多人同时分屏操作，可实现家长与儿童之间的互动，作品可与手机APP对接，也可通过微博、邮件等手段保存至读者手机或电脑内，更能用图书馆专设的打印设备打印在不同材质上做成精美的物品，如转印到服装、装饰画、杯子上等。

2. 感应地板（3D地面互动系统）

感应地板就是利用投影技术实现小朋友与地面动画的互动，如投影出国旗或者字母，小朋友去踩投射到地面的影子，寓教于乐，通过游戏加深小朋友对相应知识信息的掌握。

3. 电子移动故事书墙

通过移动屏幕讲述不同的经典故事。

4. 电子投影书

通过投影仪对特定的书籍进行扫码识别，完成立体式的故事讲述，颇受孩子们的欢迎。

5.Xbox360及XboxOne大型体感游戏机

这些设备让孩子们体验了亲身参与的乐趣，感受到了对高科技玩具驾驭的全新体验。

（五）多媒体服务区

设有主题电脑桌椅，由24台电脑组成，使用馆内局域网链接主服务器，主要提供少年儿童需要的电子资源，如经典儿歌、经典童话故事、成语故事、动画片等资源。

（六）玩具体验馆

玩具活动室的主要开放对象是3—14岁儿童，按照年龄段划分玩具使用权限。现有玩具100多种，其中乐高玩具占大量的配比，还包括一些益智玩具、科普玩具、医生玩具、晚餐玩具、动物玩具等。玩具活动配合其他活动带动了立体阅读的长足发展。

（七）主题活动区

上述区域主要是完成传统图书馆所承担的社会责任，包括收集和保存图书、传播知识、提高全民文化素质等。为了更好地宣传图书馆，让更多的人了解和利用当下的图书馆，我们单独开辟出“主题活动区”，在原有活动的基础上逐步完善并创建了新的阅读推广品牌，如“童阅乌托邦”“阅历library”“图书馆奇妙夜”等系列活动，活动内容丰富、主题鲜明、形式多样，因而深入人心。

1. 少儿圣贤国学坊

以中国传统文化暨国学经典为核心，传播中国传统文化；以少儿个性化教学为特色；以活动带动兴趣结合少儿的生长发展特点；培养知书达理、身心健康的快乐儿童。

2. 少儿多功能活动室

“童阅乌托邦”的三项子活动，即四维绘本阅读、指间创意阅读、幼儿戏剧游戏等活动均在此活动室完成，在带给孩子们全新的活动参与感的同时加强阅读习惯的养成。

三、少儿天地空间布局特色

（一）得天独厚的地理环境

少儿天地位于新馆一楼的东南侧，内设有两个面积400平方米、高20多米的方形全透视玻璃天井。3000平方米的开放式阅读空间吸引着众多人群。

（二）科学合理的区域设计

整体区域采取六区三室的设计，选择并投放适量电子设备。采用适合少年儿童生理心理阅读特点的阶梯式座位和开放式书架，充分体现了阅读形式的多样化。

（三）硬件软件的完美结合

硬件采用了领先的雷达触点技术与 3D 互动，配以内容丰富的电子资源，形成多种形式的声像阅读空间。

（四）崇尚自由阅读的典范

阅读是一种吸取更是一种释放，自由阅读在少儿天地体现得淋漓尽致，如私密空间自读、开放式阶梯亲子共读、敞开式窗毯团体群读等多种自由

◎ 敞开式阶梯阅读

形式的开展，吸引了很多少儿读者。

少年儿童在这里可以找到适合自己的最佳阅读方式，全身心投入，达到最好的阅读效果。

四、少儿天地的服务创新

少儿部在立足本职工作的基础上，进行了大量的调研工作，并根据读者需求积极探索新的服务方式与服务手段。

（一）创新与媒体合作形式，加强对少儿天地的宣传

2016 年，少儿部加大宣传工作力度，不断加强与社会媒体、系统内媒体的联系与合作，让更多的人深入了解少儿部的相关活动资讯。

1. 与网易新闻合作创建属于辽图少儿部的自媒体宣传渠道

建立以辽图“少儿天地”为名的自媒体，对图书馆的少儿活动第一时间进行宣传，效果显著。并对两次大型活动进行了现场直播，最高观看人数达到 25000 人。

2. 签订协议，推动纸媒宣传，与辽沈晚报会员中心合作共同开展少儿公益活动

《辽沈晚报》有 14 个矩阵平台，80 多万的用户群体，会员中心矩阵就有近 20 万人。少儿部与该中心合作每周推出一个“童阅乌托邦”少儿阅读活动与平台合作。这一联合活动的开展，不仅有利于宣传各项少儿活动，更加大了对图书馆的整体宣传力度。

3. 建立 QQ 互动群

建立以年龄划分的少儿阅读推广活动 QQ 群三个，运用线上书目推荐、线上故事会等新颖的服务手段达到阅读推广的目的，截至 2017 年年末，参

与人数已达到3000人。

（二）创新大型阅读推广活动的组织形式

2015年8月26日，“少儿天地”首次推出了“奇思童年，妙享阅读”图书馆奇妙夜大型亲子阅读活动，《人参娃娃》大型公益展演拉开了活动的序幕，丰富多样的亲子游戏、读书知识竞答、图书馆员职业体验、经典动画展播、夜宿帐篷、与书同眠等活动，让孩子们感受到了图书馆的魅力。

（三）打造经典少儿文化品牌，系统性推广常规阅读活动

有效地整合四维绘本阅读、指间创意阅读等5个公益阅读活动品牌，更名为“童阅乌托邦”少儿公益阅读活动，并以“童阅乌托邦”的母品牌参加了全国的志愿服务项目，获得了2016年文化部颁发的文化志愿服务活动百个典型案例大奖。

常规的少儿阅读推广活动是我们少儿部阅读推广服务的重要手段之一，是少年儿童认识图书馆、了解图书馆的重要途径。保持经典品牌创新性、持续性与系统性也是我们未来的工作重点。

（四）创新手段，持续推进团体机构的合作模式

整合资源，确立品牌，制定相关的团体服务章程，使活动秩序化、规范化，进而更有效地服务于团体读者与潜在团体读者。根据不同的需求与各机构签订协议，做到服务具体化，定期调研团体机构读者的阅读需求，并不断改进服务方式方法。例如，主题形式的参观活动，“童阅乌托邦”各品牌活动的体验活动，小志愿者培训并参与服务等。

（五）联合业界，共谋发展，努力营造省内馆际合作新氛围

为进一步推进我省的少年儿童阅读工作，贯彻“第二届全国图书馆未成年人服务论坛”的有关精神， 2016年12月5日至6日在沈阳市科隆酒店举办主题为“享·阅读”的“辽宁省首届少年儿童阅读推广论坛”。通过本次论坛，成功地建立了省内 14 个基层单位间少年儿童阅读推广的沟通平台，实现资源共享，为今后推动符合辽宁本土特点且与时俱进的少年儿童阅读活动的开展打下了良好的基础。

（六）体验科技，智创未来系列科普阅读活动

利用软、硬件设备开展科普阅读系列活动，融知识性、娱乐性、创新性于一体，以普及科普知识、提高少年儿童的科学素质为宗旨，利用科普玩具，开启智慧空间；举办科普展览、弘扬传统文化；以故事会活动，普及环保知识。通过一系列科普阅读活动，进一步丰富了广大少年儿童的文化生活，增强了他们的科学意识。

五、取得的成绩

新馆少儿天地开展活动以来，获得了良好的文化效果，取得了可观的社会效益，影响力日益扩大，多次获得国家及世界级的奖励与肯定。2015 年获得全国未成年人思想道德教育先进单位；2016 年，辽图“童阅乌托邦”少儿公益活动文化志愿服务获得文化部全国基层文化志愿服务典型案例；2017 年，辽图“童阅乌托邦”荣获国际图联举办的第十四届营销奖提名；2017 年，辽图“童阅图托邦”在全国首届创新创意大赛中获得最佳青年创意案例；2017 年，辽图“童阅乌托邦”荣获中图学会评选的最美图书馆故事；2017 年，辽宁省图书馆“少儿天地”被选为首批全国家庭亲子阅读体验基地。

24小时自助图书馆

:: 撰写/刘　妍

为公众提供公共阅读服务，属公共服务型政府履行公共文化服务职能、提供基本公共文化服务的范畴。长期以来，公共阅读服务的提供主要由政府委托各级、各类图书馆承担。近年来，随着信息技术的迅猛发展和全民阅读事业的不断推进，图书馆业务转型升级，自助图书馆在全国各地蓬勃兴起。经过十余年的发展历程，自助图书馆展现形式逐渐多样，技术手段日益先进，管理方式更为现代，为全民阅读事业的推进搭建了不受时间限制的便利平台，成为在信息化时代市民个性化阅读体验的有力助推器。图书馆24小时服务体现了图书馆人的智慧，它用最小的时空成本，使服务绩效达到了最大化。辽宁省图书馆以新馆建设为契机，充分彰显新时代“以人为本”的服务理念，顺应读者对信息及知识需求的变化，重点打造24小时自助图书馆，拓展服务方式，以满足读者需求。

一、总体目标

现代意义的公共图书馆已不仅仅是一个藏书机构，其实是一个提供文化服务的空间，“第三空间”的说法是对其最好的诠释。而 24 小时自助图书馆是指读者不受图书馆开、闭馆时间限制，在自助图书馆的自助服务设备上就能借书、还书、办理借书证，享受图书馆借还书服务的一种图书馆读者服务模式。作为辽宁省图书馆新馆的重点项目，在规划之初，我们设想将它打造成有概念、有氛围、有温度的“悦读”天堂，成为居住空间、职场空间外，不受功利关系限制的城市“第三空间”，这里全天不打烊，并有人值守，市民可以随时前往，享受“深夜书房”静谧又温馨的阅读时光。

二、规划内容

（一）科学规划

24 小时自助借阅空间位于辽图新馆一楼东南角，位置醒目，方便读者寻找。整个空间占地近 400 平方米，分为自助区、藏书区、休闲区三个区域。自助借还区配备了先进的自助借还设备，随时借还图书。藏书区藏书量远远超过一般自助图书馆，涵盖社会科学、自然科学等 22 个类别，近 30000 册图书，种类丰富，定期更新。另外，还藏有 12 种受众广泛的报纸。休闲区设置阅览座席 30 多个，读者在阅读的同时，还可使用全面覆盖馆区的无线 Wi-Fi、自助饮水机及免费咖啡。为满足学生们的需求，馆内还配有可供学生自习的写字台及自助充电设备。

（二）营造环境

为更好地将温馨氛围、知性气息和人文关怀导入自助图书馆空间，并使其与“第三空间”理念、智能化配套有机融合，辽宁省图书馆特别邀请品牌形象与环境软装方面的专家团队，联手出谋划策，确立核心理念、规范视觉识别系统，从环境设计、布局划分、读者活动、休闲服务等多方面着手进行装修装饰。在硬件装修上通过基础硬件设施的增加、细节的调整，完善现有阅读环境，使整个图书馆更舒适、便捷。在软件装饰上通过色彩融入、创意装饰、环保绿植、艺术家的手绘书墙等元素的植入，打造具有文化内涵的图书馆，使更多便民功能得以完善、读者体验更加丰富，增进了公共空间与人的对话，独特而浓厚的人文情怀扑面而来。

（三）文献导入

在馆舍布局完成后，我们进行了文献导入工作，文献导入的过程有文献挑选—文献上架—馆藏地点变更 3 个步骤，将涵盖社会科学、自然科学等 22 类的近 30000 册图书及 12 种报纸按照《中国图书馆图书分类法》进行整理排架，并定期进行文献更新。

（四）规章制度

无规矩不成方圆，24 小时自助图书馆的各种规章制度完备，覆盖全面，以便形成科学化的管理，我们的工作人员以专业的服务水准、一流的服务态度，温和亲切地引导读者步入书的海洋，让读者时刻享受到思想的碰撞、情感的沟通、交流的愉悦。

（五）反馈机制

辽图具有全面的读者反馈机制，在 24 小时自助借阅空间内专门设有读者意见反馈区域，同时读者可以通过官方微信、QQ 群、微信群等多种网络途径发表自己的建议。我们通过读者的阅读体验反馈了解 24 小时自助借阅空间的服务效果并及时发现问题，调整运营方向，以便更好地发挥空间的人文价值。

三、服务形式

在辽宁省24小时自助图书馆内，读者随到随借、随到随还、借还自如，也可以坐下休息、阅览，像在咖啡店一样方便、简单。定期更新的“辽图好书榜”主题书墙，为读者借阅提供一定的借阅参考。

（一）暖心服务

我们的24小时“个性”鲜明，它与通常的无人自助图书馆不同，拒绝机器式的冰冷，是24小时“有人”自助的图书馆，倡导着图书馆自助服务的“温情”与“温度”。白天，由我们热情的图书馆员为读者答疑解惑；晚上，读者也不必担心，温馨周到的服务将继续由保安人员接力进行。所有工作人员都经过专门的培训，并且定期接受业务培训，不断提高自身业务技能，提升综合素质。

（二）推广活动

在2016年4月23日世界读书日期间，24小时自助图书馆推出了“辽图好书榜”主题书墙，不仅集中了各大读书网站以及我馆借阅排行榜中的精品图书，还通过可视化的设计将这些优秀资源集中展示出来。特别值得一提的当属“习近平总书记的阅读书单”了，习总书记曾在多个场合谈及读书的重要性。他说：“书籍是人类知识的载体，是人类智慧的结晶，是人类进步的阶梯。”他曾多次回忆自己的阅读史，谈及近百部国内外经典文学作品。在“辽图好书榜”里，我们从他在各类场合所公开的阅读书目中，专门为读者遴选出了包括《当代英雄》《卡拉马佐夫兄弟》《普希金诗选》《蒙田散文精选》《悲惨世界》和《九三年》在内的几十种名著。这些精品图书一经推出就受到了读者的喜爱，书一上架很快就被借阅一空，引领了阅读经典的风潮。

四、创新亮点

（一）重视环境营造，是带有“温度”的人文空间

辽图 24 小时自助图书馆注重对读者阅读环境的营造，其标志是黄色台灯标志造型，意在诠释“从日光到灯光”的 24 小时概念，即永远为爱书人留一盏灯，也为迷途者指出一条照亮前方的阅读之路。同时，内部环境设计十分人性化。为营造整体温馨的读书氛围，内部主色调采用明黄色，那是黄色非洲菊的颜色，非洲菊花语是互敬互爱，有毅力、不畏艰难，喜欢追求丰富的人生。这是我们献给读者的小心思。同时，在 24 小时自助图书馆内还配有自助咖啡机、自助贩卖机、免费的饮水设备，其他的配套设施还有如实发布信息的公告板、阅读桌上简明小巧的暖光源护眼台灯，以及背景墙上的主题标语“我们永远守候爱书的您”，处处体现出辽图服务至上和人文关怀的理念。

◎ 夜幕下的24小时自助图书馆

在 24 小时自助图书馆的特色书墙上，引用了法国思想家孟德斯鸠的一句名言“喜欢读书，就等于把生活中的寂寞时光换成巨大享受的时刻”，我们希望每位读者在书的海洋里都能追寻自己的一份信念，即使是在夜间也会有似阳光般的温暖照射在这个温馨的深夜书房里。

此外，在 24 小时自助图书馆内还设有一面艺术家手绘书墙，这面书墙增进了公共空间与人的对话，让读者在阅读的同时，欣赏艺术之美。

（二）重视人文指导，全天 24 小时有人值守

为切实发挥自助图书馆的服务效能，辽图的 24 小时自助图书馆为白天和夜间来自助图书馆的读者分别配备了经过培训的工作人员，24 小时有人服务，无论读者在这里遇到哪些问题，总会有人在关注，有人在关心，读者至上，服务第一，在这样一座 24 小时有人的自助图书馆里，读者亲身感受到服务无处不在。

◎ 工作人员为读者提供暖心服务

（三）重视阅读推广，“好书榜”书单引领阅读风潮

辽图 24 小时自助图书馆不仅成为满足读者阅读需求的读书场所，更致力于打造引领阅读潮流的精神家园。通过书墙的形式展示出来的“辽图好书榜”书单，不仅集中了各大读书网站以及我馆借阅排行榜中的精品图书，还通过可视化的设计将这些优秀资源集中展示出来，激发读者的阅读兴趣。例如，在“纪念长征胜利 80 周年”的主题图书推荐中，我们陈列的书墙将读者带入那段心中有信仰、脚下有力量的日子，完成了红色文化和长征精神的薪火相传。

◎ “纪念长征胜利80周年”主题图书推荐

五、取得成绩

据统计，辽图 24 小时自助图书馆自开馆以来，累计接待读者近 20 万人次，借阅文献近 25 万册次，书目更新 8 次，更新图书 1 万余册；“辽图好书榜”书墙更新 6 次、更新图书 2 千余册，自助图书馆服务覆盖人群已扩大至抚顺、铁岭、本溪、鞍山、辽阳、营口、盘锦等多个城市，已成为辽沈地区读者的精神家园。24 小时自助图书馆全年不间断开放，全天不打烊，在 8 小时之外的开馆时间，我们工作人员累积服务已达 9504 小时，有读者凌晨 4 点就来馆读书，每日均有读者在此通宵阅读。可以说，辽图 24 小时自助图书馆取得了显著的服务效益，这也为辽宁省图书馆深化发展 24 小时自助图书馆服务坚定了信心，指明了方向。

六、示范作用

图书馆正在经历由纸质图书馆向数字图书馆再向智能图书馆的转变，这与社会文化大发展和广大群众日益增长的精神需求息息相关。24 小时自助图书馆的出现，符合时代发展和社会进步的要求。自运行以来，辽图 24 小时自助图书馆及其创新服务得到了社会各界的广泛关注及好评，充分发挥了图书馆在构建公共文化服务体系及促进全民阅读等多方面的作用，为辽宁省内乃至全国的自助图书馆服务提供了重要的示范及借鉴作用。

七、社会效果

“为爱书人留下一盏灯，体验不一样的夜生活”，辽图 24 小时自助图书馆的设立，为图书馆服务提供了空间与时间延伸的可能性，它更像是一种存在于城市角落的公共文化空间， 既满足着求知若渴的市民的目的性消费需求， 也给孤独无依者提供了舒适的时间型消费，已成为辽沈地区读者的精神家园。乐在其中的读者积极与我们进行互动，新闻媒体也对其进行了广泛的报道，在百度上搜索 24 小时自助图书馆相关信息，找到相关结果超过万条，人民网、凤凰网、腾讯网、新浪网都有相关报道。

八、结语

每一座图书馆都有它自己的气质和独特的魅力，辽图 24 小时自助图书馆是全年不打烊、全天有人值守的自助图书馆，使身处闹市的人们能找到一片祥和与宁静。在这里，人们存储记忆、放飞想象、努力思考，同时，感受着浓郁的文化气息，感受着“第三空间”的妙处。未来辽图 24 小时自助图书馆的发展与建设，要紧密结合当前国家政策发展态势，突破现有自营的发展模式，采用跨界合作的方式，与社会力量联合，将服务延伸到政府机关、企事业单位、中小学校以及城市街区。同时，24 小时自助图书馆的建设应以百姓需求为先，立足读者获得感的满足，依托我们现有的空间优势及文献资源优势，因地制宜地组织开展丰富多彩的阅读活动、有针对性的知识讲座和特殊技能培训，并以社会效益为先，不断创新运行模式，最大限度地发挥自助图书馆的服务效能。

辽宁省图书馆复建萃升书院

:: 撰写 / 谷　毓

在倡导传承中华民族优秀传统文化的今天，书院如同雨后春笋在各公共图书馆和高校图书馆生根、萌芽，焕发出耀人的光彩。在大举建设书院，宣扬传统文化的历史契机下，辽宁省图书馆复建了清代著名盛京三大书院之首——萃升书院。

一、萃升书院的历史

萃升书院始建于清代。清康熙五十八年（1719 年），时任奉天府丞的任奕鑒创建书院，名之“萃升书院”。“萃”“升”二字分别取自《易经》六十四卦中第四十五卦和第四十六卦。“萃”卦载:“萃：亨。王假有庙，利见大人。”意为“萃卦，亨通”。君王到宗庙祭祀，有利于见到王公贵族。“升”卦载：“升：元亨。用见大人，勿恤。”意为“大亨大通”。有利于见到王公贵族，不必担忧。二卦共同的意思即昌盛之道在不断发展，所以任奕璽择“萃”“升”二字，暗含希望书院萃聚英才、升扬文化之意。萃升书院院址设在奉天城天佑门（今小南门）内的府丞公署东面，最初只建厅堂三间，规模较小。雍正十一年（1733年）发布创建省级书院的谕旨，从此萃升书院获得了发展壮大的机会。乾隆二十七年（1762年），时任奉天府尹的欧阳瑾揭“萃升书院”旧匾，悬挂于书院仪门之上，同时作跋于后，记述书院发展历程、取得的业绩和对后人的期许。此后，萃升书院声名日隆。

光绪年间，“庚子之乱”祸及东北。萃升书院先被义和团占据，继而建筑又为沙俄侵略军严重损毁，之后又充作府尹、知府、提学等公署之用。直到光绪三十一年（1905年），奉天组织教育总会，萃升书院作为会址，迭经修葺，始复旧观。

1928年，张学良主政东北后，十分重视东北的教育事业，尤其重视国学的传承与发展。在听取了一些学者的建议后，决定出资两万大洋，重建沈阳萃升书院。张学良先请人对旧院落进行重新规划，后召集工匠对老房屋重新修葺。经过改建，书院再次焕发了青春，一个崭新的萃升书院呈现在世人面前。可惜好景未长，1931年，九一八事变爆发，日军大举侵略东北，占领沈阳，萃升书院又被迫关闭。虽然此番书院恢复创建仅3年时间，但仍为中华民族培养了一批传承中华文化的人才。

二、复建萃升书院的初衷及前期工作

现阶段，国家经济建设进入新常态，文化产业加速转型升级，将公共图书馆和传统书院有机结合，对进一步传承并弘扬中华优秀的传统文化具

◎ 展览

有十分重要的意义。萃升书院有着 200 多年的历史，是辽宁的文化符号，在间断至今的这 100 多年间，仍被世人津津乐道。可见，复建萃升书院是满足社会潜在需求的必行之举。再则，与南方城市相比，东北地区缺少文化元素，而萃升书院是东北地区的文化品牌，恢复萃升书院是挖掘和利用地方文化资源的重大举措，可以作为弘扬传统文化的符号，传承地方文化。

萃升书院的复建工作于 2014 年 10 月份正式启动，并按照先期计划一步步地、有序地进行。前期我们先做了资料的搜集工作，包括图片资料和文字资料，拟订了恢复建设萃升书院的可行性方案，并在此基础上于 2015 年 7 月 31 日举行了“萃升书院复建准备工作论证会”。此次会议邀请了辽宁大学历史学院教授胡玉海、辽宁社会科学院所长廖晓晴、沈阳故宫博物院研究员佟悦、张氏帅府博物馆副馆长曲香昆、原辽宁省博物馆副馆长由智超、沈阳日报社编审初国卿等六位辽沈著名史学专家参加，辽宁省图书馆馆长王筱雯、副馆长杜希林、特藏部主任刘冰、特藏部副主任娄明辉出席了本次会议。会议由辽宁省图书馆副馆长杜希林主持。论证会上，各位专家畅所欲言，对萃升书院的复建工作提出了很多建设性的意见。

各位专家均对辽宁省图书馆复建萃升书院这一发展思路给予了肯定，认为辽宁省图书馆复建萃升书院是可行的。

三、复建后的萃升书院自然情况及开展的活动

复建后的萃升书院位于我馆三楼西南角，包含两块区域，在民国文献阅览区东侧的传统文化体验区和在民国文献阅览区西侧的萃升讲堂。两块区域依功能不同来区分，装潢力求古朴、庄重、典雅，采用明清时期书房家具的样式，力求营造一种传统文化氛围。

复建后的萃升书院于2017年2月2日举办了第一次活动——小型展览。该展览旨在向大众推介萃升书院，让不了解萃升书院历史的读者可以更多

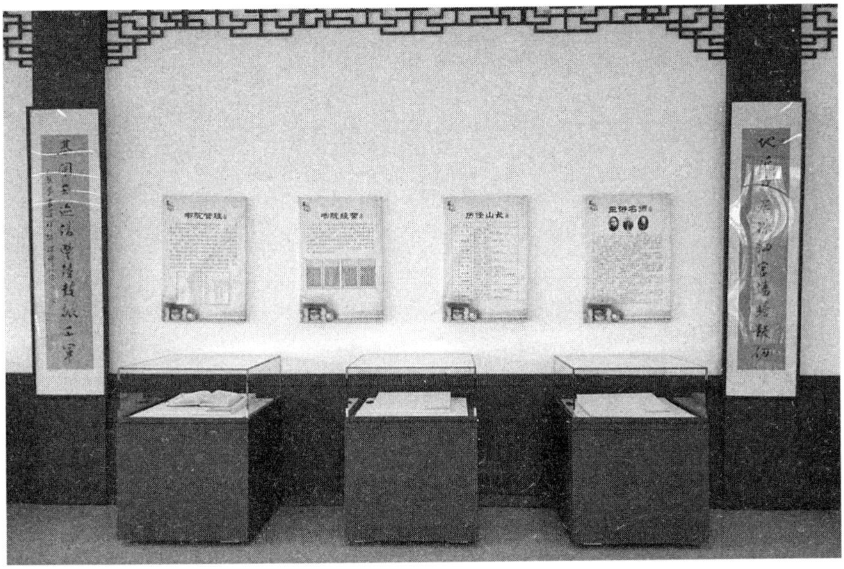

◎ 展览

地、更直观地了解萃升书院。展览设在萃升讲堂北侧，共设展柜 7 个、展板 10 个，分别从创始之初、复用旧称、原址复建、书院管理、书院经营、历任山长、主讲名师、书院位图、书院藏书几个方面介绍了萃升书院的情况。自展览开办之日，观展人数已近千人，观展群众反响良好，多人咨询书院其他活动排期及相关事宜。

萃升书院历经二百余年的风雨沧桑，如今洗尽铅华，再获重生。在大力宣扬传统文化的历史契机下，复建后的萃升书院一方面会将原有萃升书院的职能优势继承下来，如藏书、教化等，这些职能主要通过讲座、读书会的形式来实现；另一方面，也将依据新时代新背景将萃升书院的职能予以创新，如结合地域特色进行文化传播，通过展演的形式再现古籍制作、修复的场景。无论继承抑或是创新，我们都旨在将萃升书院的职能发挥得更好，使之更好地为读者服务，力争不负当年盛京三大书院之首的盛名。

◎ 展览

点亮心灯——为特殊群体打造一站式服务空间

:: 撰写 / 孟志丹

辽宁省图书馆为特殊群体服务始于 2002 年，通过 17 年的探索、努力和完善，从无到有、从弱到强，搭建了一个让特殊群体读者能平等参与社会和共享公共文化资源的平台，得到了广大视障读者、社会各界和上级领导的认可和赞扬。为了使更多特殊读者走进图书馆、使用图书馆，辽图以新馆建设为契机，秉承"公益性、基本性、均等性、便利性"的原则，高屋建瓴、统筹规划，在新馆一楼南侧最便捷的区域精心设计打造了特殊群体服务中心，旨在为特殊群体打造一站式服务空间。

服务中心于 2015 年 8 月 22 日试开馆期间，率先对读者开放，主要针对老年人、残疾人、农民工等特殊群体开展服务，结束了辽图特殊群体读者没有独立服务空间的历史。几年来，服务中心不断加强对特殊读者的文化关怀，深化为特殊群体服务工作意识，竭力打造精准服务，使特殊群体能够平等接受教育、掌握生存技能、提高综合素质和融入主流社会。

服务中心在空间设计、空间布局、服务体验等方面充分考虑特殊群体的需求和特性，将“一站式”理念贯彻始终，不忘初心，不断创新，让爱心迸发，传递给需要帮助的视障、听障、肢残及老年朋友等特殊群体。

一、空间设计集百家之长，全面周到

新馆建设初期，我们把创建国内一流的特殊群体服务中心作为工作目标，调研国内外成功案例，集各家所长融入于馆设计方案中，邀请专家研讨、论证，制订设计方案，既汲取百家之精华，又充分考虑我馆的特点和特殊群体需求，力求打造满足特殊读者主观需求的文化服务中心，从整体到设计的细微之处力争尽善尽美、全面周到。

在场地面积方面，根据我省人口数量、特殊群体规模、经济水平及新馆建设面积，我们规划设计了500平方米的空间作为特殊群体服务中心。

在选址原则方面，考虑到特殊群体在生理和身体方面的特殊性，以方便、快捷为第一出发点，其次根据其对光线需求的特点，确定将特殊群体服务中心设立在出入快捷、通行方便、光照性强、相对安静的一楼南侧黄金位置。

在环境建设方面，首先考虑盲道的铺设和无障碍设施的建设；其次考虑墙壁的颜色要温馨舒适，光照度要满足阅读标准，桌椅颜色和地面的颜色要形成适当对比度；还有一点就是尽量使用木质桌椅和书架，并且家具的尺寸和工艺要有特别要求。

在功能区域方面，遵循科学实用、专业和谐的原则，按照功能划分出传统阅读区、数字阅读区、无障碍阅读区、无障碍观影室、盲文编辑刻印区、培训室、志愿者工作站及咨询办证服务区等八大功能区。室内设有无

◎ 特殊群体服务中心

障碍卫生间。

二、空间布局集精尖于一体，无微不至

完成了特殊群体服务中心的空间设计，意味着迈出了第一步。然而，巧妇难为无米之炊，服务特殊群体读者，还需要大量的设施和辅助器具来完成服务内容。经过市场调研，我们选择了国内一流、经验丰富的合作方，配置了应用性强、功能先进的硬件设施，让特殊群体能近距离体验书香和现代化的阅读方式，精心打造的传统阅读区、数字读览区、盲文编辑刻印区、无障碍观影室、无障碍阅读区等，处处体现出无微不至的关怀和细致。

传统阅读区，由纸质盲文书、低视力可读的大字本图书、专用书架、专用盲文阅览桌椅、光学助视器、低视力阅读台灯等组成。在这个区域，低视力读者、老年读者可以看大字本书，或者通过光学助视器等辅具来看书，

◎ 传统阅读区

将普通文字扩大 2—20 倍；盲人读者可以直接摸读盲文图书。

数字阅读区，由盲人有声读书机、一体式读报机、盲人电脑、有声读物、电子光盘及专用桌椅等产品组成。盲人有声读书机能将纸质的图书通过扫描、识别及语音合成后形成数字化的读物，以便视障朋友听读。盲人电脑和一体式读报机的主要功能是能直接听读网络上的资源。有声读物和电子光盘等产品直接是以数字化的方式呈现，视障朋友通过听读来学习、娱乐及获取信息。与传统的纸质出版物相比，数字化电子出版物具有存储量大、容易保存、检索方便以及成本较低等优点，年轻的读者更加喜欢数字阅读。

盲文编辑刻印区是我馆的一大特色和亮点，该区由双面快速盲文刻印机、图形刻印机、盲文点显器、切纸机和装订打孔机组成。通过这些专业设备，我们自己可以完成中文的录入、盲文的翻译、编辑校对及装订成各种读者需要的盲文书刊和杂志，不仅解决了难买盲文书籍的问题，还在全国综合图书馆内开创性地出版盲文版的图书馆期刊，帮助懂盲文的视障朋友通过摸读盲文书刊和杂志来了解世界、积累知识。

无障碍观影室，是特别为特殊读者尤其是视障读者而精心设计的。我们先将一部常规的电影节目重新剪辑处理，然后在播放电影过程中，解说员在电影声音空白时用精炼准确的语言将电影中的人物形象、动作表情、背景画面等内容讲解给特殊读者观看或收听，帮助他们更好地看懂和了解整部电影内容，享受电影节目带给他们的快乐和幸福。

无障碍阅读区，配置了先进实用的电子助视器、扩视软件及盲文点显器等无障碍阅读辅具。在这里，低视力和老年读者可以通过电子助视器缩放字体和颜色设置来阅读明眼文；在这里，盲人朋友可以通过盲文点显器来摸读电脑中的文件和浏览网络上的资源。满足特殊群体没有障碍的阅读，架起和世界沟通交流的桥梁，饱览博大精深的世界文化和知识，这就是我们的追求和责任。

室内无障碍卫生间配置有专用洁具、安全扶手及紧急求助按钮等无障碍设施，符合人性化设计和个性化需求。

三、一站式服务体验，树立品牌，不断创新

从空间设计和布局可见，特殊群体服务中心将相关系统的理论知识和深厚的科学合理性融于一体，尊重地域性、特殊性、专业性及以人为本，达到设计和布局的最高境界。如何利用这些空间、设备和设施，将“一站式”服务做到最好，将空间布局和设计以及设施设备利用到最优，创立服务品牌，工作中推陈出新，不断摸索和尝试，是我们特殊群体中心几年来一直坚持

的目标和努力方向。

（一）创办盲文期刊《辽宁视障者之窗》

我馆是经出版机构认可的具有内部刊号且具有能快速批量刻印盲文书籍和期刊的综合性图书馆。2015 年 8 月，盲文期刊《辽宁视障者之窗》创刊号正式印发。首期盲文文献资料内容涵盖文学、艺术、科普、生活等几个板块，以盲人读者的需求为出发点和立足点，受到了盲人读者的欢迎和好评。在杂志的编辑印制过程中，工作人员和志愿者从基础学起，一点点地掌握盲文刻印机、图形刻印机、盲文点显器、切纸机和装订打孔机等设备的使用技能，认真制作好每本期刊，将图书馆的阅读推广活动和咨询，以及视障读者喜闻乐见的美文用盲文的形式呈现给视障读者，既体现了服务公平，也是一种新的探索和尝试，截至 2018 年春已印制并发放期刊 10 期，免费赠送给全国公共图书馆的盲人阅览室、辽宁省各级盲协、残联等服务机构，极大地推动了我省及全国无障碍阅读推广工作。

（二）书香千里，送书上门，服务零距离

几年来，我们在工作中发现，特殊群体对阅读的渴求与大众是一样的，甚至更为强烈。因此，我们在如何解决他们出行不便、借阅不畅的问题上反复论证，多次调研，在多方努力下，“书香千里，为盲人送书上门”服务于 2016 年春节前夕正式启动。首次上门服务，选择了 6 位盲人读者家庭，定时定点将盲文书刊资料和新春的祝福送到盲人手中，同时也与盲人读者面对面地交流，了解他们的文化需求，盲人读者对辽图此举赞不绝口。这是我们秉承“一站式”服务理念的一次尝试。两年来，通过这项阅读推广服务，我们为出行不便又有阅读需求的特殊群体读者办理借书证，并免费送书上门或送教上门。只要他们拨打“送书电话”，我们就可以通过快递或志愿者将服务延伸至其所在的地方，使其足不出户就可以阅读。

（三）竭力创建品牌服务，打造特殊群体读书平台

经过我们对听障、视障、老年读者广泛充分调研和论证后，探索出一系列能满足他们主观需求的服务模式。深受读者喜闻乐见的品牌服务有“手语世界”“对面朗读”“乐龄俱乐部”。

1.“手语世界”——聆听世界的窗口

活动以开办手语培训班的方式培训能够有效为聋人服务的志愿者，并组织他们走近聋人读者，为健听人和聋人增进相互了解、深入交流沟通提供机会、创造环境，并以多元的文化服务和丰富的学习资源为聋人读者们提供更广阔的精神空间和知识平台。

2.“对面朗读”——穿透黑暗的微光

为满足盲人朋友，特别是盲人孩子的文化需求，我馆推出了“对面朗读”活动，并不断延伸服务触角，将阵地服务和外延服务相结合。近几年来，我们以新馆设备设施为依托，将“对面朗读”服务进行了拓展，为视障读者提供菜单式精准服务，为有着具体阅读需求的读者录制有声读物或文章。2017 年，招募百余名声音志愿者，为视障读者录制有声读物，目前已经录制完成两部作品。在满足读者个性化需求的同时，用声音传递信息、用声音传递温暖，制作出来的是有温度的有声资料。

3.“乐龄俱乐部”——老有所乐的家园

几年来，乐龄俱乐部备受老年读者的欢迎和喜爱，在这里他们老有所学、老有所乐。“老年学电脑”作为俱乐部的一项重要活动，在新馆对外开放后，为了满足越来越多老年人需求，增加了学习班次，扩大了每期学员的招收规模，老年读者报名踊跃，学习兴趣浓厚，风雨无阻。工作人员经常见到奋笔疾书专心听课的老人，三五成群热烈讨论的老人，当然还有因为没报上名唉声叹气的老人。

（四）培训室，常态化提高读者阅读能力

为了提高特殊群体的阅读能力，我们利用服务中心专设的培训室定期为特殊群体读者举办培训和讲座，还为从事特殊群体服务的工作人员、志愿者进行培训。通过举办各种形式和内容的培训，大幅提升了特殊群体的综合素质、综合技能及参与社会竞争的能力。

（五）志愿者工作站，搭建残健交流的桥梁

志愿者工作站为广大热心公益、甘于无私奉献的志愿者，搭建服务平台，特别为特殊群体提供人员和服务保障。志愿者不仅参与图书馆的各项服务项目，更重要的是协同图书馆工作人员开展了文化助残服务，受到读者和各界朋友的积极好评。文化志愿者服务犹如我馆一张流动的名片，他们向特殊群体读者传递我馆服务理念、服务内容和服务体系。

四、特殊群体服务的延伸思考

（一）便利服务，跨界合作

在视障服务中，我们一直呼吁便利、平等，真正能做到便利，最重要的是要走近这个群体，了解和体验他们的实际生活和需求，并且与服务他们的机构、部门密切合作，如各级残联、盲协、盲校、特殊学校等，包括各高校志愿者团队、新闻媒体以及爱心组织，携手各界共同为特殊群体提供力所能及的帮助。

（二）效能服务，融合社会

一直以来，我们所采取的一系列的举措、服务，都是我们怎么做，我们做了什么，此外，视障朋友对图书馆的认可、对公共文化的认知，以及社会的融合度，也是我们应该思考的问题。今后，我们应注重服务效能，

将视障服务、无障碍阅读推广做得更精准、常态化、便利化、均等化。

（三）**志愿服务，细致规范**

文化志愿服务组织作为一支具有无限拓展空间和巨大发展潜力的新兴社会力量，必将成为辽宁文化强省建设事业中的新鲜血液，日益发挥重要作用。2017年12月1日，《志愿者服务条例》正式实施，在志愿组织、志愿活动促进措施、法律责任等方面有了明确的法律条款依据。该条例的实施，更加需要我们规范志愿服务，提高志愿者的专业化水平，为特殊群体提供精准志愿服务。

五、结语

辽图特殊群体服务中心自成立以来，在各级领导的关心、支持和帮助下，在各界同仁和志愿者的努力工作下，各项服务工作已日臻完善、日趋成熟，取得了阶段性的成果。截至2017年底，已服务视障读者超过10万人次，举办文化助残公益活动约800余次，获得广大读者、相关领导及社会各界的高度赞誉和肯定。我们将不忘初心，继续奋斗，助力点亮特殊群体读者的心灯。

Part 2

文献资源建设篇

辽宁地方作家作品签名本及手稿的征集

∷ 撰写／孙　超

1951 年秋，蒲松龄后裔蒲文珊将珍藏的《聊斋志异》部分手稿送至辽宁省图书馆（原名东北图书馆）保存，此时辽宁省图书馆即开始了对手稿的保存和收藏。1983 年，时逢辽宁省图书馆庆祝开馆三十五周年之际，珍藏多年的两部聊斋手稿在“馆藏善本书展览”中首次对外展出。此时的古籍部已经开展了地方文献的征集工作。1996 年，辽宁省图书馆由大帅府旧址搬至南塔原址后，“辽宁籍三十年代著名作家资料馆”隆重开馆。后陆续筹建地方文献专库，由信息咨询部设立地方文献组，专门负责有关地方文献专库的管理及咨询工作。2013 年，辽宁省图书馆正式成立地方文献部，将先前由信息咨询部地方文献组负责的工作交给新部门重新分配完成。地方文献的征集工作也细化为三大块：第一，非公开出版的地方文献图书的征集；第二，地方内部刊物的征集；第三，地方作家作品签名本及手稿的征集。由此，辽宁省图书馆作家作品签名本及手稿的征集步入一个新的阶段。

一、签名本及手稿征集的目的与意义

征集工作向来是图书馆的基础业务之一。人们总把图书馆比作书的海洋，因其拥有丰富的文献资源。而除了出版社的呈缴和图书采购外，图书馆的征集工作还包含一些较为特殊的部分，如作家作品签名本和手稿等非正式出版的内部出版物。这些在市面上买不到的文献资料对于图书馆的收藏和研究者考证利用有着不可小觑的价值。

（一）特色凸显，建立特色馆藏

对于省级公共图书馆而言，地方文献的收藏保存及利用是形成其馆藏特色的基础之一，而特定区域内的特色资源，是在其他区域难以获取的，地方文献的征集因此成为基础中的基础。

作家作品个性鲜明、内容广泛、体裁多样，包括小说、诗歌、散文、传记文学、报告文学等多种体裁，内容上也涉猎甚广，包括社会、政治、经济等多个领域。上到领导决策，下到百姓民生，作家作品可谓无所不触，且不仅限于本乡本土，其文化价值不言而喻，且带有内在的历史性和社会性。从整体而言，作家作品所运用的叙事手法和艺术技巧均带有强烈的文学性。在描绘地方人物事物时相比普通地方文献更加形象生动，可读性更强。如沈阳作家马秋芬的《到东北看二人转》，记录东北二人转从“低俗文化”到“流行文化”到“高雅文化”的命运轨迹；《老沈阳：盛京流云》抓取沈阳城经久不衰或缓缓老去的特殊的人和物，描绘老城独有的历史记忆。大连作家素素的《独语东北》和《流光碎影》，将东北的山川、人物、文化置于笔端，剖析得精细透彻。这些可读性强的作家作品同时也是珍贵的辽宁地方文献，其特殊的形式和内容成为特定区域内的特色资源，因此成为辽宁省图书馆地方文献征集的重要组成部分。

（二）不可再生资源，折射社会历史变迁

作品签名本和手稿都是稀缺资源，尤其对于已故作家，更是不可再生资源，且签名本更容易建立作者与读者间的亲密关系，增强作品与读者间的互动。而对于手稿，其研究更是一个在世界范围内都具有悠久传统的重要领域。瑞士语言学家冯铁教授曾通过对汪静之等现代作家所用稿纸的考察发现，“节省稿纸是经过抗战一代作家的习惯”。如果不是通过手稿，这样一个简单的事实很容易被忽视，而这一事实对于对现代作家的研究并非毫无意义。此外，一部作品手稿中的每一次修改、每一处涂抹，都是作者思维过程的再现，对研究作者本人及其所处的社会环境都有极大价值。由此可见，手稿的价值不仅仅局限于文学范畴，更有其文本的生成过程，在一定程度上折射出社会发展、历史变迁。

图书馆对签名本和手稿的征集，是对特色资源的收集整理，是对文化的收藏保存，更为读者研究、利用提供了极大便利。

二、签名本及手稿征集的具体做法

（一）征集分工

如上所述，自 2013 年地方文献部成立后，新部门将征集工作细化，将地方文献分成三大块进行征集，即非公开出版的地方文献图书、地方内部刊物以及地方作家作品签名本及手稿等，且将各部分地方文献的征集工作细分到专人负责，有效补充全馆采购和征集的空缺。

对于作家作品的征集，主要包括三个部分：一是对作家作品签名本的

征集，二是对作家手稿的征集，三是对作家其他资料，如照片、证书、书画作品等的征集。在众多的地方文献资料的征集当中，签名本和手稿因价值不菲而凸显其征集工作的与众不同。签名本手稿的征集工作主要包括线索的搜集、实地探访，征集到馆后的整理录入，等等。征集到的签名本和手稿及实物资料等，地方文献部负责初期的信息整理及录入，后期的编目加工入藏工作由采编部专门负责，入藏后交由地方文献部做专库收藏管理。

（二）征集渠道

地方资源庞杂而丰富，征集工作者只有通过不断地探索、联系、走访才能获得更多珍贵资源。辽宁省图书馆手稿及作家签名本等的征集途径主要包括：与辽宁省作家协会、辽宁省散文学会等机构的互惠合作；参加文学研讨会及文学界的各类活动，如展览、签售会、文学报告会等；发布签名本和手稿的征集公告；电话沟通及实地走访等。

几年来，我们参加了辽宁省散文学会举办的“散文创作与繁荣辽海文化研讨会”，辽宁省作家协会、辽宁人民出版社和沈阳市文联主办的“书卷辽海——辽沈作家作品展示”活动以及辽宁省首届“双利杯”百名书画家和百名作家作品展等。活动的开展，一方面是征集工作者文学视野的扩展，有利于提高其工作能力，另一方面更是与作家建立联系的重要契机。例如，通过辽宁省老艺术家协会的刘华蓉老师，我们联系到了辽宁著名学者、作家彭定安，以及著名散文家单复老人的儿子单明，之后陆续获得他们赠送的签名作品及手稿等。

辽宁省散文学会秘书长葛江洋老师、辽宁省作家协会的周建新老师、沈阳市残疾人作家协会主席赵凯老师等，我们也都是通过参加活动与之建立联系。他们不仅捐赠了个人的签名作品，还多次为签名本和手稿的征集工作提供线索。长期与他们保持联系，也能第一时间获得文学界的活动信息，搭建作者与图书馆之间的桥梁。就是这样充分利用参加各种活动的机会，征集人员将图书馆的征集工作加以宣传，逐渐拓宽征集渠道。

不论通过哪种渠道获知作者信息，最终最重要的征集方式就是登门拜访。辽宁省图书馆地方文献部于2013年正式开展签名本和手稿的征集工作，期间与百余位地方作者建立联系，拜访了30余位作者，累计逾40次。其中包括辽宁诗坛泰斗级人物阿红，辽宁省作协主席韶华、刘兆林，曾与毛岸英并肩战斗过的辽宁著名作家杨大群，辽宁著名作家、学者彭定安，以及著名作家胡世宗、鲍尔吉·原野，等等。以上作者均向辽宁省图书馆捐赠了签名作品或手稿，成为图书馆珍贵的文献资料。当面的沟通与了解更有助于获得作者的信任，也可使作者了解图书馆的工作流程，进一步认识到图书馆工作及征集的意义和收藏的价值。登门拜访使征集更直接、更有效，更显诚意。

另有部分作者由于地域等原因，无法当面拜访，通过电话沟通也慷慨赠书，如曾任辽宁省省委宣传部长、鲁迅文学奖获得者王充闾老师，通过电话联系，将几十种签名作品赠予我馆收藏。

◎ 著名作家王充闾及其赠予辽宁省图书馆的签名作品

（三）征集成果

所谓征集成果，不仅仅是征集到的签名本和手稿数量逐年上升，地方文献部还在征集的过程中发现问题、解决问题，在规范征集程序、扩大宣传、增强社会效应等方面做了积极的改良，对征集工作的顺利开展有非常重要的作用。

首先，细致分工，建立专库。

看似简单的工作分工，却使得庞杂的地方文献资源收集变得有序规范，且有了突出的重点，更容易在某一领域进行重点突击，形成规模，从而更有利于特色馆藏的形成及后续研究者的查阅和利用。

签名本和手稿的征集责成专人负责后，建立签名本和手稿专库进行保存，这是近年来辽宁省图书馆地方文献部签名本和手稿征集工作的新发展，这部分文献资料不仅为今后更好地进行资料收藏管理及利用提供了极大便利，更成为非常珍贵的馆藏资源。

目前，辽宁省图书馆签名本库已入藏辽宁作家作品签名本 400 余种。除了名家签名本，辽宁本土的一些文学团体和本土作家得知签名本库的建立后，也纷纷将其出版的文学作品签名赠予我馆收藏。签名本库的建立在一定程度上反映了辽宁文学发展的现状和成就，力求为辽宁文学的发展研究提供有力支持。

其次，展览展出，扩大宣传。

目前，我们征集到手稿近 140 件，书法作品、照片、光盘等其他有关作家的资料等 100 余件。2015 年 5 月，辽宁省图书馆举办了“文苑英华——辽宁省图书馆馆藏当代辽沈部分著名作家手稿展”，展览展出手稿 129 件，引起了社会各界的强烈反响，辽宁卫视、“新北方”栏目、《辽沈晚报》等多家媒体进行报道。在此基础上，扩大展览的社会效应，吸引更多作者将有价值的资料置于图书馆永久保存。

在我们征集的众多手稿中，有已故著名作家单复的散文手记，有其写给巴金的百岁贺信，有彭定安老先生从1949年就开始保存的读书笔记，有其获奖作品——长篇小说《离离原上草》的创作手稿，更有抗战老兵的抗美援朝日记片断。

2017年7月，辽宁省图书馆还在《辽沈晚报》发出征集启事，扩大包括签名本和手稿在内的辽宁地方文献及东北抗联文献征集工作的宣传，将征集工作推上新高度。

最后，制定规则，针对性更强。

随着征集数量的上升，辽宁省图书馆逐渐制定了有针对性的编目规则，对有关手稿进行细致的整理加工。手稿编目规则的制定，有利于征集工作者在手稿搜集过程中获取更加完整的相关信息，为手稿征集后的保存管理和利用提供保障。

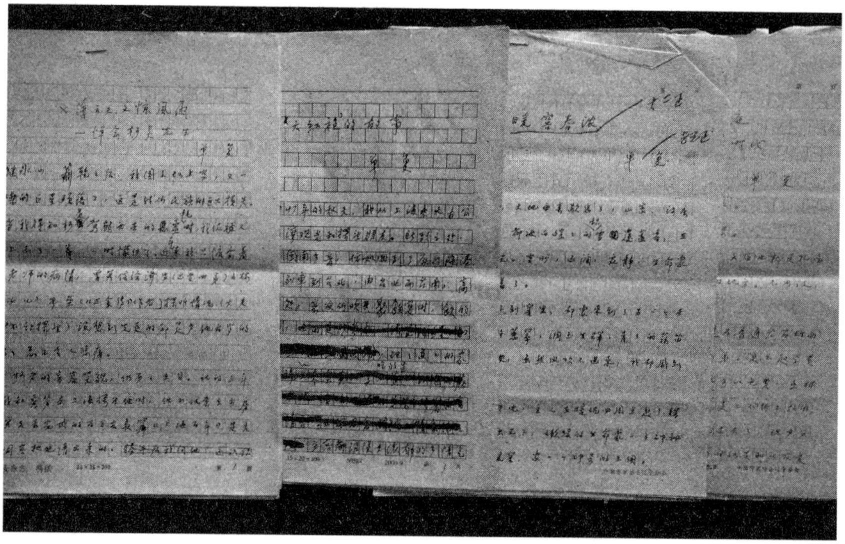

◎ 中国著名散文作家单复的部分散文手稿

◎ 著名学者彭定安赠送的部分读书笔记

三、签名本及手稿征集的经验总结与思考

随着文献的不断丰富和网络的飞速发展，作家作品签名本及手稿的征集工作具有了空前的紧迫性，成为我们所面临的抢救性工作之一，尤其手稿的征集更是迫在眉睫。在笔者拜访过的作家中，有的已经与世长辞。社会的进步和发展给这项征集工作带来了更大的难度和挑战，以往关于签名本和手稿的征集或可给我们以下启示：

首先，建立科学有效的采访规则和方法势在必行。征集工作看似简单，却要求征集人员不仅要有高度的工作热情和责任感，还要掌握丰富的知识和科学有效的采访方法。辽宁省图书馆几年来的征集成果，很大程度上归功于地方文献部征集目标的确立和征集渠道的科学拓展，再加上征集工作者的积极探索使得征集初见成效。而在今后的工作中，征集人员更应该建立抢救意识，可在每一次采访前拟订主题和提纲，有计划、有目的地对作家本人进行全方位的采访，除了签名本和手稿的征集外，可将围绕作家本人有价值的内容，如其生平经历、主要代表作及其被采访时的神态、谈话内容、生活情景等一一记录，连同其主要著作、包括他人研究等各方面资料汇总，加之音像资料，制作成多媒体光盘以永久保存，更好地发挥资料的收藏和使用价值，一举多得。

其次，细化规范手稿等的收藏细则和程序必不可少。征集只是图书馆保存和收藏珍贵文献的起点，重中之重还在后续的管理等方面，加强专题文献的管理，制定详尽的保存和收藏细则，有利于征集工作的规范化，也为征集工作有序、持续地开展打下基础。

再次，展览、宣传扩大社会效应是推进工作的必要举措。辽宁省图书馆力求通过对签名本及手稿等开展馆内展览、媒体报道以及媒体刊发征集启事等途径，扩大资源的征集面，同时促进文献资源的有效利用，将珍贵的历史文献更好地呈现给读者。

总之，面对瞬息万变的信息社会，搜集珍贵的文献资料，抢救珍贵的文化资源，是图书馆人不可推卸的责任和使命。纳百川入海，展辽图风采，征集的路上我们任重而道远！

辽宁省图书馆地方文献数字化建设探索与实践

∷ 撰写 / 吴丽杰

辽宁省图书馆是辽宁省藏书中心、书目中心、图书馆间协作协调及业务研究与交流的中心，在70年的发展历程中，秉承弘扬传统文化、传播地域人文精神、服务社会的理念，始终将地方文献作为藏书建设的重点，在地方文献资源建设中遵循系统性和持续性的原则，累积了丰富的地方文献馆藏，形成了较为完备、独具地方特色的藏书体系。截至目前，馆藏地方文献总量达5万余种，包括地方图书、地方期刊、地方报纸以及地方志、谱牒、地图、地方名家手稿、地方作者签名本、满铁资料、东北抗战文献等特藏专藏文献，另外还藏有相当数量的缩微胶片、音视频等地方非书资料。丰富的馆藏地方文献资源，为我们开展地方文献数字化建设奠定了丰厚的文献资源基础。

自20世纪90年代开始，辽宁省图书馆开始致力于地方文献数字化建设工作，陆续建设了东北图录、清史图录、家谱、东北抗战、旧方志、馆藏民国地方报纸、《辽海往事》口述历史、《记忆中的老工厂》、《辽宁建筑与名人》等质量较好、文献价值较大、学术价值较高的地方文献数据库。目前，已建设地方文献数据库 33 个，数据总量 2555131 条，总容量 3000 余 G，这些数据库的建设有效地提高了地方文献资源的利用效率，对于普及地方历史文化知识，传承地域文化，促进地方文化的繁荣发展发挥了重要的作用。

一、做好规划定位，明确地方文献数字化发展方向

地方文献数字化是图书馆数字资源建设的重要组成部分，辽宁省图书馆一直非常重视地方文献数字化建设工作。2003 年，辽宁省图书馆出台了《辽宁省图书馆数字资源建设管理规则》，明确提出了全馆数字资源建设应遵循“统一规划、联合建设；需求牵引、突出特色；规范管理、保证质量；强化积累、持续发展；注意版权、稳妥运作”的总体原则。由于有了一个比较完善的纲领性文件，辽宁省图书馆的数据库建设逐步步入了规范、优质、高效的发展轨道。

2013 年，辽宁省图书馆成立地方文献部，统筹、协调全馆的地方文献数字化建设工作，加大了地方文献开发力度和数字化建设的步伐，确定了以辽宁和东北地域的大文化信息数字化建设为定位，以馆藏特色资源数字化、地方专题资源建设、网络地方资源采集为主要内容，突出馆藏特色、地域特色和地方文化内涵的建设目标，地方文献数字化建设取得了长足的发展。

2014 年，省图书馆组织有关专家进行了充分论证，计划重新整合现有

馆藏地方文献及数字资源，进一步开发馆藏地方文献资源，以辽宁省图书馆丰富的馆藏地方文献资源为依托，以记录历史、保护文献、传承地域文化为宗旨，建设辽宁文化数据库，形成多载体、多类型的专题资源集合。

辽宁文化具有鲜明的地域特色，它与辽宁的经济建设、政治发展、人民生活密切相关，是中华文化的重要组成部分。考古发掘证明，辽宁地区的文明史同黄河流域一样悠久，在5000多年的漫长历史长河中，辽宁地方文化薪火不绝、长盛不衰，对中原文化乃至中国历史的发展都产生过重大的影响，在中华文化史上留下了一系列华彩篇章。地方文献是地方历史文化的载体，从地方文献中挖掘一地的人物、地名与建筑历史、风土民俗、文化景观等地方历史文化专题，为研究与保护地域文化服务，是图书馆的重要功能。我们在论证辽宁文化数据库时，也是以此为理念，设定了以地方文献资源为基础，包括辽宁风土民俗、非物质文化遗产、民族源流、辽宁人物、辽宁工业、历史建筑、文学艺术、文化景观、戏剧影视等专题来建设辽宁文化数据库，形成以文字、图片、多媒体等为载体的多元化专题资源集合，对辽宁文化进行全景性的描述和呈现，向公众展示我省对人类文明与悠久文化进行保护、开发、利用的进程与成果，从而达到弘扬优秀地域文化和推动先进文化传播的目的，为让人们更多地了解、认识辽宁提供又一信息平台。

二、加快建设步伐，地方文献数字化建设卓见成效

辽宁省图书馆地方文献数字化建设包括书目、图片、全文、视频、音频、多媒体等多种数据库类型。2013年以来，辽宁省图书馆地方文献数字化建设工作在宏观规划、内容、容量、技术等方面都有了较大的进展，主要从

特色馆藏数字化、地方专题资源库建设、网络地方资源采集等方面深入挖掘地域文化资源，开展了多项地方文献数字化建设工作，取得显著成效。

（一）特色馆藏数字化，有效提高资源利用率

辽宁省图书馆馆藏以新中国成立前东北地方文献和伪满时期文献著称，这部分文献极具史料价值和文献价值，深受地方专家学者的关注。由于年代久远，大部分纸张已经老化发脆，无法以原文献的方式提供读者使用，为了抢救保护和研究利用这部分文献，省图书馆近年开展了旧方志、馆藏“满铁”资料、馆藏民国地方报纸等特色馆藏的数字化建设工作，极大地提高了馆藏特色资源的利用效率。

1. 馆藏旧方志数字化

地方志是记录一个地区自然与社会全面情况的历史文献，是了解一个地区历史与现实的珍贵参考书，对于地方史、社会学、民俗学等学术研究具有重要的意义。旧方志是指 1949 年以前编纂的地方志。2013 年，我们对馆藏旧方志进行了认真调研，按照 1949 年以前东北地域行政区划，参考 1986 年出版的《中国地方志联合目录》中辽宁省图书馆收藏的方志信息，检索馆藏古籍书目数据库，最终检出馆藏东北地域旧方志 265 种，几乎涵盖了东北行政区划的各个区域。馆藏旧方志中，有 167 种已制作成缩微胶片，其中 66 种是古籍善本，101 种为普通古籍。为了避免损坏原文献，旧方志的数字化工作利用已制成的缩微胶片，胶片总拍数约 45000 拍（一拍两页），转换为 9 万页数字化图片，旧方志数据库以这些数字化文件为基础，制作成电子书，后期将打包的电子书与元数据进行链接，只要在发布界面点击书名即可进入电子书，使用电子书浏览软件进行全文浏览。

2.“满铁”资料书目数据库

“满铁”资料是 1906 年南满洲铁道株式会社（简称“满铁”）成立到

1945年解体的40年中该机构及其下属机构编辑和收藏的资料、藏书的总称。“满铁”资料不仅是日本军国主义侵略中国的铁证，也是研究当时历史以及教育子孙后代的重要材料。“满铁”资料是最能体现本馆馆藏特色的文献资料之一，辽宁省图书馆馆藏的“满铁”资料近30000种，数量大、品种多、质量高，在国内“满铁”资料的收藏单位中名列第三，仅次于大连图书馆、中国科学院。2000年左右，本馆曾组织人员进行了“满铁”资料的开发工作，存留下Word形式的数据资料。2013年，地方文献部将这些数据资料整理出馆藏“满铁”日文图书、西文图书、中文图书、期刊的具体书目信息，并对4种类型文献的数据结构进行统一，利用自建数据库系统建立了“满铁”资料书目数据库，该库共收录数据25701条，其中“满铁”日文图书15625条、“满铁”西文图书6887条、“满铁”中文图书2242条、“满铁”期刊947条，全面地反映了辽宁省图书馆馆藏“满铁”资料概况。

3. 民国地方报纸数字化

民国报纸是指民国元年（1911）辛亥革命以后至1949年新中国成立前所出版的中文报纸，它们是民国这一特殊社会转型期思想、文化的最主要载体。民国地方报纸如实记录了民国时期辽宁、东北地区乃至全中国的社会、政治、军事、经济、教育、思想文化等各个方面的发展状况，蕴藏着许多极为珍贵的历史资料。数字化开发可以使研究者利用网络随时随地检索这些资料，避免重复翻阅文献造成的对文献的损坏，充分发挥民国报纸的史料价值。2013—2017年，辽宁省图书馆陆续开展了《东北日报》《东三省民报》《和平日报》《中央日报》《醒时报》《泰东日报》等民国时期东北地方报纸的数字化工作，制作数据446927条，数据总容量达48.58G。

（二）地方专题资源建设，彰显地域文化华彩

地方专题资源库是围绕特定专题，对相关的各种类型资源进行整合而形成的关于这一地方专题的资源聚合。2014 年，辽宁省图书馆确立了以体现地方特色、弘扬地域文化为目标，建立辽宁文化数据库的建设规划。在选题时，立足于辽宁经济、社会、文化发展，以辽宁和东北地域的大文化信息数字化为目标定位，既充分反映地方特色、时代特色，同时要具有较高的文化、历史价值。近年来，地方专题资源库建设工作主要开展了《辽海往事》口述历史、《记忆中的老工厂》专题资源库建设等 6 项工作。

1.《辽海往事》口述历史

口述历史是见证人类历史的宝贵口头资料，弥补了传统史学研究中单纯依托文献的特点，对记录和丰富辽宁发展史有着重要的现实意义和深远的历史意义。《辽海往事》口述历史项目建设工作于 2016 年启动，该项目以辽宁地区的若干项重大考古发现为线索，通过发掘人员、亲历人员或见证者的讲述，为观众呈现出若干发掘故事，并且延伸到其背后的意义和对这片土地的影响，形成 20 集《辽海往事》口述历史资源库。该项目采访了郭大顺、华玉冰、王秋华、傅仁义、冯永谦等 10 余位考古发掘的见证者，内容涵盖了朝阳翼龙、鸟化石、花化石、金牛山人、新乐遗址、红山文化、东大杖子战国墓、碣石宫、叶茂台辽墓、明长城、汗王宫等辽宁地区重大考古发现。

2.《记忆中的老工厂》专题资源库

2016 年，辽宁省图书馆开展了《记忆中的老工厂》专题资源库建设。该项目以纪录片形式记录辽宁那些曾经为共和国工业创造过辉煌，现在已经在历史舞台消失的国有企业以及在这些企业发展过程中做出巨大贡献却逐渐被人遗忘的老劳模，用劳模们的精神激励后人，在全面振兴辽宁老工业基地中发挥作用。纪录片共拍摄 20 集，包括沈阳冶炼厂、沈阳机车车辆厂、沈阳重型机械厂、沈阳机床一厂、沈阳汽车制造厂、沈阳鼓风机厂、沈阳电缆厂、沈阳飞机制造厂、沈阳铸造厂以及工人村和老工业区，再现了辽宁老工业基地的辉煌历史。

3.《辽宁建筑与名人》专题资源库

《辽宁建筑与名人》专题资源库建设于 2017 年启动，项目以纪录片的形式，以展现具有辽宁历史文化特点的建筑为主线，讲述建筑与辽宁名人的历史。共拍摄 6 集，包括北大营、常荫槐公馆、大帅府、东北陆军讲武堂、吴俊升公馆、杨宇霆公馆。

4.《奉天通志》东北人物数据库

《奉天通志》东北人物数据库于 2015 年启动建设，该库收录具有东北籍贯、活动于东北以及曾在东北停留（只收停留期间的内容）的人物数据，包括人物的图片、资料（小传、传记、相关介绍）、著述（文章、专著、画作、篆刻等）等索引信息，囊括活跃在本地区历史舞台上的勋阀、乡宦、忠节之人、武林人士、文学艺术及社会名流，是地方人物资料之总集。现已制作人物条目 43263 条，数据容量 8G。数据库标明文献来源、出处、页码，方便使用者查找。

5. 东北抗联专题数字化建设

辽宁省图书馆现收录 1931 年至 1945 年期间反映东北地区的政治、经济、文化等基本情况的文献资料和与东北抗联相关的文献约 3000 册（件）。2017 年，省图书馆开展了东北抗联专题文献数字化建设工作，在馆藏东北抗联文献中选取 57 册具有较高历史价值的抗联文献进行数字化加工，按照双层 PDF 标准扫描 26682 页，可实现全文检索。

6.“中国图书馆界重要人物专题”资源建设项目

2015 年 12 月，国家图书馆中国记忆项目中心联合全国图书馆界各相关单位共同启动了“中国图书馆界重要人物专题”资源建设工作，对我国现当代图书馆学家和为我国图书馆事业发展做出过突出贡献的人士进行口述史访谈。辽宁省图书馆作为联建单位，积极参与项目建设工作，2018 年 1 月，选定在辽宁图书馆界具有重要影响力的辽宁图书馆原副馆长韩锡铎为项目建设人物，向国家图书馆提交了中国记忆项目“中国图书馆界重要人物专题资源共建申报书”，通过专家评定并获准立项，被列为第二批共建项目。

该项目严格按照中国记忆项目“中国图书馆界重要人物专题”资源共建工作手册中制定的各项标准进行拍摄制作，向国家图书馆提交总时长不低于 6 小时的成片，将音视频口述史料所记录的内容转录为文稿，并进行校对和编辑。同时向受访人征集照片、信件、笔记、日记、手稿、音视频资料、出版物（包括非正式出版物）等相关文献。

（三）采集地方网络资源，及时保存重要网络信息

网络环境下，有关地方政治、经济、历史、文化等方面的信息日益丰富，这些信息数量惊人、来源广泛、动态性强，每天都有海量有价值的信息在消亡，为了使具有重要价值的网络资源得以永久保存，辽宁省图书馆自 2014 年起，依托数字图书馆推广工程数字资源联合建设项目开展了地方网络资源采集工作，内容包括政府公开信息、地方网络资源典藏、专题网站资源采集。

1. 政府公开信息建设

2014 年，辽宁省图书馆启动政府公开信息项目建设，该项目利用中国政府公开信息整合服务平台，通过互联网采集、加工辽宁省人民政府及下属委办厅局官网上的公文信息，以便为人民群众提供更加透明、便捷的政府信息服务。截至 2017 年年底，共采集 115 家省级政府官方网站 2054 个栏目的政务公开信息，著录政府信息数据 115300 万条，数据总容量约

22G。

2. 地方网络资源典藏

2016 年，辽宁省图书馆开展了地方网络资源典藏项目建设，该项目以政府网站的采集和存档为重点，对辽宁省行政区域的核心政府机构、事业单位、文化、艺术、科普等网站内的全部内容进行采集，资源采集完成后对其进行编目、索引，保存于本地服务器。截至 2017 年年底，共计典藏 156 家网站 830177 个网页，资源容量 178.53G。

3. 专题网站资源采集

专题资源网站采集建设项目以地方专题的采集和存档为重点，围绕当地重大文化事件、地方民风民俗、地方文化保护等主题，采集本地区完整的、延续性较好的重点专题网络资源，采集对象为网站专题频道和网页，将采集到的文档（WARC 文档）数据进行索引后发布。2018 年，辽宁省图书馆将采集 5 个网络地方专题资源，每个专题的链接不少于 100 个。

（四）建设地方文献书目数据库，全面揭示馆藏地方文献

从 2001 年起，省图书馆在馆藏书目数据库的基础上，对内容属于地方文献的图书进行附加主题标引和分类标引。在主题标引时，除进行学科主题标引外，还要根据文献内容以团体名称、会议名称、地理名称等主题词为主标目进行双重标引；在分类标引时，除按常规著录 690 字段外，重复 690 字段，并在分类号前加“地文”。通过对地方文献图书主题和分类的双重附加标引，在本馆馆藏书目数据库中建立起地方文献书目数据库，现已累积 2 万余条数据。读者通过省图书馆网站（网址：www.lnlib.com）OPAC 检索的分类途径，输入“地文”，即可浏览检索所有地方文献书目数据。

三、任重道远，地方文献数字化建设展望

（一） 深挖地域文化内涵，以专题的形式多角度整合地方文献资源

在地方文献数字化建设中，要深挖地方文化内涵，有针对性地收集相关地方文献，发掘地方文化外延，将分散的、极具地方特征的多类型、多载体地方文献聚合汇总，提升地域文化资源建设的高度。首先要确立宏观的视角，在具体的项目实施过程中，需要对专题建设展开研究和讨论，从而确定资源建设的角度，并探索资源建设能够达到的高度和深入程度。其次要确定专题可挖掘的角度，多角度、多渠道收集文化资源，给地方专题建设呈现更多的可能性。再次，一个专题资源的建设还需要考虑地域文化资源建设的整体环境，给予此专题与其他专题融合的机会。以红山文化专题的建设为例，除了收集文献资料外，要注重视听资料和实物资料的收集，综合考虑考古自然、历史、社会等多因素、多角度的挖掘。

（二）对地方文献数字资源进行深层次加工，努力提高资源揭示的深度和内在关联性

辽宁省图书馆目前所建地方文献数据库数量较多，大部分数据库未做主题标引，对文献的开发仅局限在提供书目、索引、全文的层面上，资源的内容揭示不足，缺乏内在关联度，同一主题的不同数据库间没有链接和联合检索功能，不利于全面综合地查找信息。应在现有数据库基础上整合优化，进行深层次加工，对资源进行深度标引，深入到知识单元层面，努力提高文献资源揭示的深度和内在关联性，将原有数据库打造成具有知识内容性、层次关联性的知识体系，在相同主题的不同载体、不同类型、不同来源的数据间建立关联，将馆藏数字文献、纸质文献和网络文献融合在一起，实现基于知识的检索。

（三）系统采集网上地方专题资源，为地方文献数字化建设提供重要的资源支撑

近年来，辽宁省图书馆依托数字图书馆推广工程数字资源联合建设项目开展了网上地方资源的采集工作，政府公开信息和地方重要网站的采集已初具规模，对网上地方专题资源的收集整理则刚刚起步，相对滞后。随着网络的不断发展，网上地方资源日益丰富，对于传承优秀地域文化和学术研究具有非常重要的作用。网络资源的特点多为实效新、更新快，但是缺乏稳定性和规范性，同一专题的信息分散于多个网站，收藏价值参差不齐，作为地方文献工作者，我们有责任对这些网上资源进行及时搜集、筛选、编目，重点对体现地域特色与文化内涵的网络资源按专题进行有序整合，将它们变成规范的、有价值的地方专题文献资源，在地方文献数字化建设中，与传统纸质文献互为补充，成为重要的资源支撑。

（四）持续积累地方文献课题服务成果，汇集地方专题信息

地方文献咨询人员在针对不同读者就某一地方专题长期跟踪服务的过程中，积累了丰富的地方专题资料，其中一些数据已经形成电子文档，分散于各个咨询人员的电脑中，没有形成系统的信息。省图书馆在 2013 年曾对以往地方文献课题服务中积累的地方专题资料进行梳理，整理出 19155 条索引信息，汇集了文史资料、抗日战争、东北灾荒三个专题，初步建立了地方文献专题信息单元数据库。之后，由于各种原因一直没有持续补充数据。专题课题服务信息的汇聚应保持连续性，不断补充和积累，逐步形成各类地方专题资料的聚合，这既有利于深入开发这些文献信息，又能为需要它们的读者提供更为全面、高效的服务。

（五）加大资源推广力度，增强开放性，提升资源使用效益

辽宁省图书馆自建的地方文献数据库大多仅限馆内访问，这样对读者来说就局限了使用地点，不利于随时随地获取信息。此外，由于缺乏对数据库资源的宣传推广，许多数据库建成后，并不为读者所知，影响了资源的利用率。图书馆应该通过微信、微博、网站等媒体以及举办展览、讲座等方式加大对地方文献数据库的推广力度；同时开放资源广域网使用权限，让读者足不出户即可检索、利用资源。此外，应制作专门的地方数字资源检索网页，集中揭示本馆地方文献资源，让读者了解馆藏地方文献及数字资源，引导读者利用好这些资源，扩大资源利用范围，让资源发挥更大的效益。

四、结语

辽宁省图书馆地方文献数字化建设依托丰富的馆藏地方文献资源，立足馆藏特色、地域特色、文化特色，扎实推进，在建设内容、质量、规模、数量等方面都取得了很大的发展，建设了大批体现地域特色和文化内涵的优质数据库，有效地保障了读者的需求，在弘扬地域文化，服务地方政治、经济等方面发挥了重要作用。目前，辽宁省图书馆的地方文献数字化建设虽然取得了一定的成绩，但也存在一定的问题，在文化根脉的挖掘深度、资源揭示的层次、资源之间的关联度、资源的推广度等方面还有许多需要改进的地方。地方文献数字化工作任重而道远，需要资源建设人员长期不懈的努力，今后我们将进一步加大地方文献数字化建设力度，改进不足之处，深挖文化内涵，以记录历史、传承中华优秀文化为宗旨，努力构建地方数字资源保障体系，为本地区经济建设和社会发展提供有力的智力支持，为增强文化自信，推进社会主义文化繁荣发展做出应有的贡献。

《辽海往事》口述历史文献资源建设探析

∷ 撰写／王　爽

历史是被叙述者叙述出来的。历史一旦发生，原生态的历史就永不复返，后代叙述者只能从自己的角度去阐释历史、还原历史，使自己的叙述版本尽可能接近原生态的历史。但历史研究需要多维度、全方位的观察角度，口述历史提供了一个视角，它以记录某一人物口述的形式，记载口述者在某个历史阶段或某一历史事件的亲历过程及亲历者的个人感受或领悟，其主要目的在于将口述者记忆中的活资料拯救并保存下来，侧重于从事件参与者或见证者的角度进入历史情境当中，描述事件的细节，创造一种真实的情境氛围，是一个地域“活的历史”。

21 世纪以来，随着大量学术会议的举办、相关组织机构的建立和海外交流的增加，我国的口述历史研究加速发展，迈上了新的台阶。图书馆作为收藏记忆资源的重要单位，在口述历史资源建设中勇挑重担、积极进取，在口述史的收藏、制作和利用过程中发挥自己的优势作用。作为保护人类文化遗产的新型载体媒介，口述历史资源建设方兴未艾，正在成为图书馆文献资源建设的重要组成部分。

我馆积极开展口述历史资源建设工作。早期的口述历史文献工作集中于相关口述历史文献的采集，重点征集了口述历史出版物以及音像制品。随着口述历史工作的发展，我馆把口述历史资源建设工作延伸到制作、整理、保存和服务等方面。为总结和梳理辽宁地区的古代文明，添补辽宁古代文明考古领域的口述历史空白，把辽宁地域内考古发掘中的重大历史事件和历史阶段的亲历者和见证人记忆中的活资料抢救并保存起来，我馆于 2016 年开展了《辽海往事》大型口述历史类文化专题片的制作工作。

一、科学定题，做好前期论证工作

辽宁省图书馆地方文献部负责口述历史工作的开展。为保证口述历史专题片的制作质量，项目开展前期曾组织召开多次专家论证会，聘请了辽宁大学历史学院教授胡玉海和王秋华、辽宁省社会科学院历史研究所研究员廖晓晴、沈阳故宫博物院研究员佟悦、辽宁广播电视台战略发展研究中心高级记者等省内知名专家和学者，从选题立意、工作流程、预期效果等多个角度全方位地为我馆口述历史工作提供宝贵意见。经过充分的论证，我馆决定开展以“辽海往事”为主题的口述历史专题片制作。该片以辽宁地区重要的历史事件为背景，邀请相关文化名人及事件亲历者和见证人讲述特定历史时期自己亲身经历或者耳闻目睹的故事。

二、精心准备，撰写完备采访大纲

（一）收集背景资料

口述史采访人员必须深入掌握口述专题的背景资料，才能使工作目标明确，有据可依。由于我馆的口述史以重大考古与历史事件为叙述主题，所以我们利用馆藏文献、数据库及相关网络信息，收集、整理辽宁地区重要考古文献资料。地方文献部工作人员对本地历史文化有较好的了解，在对文献资料进行仔细的研读后，筛选出有重大意义和代表性的考古发现及遗址、遗迹留存，然后深入了解这些重大事件的来龙去脉、过程经过，同时要熟悉与此相关的专业词汇、重要人物、名称等，从而确定采访主题。

（二）联系意向采访人

确定采访主题之后，需要收集相关采访人信息，联系意向采访人，以明确具体的采访对象。我们主要通过当地的文物保护部门以及博物馆等单位了解意向采访人的相关信息，拟订意向受访人名单。根据名单，通过各种渠道与受访人取得联系，我们主要通过电话与采访人建立联系。随后要与受访人进行前期沟通，前期沟通也是正式访谈的预备访谈阶段，要尽可能多地了解受访人的基本信息及其经历，并向其详细说明口述采访的目的、内容、工作流程及隐私保护及利用等情况。同时，还要听取受访人对此项工作的个人意愿、理解及建议，了解受访人的健康状况、生活习惯、方言使用等情况。这些前期准备工作为制订合理的工作计划和访谈提纲提供详尽资料。

（三）撰写访谈大纲

根据前期预备访谈所获信息及相关资料，制订访谈提纲。访谈提纲主要包含两方面内容：一是受访人的基本信息，包括受访人的姓名、曾用名、出生年月、籍贯、学历、工作经历等；二是采访问题，采访问题是撰写采访大纲的重点。采访问题的设计，以启发性、具体化、描述性问题为主，需要包括具体的细节以及记忆最深的人、事、物等。由于采访基于受访人当时参与重要活动的经历，所以问题设计将围绕受访人当时的感受及对场景的描述进行展开。在正式采访开始前，将访谈提纲提供给受访人，使受访人有充分的时间准备接受采访。

（四）准备拍摄设备

口述历史拍摄的基本设备是摄像机、录音设备、光照设备。摄像要求访谈以受访人为主导，采访人仅负责提问与互动交谈，因此选择两台摄像机进行拍摄，以拍摄受访人为主。录音要求为受访人佩戴领夹式麦克风进行全程录音，同时配备录音笔近距离贴身录制。用光要求选择最合适的光照环境，为了突出人物，在采访者家中拍摄使用人造光，在工作单位和实验室采用自然光。

三、深入实地进行采访

（一）确定访谈时间与地点

访谈时间以受访人意愿为准，考虑其生活习惯及环境等因素，并考虑受访人的年龄及身体状况，合理安排访谈频次，每次访谈时间根据实际情况调整，不宜过长，一般控制在 2 小时以内。

访谈采用实地拍摄、现场录制的方式。访谈地点一般选择受访人熟悉的环境，大多数受访人选择在家中，为了突出口述主题与背景的契合，在征得被采访人同意的情况下可在其工作单位、实验室等地进行拍摄。

（二）实地录制

采访人在做好充分准备的前提下，进入访谈的实际拍摄阶段。采访时，采访人与受访人面对面进行访谈。采访者需要对采访事件有充分的了解和丰富的知识储备，同时还需要掌握相应的访谈技巧。首先，给予受访者充分的尊重，与其建立良好的信任关系。其次，要始终保持中立态度，把握主题和方向，按照时间顺序或事件发展的脉络提问，使用简单明确的语言。同时，在访谈中不断调动受访人回答问题的积极性，与受访人深入交谈。最后，在交谈中需要对信息的有效性做出及时判断，还要发掘信息点并加以追问，从而对问题获得更深入的了解。另外，在追问的过程中不能破坏受访人情绪或干扰其思路。有时对受访人员的采访不能一次完成，需要及

◎ 采访人员在受访者家中进行口述采访

时进行补录。

工作人员历时半年，完成了对近四十位亲历者及相关学者的口述采访，获得了一手资料。很多亲历者虽然有著作或者文章发表，但是仅限于学术讨论，对自己亲历事件进行口述记录则是头一次。我们还采访了亲身经历事件的干警和村民，例如，采访了参与葫芦岛建昌东大杖子战国墓地保护的侦察员，采访了发现和参与“鸟化石”挖掘的朝阳本地村民以及了解营口金牛山遗址历史的当地村民。这些事件亲历者都是第一次讲述自己的亲身经历，以讲述者的视角，补绘历史骨架；用人的情怀，丰满口述历史的内涵。

（三）相关资料收集

口述历史采访工作不是单纯的录制口述视频，地方文献工作者在采访过程中还要注意全方位的采集相关资料。在采访过程中，我们还适当地对受访人生活状况以及社会活动等情况进行拍照、录音、拍摄，对受访人进行全方位的记录；同时对考古现场和遗址、遗迹进行实地拍摄，保存大量的图片和视频资料。我们还进行了其他文献的收集，包括受访人的著作、手稿、笔记、信件、照片、证书、奖章等，很多学者赠送了相关研究著作的签名本和手稿。

四、口述历史资料的整理与获取

采集的口述历史资料要由专家逐字逐句进行审核，然后进行后期剪辑合成。目前共完成 14 个专题的视频资料制作。这 14 个专题包括《鸟语花香》《金牛山人（上下）》《走进新乐（上下）》《龙出辽河源》《女神出世》《城市文明初记》《探寻战国墓（上下）》《东临碣石有遗篇（上下）》

《石室丹青》《探秘统领鲜卑的汉氏王朝》《惊世叶茂台（上下）》《佛塔之谜（上下）》《千里明城》《寻踪汗王宫》。这些口述记录以讲述者的真情实感为叙事线索，具有很强的代入感，读者通过观看口述视频可以对历史事件有更深入的了解和身临其境的感受，加强读者对本土历史文化的深入理解与热爱。

图书馆制作口述历史资料重在利用数字媒体与网络，我馆目前提供了两种口述历史获取途径。一是实地获取，将《辽海往事》大型口述历史资料制作成光碟，并录入馆藏系统，读者可在图书馆网站检索到相关记录，光碟被存放于多媒体服务中心，读者可在图书馆利用电脑及 DVD 播放设备进行观赏；二是在线获取，将口述历史资源收入到辽宁省图书馆数据库中，读者足不出户，通过互联网在线浏览。

五、思考与展望

《辽海往事》大型口述历史制作是辽宁省图书馆口述历史工作的开拓性尝试。通过这项工作我们收集、整理了具有地方特色的口述资源，抢救、保护了历史资料，丰富了馆藏特色文献，保存传承了地域文化记忆，这使我们认识到图书馆参与口述历史制作的重要意义与紧迫性。同时，我们也发现图书馆口述历史工作任重而道远，图书馆在口述历史工作中如何独树一帜，走出特色之路，发挥为读者服务的功能，需要图书馆工作人员不断探索。图书馆开展口述历史工作需要在以下服务功能上多加探索。第一，发挥对口述历史文献的收集功能。我国开展口述历史工作的主要单位有高校、地方史志办、政协文史委、科研系统和图书馆。与图书馆相比，这些单位更偏向于口述历史的记录与自我使用，图书馆则应致力于口述历史文献的全面、系统收集。第二，发挥对口述历史文献的存储功能。图书馆具有存储纸质、电子、音视频文献等多种文献的强大功能，因此在存储口述历史文献上也应发挥存储中心的作用，如将各单位制作的口述历史文献存放到当地图书馆，会得到更安全、专业的保存。第三，发挥对口述历史文献的信息揭示功能。揭示口述历史文献，目的在于使读者能够有效地获取和利用口述史料，图书馆可以编制口述历史联合目录，以及利用信息组织技术构建智能化的、开放性的、易于检索和分享的数字资源共享平台。第四，发挥生产新文献的功能。图书馆不仅是文献的收藏者，也是文献的生产者，根据馆藏建设规划与读者使用需求制作口述历史文献是图书馆发挥文献生产功能的重要途径。第五，发挥对口述历史文献的宣传推广作用。图书馆发挥其公共推广的传统功能，充分展示其收藏的口述历史资料，使用户知晓图书馆的口述历史文献收藏信息，架起口述历史文献与用户之间的桥梁，促进口述历史文献的传播与利用。

我馆在口述历史制作工作中迈出了坚实的第一步，今后我馆将陆续开展中国图书馆界重要人物专题及东北抗战老兵专题的口述历史制作工作。工作人员仍需在不断探索中积累工作经验，推动口述历史制作工作持续发展。

民国图书数据库建设

:: 撰写／王　娇

民国图书泛指从 1911 年辛亥革命到 1949 年新中国成立之前的图书资料。这个阶段是中国社会发生历史性剧变的重要时期，这个时期我国经历了一系列的内忧外患和民族、国家命运的转折，各种思潮汇聚、碰撞，这期间出版的图书包含着特定时代的经济、政治、社会、文化、思想等一系列内容，是时代文化的重要载体。因此，这一期间出版、刊印的图书资料具有很高的历史价值，客观、全面、真实地再现历史发展阶段，是研究中国近现代史最重要的基础性资料。

一、建设民国图书数据库的必要性

虽然民国时期距离现在的时间不长，但是受到造纸技术和印刷技术的影响，很多图书的纸张和印制质量不高，很多图书所使用的是机械磨木浆纸和酸性化学造纸，纸张酸性较强、耐用度不高、质量较差、不易于长期保存。除此以外，民国时期图书装帧技术较为落后，图书在翻页过程极易出现损坏。这不仅是辽宁省图书馆面临的困难，而且是全国图书馆面临的一个普遍性的问题。2004 年国家图书馆启动了“馆藏纸质文献酸性和保存现状的调查分析”，经过调查显示，各馆藏文献中酸化、老化和损毁状况最严重的是民国时期的图书，甚至要超过了存世时间更久的古籍。根据普遍测算，民国时期的历史文献保存期限为 50 至 100 年之间，图书的保存时限在 100 至 200 年之间。按照这个数据进行推算，大部分图书馆所藏的民国时期图书大部分已经接近了极限。此外，受到历史条件的限制，以往大量的民国图书并不具备良好的保存条件，未采取科学的保存措施，馆藏环境不够理想，加速了文献的老化进程。如果不采取切实有效的措施，在不久的将来，大量的民国文献很可能完全消失，造成严重的文化断层现象，这种损失是无法弥补的。因此，加强对民国图书的抢救和保护已经刻不容缓。

1948 年，东北图书馆成立于哈尔滨，当时是东北地区最大的公共图书馆，也是辽宁省图书馆的前身。该馆馆藏的民国时期文献资料资源十分丰富，目前总计藏有各类民国图书 2.8 万余种、4.4 万余册，其中很多图书具有极高的史料价值和文献价值。例如，1946 年由国民党陆军总司令部印制的《中国战区中国陆军总司令部受降报告书》、1941 年满洲拓植委员会等出版的《满洲开拓年鉴》，都是研究东北地区乃至全国抗日战争史和日本侵华罪行的重要证据。再如，《毛泽东选集》及陈独秀、瞿秋白等中共早期领导人的著作版本，也是研究中国共产党历史的重要参考资料。与国内其他图书馆馆藏民国图书的情况相似，这些珍贵的图书长期存放在没有保持恒温恒湿环境的普通库房之中，书脊及装订破损现象十分普遍和严重，书页残破甚至掉页的情况也屡有出现。这些珍贵的图书资源如果继续使用和翻阅，最终必将导致其彻底损失殆尽。为了有效保护这些珍贵的图书资料，自 2000 年开始辽宁省图书馆采取了一系列措施，包括制作微缩版、进行数字化扫描等，通过实施再生性保护，这批图书的保存状况得到一定改善。2001 年年底，“民国图书书目数据库”完成建库工作，有 1100 余册民国图书被拍摄成为微缩胶片，为建设中的民国图书文献全文数据库建设提供了坚实可靠的数据来源。待民国文献全文数据库全部建设完成后，通过搜索关键词，读者就可以利用数据库信息资源实现文献的全文阅读、下载等，既能满足对这部分文献的阅读和研究需要，又可以有效降低重复翻阅给图书资料造成的损伤，实现利用与保护的有机统一。

二、民国图书数据库的建设实践

2011 年年初，辽宁省图书馆正式启动了馆藏民国图书文献数据库建设工作，利用专业的处理系统对民国图书进行数字化加工、标引和发布。经过前期的论证和调研，数据库建设分为两个主要阶段：在第一阶段中，技术人员将已经制作拍摄完成的 1100 余种图书的微缩胶片信息进行扫描，并录入到计算机之中加工成为数字化影像文件。在第二阶段，图书馆计划在剩余的馆藏民国图书中选择一批具有较高研究价值、历史价值和文物价值的珍贵图书，通过扫描和拍照等技术实现数字化。在两个阶段工作的基础上，再利用专业电子书加工系统制作电子图书，以 CAJ 格式将制作完成的电子书导出。在后期制作阶段，将电子书与记录之间设置链接，读者只要在数据发布界面进行点击，即可直接查阅电子书相关内容，并利用专门的浏览软件实现全文在线阅读。

（一）数据库的结构设计

数据库的结构设计是建设的基础。充分结合民国图书的特点，在结构设计方面数据库参考了国家图书馆民国文献检索系统的功能，增加了 20 个数据字段，包括题名、副题名、责任者、出版者、出版时间、页码、内容提要、主题词、分类号、馆藏信息等。这些数据字段的设计充分考虑到了民国图书的基本特征，也便于读者选择和使用。基于安全考虑，数据库在设计的过程中增加了文件名的字段，一旦数据库出现故障，电子书与记录的链接发生中断，系统即可自动恢复链接。

表1　数据库结构

序号	字段名	字段长度（字符）
1	ID	20
2	题名	100
3	副题名	100
4	其他题名	100
5	责任者	100
6	其他责任者	100
7	版本说明	50
8	出版者	50
9	出版地点	30
10	出版时间	30
11	页码	30
12	尺寸	30
13	丛编项	100
14	附注说明	长
15	内容提要	长
16	主题词1	100
17	主题词2	100
18	中图分类号1	50
19	中图分类号2	50
20	索书号	50
21	文件名	50
22	馆藏信息	50
23	目次	长
24	语种	10
25	原作语种	10
26	备注	长

（二）电子书的制作

电子书的制作主要分为两个步骤，一是图像处理，二是目录索引的制作。图像处理是将已经拍摄完成的微缩胶片转化成为数字化的影像文件。由于微缩拍摄的图像是一幅页面两个页码，因此需要通过利用图像处理软件，将图片从中间切割开来。图片色彩采用的是灰度模式，分辨率符合国家规范，便于长期保存。图像处理完毕后再用 TIFF 无损压缩格式导出。在此基础上，再利用清华同方的技术系统制作电子书以及目录索引。目录索引制作完成后，利用图像批量处理的功能，集中进行页面及版心校正、降噪等处理，让图片更加清晰。之后点击生成电子书按钮，完整的民国电子图书便制作完成。上传至网络数据库以后，即可通过元数据加工模块进行分类查询。

（三）元数据著录的要点分析

1. 繁体字转化

由于民国图书中简体字和繁体字交替并存，繁体字的数量还相对较多。在元数据著录的过程中，需要对原版图书中的繁体字进行转化，以国务院颁布的简体字目录作为参考。对于一些无法转化的生僻字或符号，可依据相关规范用特定符号代替。

2. 出版年代转化

民国时期的图书中的出版年代各异，纪年的方式和标准也不统一，很多图书中几种纪年方式并用。根据《中国文献编目规则》规定，元数据著录时应如实著录，同时在其后以方括号标注公元纪年。

（四）数据库的利用及开发

辽宁省图书馆的民国图书数据库采用的是边建设边开发的方式，当数据库建设达到一定规模后，就可以利用 TPI 发布模块实现数据自动发布。

这个系统支持用户自主选择字段的颜色、设置字体等，并可以分别指定检索字段、概览字段等，既能够全面收集数字化资源信息，又能够给读者的阅览活动带来极大的方便。

在检索的过程中，读者可以根据自身需求采用基本检索、高级检索和二次检索等检索方式，检索结果和显示方式也可以实现多样化，方便读者全面了解数字化图书的各类信息，全面展示民国图书的全貌。

三、民国图书数据库建设的思索

（一）通过组织全国协作避免重复投入

根据统计，民国期间出版的图书数量浩如烟海，大致有 10 余万种。在民国特定的历史年代中，这些图书经过颠沛流离而后保存下来的数量有限，并且非常分散，散布于国内各大公共图书馆之中。近年来，许多地区的公共图书馆相继启动了馆藏民国图书数字化和建库工作，投入了大量的人力、物力和财力，这其中就难免会出现重复建设。为了统一协调各地的数字化和建库工作，建议文化部成立全国性组织协调机构，对各地省级公共图书馆民国图书馆藏状况进行专项调查，并上报建库计划。国家机构对各省情况进行汇总后建立全国民国图书馆藏联合目录，在建设的过程中对各省馆藏图书进行筛选和去重，再将建库计划进行分解。这样既能够有效了解和掌握全国图书馆馆藏民国图书的基本状况，又能够有效加强建库和数字化的指导，避免重复投入和资源浪费。

（二）建立数据安全防范机制

确保数据库资源的安全是建库的重要基础。在建库过程中会遇到病毒攻击、系统故障等一系列安全隐患，如果处理不当很容易造成数据库的完全瘫痪，造成不可挽回的影响。辽宁省图书馆在馆藏文献数据库建设的过程中就曾经出现了几次系统故障，导致了部分数据丢失。因此，做好数据库资源安全保护十分重要。为了实现这个目标，就需要对数据库资源进行定期备份。图书馆要安排专人周一至周五每天利用系统功能进行自动备份，并且还要定期将数据刻录成光盘。通过有效的数据备份可以最大限度降低系统故障引发的各类风险，确保读者可以稳定利用数据库资源。

（三）建立监察制度，确保建库质量

建立监察制度的主要目的在于对建库过程实施质量控制，有效发现相关问题，督促相关人员履职尽责。在民国文献数据库建设的过程中，辽宁省图书馆建立了严密的监察制度，对数据质量进行多级校审，不遗留任何质量隐患。建库的每一个环节都要经过严格校审，而每一个工序都包含校审上一个工序的工作责任。选择业务能力突出、认真敬业的业务骨干担任总校审工作，在数据发布前对数据质量进行全面检查，为建库提供可靠的质量保证。

（四）严格落实规范标准

数据库建设的规范化和标准化程度是实现信息资源共享以及文献检索功能自动化的重要基础。数据库建设的标准化体现在两个方面，一是数据库管理系统的标准化，二是数据库著录的标准化。在建设民国图书数字化系统的过程中，辽宁省图书馆采用的是清华同方的 TPI 数据库制作系统，完全符合国家相关标准和要求。在著录过程中严格遵循《中文图书著录条例》《中国图书馆图书分类法》等，这些标准都符合数字资源建设通用标准，为资源共享奠定坚实基础。

表2　著录细则

序号	核心元素	著录字段	著录规则
1	题名	题名	是指图书的主要题名。只有分卷册号无分卷册名的，分卷册号与正题名一同放在正题名中著录，正题名与分卷册号之间隔一个圆点；既有分卷册号又有分卷册名的，分卷册号与分卷册名之间用逗号隔开 例1：题名：建党手册. 第1辑 例2：题名：全国第六次劳动大会文献. 1 例3：题名：汉籍分类目录. 第一辑， 丛书部经部
		副题名	是对题名的解释和说明
		其他题名	是指并列题名（与中文题名等同的外文题名）或交替题名等 例：题名：现代图书馆编目法 其他题名：Practical handbook of modern library cataloging
2	作品语种	语种	图书正文的语种，默认为chi
		原作语种	如图书是由英文翻译而成，著为eng
3	责任者	责任者	指第一责任者，对现有作品形式负主要创作责任的个人或团体。三个（含三个）以内的同一责任方式的责任者之间用逗号隔开，例：章汉夫，许涤新译；三个以上的责任者著录为：×××等。例：金则人等著
		其他责任者	指对现有作品形式负次要责任的个人或团体
4	出版发行项	出版地	先著录出版地，没有出版地著录发行地，没有发行地著录印刷地。如无出版地，则著录为：[出版地不详]
		出版者	先著录出版者，没有出版者著录发行者，没有发行者著录印刷者；如无出版者，则著录为：[出版者不详]
		出版时间	详见出版年代转换中的说明
5	载体形态项	页码	本书的实际页码，如页码不连续，自拟的页码需加方括号，例：[175]页
		尺寸	图书的长度，著录单位为厘米。例：18cm
6	丛编项	丛编项	本书的丛书名，丛书名与丛书号之间用分号隔开 例：人民新教育丛书；1
7	主题	主题词1	依据《汉语主题词表》给出
		主题词2	
8	分类	中图分类号1	依据《中国图书馆分类法》给出，涉及地方文献的图书在“中图分类号2”字段著录“地文”
		中图分类号2	

续表

序号	核心元素	著录字段	著录规则
9	来源	馆藏信息	自动默认为：辽宁省图书馆
		索书号	该书在辽宁省图书馆的索取号
10	说明	附注说明	与该篇文献相关的说明
11	内容提要	内容提要	概括该书的主要内容
12	目次	目次	该书的目次信息
13	文件名	文件名	与数据链接的电子书的文件名
14	备注	备注	与该库相关的说明

（五）加强专业人才培养

为了确保建设质量，要加强对工作人员业务能力和敬业精神的培养教育，引导他们充分认识民国图书资源数据库建设的重要意义和价值，提高使命感和责任感。要加强对数据库建设标准、规范、流程等业务的学习，并加强对民国图书资源特点的研究，形成强烈的图书资源开发、利用意识，提高数字资源开发利用能力。

（六）不断挖掘资源的深层次价值

民国图书具有很高的历史价值和研究价值，因此在数字化资源库建设的过程中，不仅要全面提供数字化资源，而且要注重对民国图书资源的深层次价值的开发，提供数字资源的附加价值，制作生产数字资源的副产品，实现一次开发、多次利用的目标。例如，可以针对民国图书的类别制作多种电子目录，实现内容对比。也可以就某个领域专题制作数字化信息资源，满足专业研究的需要。

Part 3

品牌活动建设篇

辽宁省图书馆展览服务的定位与创新

∷ 撰写 / 路海生　李光媛

随着时代的发展与信息的高速增长，人们对文化服务的质量要求不断提高，公共图书馆的服务范围也得到扩展。当前公共图书馆已经改变了传统的图书借阅服务模式，逐渐形成具备多元化服务功能的信息中心，而展览服务是公共图书馆文化服务的新方向。展览服务依托物理与网络空间，借助先进技术展示馆藏资源与艺术文化，体现了公共图书馆的社会教育职能与文化传播职能，也是公共图书馆促进资源共享，满足用户多样化知识需求的必然选择。文化部在 2006 年召开了首届“公共图书馆展览资源共建共享研讨会”，23 家省级图书馆在会议上共同签署了展览资源共建共享倡议书，以倡导更多的图书馆加入到展览业务中。

一、辽宁省图书馆展览服务的定位分析

（一）建设功能定位

辽宁省图书馆新馆于2011年开工建设，建筑面积超过10万平方米，内部空间采用柱网设计模式，不仅能够满足文献借阅等传统服务需求，也有充足的展览空间，为展览活动开展创造了条件。整体上来看，它将档案馆、科技馆、图书馆以及博物馆四栋具备不同功能的建筑巧妙结合在一个平面上，外部广场与内部景观之间相互通透，如同一幅优美的画卷。辽宁省图书馆不仅是沈阳市的新地标，也是辽宁地区的文化传播中心。在传承原有资源优势的基础上，融合新技术与新理念，按照打造符合国际标准图书馆的功能定位，通过科学规划、合理布局与设施完善，构成融文化休闲、图书阅览、资源展览等为一体的多功能服务平台。同时辽宁省图书馆积极发挥区域优势，联合本省各级图书馆开展展览资源共建共享工作，力求汇聚全省特色资源，进一步形成以省级图书馆为中心的资源共享网络。

（二）服务理念定位

在信息资源获取途径日益多样化的环境下，面对信息背景下用户的多样化需求，辽宁省图书馆改变了传统的服务模式，并且通过服务模式调整适应时代潮流。开展文化公益活动与社会教育活动，是公共图书馆需要承担的职能之一，这也要求公共图书馆以文化为主题开展展览服务，进而遵循主流文化思想。辽宁省图书馆在展览服务定位方面，注重将文化作为中心内容，旨在体现文化产业发展趋势，坚持反映主流文化意识，凸显展览活动的公益特性。同时将信息服务、城市功能、区域文化与展览活动结合起来，深入开展社区、企业调研活动，扩展展览服务受众范围，努力打造有别于传统展览机构的社会形象。

◎ 辽宁省图书馆“不忘初心 讲好中国故事”大型系列展览之一

（三）展览空间定位

辽宁省图书馆的展览空间设计以互动体验体系为依据，充分利用虚拟、智能化等技术为用户提供视听享受，强调通过视觉渲染对馆藏资源进行全方位展示，激发用户的情感、思考、行为、感官与关联体验，最大限度地吸引用户参与其中，以提升展览的可看性与文化传播价值。在开展展览活动时将大众教育作为目标，重视读者对展览作品的审美感受，以及读者与展览作品之间的沟通交流。由于图书馆展览空间中的交流是多向性的，不仅包括读者之间的交流、读者与作品之间的交流，也有艺术家与读者之间的交流。这就要求展览活动积极拓展沟通渠道，营造多元化的展览文化交流空间。

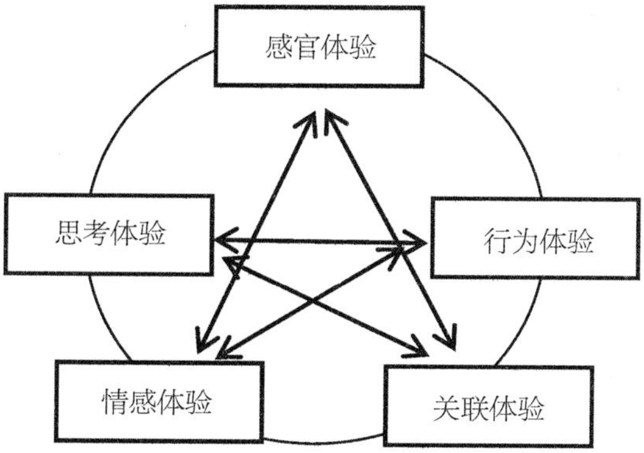

◎ 用户互动体验体系

二、辽宁省图书馆展览服务的设计与工作流程

目前，读者提高了对公共图书馆展览服务的要求，展览服务设计也改变了视觉符号转换的单调模式。公共图书馆应该利用先进技术增强读者与展览作品之间的互动，激发用户的学习与探索欲望，以达成资源共享环境下的知识传播目标。

（一）展览服务的设计要素

辽宁省图书馆展览服务设计考虑到读者需求、支持技术与展览内容等因素，并且将这些要素融入到展览全过程中，有效提升读者的参与度，让他们在获得深刻体验的同时积累知识，以促进展览资源的传播与共享。辽宁省图书馆需要考虑不同层次用户的需求，采用视频、图文等多样的形式，让读者在理解的基础上获得信息知识，并且带着疑问参与到互动活动中。展览内容设计以现代技术为支撑，如立体投影、触摸屏技术等，并且做到合理利用与统筹管理。全面分析学科知识特点与文化背景，保障展览内容具有深度与内涵，挖掘展览内容的逻辑性与学科规律，保障展览资源的整体协调性，并且凸显展览内容的趣味性，进一步吸引读者的注意力。

（二）展览服务的设计步骤

辽宁省图书馆展览服务的设计可大致分为目标定位、内容设计、技术开发与实践操作四步。其中目标定位就是确定展览服务的主题、对象、预期效果等，需要对用户信息进行深入分析，结合辽宁省图书馆展览服务的文化背景、学术支撑等因素，通过合理的定位提升用户体验。在对展览服务进行定位后需要全面分析展览内容，以确定合理的展览组织形式，并且根据不同的展览主题选择最适合的表现方式。同时辽宁省图书馆根据展览需求，遵循展览资源传播与共享的规律，选用合适的信息技术与设施设备，为展览内容的呈现提供支撑。开展展览服务实践过程中，则需要对现场的灯光、色调以及空间布局进行合理设计，以保障展览服务工作的顺利开展。

（三）展览服务的工作流程

辽宁省图书馆展览服务工作的开展是一个系统的工程，在制定展览服务设计方案后，还需要辽宁省图书馆加强与其他信息机构的合作，不断尝试新的资源共享模式，以促进展览资源的优化利用与有效共享。辽宁省图书馆首先需要整理收集不同类型的作品，做好展览活动策划工作，列出与展览活动相关的清单，制作展览标识牌、画册、镜框等。然后通过联络各地图书馆的方式加强宣传，向公众或信息机构发送展览服务调研表，了解不同群体的需求，确定合适的展览日期与巡展路线。最后安排相关人员做好展区布置工作，保障展览活动的正常开展，巡展结束后及时收集反馈信息，并监督展品运输与归位情况，做好展览全过程的记录与统计工作。辽宁省图书馆根据自身的展览服务理念、空间与功能定位，综合利用各种新媒体工具，在不断实践与总结中形成了完善的展览资源共享工作流程体系。

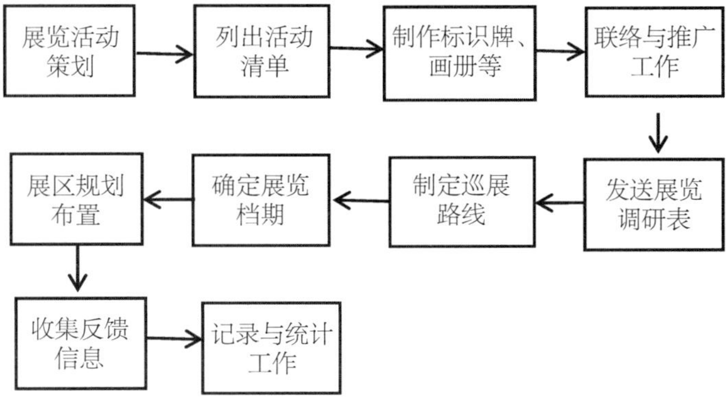

◎ 辽宁省图书馆展览服务的工作流程

三、辽宁省图书馆展览服务的创新发展路径

根据辽宁省图书馆展览服务定位以及展览服务的工作流程，分析可知公共图书馆要想深化展览服务内涵，保障展览主题的多样性与服务质量，还需要进一步思考创新发展路径，通过综合展览服务模式提升用户体验，加强与其他图书馆的联盟以形成发展合力，并且树立图书馆展览服务品牌。

（一）形成综合性展览服务模式

辽宁省图书馆可以将展览服务与专题讲座、图书借阅等服务结合起来，以知识服务融合与数字化技术为基础，构成综合性展览服务模式，以提升图书馆展览服务的整体效益。例如，在开展以区域文化为主题的展览“探寻民族根脉　坚定文化自信——满族传统民俗文化展”活动中，前期的论证会邀请相关领域的专家参与，不断丰富展览服务内容，不仅在展厅中开辟刺绣体验区，还欢迎现场读者试穿满族旗袍并拍照留念。展览还配套大型互动活动和“满族风俗探秘”主题讲座，包括萨满舞蹈、满族旗袍走秀在内的多种文化互动在展览展示厅门前热闹开场，立体、生动地诠释了“满俗传统民俗文化展”，深度地将本地优秀的民间历史文化和非遗文化传递给读者，读者喜乐而归。同时辽宁省图书馆还尝试将展览服务与图书借阅服务相结合，在展厅设置专门的借阅书架，引导用户选择感兴趣的阅读资料，在传播知识的同时陶冶用户情操，以实现展览服务内容的有效拓展。

（二）树立图书馆展览服务品牌

辽宁省图书馆展览活动的成功开展离不开策划、宣传工作，通过宣传不仅能够吸引更多受众，也可以提升图书馆的知名度，进而达成展览服务的目标。辽宁省图书馆展览宣传工作的开展，一方面是宣传展览内容本身，另一方面也是对公共图书馆自身的宣传。可以利用网络、电视、海报等形式开展宣传工作，让读者对展览内容有初步认识，激发他们的兴趣。并且广泛收集读者对展览服务的意见与建议，在展览活动过程中通过现场互动的方式了解读者的真实感受，及时调整展览服务方案，以增强展览服务的针对性与立体感，努力树立展览服务品牌。

（三）加快构建图书馆联盟

我国各地总分馆制度的实施为构建图书馆联盟奠定了基础，也可以促进展览资源共享，进一步形成发展合力。辽宁省图书馆加快构建图书馆联盟，与不同区域的图书馆共同收集展览资源，并构建不同类型的展览资源数据库，不仅为各地图书馆获取展览资源提供了便利，也能够保障展览资源的最大化利用。每个图书馆都有独特的文化资源，联盟成员结合本地特色对展览资源进行开发管理，并且将这些资源在数字化处理的基础上制作成展品，然后发布到展览资源共享网络中，可以方便其他合作者下载使用，也扩大了特色资源的传播范围。各地图书馆可以联合开展展览活动，并加强与科技馆、教育部门的合作，明确不同机构的责任与义务，由图书馆负责展览服务规划、展区布置工作，由合作机构提供展览资料，采用巡回展出的方式满足不同层次用户的文化需求，让更多的读者了解展览作品的文化内涵。

普及公共文化　辽图讲座先行

:: 撰写／崔　岩

文化是民族的血脉，是民族凝聚力和创造力的重要源泉，是综合国力竞争的重要因素。丰富精神文化生活越来越成为我国人民的热切愿望，公益讲座以传播文化知识、弘扬科学精神为主要内容，以推动社会和谐为终极目标，是传播知识、交流思想的有效方式，正以选题精练、涉及领域广、生动形象的传授方式以及易于接受等优势，成为社会公众继续学习、终身学习的平台，日益受到图书馆界的重视和广大读者的青睐。读者们也通过公益讲座对民族文化的解读，强化民俗文化色彩，继承和弘扬中华传统文化，感受中华民族浓浓的文化底蕴和民族精神。

一、概述

辽宁省图书馆讲座自2006年以来，结合每年热点和重点话题，划分种类，精做选题，分析反馈，持续发挥省级图书馆百姓大课堂的社会宣传教育职能，全面推动讲座的品牌建设和升级，积极参与到全省现代公共文化服务体系的构建中。

“辽海讲坛·百姓讲座”在以往工作成果和经验的基础上，从提升服务质量着手，扩大讲座容量，合理优化资源，增添学科内涵，力求打造出令更多读者喜闻乐见的讲座精品。同时，引入微博、微信等新媒体手段拓宽宣传渠道，使讲座预告更及时，信息更新更快速。

“辽图讲坛·名家讲座”从师资团队构建上寻找突破点，借助名人效应，邀请一批享誉业内，颇有名望的大家、名家来馆开讲，提升讲座内容含金量，

◎ 2015年8月22日，阎崇年举办题为“图书馆，我终身的朋友”的讲座

在我馆讲座工作稳步拓展的同时，增强了“辽图讲坛”的品牌效应，为整体提高讲座品牌的知名度和美誉度提供了良好的支撑。

我馆讲座工作从细节着手，创新服务机制，拓展服务内涵，扩宽服务渠道，以推动品牌持续升级为目的，着眼于提高服务水平，提升讲座品质，打造更多的讲座精品，取得了一系列进展。讲座一贯坚持以传播先进文化，弘扬科学精神为宗旨，以满足人民群众日益增长的精神文化需求为出发点和立足点，致力于打造具有普及性、社会性、文化性、公益性的文化品牌。我馆讲座经过十余年的探索与实践，业已成为规模宏大、组织严密、受众广泛、影响深远的成熟品牌。截至 2017 年年底，我馆共举办现场讲座 500 余场、视频讲座 100 余场，惠及读者听众达 10 余万人次。

二、为读者服务，永远在路上

近年来，我馆发扬“创新、共享、开放、均等”的服务理念，扩大服务范围，深化服务内涵，紧密围绕社会主义核心价值观，积极弘扬传统文化、革命文化、先进文化，充分发挥“辽海讲坛”“辽图讲坛”等成熟文化项目的品牌优势，开展内容多样、影响深远、持续不断的大讲堂活动，实现了阅读推广服务的常态化，吸引大量读者走进图书馆，优化了图书馆的服务效能。

（一）坚持多元化发展，提升品牌丰满度

讲座工作在以往取得的成就上继续探索图新，不断深化服务，增添品牌内涵，实现品牌的拓展和升级，提升品牌的丰满度是讲座工作的重点之一。我馆积极发挥组织能动性，在保证现有品牌服务质量的基础上，依托“辽海讲坛”海量资源，挖掘、吸纳优秀专家讲师，深化讲座服务，细化工作

流程，选题精准、层次分明。在维护现有品牌基础上，致力于拓展品牌的多元发展，创建了“文化艺术系列讲座”“读书节专场讲座”“科普周系列讲座”“辽宁省非物质遗产系列讲座”“家文化系列讲座”“重阳节系列讲座”“当代名作家系列讲座”等若干子品牌。这些专题系列讲座，以选题典型、场次集中、内容精彩、效果明显等特点受到了群众的喜爱和欢迎。以“多元发展”推动“品牌发展”的讲座模式，在强化了讲座灵活性的同时，进一步提升了品牌的丰满度。

（二）依托省内联盟，构建服务网络

充分发挥省内图书馆联盟优势，依托行业联盟构架，促进讲座巡讲模式的整体化和均衡化发展。在初步建成全省公共图书馆服务网络的基础上，我馆于 2016 年主持成立了辽宁省公共、高校图书馆联盟，联盟成立后的两年间，省馆积极促进各成员馆在阅读推广等方面的密切协作，为全省图书馆事业的区域化、一体化发展奠定了坚实的基础，为推动辽宁公共文化的均衡发展发挥了积极作用。依托联盟体系，省图书馆积极在全省各地举办多次讲座巡讲活动，极大缓解了部分公共、高校图书馆讲座师资力量不足、经费困难的境况。同时将讲座服务的触角延伸至全国，2017 年 10 月，我馆文化志愿者首次跟随文化部“春雨工程”赴新疆石河子图书馆开展了文化讲座“横看成岭侧成峰：全球化语境中的民俗研究新视角”，架起民族语言交流桥梁，发挥文化春风化雨、潜移默化的作用。

（三）坚持多措并举，打通最后一公里

公共文化服务重在就近就便、贴近群众，在社会急速转型的“互联网 +”时代，图书馆所面临的挑战正在加大，如城市的扩张、需求的多元，降低了单体图书馆的辐射力；数字化阅读的普及，极大冲击了人们的传统阅读习惯；在一些偏远、贫困地区，公共文化服务仍鞭长莫及。我馆讲座工作以解决问题为导向，以共建共享为理念，整合资源，多措并举，立足本馆，深入基层，全力打通公共文化服务的最后一公里。依托“百万图书万里行”活动，根据不同群体读者迥异的文化需求，有的放矢地推出“点对点”服务，深入基层，构建起辐射各市、覆盖城乡的讲座服务网络体系，将“辽图讲坛”推广到社区、部队、校园，将内容丰富、题材多样的讲座带到更多人的身边，让百姓在家门口就能享受到高品质、高水准的讲座服务。

（四）拓宽宣传推广渠道，扩大品牌影响力

“贴近人民生活，满足群众需求”是我馆开办讲座的着眼点和立足点，也是讲座品牌延续和发展的前提和条件。随着信息时代的飞速发展，信息的更新速度和传播广度决定着一个公众文化品牌的生存寿命。“辽海讲坛”和“辽图讲坛”作为省内知名文化品牌，已经拥有数量庞大的听众群，拓宽宣传渠道，加大宣传力度对提高品牌知名度、扩大品牌影响力具有重要推动作用。在无线网络科技日新月异的今天，越来越多的实践证明，运用新媒体大有可为。我馆讲座工作顺应历史潮流，依托新媒体的媒介力量，把握新媒体规律特点，加强新兴宣传工具建设，加大独具特色的品牌文化推广力度，让“辽海讲坛”的文化品牌享誉全国。在宣传推广工作中，我们将认真借鉴先进的经验做法，结合讲座工作实际，维护好新媒体宣传工作，开发、启用更多新媒体软件，不断推动新媒体建设再上新台阶。把握信息传播和推广规律，加强主讲人、听众、组织者三者之间的信息沟通，实现优势互补和深度合作。及时有效地进行信息发布和讲座推介，对于巩固读者群，扩大影响范围，收到了更佳的宣传反馈效果。便捷、高效、及时、充分的沟通方式的出现，进一步激发了“辽海讲坛”和“辽图讲坛”的生机和活力，为品牌的持续发展提供了源源动力。

（五）促进品牌持续发展，提高整体竞争力

今后，我馆将继续坐拥强大的政策支持和雄厚的信息资源，保持其规模宏大、覆盖广泛、影响深远的特点，重点打造讲座的文化权威性，使“辽海讲坛”“辽图讲坛”成为享誉东北、名扬全国的文化名牌。我馆将继续秉承公益性原则，广泛发掘资源，积极扩充名家讲师库，以享有盛誉的讲师团队和喜闻乐见的讲座题目吸引更多的读者，实现品牌的良性发展，最终推动我省文化讲座工作跨越式发展。在今后的工作实践中，我馆将持续把具有较强带动性和辐射作用的讲座作为开展群众性、社会性、公益性、经常性文化活动的重要载体，充分发挥图书馆的社会教育职能，在讲座筹备计划中精准定位并深挖主题，把握时代潮流，紧跟社会主义核心价值观，做好国家政策正确传播与舆论导向工作。同时，当突发性新闻事件或重大社会事件发生时，也应有良好的应变能力，迅速反应，有效推出回馈读者的紧跟社会动态、正确引导舆论导向的专题性讲座，为维持民心稳定与社会和谐，为国家长治久安发挥积极作用。

三、自信源出实干，凝心聚力谱写新篇

（一）整合师资资源，实现全国联动

多年来，辽图讲座作为辽宁省一线文化品牌，已经形成了强大的师资力量、广泛的群众基础和覆盖全省的影响力。在文化强国战略稳步推进的今天，讲座工作更应该立足本省文化特点，秉承“传播文化，传承文明”的讲坛精神，依托各省、市图书馆等文化机构，将独具特色的辽海文化向各地推广，让讲座的文化品牌走出本省，走向全国。同时吸纳全国各地优秀讲师人才和丰富讲座资源，增强文化实力，实现辐射力与影响力的

再升级。

（二）建立评审打分制度，打造名师讲团

随着我国文化事业的进步和发展，设置讲坛、开办讲座已经成为百姓越来越熟悉的一种文化传播方式。面对全国各地区讲座事业蓬勃发展的大好形势，“辽海讲坛”“辽图讲坛”欲脱颖而出，除了服务的深化和细化，更应该注重讲座内容的精彩和讲座形式的新颖。为此，可推动设立评审机制，让听众为每场讲座、每位讲师、每种讲座形式投票和打分，让群众用手中的选票选择自己的需求和喜好，才是满足群众基本文化需求的恰当方式和合理途径。以此为标准，我省可建立起一支素质过硬、人气较高的“五星讲师团”，形成辽图讲座在未来的跨越式发展中可堪依托的中坚力量。

（三）开发新媒体转播模式，扩大讲座影响力与覆盖面

为了进一步加强宣传效果，扩大社会影响力，借助主办方的支持，各承办方可将现场听众反响强烈的讲座精选后，制作成视频资料在相关网站和微信平台上进行播放和宣传，让读者可以随时欣赏和回顾讲座的精彩内容。新媒体转播的宣传方式可以打破时间和空间的阻隔，让辽图讲座成为一项可跨越地域、全天候提供的文化资源，能够极大地满足群众的文化需求，从而扩大讲座的影响力和覆盖面，也为我馆的讲座工作突破传统服务模式，开创崭新传播路径进行大胆探索和有益尝试。

砥砺前行，文化献礼。在构建公共文化服务体系上升为国家战略的大背景下，我馆迎来了建馆七十周年，借助《中华人民共和国公共图书馆法》出台的东风，我馆将以党的十九大精神为统领，牢记使命，坚定自信，以满足人民群众精神文化需求为出发点和落脚点，继续深化服务，不断优化效能，使“辽海讲坛”“辽图讲坛”等成熟的文化服务品牌项目焕发出新的魅力。

手语世界——用指尖传递温暖

∷ 撰写／王晓青

当前在社会主义文化强国的建设进程中，公共文化服务越来越受到国家和地方政府的重视，为了充分体现公共文化服务的平等性、均等性和普惠性，特殊群体成为被重点关注的对象，而保障特殊群体的公共文化权益，也是构建和谐社会的本质体现。关爱特殊群体是全社会的责任，也是关系到中华民族伟大复兴的“中国梦”能否实现的重大问题。积极营造全社会理解、尊重、关心、帮助残障人士的浓厚氛围，进一步提升为残障读者服务工作的能力和水平，为其提供特殊的照顾和服务，消除他们与其他人群之间的沟通鸿沟，是公共图书馆义不容辞的职责。

一、“手语世界”活动的重要意义

多年来，听障人群体数量不断增加、规模不断扩大，社会关注度逐渐增高。通过手语主题活动，能够引导图书馆馆员和文化志愿者主动与听障人士交流，并带动社会各界关心帮助听障人士，鼓励广大听障人士自强自立、奋发向上，为他们提供一个“温暖、轻松、活泼、快乐”的社会环境，让每一个人都有平等享受公共文化服务的权利。

公共图书馆的免费开放，给了听障朋友一个可以自由地走进来，享受阅读、吸收知识的机会。图书馆利用资源优势，发挥自身职能，开展“手语世界”系列志愿活动，推广手语应用，对其进行知识援助和信息传递，能帮助听障人士打开与世界沟通的窗户，让他们的生活充满阳光。因此，积极推进手语活动对于保障听障人士合法权益、维护社会和谐安定具有重要意义。

辽宁省图书馆作为辽宁地区文化事业的先行者，一直坚持履行发展文化事业的义务，坚决践行社会主义核心价值观，为建设富强、民主、文明、和谐的书香社会尽最大的努力。为了提高听障人士读者阅读的自由性，构建听障人士融入社会的桥梁，辽宁省图书馆于 2003 年开办了旨在传播手语技能、扩大知识交流、传递社会关爱的“手语世界”活动。活动主要包括三个组成部分：一是开办手语培训班，邀请专业手语教师为有意愿给听障人士提供服务的志愿者们教授手语；二是组织这些志愿者，走近听障读者，为健听人和听障人士相互增进了解、深入交流沟通提供机会、创造环境；三是为听障读者提供多元的文化服务和丰富的学习资源，为听障读者打造更广阔的精神空间和知识平台。

二、辽宁省图书馆“手语世界”活动团队建设

（一）高素质志愿服务团队的建设

建制建档规范组织管理，开展培训提升服务质量。随着志愿服务队伍的不断壮大，为了实现对志愿者的规范管理，辽宁省图书馆志愿者管理组织制定并逐步完善了包括《辽图志愿者管理办法》和《辽图志愿者操作规程》在内的一整套规章制度，为建立组织严密、纪律严明、训练有素的志愿者队伍提供翔实可靠的准则和依据。为了切实保证“手语世界”活动的服务质量，提升服务效益，辽图在每批志愿者招募初期都会邀请有经验的听障服务专家对具有不同教育背景和文化素质的志愿者进行服务技能的培训和岗位督导，定期进行考核和评议。同时，为每位志愿者建立个人服务档案，追踪记录其提供志愿服务的基本情况，通过对服务档案的完善整理和有效评估，为“手语世界”活动的深入开展提供翔实的第一手资料和研究依据。

专门的管理机构、明确的规章制度、专业系统的培训、健全的档案制度让“手语世界”志愿者组织成为一个组织有力、管理完善、具有凝聚力和向心力的高素质团队。这样的团队在服务工作中将志愿精神和服务能力完美结合，体现出良好的整体实力和强大的战斗力。

（二）团队建设创新发展

科学理念促进良性循环，多方共赢实现科学发展。图书馆在人力资源有限、服务范围广大的现有条件下，更需要大量有能力、有觉悟、有素质的志愿者加入。为此，辽图积极创新招募方式：一方面大力招募以社区、班级、家庭为单位的团体志愿者；另一方面通过网站、微信等新媒体号召年轻人加入。这种与时俱进、充满人性化的招募方式建立了公众对图书馆的归属感，吸引了越来越多的人加入到志愿助残服务的行列中来。另外，

严格保证培训水准和质量，让每一位志愿者学有所得、学有所用，并在为听障朋友服务的过程中得到切实锻炼和提高，同时获得个人成就感和满足感。

参与“手语世界”活动的志愿者有在校大学生、部队官兵、离退休老干部、热心公益事业的媒体从业人员、企业家等，各有所长的志愿者们充实了助残服务的人才库，有效促进了文化助残事业的发展。接受服务的听障读者，不仅感受到知识的力量、丰富了自身精神生活，而且在体验到志愿精神的伟大和温暖后，一些听障朋友也纷纷加入志愿服务的阵营，用自己的力量去帮助别人、回馈社会。来自各行各业的志愿者们同心协力，在扶残助残的事业中不计得失、辛勤劳作，爱心接力、薪火相传。图书馆、志愿者、聋人读者，在“手语世界”文化助残服务这个循环圈中，每一个角色都是付出者，同时也是受益者，正是这种“奉献与收获共存，多方共赢”的服务模式，令“手语世界”活动一直保持着蓬勃的生机和旺盛的活力。

三、辽宁省图书馆“手语世界”活动的建设模式

目前，“手语世界”活动在国内相关领域尚缺乏足够的研究和实践，因而各项工作完全凭借工作人员和志愿者们以热心、爱心和耐心在不断地尝试和摸索中艰难推进。辽宁省图书馆以其丰富的信息资源和人力资源以及遍布全省的庞大服务体系，为聋人及弱势群体提供服务。尽管也经历过失败和挫折，但工作人员和志愿者们并未就此气馁和放弃，在不断地反思和调整中，终于摸索出一套受听障读者朋友们欢迎和喜爱的服务模式。

（一）开展知识信息咨询服务

知识信息闭塞或知识信息面较窄给聋人朋友在获得相关知识信息方面

造成了相当大的困扰，因此了解听障群体的知识信息需求，才能更好地为其提供物质和精神上的帮助，同时也要注意了解他们在人际交往、社会归属等方面的愿望，以便为他们提供更好的服务。为此，辽宁省图书馆充分发挥丰富的知识信息资源优势，通过广泛宣传提高听障读者利用公共图书馆服务资源的意识，针对该群体加强相关知识信息资源开发和利用，满足其特定的需求，利用网上资源，开展网络知识信息咨询服务，为活动的顺利开展奠定了良好的基础。

（二）志愿服务课堂

辽宁省图书馆的“手语世界”志愿活动课堂是由特殊群体服务中心的工作人员联袂省残联的相关知名手语教学研究专家、省残联权威手语工作者，共同为听障人士以及参加特殊群体志愿服务的志愿者们精心打造的手语课堂，是辽宁省图书馆针对听障群体推出的极具品牌价值的公益文化项目。

辽宁省图书馆举办的“手语世界”活动至今已经整整 15 年。作为省内至今为止唯一常年免费举办手语学习的教学点，有着志愿者们 15 年风雨无阻的执着坚持，志愿者们一起为听障朋友健康、快乐地生活，顺利、无阻地学习奉献着自己的爱心和汗水。截至目前，辽宁省图书馆组织“手语世界”活动 500 多场（次），开展培训 3000 余次，直接参与服务的志愿者达 3 万余人，服务受众 15 万余人次，不但在全社会引起了强烈反响，而且受到了各界媒体的广泛关注，中央电视台、新华社新华网等新闻媒体曾对此进行过百余次的深入报道。

辽宁省图书馆组织开设的“手语世界”主要讲授内容是围绕手语教材开展的礼貌问候、人物称谓用语、日常交际用语之类的实用性手语内容。其内容丰富多彩，最关键的是切合实际，符合当代志愿者们扶助残障人士的需要。授课的老师都是省残联优秀志愿者。上课前老师依据教材的主线

◎ 辽宁省图书馆“手语世界”活动。学员在听优秀志愿者赵博讲课

精心备课，充分利用好多媒体展播工具，插入音频、视频以及动画等一系列利于大家接受的课件形式，以便为大家呈现出一场视听盛宴。讲课的老师都已在残联工作多年，具有丰富的与残障人士沟通的实际经验，在讲课的过程中还不时穿插一些趣味小故事在里面，让听众听得既津津有味，饶有兴致，又记忆深刻。该课堂极大提升了志愿者们的志愿服务能力，为进一步帮助聋哑人提供了更多的潜在帮助，让越来越多的弱势群体受惠。

除了每周举办的“手语世界”常规活动外，辽图还积极策划组织并推出了“爱使无声世界更精彩”“手语世界进校园”“聋人绘画、手工艺品展览会”等公益活动，而且在特殊的时间段还举办了如“新年手语联欢会”“全运会人人参与学手语共建和谐”及助残日特别活动等。无论在各类主题活动中还是听障朋友平日来馆阅读、学习，都会有精通手语的工作人员或志愿者尽其所能地满足聋人读者的一切文化需求，为其提供宾至如归的热诚服务。

（三）“手语世界”的课堂教材

手语是听障者表达思想、进行交流的工具。由于我国地域辽阔，存在众多的地方性手语，给听障者之间交流带来了不便。为适应新形势需要，2001—2003年，中国残联教育就业部和中国聋人协会等单位共同组成的中国手语修订专家小组对原《中国手语》进行修订，而由于各种各样的原因，标准化手语在全国范围内的普及与推广过程比较艰难。在这一历史背景下，辽宁省图书馆坚守文化使命，发挥社会职能，组织了“手语世界”文化活动，推广标准化手语，以加强对听障群体的文化关怀，积极促进社会信息公平，逐步弥合信息鸿沟。

在老馆期间，“手语世界”活动采用的教材是由负责手语活动的工作

◎ 2016年全国助残日“手语世界”特别活动

人员编写的《大家学手语》，其中包括民俗文化、饮食文化、文化艺术、旅游文化、体育运动、法律法规、医疗保健等内容。2015年搬迁到新馆，“手语世界”活动采用的教材是由中国聋协与辽宁省聋协编辑出版的《新编手语你我他》，它吸收了原书《手语你我他》的精华，并结合国家手语和盲文研究中心的研究成果，从听障人士中收集整理了大量生动贴切的词汇，是一本理论与应用相结合的实用手语学习教材。

四、“手语世界”工作的成绩、效果以及产生的影响

（一）“手语世界”活动志愿者反馈

自“手语世界”活动开展以来，参与的志愿者和惠及的残障人数难以计数。“手语世界”志愿课堂搭建了一个传播爱心、传递温暖的难得的平台。来参与培训的志愿者们可以在这个平台中相互交流志愿的经验，相互学习彼此的优点，同时也相互探讨摩擦出思维的火花，让志愿的奉献精神在这里得到传播，在这里发扬光大。在这里，志愿者们的能力得到充分锻炼，综合素质得到了极大提升，志愿者队伍逐步走向专业化、规范化、高素质化。

许多志愿者在参加手语课堂后，都对志愿活动产生了新的思考，萌发出许多深刻的感悟与体会。许多志愿者参加手语活动还留下了许多感人至深的反馈。比如，东北大学志愿者张晏菲在留言中说道：“通过学习手语，我了解到了与我们不同的听障群体生活的艰辛，我很高兴能通过这种方式去融入他们的生活，让我看到了无声世界中别样的精彩。通过学习，我希望将我学会的手语用到实际生活中，让我身边的朋友也加入到了解听障朋友的生活世界。”同样来自东北大学的志愿者谷溪竹也发自肺腑地说道：“每个人都有自己的缺陷，但大多听障朋友们的缺陷属于无法克服的先天

性缺陷。他们通过手语与他人沟通，努力生活的样子深深地打动了我。因此，能够参加省图的手语活动，进行手语学习，了解听障朋友们的世界，尽量使他们得到更多的温暖，更好地融入大众生活，我感到无比的荣幸。一堂课学习的语句不多，但我期待着更多的深入学习。在课后，我也希望能有机会与听障朋友们利用所学的手语进行交流。”

沈阳建筑大学的志愿者们也是长期“光顾”手语课堂的志愿者团队之一，他们表示将一直坚持下去，努力学好手语知识，帮助更多需要帮助的人。沈阳城市建筑学院的志愿者团队来的时间也不短了，他们一直用自己的实际行动，践行着志愿活动的奉献精神，他们怀揣着一个美好的愿望——让阳光洒满聋人的心田，为此，他们一直坚持着、努力着。沈阳药科大学的志愿者不辞辛苦地从市中心来到浑南新区参加“手语世界”志愿服务，学习手语知识。他们说，能为这个和谐美丽的社会贡献一份力量是他们的荣幸，因此他们将好好珍惜每一堂手语课，努力学到更多的手语知识，去帮助更多需要帮助的人。

其他的参与团队还有很多很多，他们都踊跃报名，来到“手语世界”活动现场，在这个平台上留下了属于他们自己的独特印迹，志愿服务的奉献精神更是在他们的身上绽放出耀眼的光芒。是他们将那一段温婉的岁月留驻，是他们将温暖在人与人之间传递，也是他们让广大残障人士看到希望的光芒。

（二）“手语世界”活动展望

在“手语世界”活动的开展中，辽宁省图书馆得到了辽宁省文化厅、辽宁省残联、沈阳市残联、沈阳市聋协等领导的大力支持和帮助，各个组织及领导纷纷对“手语世界”活动给予了充分的肯定和赞扬，对今后的活动也寄予更多的希望。因“手语世界”活动在扶残助残服务中的成绩突出，辽宁省图书馆志愿服务团体被省政府残疾人工作委员会、省人事厅、省精神文明建设指导委员会、省残疾人联合会授予“辽宁省扶残助残先进集体”称号。

推广手语是我们的责任和义务，学习手语是大家展示自己爱心的一种美丽的方式。在未来，辽宁省图书馆将一如既往地开展手语公益活动，并不断拓展服务渠道，创新服务手段，让公益成为一种生活方式，让手语成为我们生活中的一部分，让大家用平等的眼光尊重听障朋友。

五、结语

特殊群体的发展，既是社会文明程度的重要标志，也是建设和谐社会的重要条件之一。开展特殊群体的公共服务研究，对于繁荣发展我省公共文化服务体系，完善公共文化供给体系，提高人们的整体文化素质、人文素质和生活品质，营造健康向上、文明高尚的文化环境，促进地域文化建设和学习型社会的建设、构建和谐社会具有重要意义。

新思想引领新时代，新使命开启新征程。在新时代中国特色社会主义思想的引领下，以党的十九大为契机，积极响应国务院《关于加快推进残疾人小康进程的意见》的号召，辽宁省图书馆将以新思想为指引，带动“手语世界”活动建设走上新台阶，开启新篇章！

乐龄俱乐部——用知识乐享晚年

:: 撰写／孟志丹

我国是世界上老龄人口最多的发展中国家，预计到2019年沈阳市老年人口将突破200万人，占总人口的25%。随着老龄化社会的到来，越来越多的老年人走进图书馆，成为图书馆不可忽视的一支读者队伍。终身学习已经成为这个时代的主旋律，老年读者也有向往丰富的精神文化生活的需要，他们希望自己紧跟时代的脚步，扩大知识面，开阔视野，让晚年生活更加丰富多彩。在这样的背景下，作为全省最具开放性和公益性的文化机构、人民的“终身学校”和社会文化中坚力量的公共图书馆，辽宁省图书馆充分利用新馆的软硬件条件，开展丰富多元的活动，组织老年文化沙龙，成立了“乐龄俱乐部”。

辽宁省图书馆“乐龄俱乐部”成立于2015年，旨在使图书馆成为老年人联系社会的一个窗口，使走进图书馆的老年读者老有所教、老有所学、老有所为、老有所乐，增加他们的归属感、价值感和幸福感。“乐龄俱乐部”是由“老年学电脑”“英语沙龙”“诵读俱乐部”三部分内容发展、整合而来，针对全省老年读者开展活动。秉承“公益性、基本性、均等性、便利性”的原则，从2005年第一个服务项目起步至今，服务总时长超过2万小时，累计服务老年读者3万余人。新馆开放以来，年均举办活动200次以上，年参与活动的老年读者8000人次。活动项目的组合，使品牌形成合力，迎来跨越式发展。

一、人文关怀，细节决定成败

“乐龄俱乐部”以服务为主线，站在老年读者的角度，从小处着手，不做秀、不搞形式、不浮夸，以真情感动读者，走平民化、温馨、务实、人性化服务之路。在工作中不断总结经验，确定了“爱心、耐心、细心”的“三心”服务理念。

“乐龄俱乐部”创建方便读者的措施和环境，拥有固定的活动时间和规律，便于老年人记忆。考虑到老年读者的特殊情况，每年的2月和8月不举办常规活动，以防老年读者在寒冷和炎热的天气出现状况，最大限度地体现人文关怀。

“乐龄俱乐部”的日常活动地点设在辽宁省图书馆特殊群体服务中心，地处一楼南侧，室内宽敞明亮，有专门的培训教室，绿植环绕，赏心悦目，可谓花园式文化服务中心。新馆的优美环境和人性化服务吸引了一大批老年读者高频率到馆，他们每天早上按时来上课，中午自备午餐，学员们共进午餐的同时交流情感、切磋学艺，下午根据个人爱好选择阅读、上网、看电影。老年人普遍的特点是喜欢加入集体，执着、认真，愿意回忆、聊天，希望受到尊敬和重视。图书馆举办的各项活动丰富了老人们的晚年生活，使他们远离空虚和寂寞，实实在在地找到归属感。

二、活动组合，总有一款适合你

（一）老年读者学电脑

创建于 2005 年，老年读者预约报名参加，每月开新班，每期 20 名学员，每周一至周五授课。电脑班常年有文化志愿者为老年学员辅导、讲解电脑的使用方法、智能手机和热门软件的运用。针对老年读者接受新事物、新知识的能力，志愿者采用集中授课、现场操练、上机比赛等多种培训方式，经过耐心辅导，大部分学员都能掌握和使用电脑打字、发邮件、聊天等方法。图书馆为每名学员免费提供一本由我馆编印的教辅材料和一台可以上机练

◎ 老年读者学电脑

习的电脑，让每一位学员都能轻轻松松地学会并掌握所学知识，学员可循环学习。2015 年 8 月新馆开放后，应学员的要求，增加了提高班，在原有基础班上升级学习内容，满足老年学员对电子产品的学习愿望。老年电脑班举办 14 年来，吸引了众多老年人踊跃报名，受到老年朋友的喜爱。

（二）诵读俱乐部

创建于 2014 年，每周六上课。朗诵和阅读息息相关，针对老年读者的要求，为爱好诗歌创作和诗歌朗诵的老年人们提供一个展示自我、抒发感情的平台。此项活动一经举办，就深受欢迎。辽宁省图书馆聘请了辽宁省

◎ 诵读俱乐部

播音界泰斗房明震老师作为艺术指导，多次为老年读者举办诗歌朗诵会，成立了老年诗歌朗诵团队。诵读俱乐部的朗诵团队多次在阅读推广活动中诵读经典美文，为弘扬中华民族传统文化起到了良好的作用。如今的诵读俱乐部已经日趋完善，活动力求将“学、写、诵”统一，让老年读者在文娱活动中心情愉悦，收获快乐。

（三）英语沙龙

创建于2006年，每周日上课，活动的目的是给广大老年英语爱好者提供一个锻炼英文口语、互相交流的平台。文化志愿者们每周轮流授课、陪老年人练习口语。活动本着实用、易学的原则和认真负责的态度，为老年英语爱好者们提供优质的教学服务。零基础的读者可以在这里找到学习英语的兴趣和信心，有一定基础的读者可以作为志愿者帮助别人学习，体会奉献的快乐和幸福。除了常规活动外，定期播放英文原版电影、每年举办一次英语联谊活动，为老年读者提供学习交流的机会和展示自身风采的舞

◎ 英语沙龙

台，丰富大家的文化生活。

三、参与志愿服务，回馈社会体现价值

“乐龄俱乐部”招募有爱心、有专长的文化志愿者群体作为指导者，最大限度地满足老年人的文化需求。在志愿者招募之初即邀请专家和有经验的馆员对文化志愿者进行业务培训和岗位督导，为每位文化志愿者建立个人服务档案，追踪记录其提供文化志愿服务的情况，并对档案进行科学管理和有效评估。在“乐龄俱乐部”连续学习超过一年的读者，经过面试考核选拔也可成为文化志愿者，辅导教学。老年读者参与志愿服务，不仅壮大了辽宁省图书馆文化志愿者队伍，同时提升了“乐龄俱乐部”的社会影响力。

四、注重活动宣传，实施营销策略

（一）百分百获得奖品的老年电脑大赛

在 2017 辽宁省图书馆重阳节文化嘉年华活动中，“乐龄俱乐部”特别举办了第一届老年电脑大赛，比赛形式主要包括笔试和上机操作。为了吸引更多读者关注，活动特别购置了护手霜、护眼灯等老年人喜爱的奖品，向老年读者宣传参与即得奖，获得名次还能得大奖。活动共吸引 200 名老年读者报名，经过半天时间的激烈角逐，有 20 名老年读者取得名次。奖品的发放，直接调动了老年读者的参与热度和学习热情。此次比赛很好地宣传了辽宁省图书馆“乐龄俱乐部”项目，共计吸引 178 名读者咨询、吸纳 155 人报名加入，报名率 79%。

（二）连续参加两次活动获得免费教材

“乐龄俱乐部”为每个项目精心编写和印刷了专用教材和内部资料，针对连续参加两次活动的读者免费发放。有大量读者被内容丰富、印刷精美的自编教材吸引，报名参加活动。

（三）跨界合作，扩大服务覆盖面

近年来，“乐龄俱乐部”与社区、老年大学、养老院建立长期联系，将活动带入 12 家社区、3 家养老院、5 家民间社团和专门面向退休老年人的沈阳科普大学。

五、老年人热衷追捧，媒体宣传遍地开花

“乐龄俱乐部”走过的十余载春秋，逐渐得到了社会各界的广泛关注和认可，全国多家媒体对其进行了报道，2017 年《人民日报》的《欢度重阳　乐享晚年》及《辽宁老年报》的《省图有个特殊群体服务中心》报道，鼓励更多老年人报名参加省图老年人活动。2015 年，“乐龄俱乐部”项目获中华人民共和国文化部颁发的全国基层文化志愿服务活动优秀项目。2016 年，“乐龄俱乐部”获辽宁省文化厅颁发的辽宁省公共图书馆优秀服务成果二等奖。辽宁省政府网站、省文化厅网站等对“乐龄俱乐部”的活动多次进行报道。与此同时，老年读者也对“乐龄俱乐部”活动给予肯定和赞扬，一封来自老年读者的表扬信中说：“在这个集体里得到尊重、关爱，倍感社会的温暖，尽享幸福晚年，因此我们更加热爱读书、热爱图书馆。”

“乐龄俱乐部”想老年人之所思，帮老年人之所需，把热爱学习、热爱生活的老年人“请”进图书馆，为其提供了资源保障和服务平台，通过

志愿者的参与，长期坚持组织和开展活动，很大程度上调动了老年读者读书、学习的兴趣。同时还能促进老年读者之间从陌生到熟悉，进而互相交流，使图书馆成为他们之间相互沟通的一个纽带，成为老年人学习、交流、体验、连接社会的核心地带。

辽宁省图书馆文化助盲服务创新与发展

∷ 撰写／邹　杰

维护残疾人利益是国际人权事业的重要内容，对待残疾人的态度则是衡量一个国家和社会文明程度的重要标尺。图书馆是精神文明建设的重要阵地，加强对弱势群体的文化关怀，促进社会信息公平，逐步弥合信息沟通是图书馆应尽的社会义务和神圣职责。辽宁省图书馆文化助盲服务工作开展已十余年，逐步形成图书馆的一项品牌服务工作，回顾服务历程，发现问题，探讨创新服务模式，有利于文化助盲活动的深入开展。在为残疾读者（特别是视障读者）进行文化服务的工作中，辽宁省图书馆践行“公益性、基本性、均等性、便利性”无差别服务的要求，发扬“奉献、友爱、互助、进步”的志愿者精神，充分发挥自身优势，开展了形式多样、内容丰富的志愿服务，取得了良好的社会效益。

一、公共图书馆开展文化助盲活动的背景、意义和目的

文化助盲服务是公共图书馆的社会责任和使命，公共图书馆自创立之初就被视为公共文化服务体系不可或缺的组成部分，是为公众提供终身教育的场所和传播社会文化的机构，是保障公民自由获取信息、实现信息公平的实施机构，是社会公众尤其是残疾人等弱势群体能够负担得起的获取信息和知识的重要乃至唯一途径。因此，联合国教科文组织的《公共图书馆宣言》和我国的《公共图书馆服务规范》都明确要求公共图书馆应为残疾人提供平等服务。

辽宁省图书馆文化志愿服务活动自开展初始便明确定位：以文化服务全社会，特别是要不遗余力、不计回报服务于那些更需要文化支持和扶助的特殊群体。由于身体不便，特殊群体难以享受社会公共文化的有效服务，更容易因与社会沟通交流的不畅而缺乏社会参与感和归属感。迫切需要像图书馆这样的公益文化机构积极发挥作用，以文化软实力支撑起他们的精神世界，引导其走出小天地，走进大社会。科学文化的无障碍传播、知识信息的跨时空传递，公共图书馆是实现这一目标的人性化平台和重要传播枢纽。为人的全面发展服务是公共图书馆的核心使命，图书馆无条件地向所有人开放，是实现这一使命的前提。

为真正了解到文化志愿服务对象的需求和困难，提供满意的文化服务，辽宁省图书馆组织志愿者走入视障读者中间，通过面对面交流、心与心沟通，在增进理解信任的基础上进行了深度的用户需求调研，并针对视障读者推出“对面朗读”“无障碍电影”服务项目，招募并培训志愿者协助“视障读者”进行阅读、学习，通过文化志愿服务的参与，走出了一条独具特色的文化助盲之路。

二、公共图书馆文化助盲活动的内容创新

（一）开展阅读推广——盲校实践

“对面朗读”活动始创于2003年，是全国省级公共图书馆的首创。作为辽宁省图书馆独具特色的助盲服务，“对面朗读”活动为无数视障读者打开学习通道，通过人性化的服务之路，营造了一种宽松和谐的人文关怀氛围，也使他们参与社会生活的愿望得以实现。“对面朗读”活动在开展之初主要是为视障读者提供电话预约阅读服务，让志愿者与其进行面对面的交流与沟通，以最直接的方式相互传递有效信息。此外，为了解决视障读者特别是视障儿童出行不便的问题，我馆工作人员和志愿者从2005年开

◎ “对面朗读”活动现场

始定期走入盲校，为那里的视障儿童开设“社会实践课”，将文化服务送到他们身边。游戏、聊天、讲故事……轻松的方式，快乐的内容，深受视障儿童的欢迎和喜爱。在活动中，我们不仅直接参与文化助盲服务，而且通过我们的宣传，组织社会上的志愿者以及大学生们加入到助盲行列当中，使更多的人开始关注和走进这个特殊的群体，去更深入地理解他们、尊重他们，使残疾人能够平等享受阅读服务。

（二）开展延伸服务——无障碍电影

无障碍电影作为“对面朗读”服务的延展，为视障读者带来一缕有色彩的光芒。我们通过邀请主持人、专业的志愿者、广播人为视障读者进行同步讲解，使他们也能享受多彩的文化阅读。无障碍电影又称“口述影像服务”，中国台湾学者、台湾口述影像发展协会理事长赵雅丽教授就将“口述影像服务”定义为“一种为视障者描述其无法收视之影像画面，以协助其有效观赏电影的语言工作”。在她看来，口述影像服务是为了协助视障者克服视觉障碍，进而和亲人、朋友一同观赏影片的一项服务技术。无障碍电影作为无障碍环境建设的一部分，是维护和保障残疾人群合法权益的重要环节，更是社会人文关怀的重要体现。

辽宁省图书馆于2010年“国际助残日”首次开展“感受生命中的第一次”大型无障碍观影活动。鉴于当时设备及影像资料有限，我们积极拓展助盲服务思路，将在校的视障儿童领出去，带他们去真正的影院“观看”电影。我馆积极联合影院提供免费场地及最新影片，邀请专业播音员一边观看影片，一边为视障读者解说故事情节，招募大量志愿者走进影院进行服务。在播放影片的过程中，播音员用生动形象的语言将电影场景展示在视障儿童的脑海中，真正让他们享受了“视听盛宴”。在首次尝试成功后，我们又将服务的触角延伸到基层图书馆，在沈阳市苏家屯区图书馆建立盲文图书流动站的同时，开展“无障碍电影”联合服务。我们将最新的影片及优秀的播音主持人带到基层，让视障读者在家附近的图书馆就可以“看到”电影。从2012年无障碍电影首映式在我馆举行开始，多年来我们采购影片近百部，无偿为视障读者下载播放，受到欢迎。为给残障人群提供更具有稳定性和影响力的服务，辽宁省图书馆加大了对特殊群体服务资金的投入，购入了具有观赏性、反映社会主旋律和励志精神的影片两百余部，特供给视力和听力障碍人群欣赏，面向全社会视力和听力障碍群众长期免费播放，在辽宁省图书馆网站上可以随时点播。

辽宁省图书馆新馆于2015年8月试开馆，为方便残障人士无障碍享受图书馆的文化资源，特在一楼设立特殊群体服务中心，该中心内专门设立“无障碍电影播放室”。放映室内有专业的影片播放设备及无障碍电影235部，全天候免费为视障读者提供点播服务。自2015年始，辽宁省图书馆将现有

◎ 辽宁省图书馆无障碍电影播放室

馆藏无障碍电影资源转录到数字光盘里，免费提供给辽宁省内各市区盲协。从 2016 年起，辽宁省图书馆将馆藏无障碍电影资源转换成数字播放模式，上挂至辽宁省图书馆网站，供视障读者在家“观看”电影。

三、公共图书馆文化助盲活动的特殊形式——志愿助力

（一）以志愿服务打造助盲平台

辽宁省图书馆文化助盲开展十多年来，志愿者们长期坚持为视障读者提供送书上门、到馆接送、讲电影等文化服务。在阅读推广活动中，志愿者们从活动策划、前期筹备到现场服务协调，都发挥了积极的作用。志愿服务不但在弥补工作人员与经费不足、促进图书馆与社会的开放交流、推动公共图书馆精神传播等方面发挥了作用，而且为志愿者实现自我价值、培养社会责任感搭建了平台，产生了一定的社会效益。公共图书馆志愿服务平台可以在完善志愿者服务的工作机制和管理制度、开展多层次服务项目、提升志愿服务的知名度、营造浓厚的志愿服务氛围、吸引更多专业人才加入志愿者队伍等方面进行规范化建设。

（二）以志愿服务章程规范服务内容

（1）各高校志愿者团队负责人在每次活动前要对该校志愿者进行培训。

（2）每学期初各学校志愿者要对所负责班级制订学期教学计划，并按教学计划进行活动。

（3）每次活动前各高校负责人要做好人员安排，不能缺岗、漏岗，每个班级要根据班级人数至少安排两名志愿者，至多不超过三名。

（4）志愿者要提前十分钟到达盲校，做准备工作。

（5）每次活动前，各志愿者要准备好活动内容，不得毫无计划及准备。

（6）每次活动要按时做好活动记录，保存好活动档案，期末按时上交。

（7）活动中，志愿者不得向学生发放礼品、食品等，不得过多询问学生的家庭状况等个人信息。

（8）有事至少提前一天请假，以便于进行人员安排。每半学期活动请假次数累计不得超过五次，不得连续请假超过三次，违者视为自动退出“对面朗读志愿服务团队”。

（9）大型活动由图书馆和盲校统一协调安排，不得擅自决定。

（10）如有突发事情要及时和工作人员或盲校老师沟通。

四、公共图书馆文化助盲活动的社会影响

（一）文化助盲服务推动特殊群体阅读

辽宁省图书馆的文化助残活动在发展之初即以“为残障读者提供更为广阔的文化空间和更为丰富的学习资源，以文化的软力量支撑起残障朋友们的精神世界，引导其走出小天地，走进大社会”为目标，秉承平等、尊重、共享原则，力求在服务中站在特殊群体的角度，远离功利性，全面平民化，以温馨、务实的服务打造省图书馆文化助盲的响亮品牌。“对面朗读”活动努力践行多举措强化扶残助残，提振残疾人生活信心，希望他们感受到在公共文化服务体系下“尊重、平等、友善”的文化春风。

服务特殊群体，消弭文化鸿沟，一直是辽宁省图书馆开展各项工作的出发点和落脚点，“无障碍电影”的长期播放，突出了公共图书馆“公益性、基本性、均等性、便利性”的服务特点，给予残障等特殊群体足够的人文关怀，切实将他们纳入公共图书馆服务体系，真正实现惠及全民的文化服务。公共图书馆将会满足所有潜在读者的需求，因为满足社会成员的一切社会

性需求是公共图书馆的基本职责。

（二）文化助盲服务屡获殊荣

正是由于我馆工作人员与社会各界志愿者的不懈努力，2008年，辽宁省残疾人联合会授予辽宁省图书馆“辽宁省扶残助残先进集体”称号；2009年，国务院残疾人工作委员会授予辽宁省图书馆“全国扶残助残先进集体”称号，辽宁省图书馆是全国图书馆中唯一获此殊荣的单位；2013年，“对面朗读”活动荣获文化部“优秀文化志愿服务项目”称号，同年，“对面朗读”在第十届中国艺术节“群星奖”评审中荣获项目类“群星奖”；2016年，“对面朗读”活动在学雷锋志愿服务“四个100”“四最”先进典型活动中，被推选为最佳志愿服务项目。

（三）文化助盲服务效果非凡

十余年中，辽宁省图书馆和志愿者们信守着与视障儿童每周的约定，无论酷暑严寒从未间断。坚持不辍的文化志愿服务在彰显着这个社会的善意和温情的同时，也对更多视障读者更好融入社会、坚强面对生活产生了重要影响，发挥了积极作用。截至2017年年底，辽宁省图书馆“对面朗读”活动共举办千余次，到沈阳盲校为视障儿童开设“社会实践课”600余次，直接惠及视障读者达万余人次。

早在2012年12月4日，中央电视台便对我馆文化志愿者芦艺进行了跟踪采访，以此为切入点，对“对面朗读”活动及我馆文化志愿服务进行了深入报道，并于12月5日国际志愿者日当天在中央电视台新闻频道播出。2012年12月5日，《光明日报》对我馆“对面朗读”活动及其他文化志愿服务进行了深入报道。多年来，包括中央电视台新闻频道和中央人民广播电台中国新闻栏目等媒体宣传报道“对面朗读”活动100余次。据新华社新华网统计资料显示，辽宁省图书馆的助盲活动消息曾被国内20多家新闻媒体转载。通过新闻媒体的报道和全省服务总结交流会的宣传，我们的服务得到了社会各界的认可，各馆及省内各级残联组织竞相参观学习，并且形成了以辽宁省图书馆为龙头的全省有声助盲服务网络。

文化助盲志愿服务是一项长期的系统工程，需要在实践中不断总结经验、完善措施、健全机制，让文化助盲志愿服务活动紧贴时代的创新性和实效性，为视障读者提供更实际、更有针对性、更具人文关怀的线上、线下志愿服务，以文化善举体现更多的人文关怀，帮助视障读者同在蓝天下、共同享受社会文化发展成果。

《辽宁视障者之窗》的创建与展望

:: 撰写／芦　艺　任　刚

一、概述

据了解，目前辽宁省共有224.2万残疾人，其中视力障碍残疾人有31.3万，占残疾人总数的13.96%。视力障碍给他们的生活带来了极大的困扰，盲人朋友不仅在物质生活上需要得到社会的关爱和照顾，而且也对文化生活有强烈的要求。辽宁省图书馆为视障读者服务始于2003年，十几年来，我们为视障读者提供盲文文献阅览、有声读物服务，开展了“对面朗读”走进沈阳盲校的流动服务、“无障碍电影讲述”有声图书馆的延伸服务，常年坚持开展为视障读者量身定做的各类公益文化活动，吸引了一批视障读者，图书馆已经成为他们的精神家园。由于盲文文献的特殊性，其制作过程较为复杂，因此，我国盲文书籍年出版量十分有限，难以满足盲人读者日益增长的阅读需求。为了进一步保障盲人读者的文化权益，辽宁省图书馆从 2014 年开始，积极筹划为盲人读者编制有针对性的文献资料。2015 年 8 月 22 日，以辽宁省图书馆新馆试开放为契机，全盲文内部刊物《辽宁视障者之窗》正式与读者见面了。

二、《辽宁视障者之窗》的创建

随着移动互联网的发展，盲人用电子设备、电子读物越来越普及，有人说笨重的盲文书将会被淘汰。但是，盲文书有其独特、不可取代的优点：查找、略读、标记、归档、备忘等。公共图书馆作为公共文化服务单位，有义务在为视障读者建立电子阅读书库的同时，承担起普及盲文、存储盲

◎ 已出版的部分盲文杂志《辽宁视障者之窗》

文文献的职能，让他们享有与常人一样的求新、求变、求感知的权利。为了弥补盲文图书制作周期长、更新速度慢、出版种类少等缺点，辽宁省图书馆经过对辽宁省内视障读者的面对面询问、对省外其他盲文阅览室的书面调研等形式，了解到视障读者的阅读需求，决定制作出版一部紧跟时代步伐的盲文刊物——《辽宁视障者之窗》。这部刊物的出版计划得到了中国盲文图书馆、辽宁省文化厅、辽宁省广电新闻出版局、辽宁省残疾人联合会等单位的大力支持，设立了专项设备采购资金、配发了内部刊号、盲文设备使用的技术指导等，大大提升了该刊物的专业性和可持续性。

（一）内容的选择

《辽宁视障者之窗》在创办之初就明确了杂志的四大属性，即完整性（尽可能提供无删减的段落、文章）、广泛性（适合各年龄层、绝大多数视障人士阅读）、客观性（提供不掺杂主观情绪的评论性表达，让一些新鲜概念及观点能被视障人士感知）、互动性（提供一些可选择的阅读改善设计，方便视障人士对内容的选择）。根据这四大属性的定义，杂志大致分为五大版块内容：科普之窗、相关政策、盲人世界、交流园地、辽图资讯。“科普之窗”主要提供一些盲人感兴趣的科普知识内容；相关政策主要介绍一些与残疾人生活息息相关的政策法规等，让盲人朋友更加了解自己的权利与义务；“盲人世界”主要介绍与盲人生活相关的新技术、新设备和盲人的励志故事；“交流园地”主要是解答一些盲人读者提出的问题；“辽图资讯”主要介绍辽宁省图书馆特殊群体服务中心的设施、设备、服务项目等情况。杂志的内容大到国家方针政策，小到盲人炒菜做饭，从生活到精神世界的方方面面提供了详尽、新鲜的资讯，以盲人读者的需求为出发点和立足点，弥补现有盲文资料的内容少、时效差、更新慢的缺点，让广大视障朋友能第一时间阅读到新鲜资讯。为了让刊物实用性更强，编制前召开盲人读者见面会，深入了解盲人朋友想要了解的阅读内容，不断调整完善。

（二）制作的过程

盲文是由凸起的点子组成的拼音文字，因此它与普通图书制作过程大为不同。盲文书籍的印刷工艺为： 编辑→排版→打样→校对→改变→制版→印刷→装订。首先，我们要确定盲文拼写方法。目前我国采用的盲文有现行盲文（俗称旧盲文）和双拼盲文（俗称新盲文）两种盲文拼写方法。其中现行盲文普及时间最长、使用范围最广，最为广大盲人读者接受，所以杂志选择了现行盲文拼写方法进行制作。《辽宁视障者之窗》除了封面、版权页和目录页为汉字与盲文双版以外，其余内容为全盲文排版，这就增加了盲文翻译、校对的难度。因图书馆在职馆员中缺乏专业盲文知识人才，培养一支专业、优秀的文化助盲志愿者队伍是不可或缺的。有的志愿者不仅本身是视障读者，了解盲人阅读习惯，还在高等院校接受过专业的学习，有着丰富的盲文著录经验。图书馆工作人员将每期整理好的杂志内容通过

◎ 装订制作杂志

◎ 打包邮寄杂志

阳光读屏软件（专业版）进行编辑、排版，并打印出样稿交给志愿者们，志愿者利用自己的业余时间，认真地为每期杂志内容进行校对、改版，以保证盲人读者“看到”内容翔实、拼写准确的盲文杂志，为下一步批量印刷打下了坚实的基础。盲文资料的印刷需要专业的盲文刻印机，我们选择的是德国产的IMPACTO Advanced（快速盲文刻印机），它能编辑、设计、刻印盲文及图形，并具有批量刻印速度快、准确度稳定性高、噪音低等优点。最后，工作人员带领志愿者们将印刷好的盲文书页手工剪页、切边、打孔、装订，便成为供盲人阅读的杂志了。

（三）发行及反馈

《辽宁视障者之窗》从2015年8月22日创刊，至今已经出刊12期，每期印制80份。因盲文杂志制作工艺复杂、纸张成本较高，现有资金、人力等难以承担《辽宁视障者之窗》大批量制作、发行，故除提供给辽宁省各市盲协、图书馆盲文阅览室借阅以外，还向中国残疾人联合会、中国盲文图书馆、各省级公共图书馆等 49 家无障碍阅览机构邮寄。在赠阅盲文杂志的同时，我们也注重信息及反馈意见的采集工作，随刊邮寄调查问卷，通过问卷的形式及时掌握盲人读者阅读意见及发展建议，及时改进杂志内容。这种方式不但使我们的杂志内容更加贴近盲人群体生活，提升刊物的可读性，打破地域的局限性，使其成为盲人阅读生活中不可或缺的精神食粮，还有力地推动了我省乃至全国的无障碍阅读推广工作。

三、未来的展望

（一）内容扩展

每年中国盲文出版社会出版 450 余种、20 余万册、2700 多万页盲文读物，各地的盲人读者很难了解到都有哪些新增盲文图书。根据这种现实情况，我们将增加新书推荐栏目，每期栏目介绍最新出版的盲文图书种类、内容简介等信息。该栏目中，将不定期增加盲人书评内容，激发盲人读者的读书热情。内容全面升级后，《辽宁视障者之窗》将不仅是一本生活类期刊，更加是盲人读者了解阅读、享受阅读的一个平台。

（二）形式多元

未来，《辽宁视障者之窗》会将每期内容通过辽宁省图书馆声音志愿者录制成有声读物，并上传至互联网上，应用移动互联网技术，通过扫描杂志上印制的二维码，盲人读者即可听到杂志中的内容。纸质文献与有声读物的完美结合，不仅能保证资料的存储、查找功能的实现，还能保证盲人读者随时随地在线收听内容，极大地方便了盲人朋友阅读使用。

四、结语

中国盲协副主席李庆忠在《辽宁视障者之窗》的创刊号卷首语中写道："辽宁省图书馆为盲人群体提供贴心服务的又一项创新举措。由于视觉障碍，盲人在获取信息、沟通交流方面存在着特殊困难，利用多种方式为他们提供无障碍的信息交流条件十分必要。"相信这本杂志在促进盲人文化发展、提高盲人文化素养、提升社会助残意识方面将发挥独特的作用。我们坚信，《辽宁视障者之窗》在全社会各界的共同帮助之下，一定会成为盲人朋友在阅读的海洋中指明方向的灯塔，照亮幸福的未来！

书香千里　文化暖心——为盲人送书上门

∷ 撰写／路海生

近年来，我国特殊群体基层文化志愿服务工作取得了举世瞩目的成绩，扶残、助残的社会氛围更加浓厚，残疾人文化设施逐步完善，广大残疾人的文化权益得到了更好的保障。国务院下发的《关于加快构建现代公共文化服务体系的意见》中提出："要保障特殊群体基本文化权益。公共文化服务机构要为残疾人提供无障碍服务。"公共图书馆作为公益性文化服务单位，为残疾人提供均等、无障碍的服务是我们义不容辞的社会职责和使命。

一、送书上门——为盲人读者量身打造的新举措

辽宁省图书馆积极响应文化部"我们的中国梦·文化志愿服务基层行"倡议，为了让盲人朋友能够平等参与我们的社会活动，用各种方式去触碰

这个温暖的世界，从中获得力量，针对视障群体对知识的渴求且行动不便的情况，省图书馆于 2016 年 2 月 2 日开展了走出图书馆“书香千里　文化暖心——为盲人送书上门”服务，采取送书上门的方式解决读者的阅读需求。为盲人送书上门服务是辽宁省图书馆搬迁到新馆后的新举措，也是我们为盲人读者量身打造的新服务项目。通过方便、快捷的文化助残服务新举措，盲人读者可以更加便捷地利用图书馆获取知识，更好地融入社会，丰富盲人群体的文化生活，并为其开启一扇“阅读”多彩光明世界的窗口。

二、为盲人送书上门项目的服务流程

为盲人送书上门服务项目适用于持有效辽宁省图书馆盲文图书证的读者。盲文图书证办理具体有以下规定：

（1）办证须持本人残疾人证及所在区盲协提供的书面证明到辽宁省图书馆特殊群体服务中心办理，免押金。

（2）每证每次可借盲文图书 2 册。

（3）如需挂失与补证：请携带残疾人证到特殊群体服务中心申请办理。

视障读者可在网络上检索盲文书目，并通过电话、网上点击、邮件申请方式进行预约借书。图书馆将通过快递的方式，按照预留的地址将借阅书籍送到读者手里，借期为 30 天（含邮寄时间），可续借一次 30 天。持证读者可享受每年 6 次的免费邮寄服务。

盲人读者可通过关注辽宁省图书馆微信公众号，绑定读者证进行续借或到馆办理续借。图书阅读完毕可通过电话预约、邮件申请等方式联系邮寄还书，我们将通过快递方式在 48 小时内上门取书。

这样一整套借阅流程读者完全可以足不出户完成。此项服务将通过图书馆实体与虚拟对接的完成，为行动不便的读者提供阅读便利。

三、为盲人送书上门服务实践

慈善奉献不停息，爱心接力永相传。每一次的真诚都是慈善，真诚不会因为它的渺小而被忽略。慈善应是在慈悲的心理驱动下的善举，它有两层意思：一是慈悲的心理，二是善举。真正意义的慈善行为应是一种不附加要求的施舍，施舍本身就是一种快乐、一种满足。把慈和善放在一起，就是大爱。辽宁省图书馆工作人员用行动给特殊群体带来了温暖，让盲人读者真正感受到了真诚的服务。

2016 年 2 月 2 日早 8 点 30 分，辽宁省图书馆馆领导带领送书上门服务团队开始了紧锣密鼓的筹备工作，将提前整理好的省图书馆自编、自制的两期盲文文献和精心为盲人读者挑选的新年礼物都装上车，红艳艳的活动条幅映红了每一个人激动又兴奋的脸庞。9 点整，送书上门活动由辽宁省图书馆馆长王筱雯正式宣布启动，在副馆长姚杰和社会活动部主任孟志丹的带领下，春节为盲人送书活动组第一站来到了沈河区人民医院的按摩科室，在这里受到了沈阳市盲协主席侯武巍的热情接待，他谈起新辽宁省图书馆不仅竖起大拇指称赞不绝，对于馆内的特殊群体阅览室更是赞不绝口。侯主席代表广大盲人群体对辽宁省图书馆提出了 2016 年的两个新期盼：一是希望盲人朋友们可以在辽宁省图书馆度过 2016 年的“读书节”这个共享知识文化的节日；另一个则是希望辽宁省图书馆能安排相关人员为广大视障读者讲解小说《狼图腾》，让文学佳作同样能够滋养他们的精神世界。辽宁省图书馆副馆长姚杰耐心地听取了侯主席的意见和建议，并允诺一定竭尽全力满足视障群体的需求。

◎ 2016年2月2日，辽宁省图书馆春节为盲人送书上门活动由省图书馆馆长王筱雯正式开启

离开了这里，辽宁省图书馆为盲人送书上门的车队又开往下一站，敲开一户户盲人的家门，送上了辽宁省图书馆节日的问候和文化的关怀，迎来了一张张喜洋洋的笑脸，换回了一份份沉甸甸的情谊。相聚的时刻总是短暂的，紧紧相握的双手，一声声感谢，一句句祝福，6 个视障读者的家庭充分享受到了省图书馆此次的文化上门服务。手捧省图书馆自制的盲文文献，轻轻触摸中不仅是无限的感慨，书中内容包罗万象，有天文、有地理，有专业知识，还有生活常识，这些对于视障读者都是难得的精神食粮。慰问中，有人提出更好的建议，有人提出问题，大家都代表特殊群体道出了心声与期许，辽宁省图书馆的工作人员将这些都记录下来，并一一解答了盲人朋友的疑问。

当夕阳徐徐落下，一天的送书活动结束了，每个人都无限期待下一次

◎ 活动中与盲人李敏一家亲切合影

的相聚。活动使盲人“看书”不再是难事，为视障人士提供无差别的文化服务，让他们能畅游被书香浸染的光明世界是每个人由衷的愿望。

四、为盲人送书上门服务的效果与影响

为盲人送书活动意义重大，体现了辽宁省图书馆对视障群体的关爱，帮助他们解决了一些实际困难，也让社会更加关注弱势群体，呼吁社会对残疾人的关爱。辽宁省图书馆利用送书上门活动，可以更好地与盲人读者交流、互动，了解他们的阅读需要，有针对性地采购盲文图书和盲人有声读物。

此外，辽宁省图书馆还与东北大学、沈阳建筑大学、辽宁大学等几所

高校学生成立的各类志愿服务中心合作，引导更多的社会力量参与关爱特殊群体的公益活动，进一步唤起社会各界、各级组织、群众团体的重视、关心、爱护、支持。

通过这类关爱特殊群体的活动，辽宁省图书馆不仅给特殊群体带来了方便，还为各界爱心人士从中学到更多东西，得到许多深刻的为人处世的道理而创造了条件，引导更多的人去了解社会、感受社会的温暖，同时也培养了他们的竞争意识和开拓进取的精神。参加过辽宁省图书馆慈善活动的爱心人士说过：“通过参加慈善活动，我结识了很多普普通通的人，我们是伙伴，我们是战友。如果把慈善事业比作一条路的话，那省图书馆就是引领大家前进的路标；而像我这样的就是那铺路石。铺路石很平凡，但缺了就没有路。千万颗普通的铺路石连在一起，就是实现慈善、文明、富强的中国之路！” 图书馆工作人员都很欣慰，欣慰我们所办的活动带给爱心人士的一切。

这些正面引导的慈善活动、对特殊人群的关爱能让人们相互理解，使健全的人与特殊群体之间的隔阂渐渐消除，社会也更加和谐。图书馆工作人员时刻带着 “慈善是需要真情的，是需要我们用真心来付出的，是一种情怀” 这种思想去温暖需要的人，带动志同道合的爱心人士。人之初，性本善。在帮助别人的同时也在帮助自己，增加自己的幸福感。只要真正去参与慈善活动、帮助了需要帮助的人，看到他们脸上幸福的笑容，心底自然而然会感觉到喜悦与兴奋。社会的发展需要正确处理效益与公平的关系，经济增长、技术进步以及社会现代化等固然是人类追求的目标，但它们最终只是手段，人的发展和人类的福利才是目的。慈善事业兼顾效率与公平问题，有效地促进社会成员共同进步，从而对社会的稳定产生一定的积极意义。

尽我们的所能让辽宁省图书馆主办的“书香千里　文化暖心——为盲人送书上门”服务走得更远。希望社会各界朋友积极参与，和我们共同做好关爱盲人、扶困助残的事业，弘扬我们充满爱的感恩、开放、超越的人文精神，共同构筑辽宁省爱心品牌！

辽宁省公共图书馆全民读书节七年成果综述

:: 撰写／芦　艺

一、概述

阅读，是传承历史和文化的重要学习途径，是国民素质和经济发展水平的体现。为推动更多的人去阅读和写作，联合国教科文组织将每年的4月23日定为“世界读书日”，希望所有人都能尊重和感谢为人类文明做出过巨大贡献的文学、文化、科学、思想大师们，保护知识产权。在全民阅读的大环境下，同时为推进书香辽宁建设，辽宁省公共图书馆系统自2012年起，以每年的4月23日“世界读书日”为时间起点，持续两月有余，在全省各市县（区）开展全民读书节，至今已连续成功举办7年。辽宁省各级公共图书馆积极响应，广泛开展讲座、展览、阅读分享会、主题论坛、知识竞赛、数字阅读体验、影音欣赏、流动服务等阅读推广工作，活动规模和影响日益扩大，内容不断充实，方式不断创新，为推进书香辽宁建设和文化强省建设、提高公民整体阅读能力，起到了示范引领作用。

二、全民阅读形式多样，全省各地异彩纷呈

自2006年以来，在中央多部委的共同倡导下，全民阅读活动在全国各地蓬勃发展。作为公共文化服务体系的重要组成部分，引导阅读，推广阅读，是公共图书馆义不容辞的责任，也是公共图书馆生存与发展的使命。七届读书节期间，全省各级公共图书馆充分发挥丰富的馆藏文献资源和专业的人才资源优势，通过多种多样的活动和渠道，将文献服务和信息服务送到读者身边，激发读者的阅读兴趣和参与热情，对读者进行潜移默化的思想道德教育，做到阅读活动参与人群“老、中、青、幼、残”全覆盖。

◎ 辽宁省公共图书馆第五届全民读书节开幕式诵读表演

同时，利用多种新颖手段和内容为活动注入强烈的吸引力和感染力，充满创意，在方式上，阅读与戏剧表演、现代科技、手工制作、展览、讲座、诗歌朗诵等相结合，斑斓多彩，吸引有着不同兴趣爱好、不同成长经历、不同教育背景的读者，引导读者感受阅读的魅力、享受阅读的乐趣，并逐步形成阅读的意愿。

（一）讲座、展览——引领阅读新模式

讲座和展览是公共图书馆展示优秀文化成果最直接的平台，是精神文明建设的窗口，同时也是文化交流的舞台。通过言传身教的讲解与图文并茂的展示，可以让读者更能直观地了解文化、走近文化。每届读书节，各级公共图书馆都围绕读书节主题邀请国内、省内专家、学者举办讲座，向广大读者推荐阅读。讲座内容涉及文学鉴赏、阅读推荐、东北地域文化等内容，老师深入浅出的讲解，为读者打造了雅俗共赏的文化盛宴，向广大读者传播了传统文化，宣传了阅读知识。几年来，辽宁省图书馆多次邀请国内知名学者，如阎崇年、鲍鹏山、雷达等做客辽图讲坛，同时为基层单位送去各类讲座，并开展全省巡讲活动，受到了当地群众的欢迎，取得了较好的社会反响。

现代公共图书馆不仅要承担辅助阅读、学习的职责，还要发挥文化休闲、艺术欣赏等职能，这就需要公共图书馆充分利用馆藏文献、实物、图片等多种资源，进行二次加工形成文化展览。基于展览的易读性、传播性等特点，各类展览也是读书节期间的重头戏。每年的读书节期间，在全省各地都会举办上百场展览。其中，省图书馆举办的“百姓阅读表情摄影作品展”“书香中国・文海撷英——读书节特展”“汉字发展史”“中华传统医籍实物展”“书香辽宁　阅筑童心——辽宁省第二届少儿书法、绘画优秀作品展”“纪念中国共产党成立 95 周年馆藏文献图片展”等展览，引导广大读者在观展

◎ 2014年读书节阅读推广专场讲座——《书韵留香——追求一种雅致的生活》

的同时，激发阅读兴趣。现代展览已不仅是静态的图文实物展，还配合展览内容举办丰富多彩的文化体验活动，如2018年第七届全民读书节期间，省图书馆举办“纸境——模范书局+煮雨工坊雕版、印刷、装帧特展”，古籍专家从古籍修复的幕后走到台前，现场展演碑刻传拓、古籍刻印等技艺，与百姓近距离互动，使展品“活”了起来。这些展览充分展示了我省公共图书馆丰富的文献资源、社会各界的通力合作以及高质量的受众群体。

（二）无障碍阅读，体现全民参与均等化

为了广泛调动全省广大群众的积极性，倡导全民参与，历届读书节还特别关注了基层群众的阅读需求，尤其是少年儿童、残疾人、老年人、进城务工人员、农村贫困人员等特殊群体，真正体现全民参与，惠及群众。

少儿阅读是全民阅读的重要组成部分。每届读书节期间，各级公共图书馆都会举办一些专门针对少年儿童的阅读推广活动，有的图书馆还专门加大投入，在幼儿园建立爱心书屋，将绘本送到孩子身边。以“亲子阅读”“国学教育”“绘本导读”等为主题开展的一系列少儿阅读推广活动，受到家长和孩子们的极大好评，取得了良好的社会效果。在2014年第三届读书节期间，省图书馆与沈阳市妇婴医院共同推出的“阅读起步计划”活动，很好地倡导了儿童早期阅读计划；2015年第四届读书节期间，丹东市少年儿童图书馆小读者以自编自导的“国学好诗词”诵读表演展示了国学风采。随着历届“辽宁省少儿故事大赛”“辽宁省少儿书法、绘画大赛”在全省少年儿童阅读活动中影响力越来越大，该项赛事已成为全民读书节重要的品牌项目。

2018年1月1日起正式实施的《中华人民共和国公共图书馆法》中明确提出公共图书馆应当考虑老年人、残疾人等群体的特点，积极创造条件，提供适合其需要的文献信息、无障碍设施设备和服务等。针对残障人士、农民工和贫困群众，各级公共图书馆广泛开展特殊群体阅读活动，如开展“手语世界”“对面朗读”“送书上门”等文化助残服务，为农民工开展读书讲座进工地、农民工读书主题征文活动，组织为贫困地区开展图书捐赠、流动服务和致富实用书籍推荐活动。其中，在2013年第二届读书节期间，锦州市图书馆为建筑工人送去了报纸杂志，营口市图书馆将书刊送到了养老院；在2016年第五届读书节期间，省图书馆为建昌贺杖子乡的儿童送去了社会各界捐赠的图书和期刊，沈阳市康平县图书馆还开展了“情系农民工　送书进工地”活动，为农民工赠送图书200多册，期刊300余册，为县特殊教育学校精挑细选各类图书500余册，为那里的孩子送去一片爱心与祝福。朝阳市图书馆特别关注来城务工人员的精神文化生活，长期与市环卫大队合作，开展环卫工人专场讲座、文化技能培训等活动，极大地提升了农民工对城市生活的认同感及融入感。

围绕每年读书节活动主题，参照读书节推荐书目，各图书馆组织流动图书馆开展进机关、进社区、进家庭、进学校、进企业、进乡村、进军营活动。活动内容包括提供图书阅览、图书借还及咨询解答等图书馆的基本服务；提供农业科技资料的发放；提供数字阅读，推广数字图书馆资源等内容。2012 年首届读书节期间，省图书馆流动图书馆深入法库、阜新、凤城等地农村发放各类助农科技资料；2016 年第五届读书节期间，省图书馆流动图书馆联合省科技馆科普大篷车前往铁岭等地，发放文献资源和科普展品，受到当地群众的欢迎，特别是铁岭市实验学校的学生们，在流动图书馆中阅读，久久不愿离去。

（三）数字阅读，适应时代发展新需求

随着数字阅读、手机阅读越来越受青睐，为突破传统阅读模式的瓶颈，实施数字阅读推广，每年读书节期间举办的多种线上、线下互动的数字阅读活动都成为亮点。各级图书馆充分利用网站、微信、微博和广播电视台、报刊、网站等的传播功能，通过设立专栏、专题报道等方式，广泛宣传读书节活动，提升读书节活动的社会影响力和关注度，充分展示工作成果。

2016 年第五届读书节期间，省图书馆在全省开展了以“数字阅读——让生活更精彩”为主题的数字阅读推广活动。活动以省图书馆为龙头，各市、县（区）图书馆联合，通过问卷调查、现场演示、检索技巧培训、在线答题、有奖征文等方式向广大读者宣传推荐本馆数字资源、数字图书馆推广工程配发的数字资源以及辽宁省图书馆的全民学习中心、数字文化驿站等优秀资源；同时，省图书馆还推出了 1 万张数字阅读卡，开放 40 余个数据库，3000 多种连环画、200 余万册电子图书、1 万多种电子期刊、1 万多场视频报告以及古籍、方志、博硕士论文、专利、有声读物等多种数字资源，发放到各市、县（区）图书馆、中小学及幼儿园。

（四）特色活动，亮点纷呈

除了经典阅读活动，在读书节期间，全省公共图书馆还根据当地情况，开展了独具特色的阅读推广活动。为营造“全民读书　人人阅读”的书香氛围，建设书香社会，要从书香家庭开始。辽宁省图书馆自 2016 年开始在全社会范围内评选“最美书香家庭”，参与者来自各行各业，有教师、学生、企事业单位工作人员、自由职业者等，他们的家庭有着不同的阅读故事，但是相同的是对读书的那份热情。本溪市图书馆举办了“书香伴我成长，好书共读”征文、社区居民读书之星评选，小记者“故事大王”比赛；朝阳市图书馆根据本地区的特色，连续多年举办 “优秀农家书屋”评选活动、“微阅读·朝阳故事”网上征文等系列活动，建设“书香朝阳”；盘锦市图书馆举办了“盘锦市首届十佳书香之家”和“我读过的一本好书”大学生有奖征文比赛颁奖活动；葫芦岛市图书馆举办了青年学生“品读国学”

◎ “最美书香家庭”评选

读书征文活动。

三、结语

辽宁省公共图书馆全民读书节开展以来，已成为辽沈人民的文化庆典、城市的文化名片和实现市民文化权利的重要载体。截至2018年，辽宁省公共图书馆全民读书节系列文化活动已经举办了七届，每一届读书节都是一场辽宁百姓的文化盛宴。内容异彩纷呈、形式活泼新颖的读书节各项活动以推广全民阅读、提高全民素质为宗旨，以雅俗共赏、免费参与为特点，力争在每一次活动中，将阅读的乐趣呈现出来，将文化的效能释放出来，将图书馆的作用发挥出来。进一步在全社会倡导“读书好、好读书、读好书”的良好风尚，营造“全民读书、人人阅读”的书香氛围。七届读书节期间，省图书馆充分发挥了龙头作用，利用丰富的文献资源和人才资源，共享讲座、展览和数字资源，帮助各馆互通有无，特别扶持偏远落后的基层馆，缩小各图书馆阅读推广能力、水平的差异，带动各市、县（区）馆阅读活动的开展。省图书馆以读书节活动开展为契机，努力构建以省图书馆为中心，覆盖市、县（区）公共图书馆，乡镇、村图书室的五级阅读服务体系，积极打造跨系统图书馆联盟建设、实施县级图书馆总分馆建设，促进区域内阅读资源的共建共享。倡导全民读书，树立终身学习的理念，让读书给人们带来美好的生活！

奇思童年　妙享阅读

——“图书馆奇妙夜”实现童年阅读梦想

∷ 撰写／孙　意

阅读，不仅是人与书籍的互动，更是人与阅读空间、人与人的互动。对少儿阅读而言，这种理念体现得更为明显。近年来，未成年人作为《全民阅读促进条例》提出的重点阅读保障群体，针对其进行的阅读推广活动得以不断创新发展。在《中国儿童发展纲要（2011—2020年）》颁布后，图书馆界更是掀起了基于儿童发展需要推广阅读的浪潮。

随着辽宁省图书馆2015年迁入新馆址，少儿天地焕然一新，更加广阔、鲜亮的阅读空间，促进了辽宁省图书馆少儿阅读活动的创新发展，“奇思童年　妙享阅读——图书馆奇妙夜活动”的创意逐步在辽图少儿阅读推广人的心中生根发芽。“在图书馆过夜、实现与书同眠”，别的阅读活动做不到，但“奇思童年　妙享阅读——图书馆奇妙夜”可以。这是不同于讲座、故事会、阅读成果展演等形式的少儿阅读推广活动，是将经典儿童剧欣赏、

◎ 2016年“图书馆奇妙夜”活动合影

亲子阅读游戏、少儿读书知识竞答、图书馆员职业体验、经典动画短片赏析等多种少儿喜闻乐见的阅读形式有机整合，让小读者和家长读者全方位、立体化、浸入式、高密度地体验阅读。活动一经推出，备受读者关注。

一、活动目的：让奇幻的阅读构想照进童年时光

每个孩子都是热爱阅读、喜爱书籍的，有的孩子愿意在睡前听一个故事、读几页书，有的甚至会抱着自己心爱的图书入睡。能在图书馆度过一个晚上是多么新奇、多么快乐呀！辽宁省图书馆开展的“图书馆奇妙夜”活动满足了孩子们对阅读的期待，该活动依托新的少儿阅读空间，创新大型少儿阅读活动组织形式，更加注重活动自身的新颖性和活动过程的趣味性，实现多元的阅读目标，提高孩子阅读水平，促进亲子关系和谐发展。

（一）为孩子增加话剧观赏体验，营造成长的艺术文化氛围

辽图开展的“图书馆奇妙夜”活动拓宽了儿童“阅读”的概念，丰富

了儿童“阅读”的载体，发展了儿童“阅读”的形式。不单单书本可以成为儿童的“阅读”载体，儿童剧也可以是载体；有趣的童话故事是儿童的“阅读”内容，话剧、音乐等精彩的艺术表演也可以是内容。“图书馆奇妙夜”以更加丰富、多元的阅读资源与形式呈献给小读者和家长，开拓家庭阅读的思路，加深对阅读的认知。

（二）为亲子增进情感语言互动，引导构建和谐的家庭环境

在《全民阅读促进条例》中，国家鼓励未成年人的父母或者其他监护人积极开展亲子阅读，以营造良好的家庭阅读氛围。而很多家长由于时间少、精力有限，很少陪伴孩子进行亲子阅读，“图书馆奇妙夜”给了家长和孩子这样一个机会。而一些有时间陪伴的家长，通常会面临不知道该如何开展亲子阅读的问题，使亲子阅读流于说教。“图书馆奇妙夜”让孩子与家长共同参与到游戏中，增进亲子情感；让家长学到一些亲子阅读的方法，实现亲子语言互动，从而促进在家庭环境下实现孩子的语言发展。

（三）为阅读创造传播影响途径，进行具有创意的阅读推广

2016 年，国务院颁发的《关于推动文化文物单位文化创意产品开发的若干意见》中，倡导“加强文化创意品牌建设和保护”。对青少年文化阅读服务而言，品牌阅读活动正是需要不断创新、践行灵感的文化产品。而心理学对人类获取信息行为的研究表明，眼睛只是信息进入人脑的一个渠道，人类其实是在用整个身体感知世界、体验生活。这就为浸入式阅读提供了心理学基础。“图书馆奇妙夜”这一阅读活动就实现了将阅读从眼睛推广至全身心，而这个新颖的阅读活动更激发了广大读者的关注，其自身就成为有力的阅读推广载体。

二、活动内容与形式：给孩子多元融合的美好阅读享受

“奇思童年　妙享阅读——辽宁省图书馆奇妙夜”从 2016 年 8 月 26 日重磅亮相之后，已举办了两届。经过前期的精心准备和积极宣传，7 岁以上小读者家庭通过 QQ 群、电话及现场报名的方式，争取参与活动的机会。每年都有 30 组幸运家庭能来到辽宁省图书馆少儿天地，用将近 20 个小时的时间，通过经典儿童剧欣赏、亲子阅读游戏、少儿读书知识竞答、图书馆员职业体验、经典动画短片赏析等多种阅读形式，全方位、立体化、浸入式、高密度地感受图书馆之夜的奇幻魅力。

（一）经典童话剧公益展演，助力文化童年

为了让更多家庭读者受益于辽图文化公益事业，两届“图书馆奇妙夜”都安排了经典儿童剧公益演出，作为“图书馆奇妙夜”的预热环节。很多没办法全程参与“图书馆奇妙夜”的小读者可以有机会通过观赏公益儿童剧丰富自己的阅读。其中，2016 年的《人参娃娃》、2017 年的《海底奇遇记》，共有 700 多个家庭、1400 余人次观赏。辽图邀请到的辽宁儿童艺术剧团、童趣儿童剧团的艺术家们给孩子们和家庭带来了精彩的表演，借助“图书馆奇妙夜”提供优质的文化体验，助力构建具有文化力量的童年环境。公益演出受到读者的广泛关注和热烈参与，两场儿童剧的公益票均在短短三天之内被申领一空。很多读者观剧后表示，虽然不能全程参加“图书馆奇妙夜”，有些遗憾，但能够观赏这样优秀的儿童剧作品，亦是一场难得的文化盛宴。

（二）亲子游戏丰富多样，感受快乐童趣

“图书馆奇妙夜”将“增多亲子体验，加深亲子情感”作为活动设计的宗旨之一，设置了“盲人走路”“真假难辨”“趣味接力”“两人三足”

◎ “图书馆奇妙夜”亲子游戏

等游戏形式，让孩子与家长共同游戏、比赛竞技，在游戏中感受童真童趣与亲子情意。同时，“两队比拼”融入团队意识，孩子们在比赛的过程中结交朋友、学会合作、体验竞争、收获快乐。

（三）少儿读书知识竞答，赛出智力风采

结合图书馆公益事业的专向性，读书是图书馆活动不能背离的主题。在亲子游戏比拼后，获胜队伍要通过读书知识竞答的方式进行队内比赛，决出最后的优胜家庭。竞答现场气氛热烈，孩子与家长齐上阵，比拼速度、开动脑筋，各个家庭在活动中不仅收获了快乐，更增长了知识，提升了阅读意识。

（四）图书馆员职业体验，规范阅读行为

在亲子游戏比赛过程中失利的队伍获得了一次在辽宁省图书馆少儿天地书库里进行图书管理员职业体验的机会。家长和孩子以家庭为单位，在图书馆工作人员的指导下，了解图书整理工作。设置这样的环节主要是为了培养孩子们爱护图书、珍爱阅读环境的意识和行为，也期待孩子们将按秩序阅读的理念传递给更多的人。

（五）经典动画短片展播，开阔儿童视野

组织孩子观赏经典奥斯卡获奖短片，体会视听形式的绘本阅读。经过快乐的游戏环节与激烈的竞赛环节，图书馆为小读者们准备了《神奇飞书》《回忆积木小屋》《失物招领》等阅读获奖动画短片，孩子们可以通过观影开阔眼界，从不同的视角理解阅读、理解图书。

（六）夜宿帐篷与书同眠，浸润书香童年

能夜宿图书馆、与书共眠，是很浪漫、梦幻的一件事情，也是很多人想要实现的一个小梦想。“图书馆奇妙夜”将这一梦想变成了现实。在完成所有游戏环节后，参与活动的家庭通过亲子合作搭建帐篷，小读者与自己的爸爸妈妈在万千书籍包围下，在弥漫着书香与快乐气息的氛围中进入

◎ 搭建帐篷，与书同眠

梦乡。也许在梦中，孩子们同样会在畅游书海，浸润书香。

三、活动效能：打造出童年记忆里有奇妙色彩的夜晚

“奇思童年　妙享阅读——图书馆奇妙夜”在国内首创了少儿读者24小时与图书馆亲密接触的活动形式，将阅读与露营、书籍与游戏、文字与声影等形式相结合，让孩子们感受到了快乐童趣，赛出了智力风采，规范了阅读行为，开阔了儿童视野，浸润了书香童年。辽宁省图书馆的少儿阅读推广人员不仅精心策划准备奇妙夜里的各项活动，更依托微信公众号、网易订阅号及多家电视、广播媒体在辽宁省内推广宣传，很多小读者与其家庭都是通过这个活动了解并认识了图书馆，产生了较为深远的社会影响。

（一）以吸引点带动宣传，自媒体追踪活动全程

1. 以儿童剧为宣传点，提升读者关注度

公益儿童剧演出无疑是非常吸引人的，辽宁省图书馆将奇妙夜中的这个环节作为一个宣传点，在辽宁省图书馆微信公众号与少儿QQ读者群中进行宣传。连续两年，童话剧的公益票在短时间内均被预订一空。虽然最终每年只有300组家庭、600人次可以现场观赏公益儿童剧演出，但在社会中产生了不小的影响，相关公众号微文累计阅读量达5826次。

2. 以自媒体为依托，对活动追踪宣传

（1）在公众号上进行“图书馆奇妙夜”推介

每次奇妙夜活动正式启动之前，辽宁省图书馆微信公众号都会推送整体的活动介绍，让读者了解活动。2016年相关微文阅读量为1441次，2017年增长到3097次。

（2）在网易进行“图书馆奇妙夜”全程直播

在2017年，为了进一步扩大活动的影响力，辽宁省图书馆少儿部采用了网络直播的方式全程记录了活动过程，在网易直播平台参与人数达22566人次。

（3）公众号回顾“图书馆奇妙夜”的精彩瞬间

在活动结束后，辽宁省图书馆微信公众号将活动的精彩瞬间推送给读者，不仅让参与的读者能够回顾奇妙的阅读经历，而且吸引更多读者在下一年参与其中。与2016年相比，2017年相关公众号微文阅读量增加了近一倍。

（二）以新颖度吸引媒体报道，扩大社会影响

“奇思童年　妙享阅读——图书馆奇妙夜”活动作为全国首个让小读者在图书馆过夜、与书同眠的大型浸入式阅读推广活动，其创新性不言而喻。而具有如此新颖度的活动一经推出就引起了媒体的关注，两届“图书馆奇妙夜”先后被网络新媒体、广播媒体、电视媒体多次报道。

2016年，首次奇妙夜活动就在搜狐、网易新闻等多家网络媒体上得到了宣传，并被推送至首页。辽宁广播电台《新闻大视野》栏目也对活动进行了报道。

2017年，“图书馆奇妙夜”的影响力进一步扩大，辽宁卫视《第一时间》《说天下》《都市生活汇》先后报道活动详情，央视新闻《朝闻天下》栏目还专门采集活动影像。

不论是新媒体，还是传统媒体的报道，都在社会上引起了强烈的反响。很多前两届没能参与的家庭，在看到相关新闻报道后来电咨询，表示将持续关注省图书馆的少儿阅读活动，争取能够参加今后的“图书馆奇妙夜”。

（三）收集读者反馈，为下届活动总结经验

2016 年、2017 年连续两届全程参与的 30 组家庭在活动后留下了他们对活动的感受与建议，“图书馆奇妙夜”受到了家长们的一致好评。2017 年更有铁岭的两位小读者进入了 30 组幸运家庭。很多家长通过填写反馈表的方式，给辽宁省图书馆留下了活动的感受和感谢。

刘睿昌妈妈（任超，2017 年来自铁岭的幸运家庭成员）：首先感谢省图书馆工作人员和各位志愿者的辛苦付出，本次活动作为家长我们觉得很开心，同时收获很大，让我们看到孩子面对失败的沮丧、面对成功的喜悦，更让我们了解到孩子遭遇挫折时的态度；对于孩子来讲，他们在收获快乐的同时，又收获了新的朋友。最最重要的是孩子在一个书的世界里受到熏陶与影响。随手可取到书、与书同眠、与书为友的氛围一定会让孩子爱上阅读、爱上图书馆。感谢组织奇妙夜的辽宁省图书馆！

张乃涵妈妈（张高原，2017 年幸运家庭成员）：孩子很开心！不但做游戏开心，而且结识了新朋友。在各个游戏环节中都有参与感，这种集体活动与读者在家玩、阅读是非常不一样的体验！在省图书馆过夜也是非常新奇的体验，孩子和大人都很兴奋！希望“图书馆奇妙夜”活动能够坚持下去形成一个品牌。

高俨妈妈（苏畅，2016 年幸运家庭成员）：辽宁省图书馆的奇妙夜活动特别有意义，在即将开学之际，奇妙夜活动是送给孩子最好的礼物。在这里看到儿童剧《人参娃娃》，让我们学会做有爱心、勇敢、善良的人；亲子游戏既让孩子玩，同时也学到了知识，学会思考、观察；还能增进亲子关系。我们玩得不亦乐乎。图书馆的工作人员想得比较周到，很辛苦。感谢你们举行的“奇思童年　妙享阅读”活动。庆幸我们有机会参加活动，希望省图书馆这样的活动更多、更精彩、更丰富。

当“图书馆奇妙夜”结束，第二天太阳升起时，孩子们仍旧兴奋地诉说着自己昨晚的快乐和收获。这项活动诠释的阅读不仅是平面二维的活动，更是可以身体力行、形式多样的多维空间活动。相信这个奇妙的夜晚会在他们的脑海里留下深刻的印象，也会在他们的生命里产生深远的影响。“图书馆奇妙夜”将继续在未来的夏夜与孩子们见面，而更期待的是孩子和家长们在奇妙夜之后，仍然对图书馆保持热情、对阅读保有活力，与辽宁省图书馆的少儿阅读推广人员一同用书籍构筑幸福童年。

“文化志愿者”活动建设

:: 撰写 / 王晓青　崔　岩

“志愿者”这一名词，联合国所给的定义是“自愿进行社会公共利益服务而不获取任何利益、金钱、名利的活动者”，具体指在不为任何物质报酬的情况下，能够主动承担社会责任而不获取报酬，奉献个人时间和行动的人。

志愿者在当今社会中也扮演着极为重要的角色，志愿者事业在不断地前进和发展，志愿者活动也在不断地前进和发展。

在党的十九大报告的引领下，辽宁省图书馆坚持社会主义核心价值观，完善志愿者服务活动，秉承志愿者“奉献、友爱、互助、进步”的精神，为构筑和谐书香辽宁而不懈努力着。

一、文化志愿者工作实践

辽宁省图书馆有这样一个大团体，年龄上至退休的领导、老师，下至在校大学生，他们不求回报、不辞辛劳，牺牲自己的空闲时间，为他人服务，这就是志愿者团队。正是因为有了高尚的志愿者，在减轻了图书馆馆员工作负担的同时，也使得图书馆的活动更加秩序井然。

（一）志愿者的招募与发展

辽宁省图书馆于 2003 年成立了志愿者协会。自协会成立以来，严格遵照《辽宁省文化厅志愿者管理办法》进行志愿者的招募、审核以及培训工作，通过多种形式向社会投放招募信息，如微信公众号、图书馆网站、报纸、电视和广播等；或者通过图书馆工作人员和现有志愿者向周围的亲朋好友宣传；与志愿者组织合作等。在通过了基础审核之后，我们为这些文化志愿者安排了丰富的培训内容，对文化志愿者进行综合培训。对志愿者的培训包括：常规培训，重点加强文化志愿者对于开展文化志愿服务的工作理念、必备知识、基础技能等内容培训；岗前培训，重点加强项目介绍、工作要求及安全教育等内容，提高文化志愿者的服务能力、服务水平和综合文化素质。希望在他们奉献自己爱心的同时，也能有所收获。

（二）文化志愿活动主题鲜明，重点突出

通过不断完善志愿服务工作，目前我馆建立了一支强有力的文化志愿者队伍，各项志愿服务工作取得了显著成效。从个人报名到团体参与，目前报名团体达到四十余家。我们组织志愿者参与了“辽宁骄子体坛先驱——中国奥运第一人刘长春图片展”、“纪念抗美援朝战争六十周年展览”启动仪式系列文化活动、“警钟长鸣，振兴中华——九一八事变八十周年”馆藏资料图片展、2011 年辽宁省文化厅“迎全运、爱家乡、建辽宁——主

题教育实践活动暨辽宁省图书馆首届读书节”、“图书馆之夜”、“图书馆嘉年华”、“图书馆宣传周”、“基层行”、“辽海讲坛”、“英语沙龙”、“对面朗读”、“手语世界”、“艺术沙龙”等多项公益活动服务，除此之外，还参加了“音乐欣赏季”“少儿活动”和“诵读俱乐部优秀展演”等活动，充分展示了志愿者的文明形象和我馆精神文明建设的新风貌，锻炼了志愿者的语言表达能力，增强了志愿者的自信心和责任感。

（三）成立全省公共、高校图书馆文化志愿服务联盟

为深入开展文化志愿服务工作，不断扩大文化志愿服务影响力，加强我省公共、高校图书馆文化志愿服务活动有序组织，推动文化志愿服务机制的建立和完善，实现各成员馆之间资源互补、文化志愿服务理念分享，相关机制研究探讨以及服务经验交流，2016 年年底，辽宁省图书馆主导下的全省公共、高校图书馆文化志愿服务联盟成立。该联盟的成立和运行促进了我省公共、高校图书馆文化志愿服务活动有序进行，推动了文化志愿服务机制的建立和完善，为我省公共文化事业的持续发展发挥了积极作用。

该联盟本着“共建共享、开放创新、协调分工”的原则，实现全省公共、高校图书馆资源共享，建立学习交流、共建共享机制，协同开展文化志愿服务活动，将逐渐打造成为我省公共文化服务体系建设的重要组成部分，提升各级公共图书馆的服务辐射力和影响力。

2017 年 3 月 3 日，依托全省公共、高校图书馆文化志愿服务联盟，全省图书馆学雷锋志愿服务总分队正式成立。总分队的成立推动了全省图书馆学雷锋志愿服务的开展，进一步弘扬了雷锋精神和“奉献、友爱、互助、进步”的志愿精神，促进了地区间文化志愿服务协同联动，明确了文化志愿服务实施主体。

每年举办全省图书馆学雷锋志愿服务培训班，对来自全省图书馆联盟

◎ 2017年3月3日，全省图书馆学雷锋志愿服务培训班

的文化志愿服务管理人员及其他社会志愿服务组织负责人进行集中培训。培训深入贯彻落实《关于公共文化设施开展学雷锋志愿服务的实施意见》精神，通过专家讲座大力推进文化志愿服务，广泛传播志愿服务理念，通过交流座谈《辽宁省公共图书馆文化志愿服务工作规范》，促进文化志愿服务制度化、规范化、常态化，推动图书馆文化志愿服务深入、有效开展的具体举措，通过加强总分队之间优秀资源的整合，借鉴、吸收各分队的先进经验和优秀模式，调动各个分队参与的积极性。同时，为总结全省各地文化志愿服务工作经验，组织全省文化志愿服务优秀案例评选活动。

为充分发挥我省公共图书馆培育和弘扬社会主义核心价值观、传播社会主义先进文化的重要作用，稳步推进全省学雷锋志愿服务工作开展，深入推进学雷锋志愿服务基层工作建设，在省文化厅的大力支持下，由省图书馆牵头，省内各联盟图书馆共同参与的“大地情深”学雷锋志愿服务基层行于 2017 年正式启动。

“大地情深”学雷锋志愿服务基层行活动是依托我省公共、高校图书馆文化志愿服务联盟开展的文化志愿基层服务活动。2017 年 10 月，全省学雷锋志愿服务总队倡导组织学雷锋志愿服务分队开展经典美文诵读活动。活动开展期间恰逢党的十九大召开之际，联盟组织优秀文化志愿者赴丹东、辽阳、葫芦岛、沈阳师范大学 4 个学雷锋志愿服务分队开展经典美文诵读活动，拉开了全省图书馆文化志愿服务联盟活动的序幕。2017年10月10日，在沈阳师范大学进行首场演出，十余位优秀文化志愿者，包括省内朗诵名家小白、齐芳、文涛等现场朗诵《琵琶行》《春江花月夜》《乡愁》《母亲》《祖国呀我亲爱的祖国》等名篇经典，活动现场既有朗诵名家的精彩演绎，又有众多文化志愿者、朗诵爱好者的积极参与，共同打造了一场文化与艺术的盛宴，近万名网友通过手机实时观看了巡演直播。10 月 11 日、13 日、19 日基层行队伍分别前往葫芦岛、辽阳、丹东开展文化志愿服务基层活动。

在阅读中汲取力量，在朗诵中丰盈心灵。省内公共、高校图书馆联盟主导下的“大地情深”学雷锋志愿服务基层行活动，扩大了文化志愿服务辐射范围，增强了文化志愿服务效果，进一步弘扬了“奉献、友爱、互助、进步”的志愿精神，为基层文化志愿服务带来了蓬勃生机，为省内各地文化志愿项目深入开展提供了良好平台，在汇聚文化影响力的同时，传播了正能量。

（四）追求实效，不断创新——寒暑假志愿者系列活动

自 2003 年以来，每年的寒暑假辽图定期为大学生志愿者进行招募系列培训，并进行岗前专业技能培训。为文化志愿者具体讲解志愿者管理方面的规程，发放《辽宁省文化志愿服务手册》。志愿者工作站根据志愿者专业特长，参与相应岗位服务，带领大家参观辽宁省图书馆新馆的对外服务部门。15 年来，共计培训 60 场，2000 余名大学生受益。辽宁省图书馆始终与热心志愿者们一路携手，将“志愿行为”变成“志愿生活”，让志愿服务成为一种习惯。创造文化、参与文化、享受文化，让爱心永存心间，用真情奉献社会。

辽图组织志愿者参观“汉字发展史、中国书籍发展史展览”；由图书馆专业人员带领志愿者参观省图书馆对外服务部门，详细讲解如何使用工具书；介绍光盘与网络数据库以及检索社科文献的方法；如何查找电子文献信息等。通过这些活动让更多的志愿者了解了图书馆，掌握了为读者服务的基本技能，培养青年志愿者的社会服务意识，同时为他们提供一个锻炼自我、丰富阅历、展示才华的机会，使其今后在广泛的社会实践中用积极、乐观的态度去奉献图书馆。

◎ 2018年2月，寒假大学生志愿者培训班

同时，建立健全志愿服务机制，多年来全面拓宽服务领域，在辽图的带领下，制订了我们的活动发展规划，并完善了组织机构，规范了志愿者的招募、管理制度。统筹管理，以辽宁省图书馆为总站，志愿者团队为龙头，建立了志愿者档案，组成了一支固定有序的志愿者队伍，逐步形成了中心—分点—志愿者的服务体系。并以服务他人、服务社会为着眼点，积极探索志愿者服务的新思路、新方法。为社会提供志愿服务，全面提高志愿者素质，为经济社会的协调发展和全面进步贡献一份力量。

二、文化志愿者工作的成绩及效果

2003 年 4 月，辽宁省图书馆志愿者协会正式成立。多年来，我们紧跟社会思想主流，拓宽活动领域，深化活动内容，改进活动方式，将长期活动和短期活动相结合，开展了新颖多样、富有意义的活动。目前，参加活动的志愿者已达上万人，接受志愿服务的读者达数万人次，志愿者队伍已发展壮大为一支为读者服务的强有力的生力军，志愿者活动也初步走上规范化、制度化和经常化的轨道。通过读者活动的创新实践，进一步发挥了图书馆的社会教育职能，推进了知识工程的建设，为创建学习型社会做出了贡献。

2017 年，新馆全面开馆，志愿服务方面也取得重大进展，全省注册志愿者总数达到了 3000 人，其中，年龄段在 18 岁到 60 岁之间的志愿者更是多达 2800 人。尤其是开展了大学生寒暑假志愿者培训活动之后，更是反响强烈。也推动了大学生群体对于志愿服务事业的支持，点燃了他们的热情。

通过组织志愿者参与各种文化公益活动，向大家宣传文化服务知识，让他们走到服务对象身边，面对面交流，心与心接触，了解不同服务对象的心理特征和文化需求，并使志愿者在参与活动的过程中提高自身文化素质，增强自信心、责任感和实践能力，培养志愿者的互助意识和奉献精神。

社会各界对志愿者活动给予了大力支持，对活动开展起到了推动作用。辽宁省科学技术协会无偿为我们提供了展板和宣传材料；《辽宁日报》《沈阳日报》《沈阳晚报》和辽宁电视台、辽宁教育电视台、沈阳电视台、沈阳电台等新闻媒体也都对志愿者活动给予高度关注，及时报道活动的开展情况，增强了活动的宣传力度，扩大了社会影响。

如同树木的生长，从最初播撒下一颗种子到枝繁叶茂，我馆的文化志愿服务工作亦是一步一个脚印、一年一个台阶在稳步推进，文化志愿服务队伍不断壮大、规范化服务水平日益提高。文化志愿服务是构建现代公共文化服务体系的重要一环，与公共文化阵地服务相得益彰。面对崭新的挑战，文化志愿者们将肩负起新的重任，为开创我馆文化志愿服务工作新局面继续贡献力量。

“领读者”系列活动

∷ 撰写／李丹丹

据国民阅读调查结果显示，近年来全民阅读率有了显著的提高。阅读能够净化人的心灵，提高个人自身的修养。同时，阅读也是获取知识的一个重要途径。推广全民阅读可以让人们从书中获取知识、增长见识。图书馆在推广全民阅读活动中具有重要的作用，如何更好地强化图书馆在全民阅读活动中的作用，更好地促进全民阅读活动的开展，这都是图书馆推广全民阅读面临的问题。辽宁省图书馆作为党和政府推行全民阅读战略的主阵地，有责任、有义务保障全体公民阅读权，为之提供基本的设施保障、文献资源和信息服务。

在全民阅读系统工程中，公共图书馆所参与和提供的绝不仅仅是文献的借还，除了应推进公共图书馆网络体系的不断延展外，还应该为各级政府制定与实施全民阅读政策提供决策参考，大力倡导各类群体提高阅读意识和培养阅读习惯，承办政府主办的各类重点全民阅读活动，常年开展异彩纷呈的阅读服务及活动，成为凝结社会各界力量、推动全民阅读的有效平台。一直以来，辽宁省图书馆高度重视开展全民阅读活动，推出了一批国家级示范活动和地方主题阅读活动，在推动全民阅读常态化、长效化方面做了有益的尝试。辽宁省图书馆“领读者”系列活动就是在这个背景下开展和实施的。

一、“领读者”活动实施的意义和目的

辽宁省图书馆开展“领读者”系列活动，第一，可以引领读者选择合适的图书。在信息泛滥的时代，开卷往往让人们湮没在书的海洋，如何选书，选择好书，这是我们活动要解决的问题。第二，通过阅读，引导读者爱上读书，进而启迪智慧，成就不同的人生。《三字经》开篇写道：“人之初，性本善。性相近，习相远。苟不教，性乃迁。教之道，贵以专。”读书能跨越国界、跨越时空，让古今中外人的思想浸润我们的心田。读书能给我们启迪，教我们做人的道理，教会我们分辨世间的善与恶、美与丑，让我们的生命更加充实和快乐。这是“领读者”想传达给读者的，与读者一起为之努力的目标。“领读者”将邀请不同领域的专家和读者们一起阅读名著名篇、分享理念，通过交流、互动，给读者提供更好的阅读体验。“领读者”系列活动自 2018 年 1 月 6 日正式拉开序幕，到现在已经开展四期，获得了读者的普遍认可。

二、“领读者”活动实施的内容、形式和特点

于良芝教授的《图书馆阅读推广——循证图书馆学的典型领域》一文

中有一句话：“凡是能够将读者的注意力从海量馆藏引导到小范围的有吸引力的图书的推广方式， 都有可能提高图书的流通量。”这句话是于教授介绍的美国图书馆专家在研究阅读推广案例后所得出的重要结论之一。王波博士据此得出“图书馆阅读推广”的定义，是指图书馆通过精心的创意、策划，将读者的注意力从海量馆藏引导到小范围的有吸引力的馆藏，以提高馆藏的流通量和利用率的活动。在“领读者”活动开始之前，辽宁省图书馆邀请了相关专家、学者进行了座谈，也在读者中进行了调查研究，最终确立了活动内容、形式和特点。

（一）**活动内容**

1. 选择领读内容

第一，我们确立了紧跟社会热点的宗旨，这样社会关注度高，更能引起读者的重视和参与。例如，我们活动的第一期正逢冯小刚导演的电影《芳

◎ 沙秋领读《水浒传》

华》热映，在全社会激起了一片追忆自己青春的热潮，在这种热烈的氛围中，我们把活动主题定为“谁的青春不芳华”，邀请专家和读者一起共读《芳华》，追忆青春，效果良好。第二，我们选择容易引起共鸣的主题，如亲情、爱情。第二期我们做的是世界著名爱情小说系列活动。第三，我们选择耳熟能详、老少咸宜的著作。从四月份开始邀请专家为我们领读中国古代四大名著之一《水浒传》。

2. 选择活动场地

我们有两个备选，一个是三楼南区我们借阅部的特色人文空间——文溯书房主题阅览空间，我们将国学主题贯穿于整体的环境布局，文献资源采取主题分区，这里除了承载着对书籍的热爱与坚守之外，也承载着对文化的敬重。另外一个是一楼北区的休闲区，那里有沙发和绿植，并且用书架隔成了一个相对密闭的小空间。考虑我们活动的规模和性质，最终把活动地点选择在了一楼北休闲区。

◎ 活动现场

（二）活动形式

我们把活动定在周末的下午，时长大约为一个半小时，既能够使活动内容很好地实施，又不会因为时间过于长久而显得拖沓。根据不同的活动内容，确立了多种活动形式。

1. 专家领读

邀请专家对所选的内容进行通篇的引领，使读者对所选图书有一个整体的印象。

2. 章节朗读

由专家选择经典精彩章节组织读者阅读。一方面，专家自己朗读；另一方面，选择现场的读者进行朗读，在精彩的时刻，大家可以一起阅读，使大家的情感都被内容调动，达到吸引读者去继续阅读的目的。

3. 心得交流

参加活动的读者在专家领读和章节朗读之后，可以就所选书目谈论自己的心得，分享自己读书的故事，或者是自己的感悟。

4. 定期组织

邀请领读者结合社会热点或者针对大家在阅读推荐的书中提出的问题进行探讨，每月定期组织“领读者”活动，时间分别为月中和月末的周末，形成规律，更便于读者参与我们的活动。

（三）活动特点

在活动前期策划阶段，我们就有针对性地确定了活动的特点：第一，广而博。这是针对我们的选题来说的，图书馆海量藏书，每本书都有自身的特点，从中撷取个体，吸引读者的注意力，从而提高馆藏的流通量和利用率。第二，小而精。我们活动限定 30 名报名读者，活动场地布置整洁而温馨，黄色的沙发让人感觉暖洋洋的，伴着悠扬的音乐，读着动人的文字，规模虽小，却精致典雅。第三，变与新。“领读者”活动的内容、形式、时间和地点并不是一成不变的，而是根据活动的效果、读者的反馈实时更新，紧跟时代步伐，充满创意。

三、“领读者”活动实施的成效和影响

（一）活动成效

“领读者”系列活动自2018年1月6日正式开始，已经举办了四期，受到读者的一致好评。

1.“谁的青春不芳华”，从电影回望小说，《芳华》读者分享会

1月6日，辽宁省图书馆“领读者”第一期特邀中国作家协会会员、鲁

◎ 第一期活动开场

迅文学院作家高研班学员、沈阳市残疾人作家协会主席、著名作家赵凯老师，领读《芳华》，和 30 名报名读者分享感悟，回忆青春。活动中，赵凯老师从电影《芳华》的开头讲起，介绍片中男女主人公的相遇，以及男女主人公不同的经历和结局，并且与小说《芳华》进行对比分析，深入浅出地指出了两者的不同。‘领读者’这个活动我觉得非常好，可以给我们提供一个很好的平台，让大家聚在一起各抒己见，百家争鸣。”在活动中，赵老师截取了小说中的精彩片段进行朗读。而读者互动把活动推向了高潮，读者们纷纷就电影和书提出了不同的看法，有些读者因为时间有限，只能活动后继续与赵老师进行交流。此次活动产生了良好的互动与启迪，还吸引了很多读者围观。“我是偶然看见这次活动的，今天收获颇丰。希望图书馆能够多组织这样的活动。”一位读者激动地说道。

2. 领相传口唇，读四时之典

2017年1月27日下午1点半，“领读者”系列活动第二期活动开始后，中国小说学会 2017 年度中国小说排行榜榜首作品《唇典》作者刘庆，在现场为读者讲述了《唇典》背后的故事，并分享了自己多年来的读书心得。尽管那几天沈阳的天气格外寒冷，但是仍然有众多读者准时来到了现场。《唇典》的作者刘庆先生在读者们的掌声中入场，除了与读者们分享《唇典》的创作过程，刘庆先生还讲述了东北的一些文化背景以及经历过的有趣故事，读者们听得津津有味，纷纷表示受益匪浅，对将来如何读书、怎么读好书有了清晰的定位。刘庆先生耐心解答了现场读者提出的问题，他的讲解获得了现场阵阵掌声。下午 4 点，活动结束，刘庆先生以其平实质朴、幽默风趣、睿智精练的语言深得读者的喜爱。通过活动，读者也在与刘庆先生的接触交流中感受到了文学的魅力，引发了更多的思考，期待着下次的相见。

3. 心甘情愿被爱刺痛

热闹的传统佳节余韵未尽，春天的脚步悄悄来临，在万物复苏的时候，“领读者”系列活动拉开新的序幕。2017 年 2 月 25 日下午，我们邀请赵凯老师领读世界经典爱情小说——《荆棘鸟》。30 余名读者与赵老师一起回忆《荆棘鸟》，一起回顾梅吉和拉尔夫的爱情故事。一位老年读者充满感情地朗诵了《荆棘鸟》中的经典情节，很多读者都流下了感动的泪水。

4. 跟着沙秋读水浒之宋江与他的三个绰号

绰号是中国传统文化的重要组成部分，《水浒传》是绰号文化的集大成者。梁山好汉一百单八将无一没有绰号，甚至梁山之外的朝廷将士、社会闲汉等也有绰号。一般而言，一个人物通常只有一个绰号，但是梁山山寨之主宋江有三个绰号——呼保义、及时雨与孝义黑三郎。2017 年 3 月 25 日下午，中国水浒排座次研究第一人、中国水浒学会会员沙秋做客“领读者”，通过宋江的故事，带领大家一同领略三个绰号背后的含义。现场除了 30 余名成人读者外，还有很多小朋友前来助阵，可见中国传统文化的魅力。

（二）活动影响

1. 媒体纷纷报道

活动开展之后，引起了有关媒体的关注，广大民众都普遍认为辽宁省图书馆作为文化前沿单位，开展这样的活动，能够很好地促进全民阅读，如《辽宁日报》就开辟专栏做了“省图推出领读者系列活动——引导更多人体会阅读乐趣”的报道，使活动的影响力大大提升。

2. 自媒体宣传推广

参与活动的专家、读者利用微信等方式，宣传推广“领读者”活动。活动每期参与人员都爆满，还需要增加座椅。

3. 活动主题图书流通量增多

阅读推广活动的形式多种多样，而活动的目的就是要使读者走进图书馆，提升馆藏的流通与利用。以“领读者”第二期活动为例，活动结束后《荆棘鸟》一书的借阅量明显提升，“领读者”活动这一只蝴蝶的小翅膀，引起了极大的震动。

四、“领读者”活动展望

中国新闻出版研究院公布的第十四次全国国民阅读调查的主要情况显示，2016 年我国国民人均图书阅读量为 7.86 本，手机阅读率达到 66.1%。在国民对个人阅读数量评价中，只有 1.7%的人认为自己的阅读数量很多，45.2%的人认为自己的阅读数量很少或比较少。在网络技术发展日新月异的时代，我们该如何认识读书的价值？该怎样安排好读书生活？在民族复兴的路上，如何让书籍助力我们前行的脚步？这些都是值得深思的问题。阅读虽然是个人的事，但是筛选图书和阅读分享行为，让读者彼此有了越来越多的联结，让图书馆馆藏书活起来，这是我们“领读者”活动的宗旨，希望读者和我们一起参与分享。

2013 年在接受金砖国家媒体联合采访时，习近平总书记说：“我爱好挺多，最大的爱好是读书，读书已成为我的一种生活方式。”朗读，有感情、有温度，而领读，则是在朗读的基础之上加以追寻，加以热爱，更加以一份发自内心的引领。辽宁省图书馆“领读者”活动引导不喜读书的人逐渐爱上读书，引领热爱读书的人学会独立思考，帮助每个人成长为更好的自己，这就是“领读者”的精神。

辽图好书榜

∷ 撰写／刘　妍

书籍是人类进步的阶梯，是文化传承的载体，是走向未来的基石。随着电子图书、纸质图书等文献数量的日益增加，每位读者需要的书籍资源相对于全部信息资源来说犹如沧海一粟，读者不知道如何在这庞大的图书资源中筛选自己需要的图书，不知道哪本书值得一读，导致读者在海量信息资源中出现“信息迷失”现象，不能有效地获取知识。“推荐书目”在读书活动中起着十分重要的作用，因为它解决了读什么书、怎样去读书这一首要的问题。一份推荐书目往往就是优秀图书的宣传广告，为读者指明阅读路径，起到导向的作用。

辽宁省图书馆作为省级公共图书馆向社会开放，具有“社会性”。为了促进我省公共文化建设，培育健康高雅的文化氛围，增强公众的文化底蕴，助力“书香辽宁”建设，引导大家形成“多读书、读好书、好读书”

的良好习惯，辽宁省图书馆精心打造了“辽图好书榜”品牌荐读活动。通过这个活动平台让公众有机会了解更多的优秀书目，激发公众的阅读兴趣，吸引更多公众走进图书馆，推进全民阅读。

一、活动内容

“辽图好书榜”始于2013年，借阅部专门成立了“辽图好书榜”活动组，重点负责此项目。在品牌创立初期，相关负责人员参考各大权威图书榜单及时关注社会热点，精心打造好书荐读榜单，同时，在推荐的书目中精选出一部分特色作品，制作成微电影，动态演绎书中的故事。随着活动的不

◎ 辽图好书榜

断完善与发展，相继在24小时自助图书馆、图书流动车中推出了“辽图好书榜”荐读书墙，并在文献借阅区域内开设了“辽图好书榜”主题借阅区域。“辽图好书榜”项目组根据发展需要，积极利用自媒体平台，在线上同步创建“辽图好书榜”微信公众号，每日推送荐读微文。从最初的阅读书单，经过近五年的成长与积累，“辽图好书榜”已经发展为内容丰富、形式多样的品牌化阅读推广项目，让更多公众共同分享读书的快乐，感悟读书的精髓，领略读书的魅力。

（一）结合书目内容及社会关注热点推荐好书

我国每年新出版的图书多达数十万种，全世界出版的图书更是种类繁多。怎样在浩如烟海的图书中推荐好书？什么是好书？在这个多元的社会，不可能有一个统一的评判标准，犹如“一千个读者就有一千个哈姆雷特”一样，不同的人对好书的认定标准不同。但没有统一的标准不等于没有标准，余秋雨先生就曾提出的好书两大标准，即“一个是被时间证明的好书，一个是被流行推崇的好书”。所以，“辽图好书榜”在推荐图书时，综合参考国内知名图书推荐榜单并结合当下社会关注热点，精心挑选图书版本，力求为公众提供有价值的图书，以实现阅读价值的最优化及最大化。

（二）充分利用馆舍空间进行书目荐读

图书馆不仅以丰富的文献资源著称，还有一种场所的功能是其他机构或组织所无法替代的，那就是安静的氛围，浓厚的学习、阅读环境和所拥有的数百万藏书。我们一提到图书馆，第一个想到的便是它静谧的学习环境，这种环境自然是开展阅读活动得天独厚的条件。书店也有安静的环境，也有数量众多的图书，但却没有图书馆那种适合学习与阅读的氛围，这是图书馆的一种底蕴。

图书馆开展导读的方式和方法有很多种，其中书目推荐就是一种重要的导读手段，并成为各图书馆传统的参考服务工作，在对读者的服务工作中发挥着重要的作用。辽宁省图书馆在新馆空间布局建设过程中，充分利用图书馆的空间，开展图书推荐活动，将“辽图好书榜”精选出的书目展示于 24 小时自助图书馆“辽图好书榜”书墙中，让读者能够直观地看到我们所推荐的书目，为爱好读书的读者提供了借阅的便利。同时，在文献借阅区内，开设了“辽图好书榜”借阅专区，在充分利用馆

◎ “辽图好书榜”借阅空间

舍空间的基础之上，达到阅读推广的目的。另外，在图书流动车上设有“辽图好书榜”图书专架，如“文学名著经典”专架、“国学经典”专架等，方便读者借阅。

（三）利用“辽图好书榜”微信公众平台推荐图书

随着互联网和移动通信技术的普及，许多图书馆都开设了微信公众平台，在宣传图书馆、指导读者阅读、帮助读者选择图书等方面起到了积极的作用。微信是当前国内将智能手机和移动互联网两项技术相结合的新媒体，其使用者数量极其庞大。据微信运营商腾讯公司统计，截至 2018 年 3 月，微信在全球月活跃用户数已突破 10 亿人，其中有近半数的用户为读者用户，微信用户是一个庞大的读者群体。因此，我馆充分利用微信的传播特性，推广微信公众号，定期做好宣传推荐图书、好书工作，通过精心的内容运营，争取关注者成为转载信息的共享者。

我馆基于“辽图好书榜”实体荐读榜单，积极拓展阅读推广模式，设立“辽图好书榜”微信公众账号；在此平台，每日推送一篇好书荐读微文，内容涉及文学、艺术、美食、旅游等多个大类。借助微信这个强大的社交平台，通过微文推送的方式，向读者传播知识，为读者推荐精品书评，并在每篇微文中向读者推荐与主题相关的精品图书，供读者参考，并与读者进行积极互动。

（四）与全民阅读、展览等活动相结合推荐图书

开展阅读活动是公共图书馆的常规性工作，为促进全民阅读，辽图开展了公益讲座、展览、真人图书馆等多种多样的阅读推广活动，这同时也是好书推荐的好时机。“辽图好书榜”在全民阅读周、世界读书日、重要传统节日期间，结合其他阅读推广活动开展好书荐读工作，有效地将全民阅读推广与好书推荐工作相结合。

二、活动效果

“辽图好书榜”自2013年开始运营，至今已近5年，积累了丰富的书目推荐及微文素材，每年推荐图书500余种。“辽图好书榜”微信平台365天不间断地进行微文推送，吸引了大量辽沈地区读者关注，由于所推荐的书目颇具价值，微文排版布局新颖，培养了良好的用户黏性，已有一批高质量的忠实粉丝在关注“辽图好书榜”微信公众号的同时积极转载其内容。“辽图好书榜”借阅空间、流动书车专架书目及时更新，便于读者借阅，引领阅读风潮。目前，“辽图好书榜”套餐化阅读推广活动已成为深受读者喜爱、吸引读者持续关注的品牌阅读推广栏目，得到了社会各界的广泛好评。

三、活动意义

（一）适应大众化阅读的需求

书目推荐套餐化是全民阅读发展到一定历史阶段的必然选择。大众阅读带有很大的盲目性，许多人对自己究竟需要读什么书、怎么读书并不了然，需要专业馆员的引导。辽宁省图书馆开展“辽图好书榜”套餐化书目推荐有利于阅读推广，可以激发读者的阅读兴趣和热情，有利于读者延伸阅读、关联阅读，帮助读者拓宽阅读视野，促进读者全面阅读，让读者少走弯路，使阅读效果最大化。

（二）适应公民深度阅读需求

公民受教育程度大幅度提高，深度阅读也成为必然。相对“浅阅读”而言，深度阅读是以提升学识修养、理论思维和工作能力为目的的深层次阅读形式，是读者与作者心与心的交流，虽然对大多数人来说，深度阅读费时费事，但深度阅读不仅能提高读者的文学素养，还能陶冶读者的情操。所以，在浅阅读盛行的时代中，只要读者能够深度阅读，那么得到的知识相对于浅阅读而言是更加完善与丰富的。但是，如何开展深度阅读，公众也很茫然。辽宁省图书馆为其量身定制的“辽图好书榜”精品书单可以起到事半功倍的效果。

（三）适应多元社会化需求

过去，大众阅读书目重复率很高，以文学作品为例，以前先是红色作品、经典名著一统天下，后来是言情小说、武侠小说接连受到热捧。但现在很难有某一类作品还像以前那样能覆盖几乎所有的读者群。“辽图好书榜”推出的荐读书目覆盖范围广，文学类、艺术类、科普类、史志类等应有尽有，以满足公众多元化的阅读需求。

（四）促进图书外借服务从被动提供到主动服务转变

长期以来，公共图书馆虽然在改进服务方式方面不断探索并发生了很大转变，但与社会的发展和人民群众多样化、个性化的图书阅读需求还有很大的差距。辽宁省图书馆开展套餐化书目推荐服务，是进一步转变思路、满足人民群众新需求的有效载体和实现方式。我国大力推进全民阅读，让广大人民群众都来读书，多读书、读好书、更有效地读书及通过读书更加有效地推动社会实践，因此，做好我馆书目推荐服务，满足不同层次读者多样化、个性化的阅读需求，也有利于推动全民阅读向纵深发展。

（五）有利于阅读取向的形成

虽然公共图书馆所藏有的图书总体上体现着社会的主流价值观，但具体到每本书的时候其所呈现出来的世界观、价值观千差万别。对一个理论、学说、流派，读者只读其中一部分，自然就会受到其片面观点的影响。“辽图好书榜”通过同类书目推荐及推出书评的方式，可以让读者读到同一主题的不同观点的作品，从而产生对事物、对各种理论和价值观的全面认识。同时，荐读书目的制作过程本身就在一定程度上体现了推荐者的价值取向，可以让读者在最短的时间内读到正确的书，让正确的观点先在读者脑子里生根，以正确的观点去抵消和矫正不正确的观点，形成正确的阅读价值取向，这对于弘扬主流价值观有着十分重要的作用。

四、结语

你可曾邂逅美丽的风景，书香可曾温暖你的行程，用阅读丈量世界，哪一本书又打动了你的心？“辽图好书榜”为公众推荐兼顾人文性、思想性、独创性、品质和趣味的精品图书，通过对图书的解读，催化推荐的效果，指引公众寻找到有价值的阅读目标。

文溯书房·真人图书馆活动

:: 撰写/秦　爽

真人图书馆（Human Library，原名 Living Library），2000 年起源于丹麦，是以真人为书，通过把不同人生阅历的人邀请到一起以一种面对面沟通的形式来完成“图书”的阅读形式。这种可以分享不同生活经历、不同学科知识的互动交流模式，在很大程度上改变了图书馆的单一借阅模式，拓展了图书馆的服务功能，使图书馆的服务更加立体多元，因此这种全新的借阅方式和服务理念逐渐受到国内外图书馆界的广泛关注。

一、真人图书馆活动的意义及目的

（一）通过平等对话，促进社会和谐

追求和谐平等是社会主义核心价值观的重要组成部分，真人图书馆的

宗旨就是反对暴力、鼓励对话、消除偏见、建立友谊。辽宁省图书馆引入真人图书馆活动，给不同职业、不同爱好的人搭建了一个平等对话、真诚沟通的平台。“真人图书”是让更多的人了解自己和自己所代表的社会群体的机会；对于“读者”，这是一次了解不一样的人生故事、丰富见闻的机会。经过坦诚的交流和沟通，消除隔膜，增强凝聚力，使我们的社会更加包容和谐。

（二）提高公民素质，体现教育职能

当今公共图书馆已成为社会教育系统中的重要组成部分，肩负着教育社会、提高全民素质的职能。辽宁省图书馆引入真人图书馆，可以为读者提供一个与各种不同行业人士面对面交流学习的机会。在这个过程中，真人图书馆和读者之间进行良好的沟通，建立理解的关系，可以探讨不同的生活方式、生活环境或者信仰，长期开展真人图书馆活动，对于阅读双方都是一种“润物细无声”的影响。

（三）弘扬传统文化，增强文化自信

中国传统文化是中华民族独有的反映民族特质和风貌的文化，它是我们民族的骄傲和自豪，而公共图书馆，在传统文化的传承和弘扬的过程中有着义不容辞的使命与担当。辽宁省图书馆利用文溯书房空间引入真人图书馆，将中华民族珍贵的文化遗产带到读者面前，博大精深的中华文明给读者带来新鲜感和震撼力，也打开了读者的精神世界，不仅弘扬传统文化、普及经典阅读，而且培养公众文化认同、增强文化自信，唤醒读者内心的求知欲，激发读者的读书热情。

（四）创新服务模式，推广全民阅读

随着经济发展和科技进步，文化生活多元化、获取信息网络化，传统图书馆的吸引力逐渐变弱，年轻读者严重流失。要改变这种状况，辽宁省图书馆努力转变观念，创新服务模式，努力找到契合当今读者的兴趣点——真人图书馆。这种模式在无形中大大拉近了人与人之间的心理距离，满足了不同人群沟通的心理需求。同时，可以吸引更多的读者重新走进图书馆，重新找到阅读的乐趣。

二、“文溯书房·真人图书馆”活动的开展

辽宁省图书馆“文溯书房·真人图书馆”系列活动本着服务读者、推广阅读的初衷，定期将沈城各位大家、各种达人邀请来馆，与读者沟通交流，使读者获得与阅读纸质图书完全不同的感受。

（一）盛京满绣传人约会最美的你

2017 年 9 月 23 日，辽宁省图书馆“文溯书房·真人图书馆”系列活动第一期正式拉开序幕。活动开始，由主持人伊丹介绍了活动流程。满绣传承人巴彦殊兰在辽宁省图书馆文溯书房为读者讲述盛京满绣皇家文化的起源与工艺技法，辽宁省著名作家萨仁图娅老师为我们介绍了她的新书，并且透露了她下一步的工作是为巴彦殊兰老师写自传。在活动现场，为了让读者更直观地了解满绣，由旗袍协会带来了盛京满绣旗袍精彩展演，模特们身穿巴彦殊兰老师设计的满绣旗袍在音乐中缓缓登场，犹如一幅流动的画卷，给读者带来了视觉的冲击。

（二）朱默涵古琴艺术生涯的“五个一”

2017 年 11 月 18 日，“文溯书房·真人图书馆”系列活动第二期——朱默涵古琴艺术生涯的“五个一”在辽宁省图书馆进行。活动由访谈、抚琴和才艺展示两部分组成，通过谈话，朱老师分享了自己的人生经历和艺术历程，并演奏了代表作《良宵引》《高山》《袍修罗兰·水》等乐曲，

◎ 朱默涵

让读者在聆听中感悟琴曲的韵味，在聆听天籁的同时了解乐曲背后的故事。传统文化一脉相承，朱默涵老师和特邀嘉宾张科威琴箫合奏了一曲《寒山僧踪》，而弟子二手联弹的《关山月》是朱老师古琴创新中的重要部分。在朱老师演奏过程中同时展示的茶艺、花艺表演也带给读者美的享受。

（三）行走的艺术

由盛京满绣第四代非遗传承人巴彦殊兰和辽宁省图书馆及 FM 1034 生活广播《收藏天地》节目联合发起的真人图书馆活动，于 2017 年 11 月 25 日在我馆圆满落幕，非遗传人巴彦殊兰设计的“幽兰”系列旗袍登场亮相。活动中，最让读者感兴趣的莫过于巴彦老师展示环节了。旗袍，大家都熟悉，但是如何制作旗袍，对于很多人来说就很陌生了。在本次活动中，巴彦老

◎ 盘扣

师带领她的团队，将从打版到裁剪、盘扣、最后扦边等一系列流程一一揭开神秘面纱，让读者对旗袍有了更直观的了解，在欣赏美的同时又学习了如何制作旗袍。这一活动弘扬了满族传统文化，提升了沈阳城市的文化积淀。

（四）不负如来不负卿

2017 年 12 月 9 日，文溯书房·真人图书馆系列活动第四期——“不负如来不负卿”在辽宁省图书馆三楼文溯书房内进行。本次活动邀请的嘉宾是作家杨泳，50 名读者与她亲密分享《不负时光》一书。杨泳老师是双硕士研究生、留英海归，也是一位旅行达人。她与现场读者分享了川西藏区之行的所见所闻和内心感悟，她的藏区之旅源于好友的猝然辞世，她从马尔康、色达、甘孜到亚青再到德格和道孚，一路山高水长、颠簸跋涉，只为参悟生死关。本期的真人图书馆就是一本游记，带着我们到没去过的地方，说着我们不了解的事情，翻开她，仿佛身临其境；阅读她，就是设身处地，这就是真人图书馆的魅力，亦是我们真人图书馆系列活动的初心。

（五）绣口一吐，掌上乾坤

顾老师是沈阳市非物质文化遗产、东陵顾氏皮影第七代传承人，自幼跟随父亲系统学习皮影人物制作，皮影戏制作表演、演唱，是现存为数不多的古法制作皮影作品的传承人。12 月 24 日，顾老师在辽宁省图书馆多功能厅真人图书馆活动中大显身手、技惊四座。

活动伊始，可容纳 150 人的多功能厅已经座无虚席，顾老师以实物形式讲解了皮影的历史、制作过程、演绎方式，皮影戏人物形象生动、色彩绚丽的皮影再配上有趣的音乐声效和生动的语言，让读者徜徉在皮影悠久的历史长河中，又沉浸于绘声绘影的故事演绎里。顾老师立体式多感官地呈现了这门传统艺术的前世今生，展示了皮影的传世之美。除了观看，顾老师还与读者进行互动，亲手教授如何操控皮影道具，让读者身临其境地体会传统文化的迷人魅力。

（六）瑞雪莺丝新年古琴雅集

自古以来，古琴便以其高妙典雅的文化格调深得文人雅士欣赏，其所蕴含的博大精深的东方哲学和美学思想，使这一音色朴素的乐器成为中华泱泱五千年文化史上最负盛名的艺术符号之一。2018 年 1 月 13 日，在辽图文溯书房举办的真人图书馆活动正是瑞雪莺丝新年古琴雅集，朱默涵老师携其门下弟子及亲友故交为读者呈现了丰盛的视听盛宴。读者时而在高山之巅聆听万壑松风，时而在流水之侧沉思生命与时光的含义。晨曦微现，樵人已肩负着柴火踏着露水走下山冈；渔舟还载着微醺的渔人随流漂荡。春花烂漫之时，有无限的希望在琴人眼中呈现；雪落空山之际，剡溪会友的念头却在心中消解……“七弦为益友，两耳是知音。心静声即淡，其间无古今。”在喧嚣的城市一隅用琴声洗涤整年的躁郁，万物归心，忘记眼睛，只用听觉去捕捉，这一年，失去的、得到的都随着

◎ 新年雅集

千年前的音律融化在瑞雪莺丝里……

（七）翰墨情怀——聆听著名书法家宋慧莹先生畅叙书缘

2018 年 3 月 17 日下午，辽宁省图书馆“文溯书房·真人图书馆”系列活动之“翰墨情怀——聆听著名书法家宋慧莹先生畅叙书缘”成功举办，宋慧莹先生出席活动，以自身经历经验给读者们上了宝贵的一课。

宋慧莹先生是国家一级美术师，中国书法家协会三、四、五届理事，沈阳市文史馆馆员，其作品被人民大会堂、中国美术馆等国内外博物馆、美术馆及纪念馆收藏。活动中，宋先生回忆了自己七岁开始习书的经历，讲述了在学习过程中遇到的困难及如何克服困难才成就了今天的自己。在讲述完临帖字体的顺序之后，宋老师向大家推荐了初学者可以选择的字帖——《唐寅落花诗册》。在互动环节中，一位读者写下了“高兴”二字，宋慧莹先生对此二字予以了肯定，也提出了字体的不足，并且在旁边示范笔法。面对众多读者的问题，宋先生知无不言、言无不尽，为初学书法者打开习书之门，为学习书法遇见瓶颈者打通了前进的道路。

三、真人图书馆活动的特点及取得的成效

（一）特点

1. 确定适合本馆特色的目标定位

围绕主题，以读者的需求为导向，提前进行主题策划，精心挑选真人书，打造最切近读者生活的真人图书馆。针对每个主题，读者有目的地预约自己感兴趣的真人书，让每次的阅读都有切实的收获。不少读者在活动结束后表示，真人书带给他们的往往是内心深处的触动和震撼，既收获了知识，又获得了力量。从已经举办的场次来看，选题都切合实际，效果较好，可操作性强。

2. 注重真人书的挑选与培训

每一期真人图书馆的借阅效果如何，真人书的选择是非常重要的一环：一是真人书自身的经历具有一定特色，并愿意与人分享； 二是真人书本人有较好的语言表达和沟通能力。一般来说，在真人书挑选过程中，要反复地与真人书沟通，分析梳理特色以及读者感兴趣的分享要点；确定以后，还要对真人书进行培训，主要是宣传真人图书馆的理念，强调平等沟通，并且真人书不能过多讲述，占用读者阅读时间。

3. 创新方法手段不断植入新鲜元素

真人图书馆引进国内不过几年的时间，本身就体现出一种新的理念，

自始至终保持新鲜感非常重要。与国外一对一的交流方式不同，“文溯书房·真人图书馆活动”根据我国的国情和我馆的环境，结合自身特色及地域特色，开展活动的理念更倾向于知识性、专业性、地域性，贴近生活，活动形式类似于小型座谈的问答交流。

（二）取得的成效

1. 打造特色的文化品牌

我馆真人图书活动自正式启动以来，至 2018 年 5 月已经连续举办活动 7 场，有了自己的专有名称、品牌、主题宣传语，有专门的活动负责人，有微信、QQ 等固定的宣传、申请、参加活动的渠道，有相对稳定的真人书及读者群体，已成为馆内关注广泛、参与度较高的特色品牌。

2. 在社会上取得巨大反响

自 2017 年 11 月正式开展以来得到了馆内读者的肯定和支持，很多读者成为活动的忠实参与者，每期按时参加；也受到了媒体的关注，凤凰网、新浪、搜狐等多家网站均有新闻报道。

四、辽宁省图书馆做好真人图书馆活动的策略

（一）多宣传推广，提高认知度

由于我国引入真人图书馆时间较短，民众对该活动的认知度不高，现在还属于小众活动。辽宁省图书馆要想真正引入真人图书馆，宣传推广至关重要。要做好宣传推广工作，首先要让读者了解真人图书馆，知道它的意义和活动内容。其次，要充分运用媒体进行多层次、多形式的宣传及真人图书馆的知识介绍，努力提高读者对真人图书馆的认知度。如可利用报纸、电视、网络和播放有关真人图书馆服务的信息；利用宣传单、小册子等纸

质宣传品，向读者进行宣传；利用辽图官网宣传，在网站上设立真人图书馆服务的专题页面，让读者了解真人图书馆，也让“读人亦是读书”的观念深入人心。同时，在每次活动后要加强活动的报道，在图书馆网站进行专题内容报道，进行每期活动的前期和后续报道，也可以请电视台、电台等媒体对活动进行跟踪报道，以产生更大的社会影响力。

（二）采集真人书，建立数据库

真人图书馆可不可以持久地开展下去，在社会上能不能有较大的影响力，关键还得看真人书的质量。所以，辽宁省图书馆在推广真人图书馆活动时首先要做好真人书的采集与储备工作。真人书的采集对象应是在某一领域有一定专长或有与众不同的生活、工作经历，同时也要具备一定的沟通表达能力。公共图书馆如何做好真人书的采集呢？一方面要加大宣传，广泛招募真人图书馆志愿者；另一方面要特邀社会上有一定知名度的专家学者，开展“一对一”或“一对多”的阅读方式，提供专业性较强的知识。在此基础上，公共图书馆也要在内部进行发掘，由图书馆馆长或馆员担任真人书，进行读者导读和参考咨询工作。在做好真人书采集工作的同时，公共图书馆也要加强真人书的人员储备工作，防止真人书流动性和参加活动随意性过大的情况，加强与真人书的沟通，定期开展与真人书间的交流，在双方自愿的情况下与真人书签订合作协议。

（三）广泛合作，扩大真人图书馆影响力

我国公共图书馆引入真人图书馆才刚起步，缺乏丰富的经验和成熟的规范，辽宁省图书馆可以与其他社会组织合作开展真人图书馆活动，扩大服务维度。与政府机构合作，不仅解决了一些社会问题，增强了社会凝聚力，而且扩大了图书馆的影响力；与学校合作，真人书以自己的亲身感知、鲜活生动的例证对学生产生一种感染力和说服力，使学生树立正确的价值观；与社区合作，对空巢老人、失业人员进行心理辅导，给予人文关怀；与农村乡镇合作，为留守儿童服务，激发留守儿童的学习热情，使幼小的心灵得到抚慰。将活动场地延伸到图书馆以外，让更多的人了解并喜欢这项活动。

艺术沙龙：图书馆延伸服务实践

:: 撰写／李光媛

一、引言

艺术素养是指个体先天所具备的艺术天赋，通过社会环境和美的艺术教育在社会实践中所表现出来的较为稳定的欣赏美、创造美的特征。艺术素养包括艺术知识技能素养、艺术审美能力素养、艺术审美情感素养、艺术审美创造素养及艺术审美道德素养。艺术素养很大程度上丰富了人们的想象力、创造力、审美能力和思维能力，但受种种主客观因素的制约，当前还是有相当数量的公共图书馆的艺术素养培育面临严峻局面，主要体现在以下几个方面：艺术素养教育机制不健全，理念较为落后，制度保障匮乏，缺乏馆际力量的支持，尤其是缺乏富有高艺术创作激情和审美能力的优秀馆员；资金投入不足，软、硬件设施资源匮乏；局限于传统模式与内容的艺术素养培育，没有紧跟上蓬勃发展的数字时代的步伐，且对于读者亟须掌握的传统文化技能不够重视。

“沙龙”一词最早源于意大利语单词“Salotto”，17世纪该词进入法国，最初为罗浮宫画廊的名称，“沙龙”即为法语“Salon”的译音，在法语中一般意为较大的客厅，后来演变成“在客厅接待名流或者学者的聚会”。在现代社会，沙龙的内涵已经超越了精英人士聚会交谈的特定范畴，成为公众平等对话、分享思想和知识的重要平台。

公共图书馆汇聚了人类最优秀的文化成果，是在市民身边存在的永远敞开大门的学校。鉴于此，除了充分发挥信息服务、社会服务以及文化传承和创新作用之外，公共图书馆还应该积极利用资源、空间、设施、人员等方面的优势，开展各种以艺术素养教育实践为主题的文化沙龙，参与到全面提升读者的艺术素养的培育当中，以切实提高他们的艺术素养和综合素质。图书馆艺术沙龙，作为延伸服务的一种新的形式，正在辽宁省图书馆开展，这与以辽宁省图书馆为代表的公共图书馆广泛开展的讲座业务有共通之处，同时也有各自的特点，作为延伸服务典型的文化沙龙与文化讲座，相得益彰，交相辉映。

二、开展艺术沙龙的初衷与目的

（一）传承中华文化基因

文化基因是指人人都承载着一定的文化指令，它赋予了人类以民族学、文化学和社会学意义。中华传统文化的基因源自五千年的深厚历史积淀，蕴含着中国人的民族精神和民族气节。习近平总书记强调，中华优秀传统文化是历史长期沉淀生成的“中华民族最基本的文化基因”，是“有别于其他民族和人民的独特标识”。文化基因具有稳定性和继承性，体现着中华民族的文化底蕴和价值追求，渗透在物质生活和精神生活的各个方面，持续影响着国民的思想和行为，可以说，中华优秀传统文化已经渗透到中国人的骨髓中，是其文化的DNA。

优秀传统文化是中华民族的精神命脉，是固本培元的根基；当前的世界文化环境多元复杂、激荡多变，抛弃传统、丢掉根本，就等于隔断了自己的精神命脉。中华优秀传统文化的本质特征在于整合凝聚、与时俱进、经世致用。中华优秀传统文化作为我们的精神命脉和思想源泉，让中华民族长青于世界民族之林。在党的十九大报告中，习近平总书记再一次阐述中华优秀传统文化，进一步阐明教育传播、继承发展等问题，指出要培养学习的耐力和定力，增强中华传统文化教育传播的时效。通过家庭、学校、文化单位等各方教育，在艺术建设等多个领域，加大对中华民族传统文化的教育宣传力度。

（二）弘扬中华书写文化

“学好汉字、写好汉字，已成为关系到中华文化自信、优秀文化传承、民族凝聚力提升、国家文化安全的大事。”中国书法家协会主席苏士澍认为，中华优秀传统文化的重要瑰宝就是书法，中华民族将传统文化以笔、墨、纸、砚的形式，用一个个汉字表达出来。大力弘扬书法文化可以彰显汉字、书法所带来的文化自信。

科技的发展无疑是带来了诸多便利，电脑打字、手机打字等让民众的书写技能严重退化，当前社会有一种全民性问题，就是提笔忘字的退化现象。“危机已经存在，我们要敲响警钟，倡议国民拿起毛笔，体会笔墨中所蕴含的优秀传统文化。”苏士澍说。如此，重视中华书写文化不仅具有当下的现实意义，同时也具有民族发展的长远意义和战略意义。

三、艺术沙龙的实践分析

（一）汇聚志同道合者

豆瓣网的创始人杨勃认为，帮多数人做选择最有效的方式来自亲友和同事，“随意的一两句推荐，不但传递了他们自己真实的感受，也包含了对你口味的判断和随之而行的筛选。他们不会向单身汉推荐育儿大全，也不会给老妈带回来《赤裸特工》。遗憾的是，你我所有的亲友加起来，听过看过的仍然有限。而且，口味最类似的人却往往是陌路”。于是豆瓣汇集喜爱的书、电影、音乐、活动、话题，感兴趣的人、事，用共享、社交、协作的方式聚拢趣味相投的人，最终有价值的东西在被推荐的用户身上得到体现。

艺术沙龙也是这样，借主题、感兴趣的话题、不同的艺术领域，通过平等分享的图书馆平台，汇聚志同道合的人，从而达到对彼此有所裨益、有所启发的目的。对于沙龙成员，须有加入、退出和激励的机制，将成员按照兴趣、年龄等因素进行分组，以组为基础举办相关主题的沙龙活动。

一批志同道合的成员为沙龙的持续发展提供了可能，这批成员的聚拢，须是平等开放的，只要对沙龙的主题有兴趣，图书馆就应该欢迎其加入。公共图书馆要做的只是广撒网、巧收网，可以根据微信公众账号向社会广而告之，广泛宣传，同时积极借助公益组织、博物馆、美术馆、媒体的力量，相互契合，共同组织沙龙活动。

自主管理的能力是沙龙成员需要逐渐摸索具备的能力，辽宁省图书馆艺术沙龙针对书画、古琴设置不同的沙龙小组，每个小组之中均有几位热心的小组长负责沟通联络，反馈成员的意见和建议，并参与到策划选题中来，对沙龙进行日常维护。只有读者参与、自主管理，艺术沙龙才能持续充满生命力和创造力，不断地办出新颖的、有意义的活动。

（二）遴选优秀文化志愿者

一般来说，就一场具体的沙龙而言，主讲人是一个重要因素。他除了对沙龙主题具有一定的知识储备，还需要对读者的提问互动、协作发言做出及时反应，形成良好的分享互动的场面。理想的读者沙龙不能变成主讲人的“一言堂”，那样就变成了讲座。

作为全省最具开放性和公益性的社会文化机构、人民的“终身学校”和省内社会文化中坚力量的辽宁省图书馆，长期招募有专长、有公益精神的志愿者，最大限度地贴合读者的艺术需求。在志愿者招募之初即邀请专家和有经验的馆员对文化志愿者进行业务培训和岗位督导，并定期进行考核和评议，还为每位文化志愿者建立了个人服务档案，追踪记录其提供文化志愿服务的基本情况。

◎ 艺术沙龙书法小组的部分成员

从2017年1月15日辽宁省图书馆艺术沙龙成立起，截至2018年4月，共有7位优秀的文化志愿者加入，他们的服务情况如下（按服务次数排序）：

表1 辽宁省图书馆艺术沙龙文化志愿者服务情况

序号	姓名	性别	所在单位	专长	简介	服务次数	服务时长
1	王新辰	男	沈阳广播电视台	书法	自幼学习书法，师从江苏书法名家尉天池、戚庆隆，早年取法颜柳，后研习“二王”，遍临名家法帖，擅长小楷	29次	39小时
2	李兴臣	男	沈河区书法家协会	书法	中国书法家协会会员、辽宁省九三学社书画院副院长、沈河区书协主席	2次	12小时
3	宋慧莹	女	沈阳市文史馆	书法	国家一级美术师、中国书法家协会理事、中国人民大学徐悲鸿艺术学院硕士生研究专业指导教授	1次	6小时
4	朱默涵	女	沈阳音乐学院	古琴	沈阳音乐学院古琴专业副教授、中国古琴学会副会长、辽宁省音乐家协会会员	1次	3小时
5	宫睿歆	女	沈阳音乐学院	古琴	沈阳音乐学院古琴专业硕士研究生在读	1次	3小时
6	刘伊丹	女	辽宁省博物馆	设计、古琴	辽宁广播电台103.4《收藏天地》主持人、博物馆设计陈列师	1次	3小时
7	董宁宁	女	辽宁大学	旅行	北京师范大学艺术与传媒学院文学博士、辽宁大学广播影视学院讲师	1次	3小时

（三）策划富有体验感的活动

1. 读者最需要的内容

艺术沙龙内容的选择十分关键。辽宁省图书馆艺术沙龙经过前期的有效调研和资源的整合，打造“书香琴韵”的品牌，针对书法、古琴两大领域交替展开规律性的活动。另外，还根据元宵节、三八节、暑假等特殊的时令节日，开设有针对性的活动，如“手作璞光——艺术沙龙女人节特别活动”“元宵灯谜书写大会”“旅行的艺术”等，累计辐射读者数千人。

2. 夺人眼球的主题

有了丰富、有效的沙龙内容，接下来需要考虑的是沙龙主题的命名。数次实践、摸索证明，在信息爆炸的今天，读者对于活动信息的筛选稍纵即逝，尤其在沙龙的初期募集阶段，没有一个亮眼的主题，沙龙活动则很

◎ 艺术沙龙特别活动“2018楹联书写大会”现场

容易埋没在洋洋文字之中，被读者忽略。这对于组织方图书馆，抑或付出巨大心血准备课题的文化志愿者，无疑是一件令人失望的事情，长此以往将造成恶性循环，沙龙的发展将受到严重的制约。

辽宁省图书馆艺术沙龙在 2017 年 9 月整理经验，迎来全新改版，改版后有了更为鲜明的主题和个性，如“跟着齐白石爷爷学智慧”“丰子恺的寥寥数笔”“说说临帖那些事儿”等；在视觉表达上，利用电子屏和海报，打造出清新脱俗的视觉效果。由此，改版沙龙迸发出了新的生命力。

◎ 改版后艺术沙龙的视觉传达效果

3. 重视富有体验感的形式

2017 年元宵节辽宁省图书馆艺术沙龙举行了“福联别去岁　谜花迎新元”猜谜大会，现场布置的上百条彩色谜条由艺术沙龙成员在书法志愿者的指导下书写而成，成员们纷纷表示在练习书法的同时还能让书法作品通过谜条的形式在图书馆的大厅内展示，这是一件非常有意义的事。同时，猜灯谜活动还利用移动互联网的技术优势，同步设计了线上猜谜的游戏页面，并将其直接与图书馆微信公众号对接，将传统文化中经典的谜条用活泼有趣的形式呈现出来，唤起了人们心中对优秀传统文化的热爱，这一体验形式赢得读者的喜爱。

数据显示，线上猜谜大会共累积了 8168 次参与人次，有 1727 人次分享了游戏页面，现场领奖率超过 70%，数百份礼品在两小时内全部送出。活动期间，辽宁省图书馆微信公众账号浏览人次增长量达到同期的 2.5 倍。艺术沙龙带领广大读者在图书馆度过了一个动手又动脑的元宵佳节。读者们在辽宁省图书馆的公众微信号上表达了对该活动的喜爱，称是“使人印象深刻的一次节日活动”。

（四）打造契合主题的环境氛围

营造良好的氛围是调动沙龙参与者积极性与热情的有效方法，选择一处恰当的沙龙举办地点，参与者可以迅速进入情境，参与到话题的讨论当中。氛围既包括硬性的，也包括软性的，沙龙现场有图书、有与主题相关的内容，营造相对独立的沙龙环境。

辽宁省图书馆艺术沙龙的开展空间比较多样，可以适应各种主题的沙龙活动，如对于书写有特别需求的书法互动活动，沙龙地点多安排在“特殊群体服务中心”的培训教室，教室中有采光和幻灯设备、30 余套书写桌椅，可以较好地辅助读者书写；对于古琴普及和观赏活动，沙龙地点多安排在古香古色的特色阅读区域——文溯书房，在沙龙当天这里被布置成半圆形结构，古朴的环境氛围结合亲切直观的观赏距离，为成员和读者营造了独特的互动体验；除此之外，对于具有规模性和热闹氛围的大型活动，如“春节楹联书写大会”则安排在辽宁省图书馆的共享大厅举行。大气的活动场地吸纳了辽宁省著名书写大师团队和知名媒体的加入，同时扩大了艺术沙龙的影响力，通过这种方式接收了更多读者成为沙龙的后备军。

四、结语

辽宁省图书馆艺术沙龙项目从2017年2月发展至2018年，一年的时间里，作为一个新兴项目，先后吸引了115名高黏性和高忠诚度的成员，他们从事各行各业，但对艺术充满着追求和兴趣。艺术沙龙依托辽宁省图书馆的平台，教育传播中华传统艺术文化，彰显汉字、书法、古琴等所带来的文化自信，为传承中华文化基因、弘扬中华优秀艺术文化贡献平稳、持久的力量。

此外，科学技术的迅猛发展深刻影响和改变着公共图书馆所处的信息环境，公共图书馆必须顺应时代发展趋势与读者的现实需求，不断吸收新的理念与技术，拓展服务领域，健全服务体系，创新服务模式，注重用户体验，提高服务效果。辽宁省图书馆艺术沙龙所体现的关于艺术素养、美育的培养及相关创新服务，无疑不提升公共图书馆融入读者文化素质提升体系的能力，极大地拓宽了图书馆服务用户的方式和途径，使公共图书馆能够在促进人才培养、提供文化服务方面发挥更大的作用。

阅读让童梦成真

——“童阅乌托邦”少儿公益阅读推广项目

:: 撰写 / 胡海燕

阅读是人类获取知识、增长智慧的重要方式，是一个国家、一个民族精神发育、文明传承的重要途径。中华民族有着优良的读书传统，崇尚读书、诗书继世之风绵延数千年。2014 年以来，“倡导全民阅读”连续三年写入国务院《政府工作报告》，并将全民阅读工程列为“十三五”时期文化重大工程之一，将全民阅读提升到国家战略高度。如何在图书馆开展少儿公益阅读推广活动，发挥图书馆阅读推广职能成为图书馆工作的新课题。

出于优化少儿阅读服务的目的，2013 年正式成立少儿部负责相关活动。少儿部整合各方资源，扩大活动的参与面，积极有效地引导阅读，推动了少儿公益活动项目品牌的成立，并且逐渐走上正轨。2015 年辽宁省图书馆新馆开馆后，阅读空间与环境的升级充分保障和促进了少儿公益阅读推广活动项目的逐步完善和不断发展，阅读让童梦成真成为可能。

一、活动内容与形式

辽宁省图书馆作为辽宁省文化事业建设的重要力量，承担着向省内少年儿童提供优秀文化服务、满足少年儿童阅读需求，激发少年儿童阅读兴趣，充分发挥社会教育职能，培养少年儿童阅读素养的责任。为此，辽宁省图书馆从2008年起尝试开展少儿阅读推广活动，开展了“我爱涂涂画”“经典古诗词赏析”“辽图亲子阅读”等少儿公益活动，这些活动构成了“童阅乌托邦”少儿公益活动项目品牌的前身。根据读者参与活动的反馈与优化少儿阅读服务的目的，2013年正式成立少儿部，负责相关项目，推动少儿公益活动走向正轨。少儿部对资源进行重新整合后，创立了“童阅乌托邦”少儿公益活动项目品牌。

该项目由“指间创意阅读”“四维绘本阅读”“辽图国学坊”“玩具总动员”

◎ “童阅乌托邦”活动宣传

及“幼儿戏剧游戏”五个子项目组成，同时根据活动主题与读者需求适时配合少儿阅读推荐、少儿主题展览与讲座、少儿公益演出等其他活动形式。五项主体常规活动均在周末举行，采用每周周内提前发布活动信息，读者预约报名的方式进行。活动均属于公益性质，不收取任何费用，由少儿部工作人员与志愿者共同筹备组织。

（一）指间创意阅读

指间创意阅读由早期“我爱涂涂画”活动发展而来，迄今已有近九年历史。此项活动将手工、绘画等艺术形式与阅读相结合，在孩子动眼动手动脑的过程中，发动全体感官多元地感受阅读，并通过活动培养孩子的阅读兴趣与创造力。截止到2016年10月，此项常规活动已经开展了700余次，通过活动，孩子们不仅收获了动手创作的成就感，更加深了对美学与阅读的理解，有的孩子甚至由此培养了绘画、纸塑、泥塑等艺术兴趣，并在相关比赛中有所斩获。

（二）四维绘本阅读

四维绘本阅读由早期亲子阅读活动发展而来，有着多年的活动历史，也是目前五项常规活动中最为丰富的一项。“四维”是一个物理学概念，将其引用到绘本阅读领域旨在通过活动实现立体全方位阅读。此项活动以听绘本、看绘本、读绘本、玩绘本等维度为主要媒介与载体，让孩子在活动的过程中体验阅读的快乐，掌握简单的阅读技巧。此外，在保持原有活动形式的基础上，四维绘本阅读活动进一步注重提升幼儿读者的参与程度，突出幼儿读者的主体性。截止到2017年末，此项常规活动已经开展了700余次，与经典童书推荐完美结合，不仅让孩子在图书馆内有所收获，更推动了家庭中亲子阅读的开展。

（三）辽图国学坊

辽图国学坊是由图书馆早期经典诗词赏析活动演化而来。本活动在原有诗词赏析的基础上，发展为以中华传统蒙学讲述为主要内容，辅之以中国寓言故事、古典文学作品、古典礼仪等体验传统文化的阅读推广项目。截止到 2017 年末，此项常规活动已经开展了 600 余次，让孩子们感受到了国学的魅力，也对中国文化传承起到了一定的促进作用。有很多家长带着孩子常年坚持来馆参与此项活动，还有些孩子更是由此培养了诵读的技能，并在相关大赛中有着不俗的表现。

（四）玩具总动员

玩具总动员是辽宁省图书馆搬迁至新馆后，少儿天地新增设的文化服务项目。众所周知，童年应该是快乐玩耍的年纪，玩具一直是孩子成长路上的好伙伴。而科学的玩更加能够帮助孩子大脑和身体的协调发展。新馆建成后，拥有了独立的玩具体验馆，购置了国际上先进的乐高积木、幼儿科学实验玩具、益智玩具。截至 2017 年末文具主题活动开展了 100 余次，场场爆满，预约名额几乎次次被秒杀，家长与孩子们参与此项活动的热情一直持续高涨。玩具体验馆也逐步成为开展科普阅读推广的重要阵地。

（五）幼儿戏剧游戏

幼儿戏剧游戏源于印度起于美国。中国幼儿戏剧教母——北京师范大学张金梅教授自 2003 年开始在国内尝试这个领域的研究，并撰写了多部相关著述。少儿部在这些理论指导的基础上设计出适合孩子特点的幼儿戏剧活动。首讲选取了《图书馆狮子》这一具有普及图书馆规则、充满幻想的经典绘本作为主要活动材料，通过讨论、讲演故事、亲子绘本剧表演的方式阅读绘本、进行游戏、传播图书馆应该遵守的规则，同时启发孩子的想象力与主动精神。在活动过程中，孩子们的主动性被充分调动起来，积极在活动中表现自己，认知图书馆规则、分析故事、理解角色。家长读者们也和孩子们一起互动，尤其是在绘本剧表演环节，家长们发挥了自身创造力，充分体现了“童阅乌托邦”倡导活动带动阅读兴趣的主旨。

经过长期坚持与不懈努力，“童阅乌托邦”少儿公益活动项目已经成长为能够整合多种阅读资源并开展阅读推广服务、拥有成熟规范运行机制及相对稳定的志愿者团队。活动主要面向 3 岁到 8 岁读者及其家庭提供文化之源服务的项目。

二、活动创新点

为推广“童阅乌托邦”少儿公益阅读活动，对整体的品牌形象进行营销宣传，并通过多渠道对品牌进行推广，在保持原有经典项目的基础上，拓宽了服务领域，扩大了项目服务的年龄段，针对省内小读者达到全方位、全覆盖的立体化宣传。

（一）整合资源，优化阅读活动

1. 活动的整合

首先，改进活动内容，创新活动形式。常规的少儿活动是我们少儿部阅读推广的重要手段之一，也是少年儿童认识图书馆、了解图书馆的重要途径。从早期经典诗词赏析活动到讲读《弟子规》，再逐步增加中国寓言故事、传统文学作品、古典礼仪等体验传统文化，阅读中国古典读物，形成系统的传统文化服务项目。并在常规活动中创新增设幼儿戏剧游戏，以其新颖的活动形式，充分调动孩子的想象力，锻炼提升孩子理解、表达等多方面的能力。同时，根据活动主题与读者需求适时推出“童阅乌托邦”圣诞大集合、“‘童阅乌托邦’元旦 & 春节文化集市”等活动项目，受到儿童与家长的热烈欢迎。

其次，整合机构资源、完善志愿项目。少儿部根据读者需求与时俱进、敢于创新。积极探索新的服务方式与服务手段，整合志愿服务机构资源，以谋求阅读推广志愿服务项目的多元发展。引入艺术机构，将微雕塑、沙画、书法等艺术形式融入阅读中去，让孩子在动眼动手动脑的过程中，发动全身感官多元地感受阅读。玩具体验开展科普活动课，通过四旋翼航模制作、3D 打印等活动培养孩子的阅读兴趣与创造力，成为科普阅读推广的重要阵地。同时，在项目发展与实施的过程中，有来自各行各业、有志于服务少

◎ 志愿者活动

儿阅读文化推广事业，志愿者们秉承“学习雷锋，提升他人，奉献自己”志愿服务精神参与其中。不仅有百余名常规型志愿者参与项目的日常组织部分，更有知识型、专业型的志愿者参与丰富项目内容，提升项目水平。不同类型的志愿者在“童阅乌托邦”少儿公益阅读推广活动中贡献着自己的力量。

2. 电子资源的整合

随着科学技术的不断发展，少年儿童的生活越来越离不开数字资源，有的社会学家更是将当代的少年儿童称作“网络原住民”。一味地阻止少年儿童接触数字产品、网络电子设备，不仅不能疏导少年儿童对网络的好奇，相反可能会降低他们对未来社会、生活的适应能力。为解决目前少年儿童能接触到的鱼龙混杂、良莠不齐等网络资源的问题，少儿天地以其平台充分对馆内优质的少儿数字资源进行整合，并汇总这些资源的使用方法，运用媒体、自媒体和参与文创嘉年华活动形式推广出去，有效地传播给家长以及小读者，为省内少儿提供最新、最快、最好的阅读资源与精品的数字阅读。

（二）创建品牌，开展营销推广

少儿部为更好地为读者提供服务，极大地丰富读者文化生活，与多个平台进行合作，达到资源共享，为阅读推广开拓新的路径。在加强自身品牌建设的同时扩大品牌影响力，加强与公众的沟通和交流，表现图书馆的公益性质，树立良好的公众形象，让更多的人了解图书馆，吸引更多读者参与阅读活动。

1. 品牌营销

少儿部成立后，整合阅读活动并系统化，树立“童阅乌托邦”少儿阅读推广活动项目品牌形象与内涵，以整体形式进行宣传与活动执行。在开展的各项活动中，使用带有“童阅乌托邦”品牌LOGO的海报、展架、宣传手册等宣传用品，对品牌进行全方位宣传推广。

2.渠道营销

（1）媒体营销

少儿部通过借助媒体的技术、渠道、平台、内容以及传播方式，宣传“童阅乌托邦”少儿公益阅读推广活动项目品牌，推广阅读，带领孩子走进阅读的世界，让好的阅读习惯伴随他们的成长道路。在扩大社会影响力的同时，注重提高业内的知名度。辽宁省图书馆学会刊物《图书馆界》对这一品牌项目多次进行书面报道，积极分享其实践案例和创新理念。

利用媒体进行品牌营销推广，少儿部希望通过这样的尝试为阅读推广开拓新的路径。其中，与网易新闻合作创建以辽图少儿天地为名的自媒体宣传渠道，对图书馆的少儿活动第一时间进行宣传，效果显著，网易新闻还对少儿部的两次大型活动进行了现场直播，最高观看人数达到25000人。与辽沈晚报会员中心签订协议，共同开展少儿公益活动推广纸媒宣传。《辽沈晚报》有14个矩阵平台，80多万的用户群体，会员中心矩阵就有近20万人，少儿部每周推出一个“童阅乌托邦”少儿阅读活动与平台合作。联合活动的开展不仅有利于宣传品牌的各项少儿活动，更加大了对图书馆的整体宣传力度。另外，还通过辽宁省图书馆微信公众号、辽宁省文化厅网站及其他新闻网站，对“童阅乌托邦”少儿公益阅读推广活动进行品牌宣传报道。

（2）口碑营销

少儿部拥有少儿阅读推广QQ群3个，活跃读者群人数为2178人。活动通常采用每周提前在群内发布相关信息，读者预约的方式进行报名。许多家庭通过少儿阅读推广QQ群平台参与到少儿部公益活动中来。在每次活动结束后，上传群相册，家长在群内交流讨论，形成了良好的互动。任意抽取参加活动的家长填写读者反馈表，根据读者的需求与意见，调整阅读活动的内容与方式。参与活动的家长通过微信朋友圈等社交平台，积极宣传少儿部公益品牌，营造了良好的社会效应和口碑。

三、活动成效及评价

辽宁省图书馆为了维护现有少儿读者群并吸引新读者到图书馆借阅，通过树立品牌形象、不断改进活动内容、持续创新活动形式，采用传统媒体与自媒体相结合等媒体合作方式，对“童阅乌托邦”少儿阅读推广活动进行营销，以此巩固本品牌，最终达成推广少儿阅读的目的。2013—2017年末，共举办少儿活动 930 场，约有 10 万人次参与活动。根据读者实际参与活动登记表数据统计结果， 2016 年 “童阅乌托邦”少儿阅读推广活动年度累计 4111 人次，2017 年累计 8340 人次。品牌创立至今，根据对社会媒体报道情况统计结果，“童阅乌托邦”少儿阅读推广年度各类社会媒体宣传报道累计 154 次。该品牌也在省内少儿阅读推广事业中发挥了重要作用，在社会上有着较为深远的影响，受到广大读者的热烈欢迎与一致好评。2016 年“童阅乌托邦”少儿公益阅读推广活动文化志愿服务成为文化部全国基层文化志愿服务典型案例；2017 荣获中国图书馆学会颁发的最美图书馆故事；在第 14 届 IFLA BibLibre 国际营销奖评审中，该品牌从全世界 65 个申请项目中脱颖而出，引起了奖项评审委员会的高度关注，被评委提名为 10 个最富有启发性的项目之一。

中国幼教之父陈鹤琴先生曾经说过，“一切为了孩子，为了孩子的一切，为了一切的孩子”。这是自我要求，更是对广大少儿工作者的殷切期望。

也许“乌托邦”存在于理想之中，但我们希望至少在孩子的童年，通过阅读活动、借助书籍，用我们的努力守住他们的美好与纯真，或许这些能带给他们的未来更多可能。一路走来，“童阅乌托邦”少儿公益阅读推广活动的工作者与志愿者们不曾忘却初心，不断反思提升志愿服务品质，为“全民阅读”的重要主体之一——少年儿童，提供丰富的阅读体验与文化经历。

感受Library，让我们共同经历

——辽图“阅·历Library”少儿阅读推广公益活动

:: 撰写／胡海燕

强国自国民始，提升国民自教育始，教育自读书始，读书自少儿始，热爱读书的民族必将自强于天下。公共图书馆在少儿阅读推广中承担着阅读资源提供者与阅读教育实施者双重功能的重要角色。在幼儿时期，种下喜欢图书馆与喜欢阅读的种子，孩子们会终身受益，也会使国家受益。辽宁省图书馆正是基于此目的开展了“阅·历Library”少儿阅读推广公益活动。

一、活动缘起

辽宁省图书馆“阅·历Library”活动前身是少儿读者参观图书馆的公益阅读活动。辽宁省图书馆作为辽宁省文化事业建设的重要力量，承担着向省内少年儿童提供优质文化服务、满足少年儿童阅读需求、激发少年儿童阅读兴趣、充分发挥社会教育职能、培养少儿阅读素养的责任。一直以来，参观图书馆、感知图书馆物理空间、了解图书馆职能与工作流程等都是辽宁省图书馆少儿读者服务工作中的重要组成部分。2013 年少儿部正式成立之后，秉承了一贯的工作思路，在引导少儿读者认识图书馆的相关工作实践中取得了一定的经验，并确定了进一步的发展方向。在与广大小读者的交流互动中，坚定了“书籍陪伴少年儿童成长，担负社会教育责任与义务”的理念。同时，为了更好地发挥自身职能，为省内少年儿童提供切实有效的阅读服务，规范与中小学、幼儿园、教育机构的协作运营方式，更有效地加强少儿读者对图书馆的了解，为少儿阅读推广、场馆研学奠定良好基础，少儿部于 2016 年 10 月启动“阅・历 Library”计划，至 2017 年品牌完成整合升级并正式形成。

二、活动的内容与形式

辽图“阅・历 Library”阅读经历图书馆少儿公益阅读推广活动由如下阅读活动构成：

（1）少儿读者集体参观图书馆。

（2）少儿阅读素养培训（①阅读技巧；②读物选择与推荐；③信息检索与阅读设备使用，如查找图书、数字资源下载等）。

（3）图书馆小志愿者集训与志愿服务体验。

（4）少儿图书馆素养提升（①图书馆礼仪，如安静阅读、爱护图书、阅后归架等；②感知理解图书馆，如学习图书馆的发展历史、图书馆职能、图书馆的发展趋势；③分享少儿“眼中的图书馆”，“创造”未来图书馆，如举办相关主题征文、绘画等比赛等）。

（5）自主阅读体验或有组织的阅读课（阅读课需参与单位自备教师，自行开展）。

这五项活动形式的具体形态及其承载的活动内容都有机地融合在单次“阅·历 Library”活动中。以 2018 年上半学期浑南中小学生综合实践中心基于辽图“阅·历 Library”活动、组织小读者来到辽宁省图书馆进行研学旅行为例，本学期设定的活动主题为“2018 家·文化——讲述最美中国故事或辽宁最美故事”，每周三周四来自浑南区不同学校的小读者将有半天的时间，通过图书馆老师的讲解、感知图书馆的实体空间，了解如何使用图书馆的各种资源，从而享受阅读。具体活动安排如下表：

表1　2018年上半年浑南中小学参加的辽图“阅·历Library”活动

时间	具体时间段		具体活动	研学课程策划概要（内容具体安排）	研学课程目标
半日	行前思	9:00~9:30	行车途中	互动，探讨：此次研学活动你想要学到什么？	激发学生研学旅行热情，发现问题，提出问题。
		9:30~9:40	研学准备	（1）辽图研学的活动安全、行为规范教育。 （2）学生自行分组及明确职责。	掌握研学过程中的基本要求。 合作意识，责任担当。
	行中研	9:50~10:00	研学起航（共享大厅）	（1）了解辽图职能、概况。 （2）初步了解图书借阅、资料查询等相关知识。	初步感知、了解辽图的职能、图书馆的概况。 初步培养学生的游学能力。
		10:00~10:30	辽图参观展示厅展览	（1）关乎国事、国情主题展览。 （2）传统文化、艺术主题展览。	了解国情，关心国事，传承和发扬中华民族的文明成果。培养学生获取信息、分析信息及合作探究的学习能力。
		10:30~10:40	参观新书坊	了解新书坊以及新书的种类动向。	开阔眼界，感受现代文化气息。

续表

时间	具体时间段		具体活动	研学课程策划概要（内容具体安排）	研学课程目标
半日	行中研	10:40~11:40	少儿天地参观、阅读体验（小学）	（1）了解图书馆的阅读须知，懂得文明阅读。 （2）参观少儿天地各功能区。 （3）学习阅读技巧、读物选择与推荐、信息检索与阅读设备使用。 （4）自由阅读体验。	学会利用各功能区学习。 提高阅读技巧、读物选择与推荐、信息检索与阅读设备使用的能力。 提高人文素养。 培养学生爱读书的良好习惯。
			参观辽图馆藏古籍	（1）参观辽图古籍典藏展览 （2）探寻辽图古籍善本背后的故事。	了解中华民族的文明成果，及古籍的文学价值，增强民族自豪感。 培养学生获取信息、分析信息及合作探究的学习能力。
		11:40~11:55	总结分享	（1）写下自己此次活动的感悟，并亲自张贴在少儿天地展示板上，共同分享。 （2）填写本次研学课程活动“我的研学记录单”。 （3）畅谈你心目中未来的图书馆。	学会分享。 培养学生表达能力、想象力、创造力、解决问题能力。 （创意物化）
	行后悟	11:55~12:00	研学升华	激发争当“小小志愿者”。	树立服务意识、增强社会责任感。

通过上表的具体实例，“阅 · 历 Library”活动的内容可以总结为如下几方面：

（一）结合实际带动少年儿童对图书馆认知的提升

少年儿童需要在活动中学会什么是图书馆、图书馆能做什么等知识；学会安静阅读、爱护图书、阅后归架等图书馆礼仪；学习图书馆的发展历史，了解未来图书馆的发展趋势；掌握辽宁省图书馆馆藏书特色以及图书馆各部门职能，在对图书馆相关知识的了解中增强对图书馆的运用能力。

（二）整合资源加强少年儿童阅读能力的提高

整合馆内各类资源，包括书籍、展览、数字阅读、古籍名著珍品等内容，所有阅历的参与者都可通过活动分享感受，并畅想描绘出未来眼中的图书馆。通过举办相关主题征文、阅读经历展演等活动达到阅读能力的提高。孩子们的阅读感受将会以如下三种形式在活动开展过程中进行展示：

（1）“阅·历 Library”心得展板展示。

（2）“阅·历 Library”研学旅行汇报展演。

（3）“阅·历 Library”研学旅行故事讲述活动录制。

（三）多元体验引导少年儿童阅读习惯的培养

通过参与活动对图书馆进行多元的了解，通过学习各类信息检索的方法与阅读设备使用（如查找图书、数字资源下载等），提高对图书馆各类功能使用的能力。少年儿童对当下图书馆产生浓厚情趣对其阅读习惯的养成有着至关重要的影响。

（四）团体阅读体验增加阅读形式的丰富

“阅·历 Library”活动对象主要是以幼儿园、小学、初中或其他教育机构、社会团体为单位的集体读者，进行细致的年龄定位，设置精准的活动。以 2018 年上半年浑南区中小学生活动时间安排为例：

表2　2018年上半年浑南中小学参加“阅·历Library”活动的时间安排

时间	图书馆	时间	图书馆
3月21日	第一小学金地校区70人	5月16日	浑南区高坎小学80人
3月22日	第二小学主校区100人	5月17日	浑南嘉华小学80人
3月28日	浑第三小学主校区90人	5月23日	浑南区实验小学60人
3月29日	浑南区白塔小学90人	5月24日	浑南一中90人
4月4日	沈阳市第六十三小学105人	5月30日	浑南二中90人
4月11日	72中学100人	5-31日	光明学校90人

续表

时间	图书馆	时间	图书馆
4月12日	浑南区英达满族小学80人	6月5日	浑南四中80人
4月18日	浑南区深井子小学80人	6月6日	浑南五中60人
4月19日	72小学80人	6月12日	浑南区实验中学60人
4月25日	浑南区第十二小学60人	6月13日	浑南区高坎中学60人
4月26日	浑南区第二小学北校区105人	6月20日	沈阳市第六十三中学90人
5月9日	浑南区汪家小学90人	6月21日	浑南区第六十一中学60人
5月10日	浑南区东陵路小学80人	6月27日	王滨希望小学60人

通过组织团体主题式阅读，让每个团体机构可以自主地选择阅读的主题与书籍，进行团体群读，也可以分组分年龄段有针对性地对一个主题进行群读。同一个目的，不同图书、不同形式的阅读增加了阅读的趣味性。

（五）志愿者服务体验促进阅读实践的开展

（1）建立并完善小志愿者志愿服务制度。

（2）建立小志愿者档案，设立计时服务程序，设置评分标准。

（3）增设服务体验内容，颁发服务体验证书，提高参与度。

◎ “阅·历Library”小志愿者体验营

此外，“阅·历 Library”更期待成为一个平台，将更多资源在辽宁省图书馆分享给不同年龄阶段的集体小读者。同时，鼓励各参与单位发挥创新能力，为小读者提供有价值的阅读服务。以 2018 年上半学期浑南中小学生综合实践中心这一团体为例，在常规活动外，增加了口才培训与知识讲座两项内容。

1. **口才培训**

邀请专业老师以课本剧、诵读、演讲、讲故事等形式，对学生进行如何表达、如何讲述的口才、表演类公益培训、指导，进行以《中国梦·追梦人之我是小小讲述人》为主题的口才培训，在小班讲授的形式下开展活动，具体活动安排参见下表：

表3　口才培训活动安排

序号	活动时间	参与学校	活动地点
1	3月21日	第一小学金地校区	辽图少儿天地活动室
2	4月4日	沈阳市第六十三小学	辽图少儿天地活动室
3	5月9日	浑南区汪家小学	辽图少儿天地活动室
4	6月12日	浑南区实验中学	辽图少儿天地活动室

2. **知识讲座**

邀请辽图文化志愿者、辽宁广播电台著名主持人海涛老师定期在辽图第二报告厅为小读者带来“家·文化”主题讲座，活动安排参见下表：

表4　知识讲座活动安排

序号	时间	参与学校	活动地点	主题	人数
1	3月22日	第二小学主校区	第二报告厅	家文化省图“阅·历 Library”研学旅行知识	100人
2	4月12日	浑南区英达满族小学	第二报告厅	家文化省图“阅·历 Library”研学旅行知识	80人
3	5月31日	光明学校	第二报告厅	家文化省图“阅·历 Library”研学旅行知识	90人
4	6月13日	浑南区高坎中学	第二报告厅	家文化省图“阅·历 Library”研学旅行知识	60~80人

三、活动特点

新馆开馆以来，辽图“阅·历 Library”研学活动在中小学的研学活动中受到广大师生及家长的高度认可与好评。辽宁省图书馆少儿部深入贯彻党的十九大精神，以《综合实践活动课程指导纲要》为指导，以“立意高、目的明、内容丰、趣味浓”为研学活动的目标，进一步构建具有辽宁特色的场馆实践课程体系。配合教委秉持“场馆藏品是基础、场馆展示是手段、场馆课程是载体、学习是中心、教育是目的”的原则，将“阅·历 Library”打造为有如下特点的公益少儿阅读推广活动：

（一）借助新馆硬件环境与资源平台吸纳少儿团体

通过少儿天地与各个协作幼儿园、中小学等教育机构的配合，利用少儿天地、展览展示厅、古籍典藏展、多媒体及新书坊等硬件环境，伴以多元的活动形式，让包括中小学、幼儿园、教育机构、社会组织帮扶的弱势群体（留守儿童、特殊群体儿童、农民工子弟）在内的团体读者与有需求的个体读者都能够从中获益。

（二）制订适合各少儿团体需求的个性化活动方案

通过沟通协商，针对不同的少儿团体适时提出合理化建议，根据主题需求制订活动方案、签订协议。并在活动实施的过程中，合理调整活动内容，以达到研学的最佳效果。

（三）通过双向互动提高少儿对图书馆的认知与利用

通过每一次活动的圆满举办，不断提高活动的整体水平；通过活动的反馈，逐步地完善活动的整体流程。少年儿童也通过活动，进一步加深对图书馆的了解，从而提高图书馆的服务效能。“阅·历 Library”品牌及其子活动都将成为种子，散播到更多少儿读者的心中。

◎ 阅历感受

四、活动的效果与影响

活动开展至今，“阅·历 Library”犹如一缕清新的风吹遍了辽沈地区。至 2017 年末共举办活动 305 次，25351 人从中获益。为响应 2018 年初教育部颁发《中小学生课外综合实践活动课程指导纲要》的通知，此项活动的举办给更多的参观研学团体起到了示范性作用，引起了良好的社会反响。

到目前为止，沈阳市以浑南区素质教育综合实践中心、东北育才幼儿园、北京师范大学附属学校沈阳分校、奥斯顿国际幼儿园为主的 204 家单位团体参与了此项活动，并得到了幼儿园、中小学及教育机构的一致好评，活动预约络绎不绝。相信“阅·历 Library”活动将在未来的时光里不断地给辽宁小读者们带来全新、立体的阅读收获，并通过此项活动推进辽宁整体少年儿童阅读水平的提高。

众创空间　点亮创意　助力创业

:: 撰写 / 王彤旭

为推动大众创业、万众创新，始终为有创业理想的年轻人提供创业土壤，辽宁省图书馆创新服务模式，设立省内首家由公共图书馆创建的众创空间，于 2016 年 8 月 28 日正式开放。秉持着“点亮创意、助力创业”的理念，利用新馆现代化空间场所和智能读取输出设备及海量文献资源为有创业项目的初创业年轻团队和在校大学生免费提供办公场所，致力于解决年轻创客创业伊始所面对的缺资金、无办公场所等“拦路虎”，将众创空间打造为公众的分享中心、资源中心和创新中心。

◎ 众创空间

一、众创空间实施过程

（一）准确定位，构建多元化众创空间

辽宁省图书馆在建设众创空间决策的过程中，以用户需求为落脚点，编制调查问卷，向读者及辐射范围内的学生发放，广泛收集意见，提出合乎实际的众创空间服务类目。同时，依托于自身藏书、自建及购买的 61 个数据库高达 400TB 的资源，包括 GPD 全球产品样本数据库、国务院发展研究中心信息网数据库、中国法律检索系统、爱墨瑞德现刊数据库等创业相关数字资源。基于图书馆信息化资源服务的传统优势，为创客提供参考咨询服务，并通过对图书馆内演播厅、录音棚、3D 打印机、多媒体报告厅

等创新工具设施的应用，力推文创特色，主打文创产业。

（二）建立在线平台，鼓励创客深层交流

众创空间除了为创客提供办公空间，也承担着信息资源共享的职能，因此，辽宁省图书馆为入驻创客设立了专属的QQ群和微信群，满足创客多元化的需求。创客可以在QQ或微信群中与他人进行互动，通过创意和想法的深入沟通，完善自身设计。同时，发挥发布图书馆众创空间消息、创客志愿者招募等功能，为创客传达创业创意政策优惠信息。此外，作为连接虚拟沟通的新结点，馆员通过QQ群和微信群及时地为创客提供智力支持和信息反馈，包括指导创客能够自主地利用新型设备，完善众创空间的在线管理、优化服务结构等，为创客营造良好的创新创业氛围，实现线

◎ 众创空间进校园

上线下的良性发展。

（三）“走出去、引进来”

为了更好地让大学生了解并走进众创空间，众创空间将高校学生作为重点推介对象，以“走出去、引进来”的形式开展“辽图众创空间进校园活动”。工作人员带领各数据商走进各个大学现场宣传推介，吸引相关专业院校师生来众创空间实地参观了解，使高校更加了解辽图众创空间，吸引更多大学生进驻众创空间，让创业不再是少数人的选择。

目前，辽图众创空间不仅成为创客项目开展设计、实践之地，也成为大学生成果制作展示之地。周边高校学生利用这里的智能会议区召开主题班会，参加辽宁省微课大赛，利用录音室录制个人京剧作品参加艺术节展演。2016 年 12 月 10 日开展了由沈阳大学传媒专业大学生组建的“旮旯哈”阿卡贝拉合唱团走进众创空间，带领读者认识阿卡贝拉活动，并现场进行无伴奏合唱表演，取得一定的实际效果。2017 年上半年，录音室多次针对沈阳音乐学院民族声乐系和沈阳城建学院学生会开展录音录制服务，帮助他们完成作品创作。

（四）创客活动

众创空间结合文创产业的特点，整合图书馆既有的报告厅、展览厅、共享大厅等各个开放空间，让创客便于利用馆内的各个空间举办音乐欣赏会、文化展览、产品展示会，进行成果测试调查推广，让入驻的创客有了全新的展示空间。创客活动包括为读者展现歌剧具体排练过程——探秘音乐剧《魔笛》的幕后创作过程；为需要寻求帮助的读者提供正确心理导向的“心翊心理体验沙龙”；让读者感受刺绣、缝荷包、手工扎染等中国传统文化的“裁艺东方手工体验课”；带读者体验 3D 打印奇幻魅力的“3D 打印体验课”；展现出科普实践与游戏性的双重体验的“今

◎ “今年流行玩科学”科学实践活动

年流行玩科学”科学实践活动；着力传承木作文化，弘扬“工匠精神”的“壹心手作”。活动采用微信报名的方式获得体验课、沙龙、讲座、现场演出的参与资格。

二、众创空间活动特点

与普通众创空间不同，辽宁省图书馆众创空间除了提供办公空间和设施设备之外，还依托于图书馆信息服务和信息资源的传统优势，为创客提供专利查重、科技查新、网站服务器托管、文创参考咨询等服务；利用图书馆阅读人群数量多的自有优势，为创客创造测试产品和发布成果的机会，帮助处在幼苗期的年轻创业者逐渐长成参天大树；为特殊读者——创客——提供办公场地、活动沙龙、创业资讯等一系列的创业孵化措施。

三、众创空间取得的成果

经过递交申请、资料审核、当面约谈等层层选拔，众创空间筛选出裁艺东方创意定制工作室、辽宁中蓝景创业服务有限公司、多多亲子、沈阳博瑞未来科技有限公司、心翊心理、沈阳碧海帆科技有限公司等10家新入驻团体及公司，其中“木兮助手”和沈阳博瑞未来科技有限公司都是在校的学生创客。与此同时，众创空间联合入驻创客，开展创客创意设计体验和成果展示活动31场，13615人受益。

（一）对STEAM教育进行有益补充

教育界非常强调STEAM（Science，Technology，Engineer，Art，Mathematics）教育。培养公众这几方面的能力，同样是辽宁省图书馆众创空间的设立目标之一。辽宁省图书馆众创空间利用创客活动很好地将教育和创客结合起来，作为课堂学习的有益补充，成为公众的第二课堂，充分调动公众的创作和学习热情。如众创空间与创客“壹心手作”举办的木艺手作体验课，着力传承木作文化，弘扬“工匠精神”，将传统木工与现代木工相结合，将其变成了一件普通人可以做到的事情。体验者把亲手做的小东西作为小礼品送给家人和朋友，手工的温暖可以悄悄点亮别人的心。创业者所研发的儿童木工系列课程，让孩子在动手过程中，培养创新精神和独立思考能力。

（二）实现“馆员—创客—读者”三方共赢发展

在众创空间中受益的不仅是馆内读者，馆员在策划、组织、推广创客活动中，也提升了自身的专业能力和创新思维，实现了自我进化。与此同时，创客在此期间能够利用活动的自有人流量一方面在读者群中获得真实有效的反馈，进行产品服务的细节化测试，完善后续的产品调研和市场调研；

另一方面提升品牌知名度，为其项目推广和成果展示宣传助力，实现“馆员—创客—读者”三者的共赢发展。

表1 创客一览表

序号	创客	创客介绍
1	多米文创	面向0~10岁育儿家庭的网络图书馆，通过网络预约＋线下配送的方式，为育儿家庭提供童书借阅服务。多米文化的长期发展方向为：除基本的儿童阅读推广以外，将持续物色和开发童年文化（传统文化、自然科普和原创），通过社区渠道，将童年文化通过“到社区”的方式送入孩子们的日常生活中，从而改变孩子们童年生活中文化匮乏的现状。
2	80后歌剧社	是一个由一批热衷于表演的80后专业声乐教师组成的演出社团，志在重新改编排演传统歌剧，尤其喜欢歌剧，以及音乐剧等音乐作品，拉近高雅的歌剧与观众的距离，使之更容易让观众接受和喜欢。
3	沈阳博瑞未来科技有限公司	是一家提供个性化定制、快速成型加工、科普教育、3D打印软硬件开发及整体解决方案的高新技术企业。其前身是一个由东北大学2014级本科生刘汉通在大一时发起的3D打印工作室。公司通过与中小学教育机构合作免费开设3D打印魔法课堂，为中小学生普及3D打印教育，让更多人走近并了解3D打印，从而推动3D打印在全社会的发展和普及。
4	多多亲子	定位于向家长展示并推荐本地的亲子服务为目的，可根据孩子的年龄，智能化推荐适合此年龄段孩子的各类亲子场所与服务。主要面向0~12岁儿童及儿童家长，融合各类教育培训课程和亲子游玩项目，免费对接机构和家长，家长可在网站上进行一站式搜索，通过平台了解各项目用户评价情况。各亲子机构可以在线展示自己的服务与特色，并通过平台触及潜在顾客。
5	裁艺东方创意定制工作室	致力于服饰设计教育培训、传统现代手工艺术相关教育培训、服饰设计研发、服装定制的实体基地。立足东北地区，为有需求的人群提供高品质的服饰设计定制、手工艺术品定制服务，为相关人群提供服装设计、手工艺术的相关培训服务。
6	寒地水稻生育智慧调控技术软件	（略）
7	沈阳顽木集科技有限公司	成立品牌“壹心手作”，作为沈阳首家体验性木作机构，融合管理、课程体系、机械设备、物料供应等行业背景优势，跨行业提供木工房设计、产品转化和专业木工课程输出。“壹心手作”将“创客”概念植入文化艺术创意领域，借此进一步激发市民在文化艺术领域的创新创造热情，同时通过公共文化平台推动万众创新。
8	心翊心理	以心理学理论为基础，以人本主义技术为手段，着眼于改善亲子关系、提高沟通技巧、自我身心成长三方面内容。通过讲座分享、案例演示、艺术活动、个案沟通等方式为求助者带来切实、有效的改变。同时提供系统课程及VIP定制服务，有针对性地解决各种心理问题。

续表

序号	创客	创客介绍
9	沈阳碧海帆科技有限公司	成立品牌“木兮助手”，致力打造强大、便捷、实用的校园平台。该平台为校园分类信息平台，免费为学生提供校内活动、重要通知、二手买卖、全职兼职、校园新鲜事等各类信息服务。平台功能由自有技术团队自主开发，前端利用HTML5+CSS，后台使用PHP+MYSQL数据库的架构实现，采用阿里云服务器，平台稳定可靠、安全系数高。开发投入基金较少，顺应信息化时代的大趋势。
10	辽宁中蓝景创业服务有限公司	辽宁中科蓝景创业服务有限公司作为中科招商集团旗下在辽宁的分公司，成立于2017年1月，享有中科招商集团总部的一切资源。同时也是中科招商集团链接辽宁经济的纽带。其主要职能：第一，通过收集辽宁范围内的一些优质项目报给总部，从而使总部对这些项目进行股权投资。第二，通过引用总部的资源和模式，在辽宁范围内的孵化器里建立孵化器的加速器，进而对里面的项目进行孵化。

众创空间的活动受到了腾讯大辽网、《辽宁日报》等多方媒体的关注。《辽宁日报》认为，“省图书馆众创空间吸引了多个有创业项目的年轻学子或团队进驻。通过创客项目活动，实现图书馆服务推广手段和方法的创新，打造文化聚合分享平台”。在新闻采访中，一位陈姓读者说：“没想到在图书馆我通过 3D 建模学习打印出属于自己的作品，非常感谢省图书馆推出的读书与创造相结合的创意设计体验活动。”一位家长说：“手工制作体验课让我的孩子与小伙伴们通过合作共同制作出‘旺旺时钟’和八音盒作品，孩子们非常有成就感，这个活动让书本上的理论与实践有了一个很好的结合。”一位小朋友说：“很多昆虫我在绘本上看到过，这回在省图书馆昆虫展上看到了活的印尼金锹甲虫，没看够，我还要再看看！”一位创客说：“感谢图书馆为我们提供的项目测试、推广、展示平台，助力创业创新项目的发展，通过收集读者现场体验反馈，我们的项目逐渐完善。”

“乐·读”乐享

∷ 撰写／侯小云

随着多媒体技术和网络技术的发展，新兴媒体正在改变人们的阅读方式和获取方式，利用传统视听电子文献阅览的人群正逐渐减少。辽宁省图书馆顺应时代发展，前瞻性地在新馆建设中增加了触摸屏 VOD 点播资源和平台、高保真音响视听设备、3D 影院系统、录音录制设备及 VR 虚拟情境阅读等智能读取设备，通过先进的设备开展包括“乐·读”音乐阅读在内的各项多媒体阅读推广服务，吸引更多读者走进图书馆，利用图书馆，爱上阅读。

“乐·读”以图书馆为开放平台，将音乐作为阅读索引，依托丰富的馆藏文献类型，借助先进的多媒体信息资源，通过线下、线上活动开启了听、读、评、享纵深式音乐阅读模式，由欣赏音乐引导读者延伸至精彩乐评、经典书目和馆藏资源。为达到音乐引导阅读、增加阅读量的目标，“乐·读”

秉承“原创、互动、分享”的原则，以“主题音乐欣赏”“音乐文学沙龙”“音乐分享会”等现场活动为载体，在馆内推广的基础上，加强微信公众号、网络视频和网络直播等线上推广，并辅以QQ群等社交平台工具，调动社会力量，以图书馆为平台共同运营、相互服务。

一、活动目的

“乐·读”致力于树立自身优势品牌，扩大其知名度和社会影响力，提升品牌认知度。通过构建“主题音乐赏析”“音乐文学沙龙”“音乐分享会”三个模块，最大限度地燃起读者对音乐阅读的兴趣，用音乐引导阅读，打开图书馆的另一扇大门，为读者提供音乐欣赏、图书阅读、交流互动多位一体的共享平台，吸引更多读者走进图书馆，爱上阅读。让阅读融入读者生活，成为一种美好的生活方式。

二、活动内容

（一）主题音乐赏析

每月一个主题，现场播放精选音乐，配有专人导聆。图书馆的工作人员在“主题音乐赏析”中，让读者进行一些节奏鲜明、旋律优美的名家作品的音乐欣赏。让读者在平日生活中被这些流畅的旋律打动，从“耳听美妙声音”的阶段上升到“享受美妙音乐”的阶段。通过图书馆工作人员更加深入的指导，读者对作曲家的生平和作品的创作背景有所了解；或者是对作品其中某一段动听的旋律进行关于配乐、结构上的分析，从而让读者通过音乐欣赏对作品有更深层次的理解和认知，便可以从“享受美妙音乐”

◎ 主题音乐赏析

的阶段上升为源自灵魂的审美体验。例如，辽宁省图书馆在第一视听室举办了俞丽拿和吕思清两位演奏家演奏的音乐小品的黑胶欣赏会。品鉴会上，随着馆员对音乐作品的讲解及引领，呈现了省馆世界顶级音响设备与作品高度契合的音乐表现力和感染力，让读者真正享受到了听觉盛宴。在品鉴会中讲解老师由浅入深地从作品的创作性和曲目的结构为大家介绍了中国小提琴音乐小品《眼光照耀下的塔斯干》《思乡曲》《牧歌》《良宵》等 11 首曲目的时代背景和音乐的思想性，让大家理解如何赏析。让音乐爱好者深切地体会到了演奏家的演奏技巧及对作品的深刻理解，从听音到解读深刻内涵，更深刻感受到音乐带给我们的心灵感受和音乐的魅力。

（二）音乐文学沙龙

每次活动由一首曲目延伸至多形式的馆藏文献推荐、讨论，如各版本音乐家的传记、手抄乐谱、历史典籍、音乐光盘等，使读者能够结合阅读欣赏音乐，实现书乐同播，深度阅读。

表1　案例应用一览表

序号	时间	主题	推荐音乐文献（部分）	场次	参与人数
1	2017年1月	柴可夫斯基的音乐世界	《咏唱着生命的歌：柴可夫斯基》K835.125.76/5 《柴可夫斯基作品集》J657.41/414	30	2348
2	2017年2月	中国爱乐乐团与中国现代作曲家的音乐	《现代音乐欣赏辞典》J605-61/2 《音乐逸事：上百个关于世界上伟大作曲家和演奏家的精彩故事》K815.76/34	26	2603
3	2017年3月	空灵缥缈的音乐世界——班得瑞乐团	《迷雾森林：班得瑞金曲钢琴曲集》J657.41/209 《班得瑞特辑：NEW AGE经典音乐改编的简易钢琴曲》J657.41/366	22	1297
4	2017年4月	中外芭蕾舞欣赏季	《世界经典芭蕾舞剧欣赏》J733.4/1 《芭蕾舞入门与鉴赏》J732.5/15	30	3633
5	2017年5月	布鲁诺·瓦尔特指挥的贝多芬交响乐全集	《聆听贝多芬》J605.516/14 《贝多芬密码》J624.17/21	27	1557
6	2017年6月	世界三大男高音歌唱家的艺术	《帕瓦罗蒂的天籁与浪漫》K835.465.76/17 《当代歌王多明戈自传》K835.515.7/2	28	2835
7	2017年7月	爵士乐入门赏析	《然而，很美：爵士乐之书》J609.15/26 《我的第一本爵士乐书》J618/8	29	2124
8	2017年8月	纽约爱乐乐团175年来的风采	《金色音乐厅：世界著名交响乐团与歌剧院》J627/12 《我的音乐世界：探索交响乐团和乐器》K835.465.76/21	35	4233
9	2017年9月	世界著名小提琴家演奏的古典音乐经典小品	《不朽的小提琴家》K815.76/74 《读故事听音乐：从小故事接触古典音乐的100首入门音乐》J605.1/111	35	2372
10	2017年10月	古典音乐家们的第九交响曲	《古斯塔夫·马勒：未来的同时代人》K835.215.76/5 《弗朗茨·舒伯特及其时代》K835.215.76/18	26	2545
11	2017年11月	音乐之父——巴赫的音乐世界	《巴赫18首小前奏曲》J657.417/4 《聆听巴赫》J605.516/15	35	1932
12	2017年12月	维也纳新年音乐会经典回顾	《维也纳音乐之旅》J609.521/1 《圆舞曲艺术》J627.7/30	36	1234
总计				359	28713

◎ 音乐文学沙龙

（三）音乐分享会

邀请专家利用专业音乐厅进行现场音乐共享，“乐·读”与社会团体、专业院团等多方合作，将视听资料里的音乐作品以现场表演的形式推出，专家结合表演即时讲解，同时打破台上台下距离，读者可以参与体验互动的多媒体阅读模式，拓展了读者的阅读视野，将作品阅读与动态表演结合在一起加深读者的阅读理解和兴趣，提高阅读效果。这里既有青少年的戏曲音乐才艺展演，又有国家著名表演艺术家的二胡经典作品演奏欣赏；既有民间社团带来的全本京剧《龙凤呈祥》吉祥大戏演出，又有省内顶尖艺术团体带来的《爱上国乐》民族器乐演奏欣赏；既有走出国门到英国莎士比亚环球剧院演出的纪念汤显祖诞辰400周年的昆剧《游园惊梦》欣赏，又有获得国家艺术基金项目资助的话剧《寻找春柳社》欣赏。高品质、高质量的艺术作品视听盛宴让现场读者大饱耳福和眼福，提升了艺术品鉴能力。

三、活动营销方法

（一）制订系统性营销计划

图书馆品牌营销不同于普通的宣传推广，而是要涵盖宣传推广、社会合作、读者反馈、志愿者服务等多方面规划。“乐·读”从读者的需求出发，科学制定品牌全年营销战略规划，从品牌发展战略高度进行营销，分专题、有步骤地围绕读者需求及反馈每月制定相应主题，从贝多芬到布鲁诺·瓦尔特，从爵士乐到交响乐，为读者制订由浅入深的音乐阅读计划。

（二）确立有效的评估机制

每月定期对服务实际效果进行评估，具体从服务对图书馆活动人流量的影响、服务对图书馆形象的影响、读者反馈、宣传组织成本四方面

◎ 音乐分享会

入手，注重服务前后的绩效量化对比分析。总结服务创新的成果和经验，改进工作中的不足，对后续活动进行及时调整，形成一个螺旋上升的良性循环。

（三）制订多方营销策略

利用社会合作和多渠道分销等外部力量，为更广泛的读者群体提供活动信息。

社会合作：活动注重与社会团体和专家的合作，并定期邀请知名音乐家和音乐爱好者共同开展活动。

媒体传播：通过《辽宁日报》、网易新闻等媒体对活动开展新闻宣传报道，在业界和社会公众中产生较大影响力。

视频推广：对活动内容实行按期录制，将编辑后的视频同步上传至图书馆 VOD 点播平台和网络，实现大范围的分享和扩散，从而完成精准筛选传播和品牌视频化的过程。

利用微信公众号、微信群、QQ 群、直播等新媒体为读者提供点对点式的服务：

辽宁省图书馆微信公众号推送“乐·读”活动信息，为读者提供活动预告、线上预约、活动反馈等服务。同时利用微信公众号这一平台，发布与品牌相关的活动内容，引发用户讨论，使品牌以低成本获得高关注度。

组建的 QQ 群和微信群能够实现读者和图书馆的即时问答，快速地解决读者的问题，使读者得到更优质的服务。同时读者能够利用图书馆 QQ 群和微信群找到音乐同好者，实现对图书馆的进一步粘连。

“乐·读”通过瓢虫直播等进行网络直播，让读者可以在家进行同步音乐阅读。

四、活动特点

（一）音乐立体化

传统图书馆阅读趋于平面化，新馆开放以来，将单纯的音乐欣赏立体化为音乐阅读，注重对音乐的理解、音乐文献的推荐，如音乐期刊、音乐图书、音像制品、音乐曲谱、音乐家传记等，让读者在活动中将读、听、看、交流融于一体。

（二）增加真人导聆

经由专人讲解音乐知识，使读者理解音乐里的和弦、和声、速度、调性也有其含义。

（三）采用原创乐评

活动选用分享的乐评均是读者原创的。

（四）开展读者投稿推荐确定主题活动

馆员根据读者投稿和反馈评选确定每月主题，为读者量身定制音乐阅读计划。

五、活动取得的成绩

2017 年度累计举行音乐阅读活动 356 次，推荐反馈曲目 1355 首，推荐讨论文献（图书、光盘）524 部，参加“乐・读”活动读者达 29056 人，辽宁省图书馆微信公众号平台发布“乐・读”音乐阅读活动读者浏览次数 406419 次，同比增长 285%。辽宁省图书馆的创新服务案例“乐・读”音乐阅读品牌在中国图书馆学会“创新引领未来——第一届公共图书馆创新创意作品征集推广活动”中，从 28 个省市报送的 311 个案例中脱颖而出，获得最佳创新奖。

六、活动效果及影响

（一）辽宁省图书馆的服务主要着眼于辽宁地区

随着人们生活水平的日益提高，对音乐的审美需求日益增加，“乐·读”活动满足了辽沈地区广大读者对美好生活向往和追求的需要。

（二）打造精品活动

丰富了图书馆活动形式和内容，提高读者对图书馆活动的忠实度，保持图书馆多媒体品牌活动的持续化、常态化、精品化发展。

（三）实现了图书馆和社会力量的合作

由热心公益有专业特长的读者、志愿者、爱好者和社会团体参与主导音乐分享会，普及音乐知识，提升读者艺术品鉴能力和素养，有效提高阅读推广活动的专业度和影响力。

辽宁省图书馆“乐·读”活动受到了辽宁广播电视台和《辽宁日报》《辽沈晚报》《沈阳日报》等多家媒体的报道。《辽宁日报》认为：“通过公共文化普及宣传推广平台助推公众对传统艺术的了解与艺术鉴赏力的提升，提高公众艺术修养，使其有意愿主动走向剧院欣赏戏曲艺术，带动文艺市场的繁荣。”

七、结语

辽宁省图书馆开展的“乐·读”活动，希望将音乐和文献有机地结合在一起，通过导聆人的讲述，带领读者体验不一样的“书式立体音乐”，培养读者对音乐的认识、理解、欣赏、审美，让音乐从音乐文献到“活”起来。辽宁省图书馆通过“乐·读”活动的推广，让每一位来图书馆参加“乐·读”活动的读者都能度过一段幸福美好的时光。

Part 4

延伸服务篇

会议服务的创新与实践

:: 撰写 / 吕巧珍

一、概述

当今图书馆发展正在从资源驱动走向服务主导的新时代。图书馆发展的根本问题是服务问题，而服务的根本问题是服务能力的高低。图书馆的服务能力需要以用户的需求为牵引，从传统的以文献、馆舍和馆内的服务，延伸和拓展为提供嵌入式、深度的学科服务、情报服务、数据服务、出版服务、智库服务和智慧服务等知识服务，实现图书馆与图书馆服务的重大转型与变革，增强图书馆的服务功能。

图书馆具有智库的相关功能已在我国图书馆界的众多实践中得到充分的验证，近年来各类型图书馆主动开展信息服务辅助决策也已屡见不鲜。作为省级公共图书馆，辽宁省图书馆除了向社会公众提供基本文献信息服务外，还承担着为我省党、政、军领导机关和各行业提供深层次文献信息服务的重要职能。多年来，辽图在为党政机关立法决策服务以及行业会议服务领域进行了积极探索与实践，打造了会议服务品牌。

我馆会议服务始于1995年，其中为辽宁省“两会”服务始于2001年，为省党代会服务始于2006年，为省人大常委会会议服务始于2000年，迄今为止服务80余次，得到省党政领导机关和一些行业会议组委会的充分肯定和表扬，曾被媒体多次报道。经过多年的探索实践，会议服务已成为我馆的重要服务品牌之一，具有成熟的服务模式、光荣的服务传统，也锻炼出一支成熟的会议服务队伍，能够把会议的需求与馆藏资源精准契合起来，延伸了信息服务功能。主要服务内容如下：

会前服务：在会议召开前，进行充分调研，了解会议议题，有针对性地编印专题资料并拟定会议服务方案。除围绕会议主题为会议代表提供服务外，也为会议筹备工作提供信息服务。

会中服务：专题资料检索服务、电脑查询打印服务、信息咨询服务、定题服务、跟踪服务、举办主题展览、发放自编阅读推广刊物、现场播放专题影视资料、书刊借阅、现场免费办理借书证等。

会后服务：在会议结束后，继续深入地为会议代表提供课题咨询服务、定题跟踪服务等。

会前、会中、会后服务构成全程服务。会前服务是整个会议服务的基础，会中服务是关键，会后服务是全程服务的延续与深化，三者有机统一，缺一不可。

二、服务创新

2015年10月，辽宁省图书馆正式搬迁至浑南新馆。作为信息服务与决策服务重要形式的会议服务工作一如既往地持续开展，并有所创新与拓展，着重加大立法决策咨询服务力度。新馆开馆以来共完成26次会议服务，其中为省党代会服务1次，“两会”服务即为省人代会和省政协会服务6次，为省人大常委会会议服务13次，为省政协常委会会议服务2次，为专业会议服务4次，在服务深度和广度上都有了长足进步。

（一）党代会服务

2016年12月20日，中国共产党辽宁省第十二次代表大会在沈阳隆重开幕。五年一届的省党代会是辽宁省政治生活的一件大事，我馆作为唯一的公益服务单位于19日进驻代表驻地提供服务，这在全国省级公共图书馆中是非常少见的。会前，围绕相关热点编辑《中国共产党辽宁省第十二次代表大会专题资料汇编》，涉及“两学一做”解读和十八届六中全会精神解读（党内政治生活、党内监督、从严治党及其他）两个专题，共计40篇经典文章。

在会议服务期间，发放专题资料及自编的高品位阅读推广刊物《书苑》200余册。电子书刊借阅机吸引了许多代表下载体验。同时，我馆图书流动车亦开进代表驻地，提供图书借阅证办理和借书服务，让代表同志们体验到了阅读的便捷。

（二）“两会”服务

辽宁省“两会”是全省政治生活的重要组成部分，对社会发展具有重大影响。我馆在“两会”服务期间通过引入新的科技手段、改版升级阅读推广刊物等，使为代表、委员提供的议案提案、参政议政文献信息咨询服务形式更为丰富。

1. 设置二维码扫描下载专题资料全文与移动电子书刊免费下载，体现了“互联网 +”时代特征

网络和通信技术的发展，大数据和“互联网 + ”时代的到来，促使图书馆这一传统信息服务机构要不断引进新的数据处理工具和技术。从 2016 年为“两会”服务以来，我馆开始设置 APP 以及在辽图主页上开辟“两会”服务专用平台，将决策咨询部编制的《两会专题资料目录汇编》及资料全文嵌入其中，并生成二维码，与会代表及委员可通过手机下载资料。此外，我馆还与超星公司、博看书刊公司合作，在服务现场设置电子书刊借阅机，

◎ 辽宁省第十三届人民代表大会第一次会议服务现场

代表、委员们可通过手机免费阅读或下载千余种畅销电子书、热门杂志及报纸，为广大代表及委员搭建起了一个更加便捷的数字阅读平台。

2. 改版升级阅读推广刊物

我馆决策咨询部编辑的阅读推广刊物《领导干部书架》于 2016 年正式更名为《书苑》，在栏目设置、美术编辑、版式设计、稿件撰写等方面做了很大改变，整体品位大大提升。新增了对“辽图讲坛”精彩内容回顾的“讲坛余音”，对我馆古籍文献和地方文献等特色精品馆藏展示介绍的“图林轶事”“文海钩沉”“画说馆藏”，介绍我馆数字资源的“掌上品读”“数字资源”等栏目。这些变化为刊物注入了更多辽海文化元素。在增强内容可读性的同时，大力推广、全面宣传了我馆的特色资源和特色服务，为让更多的人了解、使用图书馆发挥了积极作用。《书苑》作为“两会”期间阅读推广刊物免费赠阅，受到与会代表、委员们的喜爱与好评。

（三）省人大、政协常委会服务

常委会服务是我馆立法决策服务的重要阵地，新馆开馆以来，我馆立法决策服务取得了重大突破。

1. 增强立法决策服务的针对性

2016 年年初，决策咨询部从省人大机关信息中心获得省人大常委会全年工作要点与立法计划，针对每次会议议题展开参阅资料汇编工作，使专题资料编辑工作有的放矢。利用我馆编辑的专题资料，省人大常委会机关信息中心编辑印发常委会参阅资料目录并刻录全文光盘，并以红头文件的形式在会前一个月向常委会组成人员发放，为常委们审议提供参阅资料服务。

2. 打造更加具有针对性的立法决策产品

（1）改版升级《人大工作参考》

《人大工作参考》创办于 2011 年，此前已编辑 15 期，是我馆为省人大常委会会议服务编辑的专题资料。2016年5月，《人大工作参考》更名为《立法决策参考》，对封面进行重新设计，在内容上对每个专题都进行了细致的分类、排序。改版后的《立法决策参考》的每个专题包含了法律、行政法规、部门规章以及其他省市相关的立法条例、办法、规定、方案等，也收录了专家学者的立法建言及相关专题的研究成果以及其他省市的实践探索等，印制规范、内容广泛、关联性强，得到了省人大机关领导、省人大机关信息中心以及省人大常委们的再次赞赏与肯定。

（2）开发新的决策产品《参政议政参考》

2016年9月26—28日，我馆走入省政协会馆，为省十一届十六次政协常委会提供现场服务。时隔十年，再续前缘。省政协领导对此高度重视，会前副秘书长尹学义、副巡视员刘庆志等领导与由卢丹副馆长带队的我馆人员就如何开展好会议服务充分交换意见并达成共识，为合作的深入开展奠定了坚实基础。

第1期《参政议政参考》是为省十一届十六次政协常委会会议服务编辑的专题资料，紧扣“围绕加强我省供给侧结构性改革，提高经济发展的质量和效益建言献策”会议主题，收录15个专题，共690余篇外省市的相关先进实践经验和专家学者的理论研究文章。由于内容翔实、时效性强，《参政议政参考》得到了省政协领导的充分肯定和与会常委的一致好评。会议服务期间，我馆共向省政协常委发放《参政议政参考》49册，阅读推广类刊物《书苑》45册，借阅期刊约20册次。

3. 打造立法决策咨询服务平台

2017年7月21日，是我馆立法决策服务里程碑式的重要的日子——辽宁省图书馆立法决策咨询服务平台（省人大专用）正式上线。这标志着我馆的立法决策服务从单纯的线下服务转为更为丰富的线下线上相结合，搭上了“互联网 +”时代快车，实现了跨越式发展。通过该平台，我省 600 多名省人大代表可查阅我馆从 2012 年 7 月始为历次省人大常委会议编辑的专题资料《立法决策参考》的目录及全文，了解我馆参考咨询服务内容并通过网络实时得到我馆的立法决策咨询服务，还可以进入我馆电子资源馆外访问系统，检索电子图书、电子期刊、馆藏图书等丰富的数字资源，真正实现无论在何时何地，只要有互联网就可以享受到我馆提供的及时有效的管家式立法决策咨询服务。

立法决策咨询服务平台的创建，提高了我馆立法决策服务的时效性和准确性，在以往基础上上了一个新台阶，其必将在推动辽宁立法决策的科学化、民主化进程中发挥重要作用。

（四）行业会议服务

1.“农展会”服务

2016 年 3 月 5 日至 7 日，“2016 东北第五届暨辽宁省第八届农业媒体优质农资产品推介展销会”（简称农展会）在沈阳市苏家屯区会展中心举行，辽图时隔九年再次开展行业会议服务。在辽图公益展区，信息咨询员与外借部工作人员联合为展会提供服务。信息咨询员为农民现场免费检索、打印、装订农业技术资料。来自辽宁各市区县的农民们可以通过双屏电子图书阅读机下载电子图书，实现手机离线阅读……丰富多彩的信息体验，使参展的现代农民通过图书馆的服务触摸到了互联网时代的脉动，为他们的农业生产活动插上了智慧和科技的双翼。

展会期间，省图展台前人头攒动，资料供不应求。2016 年，向到会的农民同志和参展代表发放 5000 余册我馆自编的《农业实用科技资料系列》小册子、辽图数字资源简介资料和综合性期刊；2017 年，为农民同志现场检索、打印所需农业技术资料 30 余份，发放 2500 余册《农业实用科技资

◎ “2016东北第五届暨辽宁省第八届农业媒体优质农资产品推介展销会”服务现场

料系列》小册子和综合性期刊；2018 年，盛况依旧，现场为农民同志检索、打印农业技术资料 12 份，发放《农业实用科技资料系列》小册子近 50 种，3000 余册，综合性期刊 1000 余册。

2.“2017 年中国辽宁投资与贸易对接会”服务

2017 年 6 月 7 日，“2017 年中国辽宁投资与贸易对接会”在友谊宾馆召开，来自 23 个国家和地区的 732 家企业参加会议。辽宁省图书馆派出强大阵容到场为会议提供综合服务。

场馆内，我馆设置了信息咨询服务台，为企业提供馆内数据库信息检索查询、一般性咨询、期刊借阅、自编阅读推广刊物《书苑》赠阅等服务；场馆外，图书流动车开进友谊宾馆，为与会者提供现场办证、借阅图书等阅读体验服务。

会议间隙，与会者们有的借阅书籍，有的翻看《书苑》，有的借阅期刊杂志，有的咨询图书馆服务内容……辽图综合服务为参会人员提供了便捷的信息服务和舒适的阅读环境，受到与会企业的赞誉。

三、服务效果

辽宁省图书馆新馆开馆以来的会议服务工作收到良好的服务效果和社会效益，使社会公众和高层领导认识到图书馆的重要作用，有效地提高了知名度和影响力，扩大了对外宣传，树立了良好的公共文化服务形象。

（一）反馈

多年来我馆积极为省党代会、省两会、省人大常委会、省政协常委会提供会议服务，在我省立法决策、参政议政的科学化和民主化进程中发挥了积极作用。为“农展会”服务得到了参展代表及农民朋友的肯定，他们纷纷写下服务反馈，收到了良好的社会效果，进一步提高了我馆行业会议服务的综合能力，推动会议服务品牌升级，为切实保障我省基层群众基本文化权益发挥了积极作用。

服务质量和服务态度是会议服务的生命和灵魂，新馆开馆以来我们开展了多次会议服务，共收到辽宁省委、省人大办公厅、省政协办公厅、辽宁乡村广播表扬信、感谢信 23 封，会议代表反馈多份。

（二）媒体报道

1. 媒体对辽宁省图书馆“两会”服务的报道共计 15 篇

2016 年，《辽宁日报》、辽宁电视台北斗 TV 以“省图‘上’两会：线上线下服务代表委员”为题目进行了报道，新华网、中国日报中文网、环球网、东北新闻网、中国图书馆网、民心网进行了转载报道；2017 年，辽宁省人民政府网、辽宁省文化厅网站、中国图书馆网以“辽宁省图书馆服务 2017 年‘两会’”为题目进行了报道；2018 年，人民网、辽宁省文化厅网站、中国图书馆网以“辽宁省图书馆为省‘两会’提供综合文化信息服务”为题目进行了报道，北斗 TV 则以“辽宁省图书馆在代表驻地设立信息管理服务台”为题目进行了报道。

2. 媒体对“农展会”服务的报道共计 11 篇

2016 年，《辽宁日报》、北国网以“省图流动图书馆开进农展会”为题目进行了报道，辽宁省农村科技信息化网、辽宁金农网、盛京文化网、E 线图情网进行了转载报道，辽宁省文化厅网站、辽宁省人民政府网以“辽宁省图书馆服务农展会”为题目进行了报道，辽宁乡村广播微信公众号以“流动图书车——辽宁省图书馆‘百万图书万里行’——走进农展会”为题目进行报道；2017 年，辽宁经济台《庄稼院》栏目以“2017 年辽宁省图书馆‘农展会’服务”为标题进行了视频报道；2018 年，辽宁乡村广播电台以“2018 年农展会辽图文献信息服务”为题目进行了现场连线报道。

四、结语

决策往往需要专业的理论知识与实践成果的辅助。辽宁省图书馆拥有丰富的馆藏资源，加之参考咨询人员对信息管理的高超专业技能，可以准确、高效地将各个领域内专家学者的研究成果及其他省市的先进经验和做法检索、筛选、整合后提供给决策者作为参考，充分发挥了省级公共图书馆为党政机关立法决策服务的智库职能。在“互联网 +”时代，立法决策信息服务具有无限的发展空间，会议服务工作人员责任重大，唯有加倍努力，紧随时代脉搏，不断挖掘新亮点，开拓新领域，才能在服务的深度和广度上更进一步。任重道远，我们永远在路上。

流动图书馆研究与实践

:: 撰写 / 赫英鹏　郝　庆　寇德琴

构建现代公共文化服务体系的最终目的在于推进基本公共文化服务的标准化与均等化，这对我国经济社会的和谐发展具有重要的战略意义。公共图书馆是公共文化服务体系的重要组成部分，一向以“没有围墙的大学”著称，在推进公共文化服务均等化与全民阅读方面肩负着重要的责任和使命。多年来，我国各级公共图书馆为普及公共图书馆服务，实现公共文化服务的均等化，促进全民阅读，一直在不懈探索，创造了很多有效的服务模式，比如分馆模式、流通站模式、流动图书馆模式等，在实践中都取得了显著的成效。为贯彻落实党的十八届三中全会精神，辽宁省图书馆在上级领导的关注与支持下，对流动图书馆的创建及运营进行了不断探索与实践，以 2013 年首次服务全运会为初始，于 2014 年年初正式推出了流动图书馆服务。历经近五年的服务实践，我们切实感受到了流动图书馆服务的优势和重要意义。足以证明流动图书馆是公共图书馆服务体系的延伸和拓展，是现阶段我国公共图书馆服务实现均等化的有益尝试和重要途径，更是推进全民阅读的重要抓手。

一、流动图书馆是推动全民阅读发展的重要手段

（一）全民阅读发展研究

1995 年，联合国教科文组织宣布 4 月 23 日为“世界读书日”。全民阅读系由“世界读书日”演变而来，旨在推动更多的人阅读。一直以来，世界各国均在不断以各种形式开展多种活动诠释和践行全民阅读。有资料显示，我国阅读推广活动始于 20 世纪 80 年代，兴起于 90 年代，1997 年由中宣部、文化部等九大部门共同实施“知识工程”，开始“倡导全民读书、建设阅读社会”。2004 年，“知识工程”领导小组将每年的“全民读书月”活动交由中国图书馆学会负责承办，开启了以图书馆为主要阵地的全民阅读推广活动。此后，为促进全民阅读工作开展，国家和部分省市还纷纷尝试建立相关法律法规。2013年,《全民阅读促进条例》被列入国家立法计划，当年3月底,国家新闻出版广电总局专门成立了全民阅读立法起草工作小组，草拟了条例初稿。 此后，江苏、湖北、辽宁、深圳等省市先后颁布了相关法规。辽宁省于 2015 年 3 月出台了《辽宁省人民代表大会常务委员会关于促进全民阅读的决定》，将每年的 4 月 23 日设立为本省的全民阅读日。

在推进全民阅读发展方面，公共图书馆素以其专业性、权威性和独有的丰富资源成为读书活动中的主要阵地之一，成为倡导全民阅读、终身阅读的中坚力量。但从实际情况看，我国的公共图书馆办馆模式多以大而全为主，受各地地理位置和经济条件等限制，尚有很多人很少有机会接触到

图书馆，特别是偏远地区、特殊群体更无机会利用专业图书资源，而流动图书馆则很好地弥补了公共图书馆的阅读服务短板，有效扩大公共图书馆辐射范围，从而大力促进全民阅读开展。

（二）流动图书馆促进全民阅读的突出优势

1. 其便利性可有效延伸服务触角

公共图书馆推进全民阅读工作的重要内容，即要不断扩大阅读服务受众范围并尽可能地为读者提供便利，以唤起更多人的阅读意识，激发更多人的阅读兴趣。近年来，公共图书馆通过各种服务和活动，努力增加公众的关注度，吸引更多读者前来享受公共阅读服务。然而，在公共文化基础设施比较薄弱的地区，读者因时间、路途等原因，无法去公共图书馆享受文献信息服务时，流动图书馆就发挥了不可替代的作用。其以特殊的流动服务方式，变等读者来馆为送书上门，将各类文献推送到读者身边、将图书馆的服务送到读者家门口，缩短了图书馆与百姓的空间距离。

2. 其灵活性可切实扩大辐射范围

推进全民阅读的重要准则包括保障公民的基本阅读权利。流动图书馆可根据读者类型的不同、需求的变化以及阅读形势的发展，随时调整服务方向及服务点位，及时调换其文献品种，有针对性地为各阶层民众，特别是老少边穷地区群众，以及残障人士等特殊群体提供普遍、均等的文献信息服务，并适时开展不同形式的阅读推广活动，满足不同群体的文化需求。

二、辽图流动图书馆促进全民阅读的实施探析

（一）辽图流动图书馆概况

2013 年，为加快构建现代公共文化服务体系，有力推进全民阅读，打

通公共文化服务“最后一公里”，辽宁省图书馆借鉴国内外同行的建设经验，筹建了流动图书馆，并于同年8月份首次为第十二届全运会服务，开创了图书馆服务全运会的先河。随之于2014年1月份，流动图书馆开始试运行。辽宁省图书馆的流动图书馆是由3台现代化大巴士汽车改装而成，每台车载有6000余册种类齐全的精品图书、杂志，此外，车上还配有笔记本电脑、无线网络（Wi-Fi网络）、空调、液晶电视、发电机等设备，读者可在车中自由办理借书证、借阅图书，也可以通过无线网络（Wi-Fi网络）访问省馆各种数字资源，进行阅读或下载，享受与实体图书馆一样的基本服务。我馆的流动图书馆可谓是“麻雀虽小，五脏俱全”，堪称现代化的“迷你”图书馆。

（二）辽图流动图书馆促进全民阅读的服务模式

1. 分时错峰式服务

辽图流动图书馆实行分时错峰的服务模式，即站在读者角度，根据读

◎ 流动车走进下马塘大集

者的工作生活规律，科学地设立服务时间。将流动图书馆的服务时间分别设定在午休时间的 12:30~14:30 和下班的 16:30~18:30 两个时段，错过读者工作和学习的高峰，为读者充分利用图书馆创造便利，此举大大提高了流动图书馆的服务效能。

2. 定点周期式服务

定点周期服务模式，即固定上、下午的固定服务时间和固定的服务间隔，通过多种手段对服务地点读者流量以及读者人群进行分析，固定流动服务的地点。在停靠地点选择上，选择易于停靠，交通方便，人群聚集的地方，如居民区、繁华商业区、公园附近、地铁口、学校、军营、大型机构等。同时，以所选服务地点为核心，以 15 分钟车程为半径，对服务辐射范围进行预估，确定服务范围半径，每隔固定时间进行周期性服务。目前，流动图书馆市内固定服务点位 22 个，遍布在沈阳市内东、南、西、北、中。为进一步扩展服务网络，实现服务范围最大化，流动图书馆在设立固定点位的同时，还开展“点对点”服务，即向省内以及其他不便来馆的读者提供周期性的服务，常设点位 5 个（如新民小学、和平区残联等地），并将根据实际需求陆续增加服务地点。

3. 巡回式规律性服务

根据所在区域的人群阅读需求、阅读习惯的调研结果，辽图流动图书馆科学设定了每个点位的服务频次，通常以一周或半个月为时间段，规律性地为相关人群服务，以最大限度产生服务黏性、汇聚效应，提升服务效能。例如，沈北大学城、浑南大学城等点位，虽离市中心较远、位置较偏，但因学生群体阅读需求旺盛，仍将其设为重要点位，缩短服务周期为每周一次；太原街、中街地区属市内繁华商业区，因人群较为集中，也将其设为重要点位，服务周期为每周一次；其他一般性常设固定服务站点设定服务周期为两周，各点位辐射市内各区，全面满足所在区域人群的文献需求。

三、辽图流动图书馆推进全民阅读创新举措与社会效益分析

（一）辽图流动图书馆创新举措

1. 制度创新

为保证服务质量，辽图流动图书馆创建了相关配套制度并不断加以完善。一是创建信息预告制度，通过网站、微信平台、QQ 群以及印制传单的形式及时发布流动运行时间，确保读者实时获取流动图书馆运行信息，避免读者错过服务时间。二是文献管理制度，根据服务人群和地域的不同，规范文献更新速度，适时调整文献品种，及时满足不同地域各阶层民众的文化需求。流动图书馆还与实体图书馆对接，实现通借通还。三是建立健全读者评价机制，辽图流动图书馆设立了专门电话咨询服务，配备读者意见反馈簿，由读者与被服务单位填写反馈意见，作为工作人员工作评定的重要依据，有效促进了服务质量的优化。同时还开通了读者微信群和 QQ 群实时响应读者提出的各种需求。四是创立阅读推广机制，为引领大众阅读，辽图流动图书馆创立了阅读推广机制，要求工作人员根据不同时期的阅读需求，开展相应的阅读推广活动。如开展流动展览、流动视频讲座、设立主题专架等，引领阅读潮流。现已设置的有集思想性、艺术性于一体的“辽图好书榜”专架，弘扬传统文化的国学专架“文溯书苑”以及满足少年儿童阅读需求的“少儿专架”等，2017 年推荐国学相关文献 83 种，800 余册，收到很好效果。

2. 模式创新

为实现服务效能的最大化，为更多无法利用公共图书馆阅读资源的读

者提供借阅服务，辽图流动图书馆的三台流动车的创新服务模式，面向全省不同地区的不同读者群体构建了三个服务层级，在分时、定点、巡回式服务的基础上，形成了分众化的服务网络（如下图所示）。其中，一台流动车服务市内 22 个固定点位，周期为一周或两周； 一台为点对点服务，为市区、外埠、老少边穷地区服务点服务，并逐步增加点位，服务对象为特定的机构或群体（如监狱、军营、养老院、弱势群体等），服务周期为 28 天左右；另一台是根据不同地域或不同人群的需要，随时展开不定期的流动阅读宣传推广活动。分众化的服务网络能够有效兼顾社会各类群体，能大大弥补公共图书馆的服务短板，切实促进公共阅读的均等化。

3. **服务手段创新**

辽图流动图书馆在做好流动车借阅服务的同时，还采取了一系列创新手段：一是积极利用新媒体，在做好“辽图好书榜”传统展架基础上，又创办了同名微信公众号，在面向各点位提供阅读服务的同时，利用新媒体

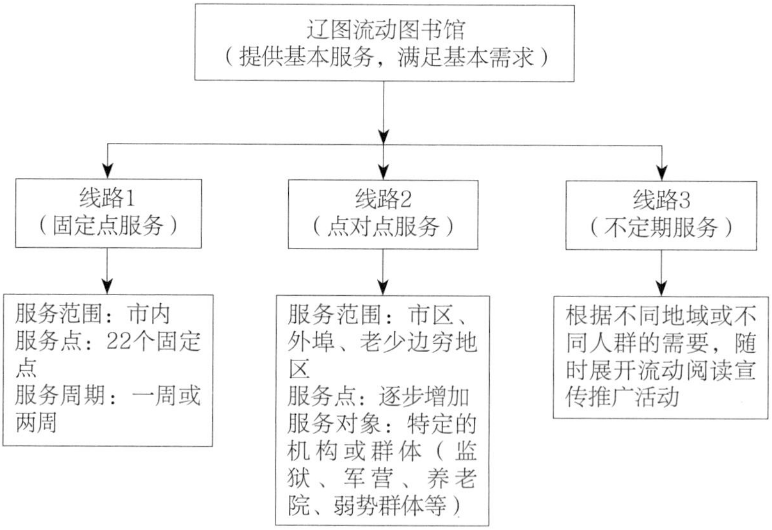

◎ 分众化服务网络示意图

推广阅读，定期介绍新书、畅销书、多渠道发挥流动图书馆服务功能。同时，围绕新媒体平台开展微信线上、线下读者互动活动，如“合影送温馨”“图书漂流”等，广泛吸引各界群众走进流动图书馆。2017 年，“辽图好书榜”公众号推送阅读信息近 300 条，大大激发了读者的阅读兴趣；二是开展跨界服务，为让学生群体体验到更加丰富多样的流动服务，辽图流动图书馆与省科技馆“科普大篷车”强强合作，创新性地开展联合跨界流动服务，为学校学生送去融科技与文化于一体的综合服务，深受师生欢迎。进校服务前，流动图书馆还着眼于师生们的阅读需求，对车内原有图书进行系统的分类调整，优化文献资源结构。同时，“科普大篷车”提供现场科学实验，展示奇妙的科学现象，将书本上的相关理论与实践有机结合。与科技馆的强强合作，既充分发挥了各馆馆藏资源优势，丰富了活动的内容，又增强了学生阅读的体验性，实现了资源共享、多方共赢；三是打造品牌活动，为针对各类阅读群体提供更优质的阅读和文献信息服务，保障更多人的阅读权益，辽图流动图书馆针对不便来馆阅读的各类读者创新地开展了流动图书馆进“机关、社区、校园、企业、乡村、军营、家庭”的“七进”活动，为社会各阶层提供专业的文献信息服务，并已形成品牌，如在“军营行”活动期间，流动图书馆走进中国人民解放军某部队，为驻沈解放军指战员及其家属服务，现场办证踊跃。

（二）辽图流动图书馆推进全民阅读社会效益分析

1. 阅读服务范围有效扩展

辽图流动图书馆正式运行以来，服务人群 70 余万人次，服务点位 10000 个次，总行驶里程近 20 万公里（相当于围绕地球走了 5 圈），借阅册次已近 200 万册，办证数量 40000 余个，服务足迹遍及省内各个地区，受到了社会各界的好评，也受到国家、省、市主流媒体的广泛关注。目前，

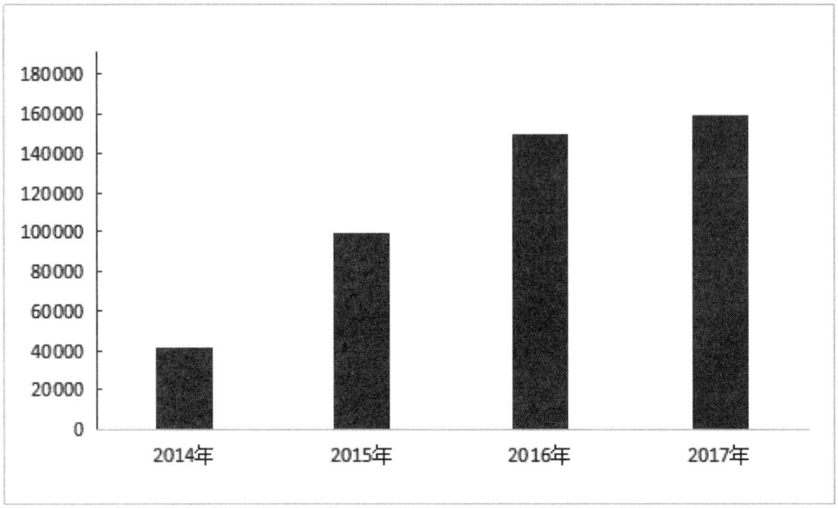

◎ 辽图流动图书馆近四年借阅人次示意图

辽图流动图书馆已初步建立起了覆盖城乡尤其是针对老少边穷地区的流动服务网络，将阅读推广活动延伸到了基层，为基层群众创造了就近阅读的社会环境和阅读条件，有效地推进了新农村的文化建设和全民阅读活动，为建设阅读型社会进行了积极而有益的实践探索。

2. 阅读服务触角深入最基层

4 年来，辽图流动图书馆通过分时定点巡回式的服务模式、点对点服务、“七进”、主题阅读推广等特色活动，广泛延伸服务触角至最基层百姓，特别是偏远地区、弱势群体。为切实开展有效服务，辽图流动图书馆还特别制定了“以人为本，平等服务——关爱特殊群体”服务计划，在为特殊人群服务前，针对敬老院、监狱城、农民工子弟、残障人士等特殊场所和人群，制定服务预案，根据特殊群体的文化需求，提供有针对性的服务，如到偏远的第一监狱等地的服务方案、到敬老院的服务计划、到福利院的服务内容等，分门别类地为不同人群送去他们需要的精神食粮。此外，辽图流动图书馆还加大了深入基层服务力度，先后前往城区周边及省内偏远地区，如新民、抚顺、铁岭、丹东、建昌县、桓仁县等地，开展了送文化、送知识下乡活动，2017 年完成点对点服务 113 个点次，得到了基层百姓的认可。

3. 阅读服务质量不断提升

伴随着辽图流动图书馆一系列阅读活动的开展、一系列阅读举措的实施，流动服务有效拉近了读者与图书馆员的距离，满足了读者的阅读需求，从而有力促进了流动图书馆队伍建设，流动服务的能力和水准在此过程中也不断地得到提升。读者阅读热情不断攀升，从读者反馈可见一斑。仅 2017 年，收到的读者表扬类反馈就多达 100 余次。同时，辽图流动图书馆服务模式被国内各大主流媒体刊发。

四、结语

辽图流动图书馆通过其特色活动和创新举措，充分发挥出了流动服务的优势和效能，延伸了公共图书馆促进全民阅读的服务触角，切实加强和扩大了公共图书馆推进全民阅读服务的深度和广度。不仅如此，为打通公共文化服务“最后一公里”，辽图流动图书馆目前还在积极探索建立一整套融流动图书馆、图书流动站、24 小时街区自助图书馆、O2O 在线借还、总分馆等于一体的综合流动服务体系。届时，将有更多读者享受到更丰富的阅读体验。

“辽图约书”服务创新举措

∷ 撰写 / 赫英鹏　王　昊

党的十九大报告对我国社会面临的主要矛盾作了新的界定，指出：“中国特色社会主义进入新时代，我国社会主要矛盾已经转化为人民日益增长的美好生活需要和不平衡不充分的发展之间的矛盾。”同时指出要解决这一矛盾，必须始终把人民利益摆在至高无上的地位，让改革发展成果更多更公平地惠及全体人民。正因为如此，多年来，辽宁省图书馆始终坚持把“服务第一，读者至上”作为立馆宗旨，着力建立和健全覆盖全省的公共图书馆服务网络，始终秉承“公益性、基本性、均等性、便利性”的服务原则，让省图书馆的文献信息服务惠及全省人民。

“辽图约书”服务创新举措正是在这样时代背景下推出的旨在让全省人民更加便利获取纸质资源的一项服务，它融合了“信用＋图书借阅＋互联网＋物联网”等先进理念及技术于一身，丰富了公共图书馆文献资源供给方式，满足读者的多元化需求，让读者借还图书像淘宝一样，更有获得感，扩大了图书馆纸质资源的服务范围，使其覆盖到了全省城乡。

同时，它是辽宁省图书馆不断对资源和管理服务进行供给侧改革的一次大胆探索与实践，尤其将信用管理引入图书馆服务中，使原单一资源供给转向多元多层次跨界服务机构融合发展，进而使得图书馆服务更加智慧的又一创新服务方式，打通公共文化服务“最后一公里”，有力地促进了书香辽宁建设。

一、“辽图约书”产生背景

2017 年 11 月 4 日正式颁布的《公共图书馆法》第三十条明确指出：“公共图书馆应当加强馆际交流与合作。国家支持公共图书馆开展联合采购、联合编目、联合服务，实现文献信息的共建共享，促进文献信息的有效利用。”公共、平等、共享作为公共图书馆的精神核心，始终贯穿于公共图书馆的发展。如何实现无边界信息服务，让任何人不受时间、地点、宗教信仰、语言、社会地位等限制，均可获得任何图书馆的任何信息资源，成为图书馆人不懈的追求。

而今，“互联网 +”的广泛应用为图书馆的文献服务方式变革提供了新的动能。上海图书馆于 2009 年 6 月推出“网上委托借书，就近取书还书”的便民服务；2010 年 8 月，青番茄网正式成立了全球首家中文网上实体书图书馆，实现了在线借还的借阅方式；2014 年 9 月，苏州图书馆“网上借阅社区投递”正式运行；杭州图书馆于 2016 年 11 月在其微信公众号上实现“悦借”服务，借助互联网与物联网的技术打造线上、线下借阅平台。这些尝试都成为辽宁省图书馆的“辽图约书”的借鉴。

在信用经济和共享经济风行的当下，借用共享经济的理论，公共图书馆服务也同样被看作是一种“共享服务”。公共图书馆以第三方信用服务机构作为图书馆与用户之间担保关系的载体，借助互联网工具，推动图书馆从传统服务向 O2O 服务的转型，通过“信用”实现免押金免证借阅；通过“信用”实现网上借阅；通过“信用”实现跨图书馆借阅等应用，进而推进公共图书馆服务“共享”的实现。

将信用服务运用到图书馆领域已有一些地区先行先试。如例，2014 年 10 月，上海图书馆就与上海市公共信用信息服务平台合作，将上海市各级各类公共图书馆的读者借阅信用信息纳入上海市公共信用信息服务平台；2015 年出台的《广州市公共图书馆条例》中也明确提出：逾期未归还所借文献信息资源，公共图书馆可按照服务合同的约定收取违约金，经合理催告后仍不归还的，公共图书馆可以暂停其读者证的使用权限，并记入个人信用记录；2015 年 12 月，上海图书馆开始与芝麻信用合作，面向常住人口（包括具有居住证和暂住证的人口）推广免押金信用阅读服务；2017 年 4 月 23 日，杭州图书馆和芝麻信用合作打造信用图书馆，读者足不出户就能线上借还图书；2017 年 8 月，合肥市图书馆也联手芝麻信用开始向广大市民推广免押金信用借阅服务等。

2018 年 4 月，辽宁省图书馆结合辽宁地区实际，在信用制度与服务内容上不断进行调研和探索，如今通过信用的方式突破了辽宁地区图书馆的空间和地域限制，实现了“图书馆 + 信用 + 互联网 + 物联网”之间的紧密契合，构建了全新的服务领域——“辽图约书”。

二、“辽图约书”发展历程

“辽图约书”是新型的文献服务，是辽宁省图书馆在服务实践中不断探索、总结的成果，是对传统借阅模式的集成和创新，对辽宁地区的图书馆行业发展具有引领性的实践意义。

（一）“辽图约书”的服务理念

“辽图约书”将信用管理和在线借阅引入到辽宁省图书馆服务中，树立全方位的服务理念，使辽宁省图书馆的服务由被动等待转向积极主动、自助式、个性化。

第一，推动辽宁省图书馆服务效能的提升。第六次公共图书馆评估定级中已明确将图书馆的服务效能纳入了考核体系，表明我国公共图书馆建设已从重硬件建设走向了重软件的内涵式发展。服务效能的提升既需要拓宽服务范围，创新服务方式，更需要扩大读者队伍，吸引更多的潜在读者变为现实读者。借书押金的收取和图书馆物理距离可能是读者距离图书馆的“最后一公里”，“辽图约书”在线借阅服务消除了这最后的距离，节省读者的时间成本和交通成本，让更多的人坐在家里就可以阅读辽宁省图书馆的图书，为更多的书找到愿意读的人。这为解决困扰图书馆发展，提升辽宁省图书馆服务效能提供了有效的解决途径。

第二，用创新服务的实践吸引更多的人使用辽宁省图书馆。过去，辽宁省图书馆与读者之间的约定是读者证，读者需要先办证才能借书。因为这样一种约定，有的人就不想尝试了。“辽图约书”使读者不办证来借阅辽宁省图书馆的图书，扩大了读者范围。目前辽宁省图书馆在省内的用户注册量约为3%，想突破地域限制，实现全省内的借阅服务，达到欧美发达国家图书馆的标准，是非常艰难的，那么图书馆信用服务无疑打破了这一界限。

第三，用信用服务的探索实践为创新和丰富公民道德和社会诚信建设走出了一条新路。读者参与社会信用的过程，也是一种自我教育和体验的过程。所以从这一点来看，辽宁省图书馆的信用服务意义已经超越借书、超越图书馆，而是丰富和创新整个公民道德和社会诚信体系的建设。

第四，信用服务以信用打造辽宁省图书馆与读者之间的新型关系。用读者的信用赢得辽宁省图书馆对读者的信任，在图书馆与读者之间建立起相互信任、相互支持的合作关系。

（二）“辽图约书”的服务内容

辽宁省图书馆在 2018 年 4 月 24 日与第三方技术公司合作，通过支付宝、微信公众平台联合正式推出了“辽图约书”服务。辽宁省图书馆引入蚂蚁金服旗下的芝麻信用作为图书馆借阅证办理的考核标准，芝麻信用在 600 分及以上的辽宁省内读者，支付宝绑定其账号，通过支付宝 APP 的芝麻信用“借书”入口中，只需设置密码，同意芝麻信用授权即可免押金办证。

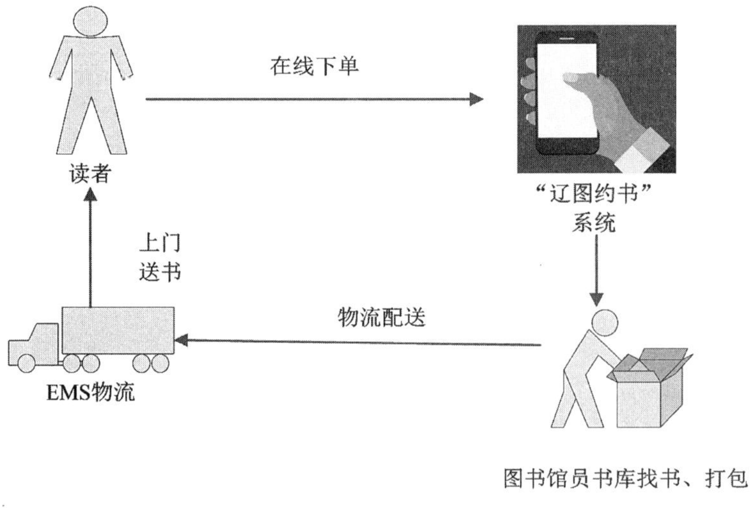

◎ “辽图约书”的配送流程

已是我馆注册的读者，输入已有读者证密码，便能将手机绑定成为信用借阅证。随后读者就可以点击进入图书借阅主页再点击“加入借书架”→“借书架”→选择图书→点击“借阅”，就完成图书借阅流程了。填好寄送地址，即可享受送书上门的便利。还书时，点击预约还书，EMS 的工作人员就会上门取走所借图书。同样，辽宁省图书馆的微信公众平台也植入了在线借还的功能，如此一来，任何用户都可以随时在线上享有 O2O 网上借还服务。

辽宁省图书馆的“辽图约书”服务是目前国内开通此项服务的文献资源量最大、服务范围覆盖最广的省级图书馆。

（三）“辽图约书”的服务策略

“辽图约书”服务是辽宁省图书馆借助第三方征信平台（芝麻信用）模式为读者提供信用服务的，是根据芝麻信用提供的用户信用记录，对读者进行分类管理的。借助第三方征信平台的读者信用管理模式具有以下优点：借助强大的第三方征信平台能事先对读者进行分类管理；将读者信用与第三方征信平台挂钩，有助于培养读者讲信用的意识；将读者信用纳入第三方征信平台，有助于促进我国建设一个讲信用的社会。

“辽图约书”是辽宁省图书馆的服务与信用机构、物流跨界合作的生动实践，从而更好地发挥公共图书馆在提高全省公民科学文化素质、促进社会文明进步、推动全民阅读上的作用；是辽宁省图书馆参与培育和践行社会主义核心价值观的实际行动，是其为社会主义核心价值体系建设做出的独特贡献。

（四）“辽图约书”的服务保障

为精准满足读者需求，辽宁省图书馆还对“辽图约书”的图书资源进行了重点建设，根据大数据分析并结合读者的阅读习惯和信息需求，既配置了流通率高的热门图书，也配置了专业性强的图书提供给读者“网约”。

目前辽图线上用以网约的纸本图书数量达到30万册，涵盖了文学艺术、历史地理、自然科学等所有图书品种，成为目前国内提供网借图书数量最大的省级图书馆，为“辽图约书”提供了坚实的服务保障。

（五）“辽图约书”的服务效果

“辽图约书”服务一经推出，单日诚信读者注册数量达1500多人，单日包裹数量上百件，随着宣传推广的深入，使用“辽图约书”服务的人数还在持续上升。此服务的推出，使读者量增长、借阅量提升的同时，也消除了地域办证的门槛，以一种新兴的互联网方式吸纳了更多的读者群体，体现了鲜明的时代特征，为后续跨区域服务、跨人群服务提供了可能性。

三、“辽图约书”现实意义

（一）完善服务体系

目前，我省的公共图书馆服务体系建设体现出来的成效仍以市、区内的资源共建、共享为主，不同区域之间的密切联系尚未形成，信息孤岛问题依然存在。“辽图约书”服务为解决这一问题提供了思路。“辽图约书”的服务方式将牵引辽宁地区图书馆服务范围的变化、资源组织结构的变化、功能结构的变化，形成覆盖全省城乡的公共图书馆服务网络体系。

（二）协调区域发展

“辽图约书”模式为实现无边界公共图书馆信息服务提供了实践范例，未来，“图书馆＋信用”的模式将使每一个图书馆都能够突破地域边界和行政界限服务读者，并将向更大范围推广，在信用平台上实现不同区域间图书资源的互通，协调区域发展，值得期待。

◎ 图书馆员核对、打包图书订单

（三）提升阅读体验

与电子图书相比，纸质图书外观精美、触感真实、翻阅方便，更容易触发读者的情感体验，激发阅读兴趣。“辽图约书”服务彻底转变了“被动式”坐等读者上门的服务模式，接受读者借阅请求后，主动将文献送到读者手中，节省其时间成本、精力成本、体力成本等，使其享受图书馆线上服务更便捷、更有获得感和尊严的服务，也使得他们的炫耀式文化消费（不用办证、不交押金、网上点击、快递上门）的心理得到满足，从而获得更美好的阅读体验。

（四）拓展服务范围

“辽图约书”服务范围不囿于传统的服务方式，不仅面向沈阳地区的读者，更拓展到全省 14 个市包括县区及以下地区，开创了国内省级范围网借服务全覆盖的先河。这也就意味着无论在辽宁省内任何一个地方，只要动动手指在手机上操作，辽宁省图书馆的图书就能快递到家，像“淘宝”一样的方便、快捷。“辽图约书”将辽宁省图书馆的文献服务延伸、扩展到辽宁省内的任何一个地方。

四、“辽图约书”发展思考

目前，辽宁省图书馆开展的“辽图约书”服务还处于探索阶段，仍然面临诸多阻滞，仍有许多需要完善之处。对于该服务的未来发展，有以下思考。

（一）构建图书馆行业的征信管理体系

构建一个协调、和谐、统一的图书馆行业信用体系，才能为更大范围的图书馆信用推广奠定坚实基础。行业征信管理体系可以是国家层面，也可以是地区层面。

从当前国内公共图书馆发展现状来看，建设地区性行业征信管理体系更具有可操作性。一是因为各地区公共图书馆发展水平参差不齐，达到协调一致的水平，还需要大量建设时间；二是符合条件的地区或城市可以先试先行，待管理方案运营成熟后，将成功经验在更大范围内推广应用，为国家级行业征信管理体系提供现实案例，进而在整个图书馆行业内实行读者征信信息的互联互通。

（二）图书馆信用服务联盟化、标准化

只有在更大范围内的图书馆开展信用服务，才能让读者拥有更多的选择机会，获得更充分的资源保障，最大限度地发挥图书馆效能，体现图书馆行业的整体力量。只有大范围的图书馆开展信用服务，进行业务合作，通过加入图书馆联盟，在图书馆行业互联互通的基础上，用户才能更便捷、

高效地使用图书馆资源，物尽其用。开展联盟化运作，需要标准化的操作流程与技术参数，通过标准化，使整个信用服务的过程、操作、服务、技术要求等统一起来，保证信用服务在更广泛的范围内团队作业。所以说，要想图书馆信用服务趋于成熟、更广泛地开展，就必须要走联盟化与标准化的发展之路。

“辽图约书”服务，改变了图书馆纸本文献资源传统的服务业态，是辽宁省图新馆开馆以来，结合社会发展趋向，不断拓展服务视野的又一次服务升级，也是其加强公共文化供给侧改革力度、全面提升图书馆服务效能的创新举措，对建立健全覆盖我省城乡的公共图书馆服务网络，提高我省文化软实力，构建诚信辽宁、书香辽宁将起到积极的推动作用。

“图书馆+”流动站延伸服务

∷ 撰写／秦　爽

随着现代公共文化服务体系的构建，图书馆在服务理念、服务方式上都进行了全面的探索。“图书馆 +”是“互联网 +”思维方式在图书馆服务方式上的应用，是图书馆为了顺应当前信息化、数字化阅读方式的转型，满足日益多元化、个性化的阅读需求，以提高图书馆的服务能力和服务效能。

图书馆的跨学科交叉特性，以及与政治、经济等各领域的竞争融合，使得图书馆面临着众多的机遇和挑战。“图书馆 +”理念，为公共图书馆开展创新阅读服务提供了无限的可能性。其实，“图书馆 +”的本质就是“阅读 +”，公共图书馆的阅读推广服务，即提供以阅读服务为核心的丰富多元的文化体验，跨界融合、创新驱动、连接一切，实现图书馆的无所不在、无时不在，让阅读蔚然成风。

一、辽宁省图书馆流动站延伸服务

辽宁省图书馆一直努力尝试向基层馆纵向延伸服务，向监狱、学校、机关、部队横向延伸服务，全方位拓展服务的深度和广度。这种延伸服务的最基础表现形式，就是把宝贵的纸质信息资源以流动站的形式传播出去。特别是在推广全民阅读的背景下，做出了很多有益的尝试。

（一）丹东文献中心实现通借通还

辽宁省图书馆丹东文献中心位于丹东市图书馆一楼，创办于 2011 年，是省图书馆“图书馆 +”延伸服务触角，支持基层馆建设的一次大胆尝试，已累计向市图书馆投放图书 30526 册。依托这批图书，丹东市图书馆相继在城乡设立了 23 个图书流动站和 1 个分馆，促进了服务网点建设和流动、文化服务广泛开展，自身办馆效益得以明显提升，并率先成为全省图书馆联盟试点分馆。2017 年 5 月初，首轮 1 万余册图书正式由沈阳调拨至丹东，并入藏丹东文献中心。经过一段时间的升级调整，目前丹东文献中心已经与省图书馆联网，共用一个业务自动化平台，共享省图书馆海量数字资源。同时经过系统重新注册后，丹东市民只要在丹东市图书馆的借阅证上开通“省图书馆分馆功能”，便可享受到省市两级通用的阅读服务，实现省、市图书馆一证通用，图书通借通还。这在全省尚属首次。营口市图书馆、葫芦岛市图书馆会按照这个模式，逐步实现省馆“图书馆 +”的体系构建。

（二）银行里的图书馆

2017 年 6 月 29 日，辽宁省图书馆自助图书馆落户工商银行浑南支行的三个营业网点，标志着辽宁省图书馆工商银行分馆正式面向广大读者提供服务。辽宁省图书馆与中国工商银行股份有限公司辽宁省分行营业部发挥各自行业优势，共同承担和履行社会责任，在“图书馆 + 银行”项目上结成战略合作伙伴关系，共同服务社会公众。省图书馆有着海量的文献信息资源、数量庞大的读者群、现代化的阅读设备，而工行辽宁分行具有丰富的储户资源、便利的服务网点、多元化的金融服务，本着优势互补的原则，对各自的资源和服务进行了一次整合和梳理——省图书馆提供文献信息资源和阅读设备，工行辽宁分行提供场地和后续服务，让图书馆的读者能享受工行便捷的金融服务，让银行的储户能近距离感受到省图书馆的阵阵书香，最终受益的是广大的社会公众。

本次省图书馆投放的三台自助图书馆，具有占地面积小、存储文献多的特点，每台自助图书馆仅占地 6 平方米，但却能容纳约 400 册图书，以新书、热门图书以及畅销图书为主，图书品种有社会科学、文学、自然科学和少儿图书，同时具有自助办证、自助借还等功能，并且还能实现与省图以及省图在市内的流通图书车“一卡通”通借通还。自助图书馆里的图书还会定期更换，保证将最新的图书及时提供给广大读者。随着这三台自

◎ 银行流动站

助图书馆的正式运行，省图书馆与工行辽宁分行将携手共同打造一个集文化与金融于一体的多元化服务平台，让更多的百姓享受到文化惠民的温馨和便利。

（三）监狱教育分馆落成

辽宁省图书馆与沈阳市第二监狱合作共建的辽宁省图书馆沈阳第二监狱教育分馆于2017年7月28日正式开馆。新成立的第二监狱教育分馆占地约130平方米，省图为其投入文献3000册，包含法律、文学、历史、实用技术等多种文献，丰富了服刑人员的业余生活，满足了他们对知识的渴望。我馆将为这座“大墙内的图书馆”定期地更换图书，通过长期提供免费、多种形式的阅读服务来尽力满足服刑人员的阅读要求，让他们多读书、读好书，用知识洗涤灵魂，塑造全新的人生。“图书馆＋监狱”项目充分发挥省图书馆的社会教育职能，积极履行社会责任，搭建流动服务体系，延伸服务触角，为特殊群体提供图书馆基本服务，传递文化正能量，也反映出监狱“以文化人，教育为本”的改造原则。

（四）联办警营文化中心

值建军90周年之际，辽宁省图书馆与辽宁省边防总队发挥各自领域优势，共同承担和履行社会责任，经双方友好协商，结成战略合作伙伴关系，联办辽宁省图书馆边防分馆，打造“图书馆＋警民文化中心”项目，服务边防哨所及驻地居民。2017年7月29日，辽宁省图书馆边防分馆正式开馆，标志着辽宁省图书馆与辽宁省武警边防总队的合作正式展开。

省图书馆有着海量的文献信息资源、数量庞大的读者群、现代化的阅读设备；而辽宁省边防总队下辖众多驻守在偏远地区的边防站、警务室及驻地居民。通过双方共同合作，联手打造“警民文化中心”，加强基层警民文化建设，惠民强警，让图书馆的文献信息服务延伸到祖国的边防一线。

◎ 边防流动站

省图书馆首批在丹东河口警务室和丹东机动大队设立了 2 个书刊流动站，投放了近 2000 多册文献，为那里的官兵和辖区内的百姓送去了丰富的精神大餐。图书品种有文学、励志、历史、地理、医药养生、计算机类及部分期刊等。另外，“辽宁省图书馆数字文化驿站”在桃仙机场边防检查站正式启用，服务群体除了边检站官兵，还有海关、检验检疫、机场工作人员及每天出入境的成千上万的国内外旅客。通过数字驿站提供的阅读账号登录辽宁省图书馆网站，可以免费远程使用省图书馆每年花费近 500 万元采购的几十种数据库资源。随着这次边防分馆的启动，省图书馆将为边防总队的 162 个警营网吧配置 850 个数字阅读账号，实现在警营网吧，通过任何一台电脑都能享受到省图书馆的数字资源服务。

（五）法律分馆正在筹备中

辽宁省图书馆法律分馆（律书馆）是为落实依法治国、全民普法而设立的纯公益性机构。拟由辽宁省图书馆、沈阳市司法局联合主办，由辽宁卓正律师事务所总创空间，将本项目打造成省内最大的法律专项图书馆。地址定于沈阳市沈河区青年大街 1 号市府恒隆广场 23 楼，图书馆实际使用面积约 1200 平方米，按照功能划分为免费书吧、开放阅览室、公共研习室、多功能厅等多个领域。该图书馆提供的书籍拟分为专业法律书籍和大众普法类书籍两类，专业法律书籍面向全省公检法司系统工作人员、律师、实习律师、法务从业人员、在校学生等免费开放；普法类图书面向普通市民免费开放，上述人员可凭有效证件在图书馆内免费借阅图书。该图书馆将定期组织高质量的主题沙龙、读书会、普法讲堂等交流活动。

二、辽宁省图书馆流动站延伸服务的特点

（一）在传统服务基础上“走出去”

图书馆服务不仅要做好传统服务，还要“走出去”，引用“图书馆 +”概念与各社会组织、相关管理部门融合发展、互联互通，实现由传统单一化的图书馆业态到跨业态的多元化发展。公共图书馆以不同的方式向城市各个角落延伸并相互连接起来，将图书馆服务下沉，从而满足了不同地区市民的文化需求。

（二）阅读便捷化，服务透明化

从传统的“为人找书，为书找人”转为“为人找资源，为资源找人”。让阅读打破时空的限制，随时、随地、随手可以做到，使阅读深入人心，

促进以文化人。建立健全流动图书馆电话咨询服务，为读者提供透明的服务监督手段，设立专门的电话咨询服务、读者反馈意见簿电子邮箱、QQ、微信公众号等，不断提高服务质量。

（三）服务内容丰富多彩

所有图书流动站的服务均为开放的免费的公益服务，包括图书外借、书目查询、网络参考咨询等。为普通群众、特殊群体提供门类齐全的书刊、音像资料等丰富信息资源，尝试将省馆举办的讲座、展览、培训、网上服务等复制到各个基层流动站，设立深受读者喜爱的“辽图好书榜”主题专架，每月精心挑选思想性强、开阔眼界、内涵丰富的好书，开展阅读推广活动。

（四）延伸服务，形成体系

基本形成省、市两级公共图书馆共建、共享的运行机制和服务体系，在一定程度上推进了全省公共图书馆事业的均衡发展。辽宁省图书馆不断拓展服务空间，把图书馆服务延伸到各类合作机构，形成各具特色的图书馆服务体系。规范流动图书馆文献管理制度，根据服务人群和地域的不同，及时调整文献品种，定期更新文献，及时满足不同地域各阶层民众的文化需求。

（五）运用现代技术通借通还

实行身份证注册制度，全面免除各种费用，有效降低服务门槛。与实体图书馆对接实现总分馆制，统一规则，运行通借通还。

三、辽宁省图书馆分馆流动站的运营管理

过去，辽宁省图书馆先后建立过“辽宁省图书馆东陵区农业分馆”“辽宁省图书馆沈阳建筑大学建筑分馆”“辽宁省图书馆辽宁省青年干部学院

分馆”等分馆。这种打破行业隶属关系组建专业性分馆的做法当时在全国尚属首例，为全国图书馆行业的体制改革提供了实践经验。虽然就其性质而言，仍属于流动站，但却不失为一种投资少、见效快，同时可以摆脱传统管理体制束缚、发展公共图书馆事业的有效形式。

近年来，随着公共图书馆事业的不断发展，图书馆自动化系统的不断完善，以及社会各界对公共图书馆服务的需求，过去的分馆流动站的建站模式已经不能满足当前形势需要，迫切需要从现有模式上进行规范和创新。因此，根据我馆目前情况，建议分馆流动站的运营模式从以下几个思路进行调整。

（一）对分馆流动站扁平化管理，进行总分馆制探索和建设

对分馆流动站实行扁平化管理，就是对分馆流动站的建设实行直接管理。这种管理就是对分馆流动站采取总分馆制的管理模式，通过签订服务协议的形式，对建站人员、环境以及服务数据和管理制度进行规范，通过对其业务数据的采集以及其他信息管理技术（如远程监控系统）的应用，对分馆流动站的服务效能进行定期和不定期的考核和监督，以监督其进行业务开展。对达到要求的建站单位可以进行表彰及加大支持力度，对消极应付的建站单位可以直接警告或做撤站处理。

（二）以“分众化”的思路，对分馆流动站的类型进行区别管理

1. 盘活省内各文献分中心，将其作为省馆的分馆成员单位

对原文献分中心的文献进行盘点，并对其文献信息进行归纳和整理，对能继续与省馆合作的文献分中心，加大扶持力度，适度对其进行文献资源的投入与更新，从业务系统上将其纳入省馆的总分馆框架内，对其单独设立馆藏地点进行数据上的规范。鼓励成员分馆建立“一卡通”——以便同时借阅本馆馆藏文献以及省馆馆藏文献，充分发挥省馆（总馆）在建立

健全辐射全省的公共图书馆服务网络的作用，也可将其作为建立省内公共图书馆联盟的基础。

2. 以单位分馆、专业分馆以及社区分馆的形式构建省会城市的卫星分馆

将有条件的分馆流动站纳入总分馆框架机制内，可先使其成为最基本的借还书服务点，对某些合适的、大型的、可面向公众开放的卫星分馆甚至可以直接实现沈阳市辖区内的“一卡通”及通借通还。

3. 对偏远贫困地区或是基层图书馆的服务盲区可继续按传统建站模式进行管理

现阶段我国文化发展水平与全面建设小康社会的目标和进程还不相适应，越是欠发达地区和贫困落后地区，对文化的渴求和需要越是强烈。图书流动站是公共图书馆服务体系建设的亮点、组成部分和有效补充。辽宁省图书馆调整思路，开始尝试将服务纵向延伸到基层图书馆， 凸显省馆服务全省的示范性作用，有利于构建图书馆联盟；横向延伸至监狱、企业、社区、厂矿、律所，提升资源的服务效能，做到资源共享，尤其对不发达地区的文化建设起到促进作用，服务效益和社会效益是直接的、可观的、富有实效的。今后，省图书馆还将不断在“图书馆 +”项目上进行尝试，继续拓宽资源共享的新途径，盘活社会资源，联手社会各界，形成多方共建的社会模式，为推动我省公共文化服务体系建设，推广全民阅读积极贡献力量。最终构建出具有辽宁特色的图书流动站服务，实现“书香辽宁、文化惠民”。

Part 5

信息化建设篇

新馆信息化建设

:: 撰写／卢　丹

新馆自动化建设是辽宁省图书馆新馆建设的重要组成部分。按照新馆自动化、网络化、数字化发展的总体要求，紧密结合辽宁省图书馆在全省文献资源保障体系中的作用、地位以及未来辽宁省图书馆新馆业务发展的需求，全面提升辽宁省图书馆面向全省读者服务的技术支撑能力，完成传统图书馆向数字图书馆的转变。辽宁省图书馆数字图书馆以高起点、高标准、高质量的建设标准，建设了一所国内先进、世界一流的数字图书馆，充分采用数字网络技术、信息处理技术，以强大、先进的网络为依托，实现图书馆基础业务、服务模式的现代化。同时，建立起向全省读者提供一站式、无缝集成的、个性化的文献内容服务、联合咨询服务、科研支持服务以及其他相关服务的环境。辽宁数字图书馆具有先进的通信和网络系统，高效、高速、稳定可靠的应用系统，以满足高并发数、大数据流、多媒体传输的技术要求。同时数字图书馆应用系统应适应信息管理、资源整合、个性化、深层次的多功能数字图书馆服务，把数字化的支持技术、数字化的资源、数字化的服务三方面有机结合，以满足服务的扩展性要求。

一、功能定位

新馆信息化建设以建设国内一流、世界领先的数字图书馆为目标，以计算机技术和网络技术为基础，打造一个集传统型、数字型、多功能、先进性、开放性于一体的现代化图书馆。实现五个方面的数字图书馆服务功能，致力打造四个“中心”。

（一）数字图书馆平台功能

建立完整的数字图书馆采编流程体系。

（二）网络服务功能

通过数字图书馆建设，拓展图书馆的服务外延，提供“泛在”的图书馆服务。图书馆的信息服务 80% 以上将通过网络来实现，读者任何时间、地点都可以获得图书馆的服务。

（三）自助服务功能

新馆通过实施 RFID，实现图书馆全部自助开放式服务，充分保障读者阅读的自由与私密。

（四）新媒体阅读服务功能

通过新馆建设，完善图书馆互联网服务功能。通过无线网络服务、移动图书馆服务为读者提供获得知识的更多渠道。丰富电子图书、期刊借阅方式，开展基于 iPad、手持阅读器、手机等的新媒体阅读项目。

（五）全省资源共享功能

通过网络建设和整合全省各类图书馆数字资源，建立全省数字资源利用平台。

（六）按照新馆自动化、网络化、数字化发展的总体要求，全面提升辽宁省图书馆面向全省读者服务的技术支撑能力

在信息化建设过程中，辽宁省图书馆致力于打造以下四个“中心”。

1. 全省文献资源的服务中心

适应未来社会信息需求的发展，针对成为全省知识总库的建设任务，通过省、市、县区、乡镇、文化站等五级文献服务点协同建设，建成覆盖全省的数字资源文献保障体系。通过数字图书馆资源共享系统方便地分享和应用远程、非本地图书馆的国内外信息资源。

2. 个人数字图书馆服务中心

为网络时代图书馆读者提供数字阅读、多媒体欣赏、信息咨询、休闲娱乐等服务。满足读者个性化的需求，打造市民学习、交流和终身教育的平台。

3. 现代化图书馆管理中心

满足图书馆现代化管理、资源加工、服务、信息增值工作需要，建立一体化的 RFID 借阅服务体系。建立面向全省的联合目录、馆际互借、参考咨询服务体系。

4. 多元化服务中心

利用数字平台打造更加完善、立体、更深层次、全方位的图书馆服务模式，完成传统图书馆向数字图书馆的转变，通过多元化的服务方式使图书馆成为社会教育和市民休闲娱乐的理想场所。

二、建设项目总体架构和预算

辽宁省图书馆数字图书馆应坚持可行性和扩展性的原则，在技术上保持一定的超前性，以适应社会和经济的不断发展。其系统基本处理功能应包括：藏书总量 1000 万册、持证读者 15~20 万人、年接待读者 250~300 万人、年借阅册次 250 万次、年采编新书 8 万种、数字资源总量 1000TB、信息节点 4000 个、无线网络全覆盖、自助图书馆 30 个、辽宁省图书馆地区信息资源服务中心 14 个。

按照新馆自动化的总体需求，结合我馆现有设备情况和未来业务发展，本着满足需求、适度超前的原则，对我馆新馆设备进行必要的分类归纳。主要建设内容包括：应用系统建设、RFID 系统建设、操作系统及数据库建设、服务器和存储系统建设、信息安全系统建设、个人计算机和外部设备建设、设备搬迁和系统迁移。物理部署主要包括网络服务区、数据存储区、数据服务区、核心业务区、接入服务区、安全管理 / 运维区。经审定的新馆设备总体投资 3747.2 万元。我馆网络系统综合布线项目不在信息化建设范围之内，由代建单位"十二运"基建办公室进行公开招标，沈阳联通公司"以建代投"的方式中标，承建我馆综合布线、计算机网络、园区弱电综合管网，项目投资 1200 万元。

三、信息化建设方案论证

新馆信息化建设紧密结合新馆建设目标和功能定位，与新馆弱电施工紧密结合。2012 年 6 月聘请辽宁省信息中心对新馆信息化建设项目实施可行性研究报告，完成了近 30 万字的《辽宁省图书馆新馆信息化建设项目可行性研究报告》。2012年9月省财政厅投审中心组织专家就我馆信息化建设总体方案进行论证，经过专家论证最终确定我馆信息化建设投资规模，项目最终得到财政厅债务办的核准。为了开阔视野、了解发达地区图书馆数字图书馆发展动态，我馆先后派出多批人员赴天津图书馆、南京图书馆、湖北图书馆、首都图书馆、广东中山图书馆、上海图书馆、山西省图书馆等省市级大馆学习、调研信息化建设情况。同时聘请了中国科学院国家科学图书馆馆长张晓林博士，共享工程国家中心原主任张彦博，文化部全国公共文化发展中心主任助理、高级工程师罗云川三位数字图书馆建设专家，为新馆信息化建设提出建议。2013年2月通过公共招标，确定北方实验室有限公司作为新馆信息化建设的监理单位，同时我们积极协调省财政批准招标一家新馆信息化建设的总集成商，从过程和技术角度全程监控我馆信息化建设项目，保证项目的顺利实施。5月29日我馆召开了新馆信息化建设采购工作会议，成立信息化建设项目招标工作小组，由馆长王筱雯任组长，馆办、网络、纪检等相关业务部门人员共计11人为组员。6月19日我馆召开新馆信息化建设项目产品说明会，邀请辽宁拥有计算机系统集成二级资质以上的集成企业参与我馆新馆信息化建设，共有东软集团、荣科科技等10家公司授权代表参会，各公司对我馆信息化建设给予了高度重视，并表示愿意积极参与。通过这些工作我馆信息化建设项目更加透明、公正，避免暗箱操作，使得各集成公司在平等的条件下参与项目，公平竞争。这些公司良好的企业信誉也为我们项目的实施提供了质量保障。东软集团股份有限公司等12家公司对新馆信息化建设进行了方案设计和整体报价。我馆结合各集成公司的整体设计方案，最终形成新馆信息化建设采购方案。2013年8月，我馆委托监理公司就我馆采购方案进行专家论证，邀请来自辽宁省计算机研究所、沈阳市自动化研究所、辽宁省信息中心、国家图书馆等单位的7位专家为图书馆信息化采购方案进行论证，并最终形成一致意见。专家对《辽宁省图书馆新馆信息化建设项目可行性研究报告》、新馆招标方案进行了充分讨论。专家对新馆信息化建设项目给予了充分的肯定，认为方案设计合理，需求论证充分，技术路线可行，建设思路清晰，起点高，功能全，符合辽宁省图书馆新馆信息化建设的定位。专家们结合大型信息化项目、国家图书馆和社科院图书馆信息化建设项目的经验，分别从系统集成、机房建设、商务分包等方面提出了建议。

2013年12月新馆信息化项目完成最终四个标段招标工作，中标供应商分别为总集成和软件系统，东软集团股份有限公司；机房建设，沈阳浪潮创新有限公司；RFID建设，北京先进数通股份有限公司；硬件建设，荣科科技股份有限公司。

四、信息化项目建设概况

辽宁省图书馆新馆信息化建设项目总体投资预算3747万元，其主要建设内容包括：

（一）应用系统建设

建设预算为748万元。根据新馆功能定位，新馆将建设以服务读者为中心的业务应用系统，包括图书馆管理平台，数字资源加工、管理、服务平台，网络资源服务平台，图书馆服务平台，统一检索、资源发现与获取、光盘管理系统，办公自动化系统，邮件系统，VOD系统，网站系统，到馆人流统计系统，档案系统，联合参考咨询系统等。

（二）RFID系统建设

建设预算为964.6万元。RFID能更好地提高图书流通管理和典藏管理的工作效率，使得图书馆管理员可以有更多的时间来为读者提供服务，为图书馆行业的发展带来新的机遇。将 RFID 的应用拓展到图书馆的智能化、人性化的定位管理，并深入到文献的采集、信息存储、流通效率、上架效率等各项基础业务领域，全面实现图书馆文献管理智能化，切实提高工作效率和服务水平。

（三）操作系统及数据库建设

建设预算为 259 万元。为满足各个业务系统及相应服务的稳定运行，系统需要采用稳定、安全的操作系统及数据库进行支撑。

（四）服务器和存储系统建设

建设预算为 706.05 万元。业务系统数据服务器采用小型机配置，支持双机热备。主要服务器设备包括：系统服务器、办公自动化服务器、数字资源建设管理服务应用服务器、杀毒软件服务器、邮件系统服务器、WEB 服务器、DNS 解析服务器、VOD 点播服务器以及各种管理服务器。作为国家数字图书馆省级节点新馆数字资源存储能力要不低于 250TB，采用 IP-SAN 存储设备为新馆存储设备选型。

（五）信息安全系统建设

建设预算为 347 万元。网络安全要建立全程硬件设备、工作流程、服务环境的管理体系，把网络安全管理的思路融入各个业务系统操作层面中去，建立一套专业化、高品质的信息安全解决方案。防火墙、安全网关、流量净化网关、入侵检测防御、流量分析、网络杀毒服务器等安防系统全线配置，能抵御目前流行的各种非法入侵、漏洞扫描、攻击、病毒感染等；新馆网络将采用全流程监控网管软件，具有全方位的管理功能，比如网络监视、上网行为管理、故障报警与定位、硬件管理与监控、流量控制等。

（六）个人计算机和外部设备建设

建设预算为695.55万元。对于办公用计算机、电子阅览室计算机按照600台的数量进行配置，数字资源加工部门配置一定数量的工作站。外部设备主要是打印机、扫描仪、投影机、传真机、数码照相机、VOD自主点播设备以及一体化机柜等。

（七）设备搬迁和系统迁移

预算为27万元。待新馆机房和环境条件具备时，相应设备和系统需要从旧馆搬迁和迁移到新馆，并保证应用系统平稳过渡和一些关键应用不能中断。在搬迁和迁移之前，需要做好数据备份和设备标识，确保万无一失。

五、信息化建设项目验收总结

新馆信息化项目按照机房、硬件、软件、RFID的先后顺序依次实施。2014年，网络中心成为第一个入住新馆的部门，到2015年8月22日开馆前完成全部项目的施工任务。整体项目进展顺利，达到预期目标，为新馆试开放和全面开放打下了坚实的基础。新馆信息化建设与“十二五”期间的全国文化信息资源共享工程、数字图书馆推广工程、公共电子阅览室建设工程等重点文化惠民工程建设的建设周期同步，省图书馆把省级中心建设和面向全省的数字图书馆保障能力建设与新馆信息化紧密结合，实现有效整合，从而打造出具有辽宁地方特色的多元化的服务体系，既发挥了工程效果，又节约了大量资金。

面对新的网络、新的设备、新的服务，项目运行在初期也出现了设备和系统运行不稳定的问题，这固然有设备局限性和应用快速发展的不适应原因，也有网络维护人员驾驭大型网络能力欠缺的原因。技术的进步永远要超越我们的想象，唯有与时俱进才能在事业发展中勇立潮头。

数字文化驿站工作的探索与实践

:: 撰写 / 王彦君

一、项目实施背景

近年来，随着各级政府对文化事业的重视程度不断提高，全省公共图书馆事业虽然整体上取得了长足发展，但发展不平衡现象却日益突出，除辽宁省馆、沈阳、大连外，全省各市、县（区）级图书馆受经费所限，数字资源总量还很少，资源不足制约了服务能力和服务水平的提升。为破解这一难题，辽宁省图书馆一直在探索如何利用资源优势，创新服务模式，加强资源的有效整合，推进共建共享，延伸服务触角，拓展数字资源服务的覆盖面，加快推进“书香辽宁”建设，打通公共文化服务的“最后一公里”。

2007 年起，辽宁省图书馆在数字资源采购中，不再局限于通过局域网只为到馆读者服务，而是将服务延伸到馆外，使持证读者可以在馆外通过账户和密码随时随地远程访问。同时，充分发挥全省中心馆作用，对部分数据库购买全省（沈阳、大连除外）使用权，即读者在12个地市图书馆内，通过局域网同样可以享受到省图书馆数字资源的服务。另外，随着数字图书馆推广工程VPN的建设，地市馆还实现了对国家数字图书馆资源的远程访问。

2013年5月，辽宁省图书馆投入近百万元建设了辽宁省全民学习中心，在沈阳、大连以外的全省12个地级市图书馆设立了分中心。内容包括国内外5000余位名师主讲的3万余集优质网络课程视频、10万余册电子图书以及报纸、期刊全文信息4亿多条。辽宁省全民学习中心的开通打破了去图书馆时间成本高，开馆时间受限，难于找到所需内容以及借阅手续繁琐等服务局限，使图书馆由文献提供中心进一步发展成学习服务中心，使更多的读者了解、使用这一全新的终身学习平台，打造属于自己的学习空间。辽宁省全民学习中心的推出获得了省内各市读者的欢迎，此项工作被评为2013年辽宁省直属机关第二季度最佳实事。

通过这些措施，提高了地市级公共图书馆数字资源服务的能力。但对于如何在短期内丰富县（区）级公共图书馆数字资源，提升对基层群众的公共数字文化服务水平，还没有更便捷有效的办法。

在这样的背景下，2014年，辽宁省图书馆开始了触摸屏电子阅读设备采购的调研和可行性分析。经过深入调研，认为要结合我省基层图书馆的实际，从群众需求出发，提供的文化资源要真正让群众自己说的算，只有让群众“点菜”，工作才能让群众“点赞”。经过反复论证，省图书馆决定实施“辽宁省图书馆数字文化驿站”项目，利用电子书刊触摸屏阅读系统破解基层公共图书馆发展不平衡的难题。可以说不仅是想到了前面，更做在了前面，用实际行动贯彻落实了中办、国办相关指示精神。

2015年1月14日，中办、国办印发的《关于加快构建现代公共文化服务体系的意见》（简称《意见》）中提出：到2020年，基本建成覆盖城乡、便捷高效、保基本、促公平的现代公共文化服务体系。《意见》指出，“要因地制宜、推动实现基本公共文化服务均等化”；要“推动民族地区、边疆地区、贫困地区公共文化建设实现跨越式发展。按照精准扶贫的要求，以数字文化服务等为重点，集中实施一批文化扶贫项目”；要“加快推进公共文化服务数字化建设。实施城乡电子阅报屏建设等项目，构建标准统一、互联互通的公共数字文化服务网络，在基层实现共建共享”。2015年2月9日，文化部印发《关于贯彻落实〈关于加快构建现代公共文化服务体系的意见〉的通知》，进一步明确要“以贫困地区为重点加快推进公共文化服务均等化”，“深入分析本地实际问题，策划实施贫困地区公共文化服务的规划和项目”。为贯彻落实中办、国办精神，2016年5月13日，中共辽宁省委、省政府印发《关于加快构建现代公共文化服务体系的实施意见》，再次强调要“促进城乡基本公共文化服务均等化”“逐步设立图书借阅、数字文化服务终端等自助设备”。

二、项目试点工作取得成功

（一）资源特色及设备功能

1. 资源特色

2014年12月，辽宁省图书馆投入经费136.5万元，通过公开招标，采购了20套触摸屏阅读系统。每套系统的数字资源品种有：10000种近3年出版的电子书，500余种文学、经济、时政等畅销的期刊，包括拥有广泛读者的《意林》《知音》《读者》《南风窗》《故事会》《爱情婚姻家庭》《海外文摘》《中国新闻周刊》《看天下》《凤凰周刊》《互联网周刊》《大众电影》《新民周刊》《博客天下》《党建》和《紫光阁》等，还有《人民日报》《光明日报》《经济日报》《证券日报》和《羊城晚报》等 20 余种重要报纸。通过网络实现电子书每年更新，期刊和报纸实时更新。

2. 使用方式

数字文化驿站提供电子期刊和电子图书的借阅服务。电子书刊资源有文本版和原貌版，通过 40 英寸的触摸屏设备展示，支持夜间模式、字体大小调整、书签、目录浏览跳转等阅读功能。读者使用移动客户端软件可以直接扫描资源二维码下载资源到手机、iPad 等终端中阅读。移动客户端软件需同时支持 iOS、Android 系统，使用二维码软件扫描电子书刊二维码后，能够自动跳转至移动客户端下载及电子书刊预览页面，利用图书馆提供的免费无线网络，扫描触摸屏上的二维码，只需几秒钟就可以下载到手机、iPad 等移动终端内，借回家中阅读。

（二）首批试点单位的确定

2014 年 6 月 8 日，辽宁省图书馆向全省 12 市（不含沈阳、大连）图书馆下发《关于开展触摸屏电子阅读系统试点工作的通知》。原则上每个地市设立一个试点单位，重点考虑地理位置偏远、人口众多、经费短缺、文献资源总量匮乏以及少数民族聚居的地区和单位。经各市馆推荐，辽宁省图书馆综合考量，在全省确定了 15 个业务工作基础较好且从未采购过触摸屏电子阅读设备的县（区）图书馆，开展数字文化驿站的试点工作，这 15 个县（区）覆盖人口达 700 余万人。

试点单位确定后，关于设备使用，辽宁省图书馆制定了相关方案并与各试点单位签订了协议，明确了目的及双方责任：数字文化驿站配置目的是推动覆盖城乡的公共文化服务体系建设，更好地满足广大人民群众数字化阅读需求，辽宁省图书馆拥有设备产权，并承担数字文献资源的更新费用，以及主要设备、屏幕、工控机及软件平台的维护和维修。各县（区）图书馆负责依托设备开展阅读推广服务，如阅读设备不能有效为本地区读者提供服务，省图书馆有权收回。

（三）**文化驿站启动与阅读活动同步进行**

为让更多的基层群众了解并使用数字文化驿站的资源，在全省 15 个基层图书馆设备部署到位的同时，辽宁省图书馆经过精心准备，同步开展了数字阅读推广活动。2014 年 8 月 12 日，辽宁省图书馆数字文化驿站启动暨“文化触手可及　阅读与你同行”全省 15 个县（区）数字阅读推广活动在北镇市图书馆拉开帷幕。随后，此项活动在营口老边区、本溪桓仁满族自治县、抚顺清原县、丹东凤城市、阜新阜蒙县、铁岭调兵山市、盘锦双

◎ 2014年8月12日，数字文化驿站启动仪式

台子区、葫芦岛建昌县、铁岭昌图县、葫芦岛绥中县等15个县（区）图书馆陆续启动，共历时二十余天，于9月初结束，在全省掀起了数字阅读体验的高潮。

此项工作得到了各地政府、文化主管部门及新闻媒体的高度重视和大力支持，更受到基层图书馆工作者和广大读者的热烈欢迎。在各地数字文化驿站启动仪式及数字阅读推广活动中，通过广泛宣传，现场发放宣传品、抽奖 、体验等方式，吸引了众多当地的读者走进图书馆。当地报纸、电视台等媒体也对活动进行了深入的采访和报道。据不完全统计，到现场参与活动的读者总数达数千人次。

三、项目持续推进

首批数字文化驿站试点工作所取得的成果验证了这一举措的有效性和可行性，也坚定了辽宁省图书馆把这一项目继续实施下去的信心。在此基础上，辽宁省图书馆积极争取各级财政资金，2015年11月和12月，分别投入59.3万元、88.5万元，启动了第二批和第三批数字文化驿站阅读系统的采购工作，两批共采购25台触摸屏电子阅读系统。至此，三批数字文化驿站共投入经费284.3万元，部署到全省基层县（区）图书馆后，共覆盖12个市38个县区，服务人口近1500万人，其中包括本溪市的桓仁县和本溪满族自治县、抚顺市的清原县和新宾县、阜新市的阜蒙县、朝阳市的喀左县、鞍山市的岫岩县、丹东市的宽甸县等全部少数民族自治县。在这些地区优先配置文化驿站的做法，贯彻落实了中办、国办《关于加快构建现代公共文化服务体系的意见》精神中“推动民族地区公共文化建设实现跨越式发展。按照精准扶贫的要求，以数字文化服务等为重点，集中实施一批文化扶贫项目，加快推进公共文化服务数字化建设”的要求。

随着数字文化驿站项目的逐步深入，辽宁省图书馆结合全省实际情况拟定了规划，力争在最短的时间内把此项文化惠民工作深入到全省所有的县（区）级图书馆，实现县（区）馆全覆盖，让全省城乡的群众都能享受到我省图书馆事业发展的成果，更好地满足广大人民群众的精神文化需求，提高公民思想道德素质和科学文化素质，为广大读者提供多层次、多样化、专业化、个性化、高水平的服务。在提升全省公共文化服务能力，推动覆盖城乡的公共文化服务体系建设等方面发挥积极作用。2017 年年底，辽宁省图书馆利用国家数字图书馆推广工程下达的服务推广专项资金中的 19.7 万元采购了 5 套触摸屏电子书刊阅读系统，用于边远贫困县（区）开展文化精准扶贫。2018 年年初，又积极争取到 249 万元省财政公益性资源采购专项资金，启动第 6 批数字文化驿站采购工作。本次采购总量达 60 套，随着这批设备的配置完成，历时 5 年，投入资金达 553 万元，共采购触摸屏电子阅读系统 110 套的文化惠民工程画上圆满的句号。至此，以辽宁省图

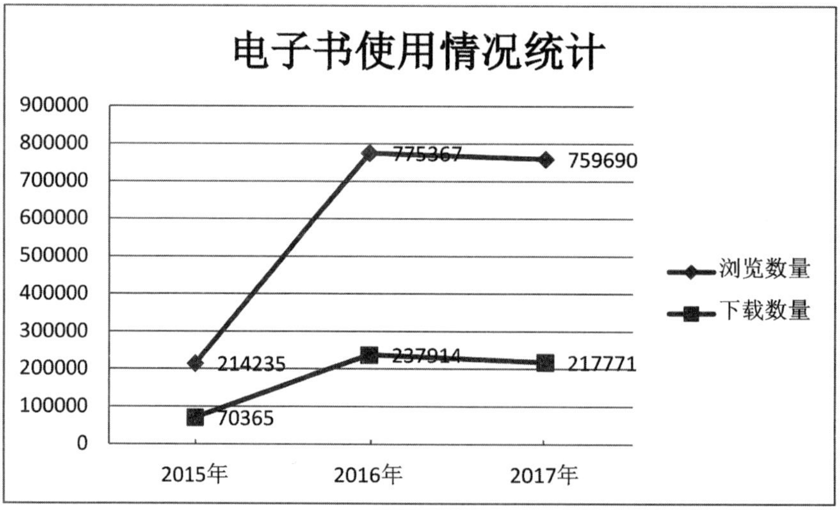

◎ 2015—2017年数字文化驿站电子书使用情况统计

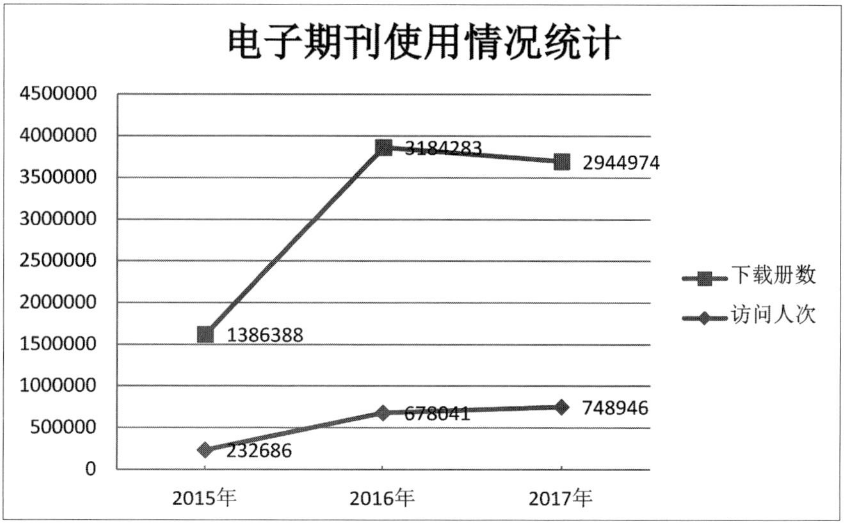

© 2015—2017年数字文化驿站电子期刊使用情况统计

书馆数字文化驿站覆盖全省县区为标志，加上前期辽宁省全民学习中心和数字图书馆推广工程市级馆 VPN 建设成果，覆盖省、市、县（区）的数字资源服务网络基本形成。

四、数字文化驿站的社会效益

辽宁省图书馆数字文化驿站自 2015 年投入使用以来，到 2017 年年底，据前三批配置数字文化驿站的 38 个县区使用情况统计，电子书浏览 1749292 册，下载借阅 526050 册，电子期刊访问 1659673 人次，下载 7515645 册。

数字文化驿站项目的实施，是辽宁省图书馆发挥资源优势，加强资源共享，有效扩充全省县（区）公共图书馆的数字资源，更好地满足广大人民群众的精神文化需求，提高公民思想道德素质和科学文化素质的重要举措。通过这一文化惠民工程，改变了基层图书馆以传统纸质文献为主的馆藏结构，实现了部分图书馆数字资源的从无到有，从匮乏到日益丰富，大大提升了基层图书馆的公共数字服务水平，使基层公共图书馆有能力为广大读者提供数字资源服务，通过探索公共文化服务的新思路、新方式，依托新技术让数字阅读，数字读书看报走进百姓日常生活。通过数字文化驿站，使包括少数民族地区、边远地区、经济不发达地区在内的全省各地基层群众也能享受到方便快捷的数字资源服务，使移动阅读、数字阅读真正与读者零距离，消除了城乡数字文化鸿沟，破解了全省文化发展不平衡难题。数字文化驿站在改善县（区）图书馆数字资源匮乏，提升图书馆现代化服务水平方面起到了积极作用，成为打通公共文化服务“最后一公里”的有效手段。因此，数字文化驿站这一文化惠民项目被评为2016年辽宁省直属机关第三季度最佳实事。

数字文化驿站项目的实施是辽宁省图书馆利用数字资源快速有效实现公共文化服务均等化的一次有益探索。当前，公共文化服务的主要矛盾是公共文化服务水平严重滞后于人民群众快速增长的实际需求。从全省来看，公共文化资源在城乡之间、区域之间、群体之间的配置还存在不均衡的现状；公共文化服务体系发展不均衡的态势尚未根本改变；针对农民工、残疾人、老年人、未成年人等社会群体的公共文化服务仍严重不足；针对弱势群体公共文化方面的政策措施还不完善，保障还不到位。今后，辽宁省图书馆将汲取经验，继续探索，不断创新，在提高全省图书馆公共文化服务能力，引领全民阅读，推进“书香辽宁”建设过程中发挥应有的作用。

多媒体立体化阅读

:: 撰写／侯小云　屈　芳

为了满足现今社会读者的需求变化，辽宁省图书馆多媒体立体化式阅读服务利用新兴的信息设备，以信息共享、整合、推广等方面作为切入点，以馆员的培训为依托，逐步开展多元化的多媒体服务，使读者可以随时随地使用图书馆多媒体服务，避免出现资源浪费的情况，让馆藏文献资源发挥最大的作用。

一、整合资源，强化队伍，打造品牌

（一）优化馆藏资源

辽宁省图书馆在多媒体立体化式阅读服务过程中凭借着专业优势，对读者的信息需求通过大数据进行充分研析，将数据库内的文献信息采取科学方式进行有效甄别，并增添读者所需数据库。例如除增添学术信息外，还增加职业学习类各种考证数据库、青少年线上辅导数据库、音视频类影院数据库、音乐图书馆、知识视界数据库及电子书刊类移动图书馆数据库等。为提高数据库的利用率，辽宁省图书馆展开了多项数字阅读推广活动，推出私人定制个性化阅读，“数字资源触手可及——数字资源阅读推广系列活动”，利用智能终端向读者宣传指导和推送馆藏数据库。为满足各种群体的阅读需求，针对不同职业、不同年龄段的各色人群推出了涉及各门类各学科的个性化阅读体验。从不同读者群体的实际需要出发，综合多种阅读方式进行推广。推介一站式资源查询平台、推送动态信息获取渠道、推送利用技巧以及下载方式、常见问题解答等。数据库的优化改革一方面提升了读者对于数据库的利用率，大大缩短了查阅时间，另一方面也使辽宁省图书馆能够合理分配数据库预算，为读者提供更为优质的多媒体服务。

◎ 图书馆员培训学习新技术

（二）重新定位图书馆员

传统多媒体服务内容发生了巨大变化，使得图书馆员的业务内容也随之变化，工作职能从原有的多媒体资源借阅转变为信息传导。为了使馆员能够带动多媒体立体化式阅读，给读者提供更优质的多媒体服务，对馆员进行继续教育和技术培训。如进行多轨录音培训，使馆员能够为读者提供音乐录制服务；进行 3D 打印机培训，使馆员能够协助读者将创意转变为现实。通过培训，部门人员都能够熟练掌握电子阅览室管理系统、自助影音欣赏设备、音乐欣赏室、3D 影院、录音室和众创空间等新设备的使用方法和服务方式，实现人人都能讲解，做到针对到访群体的行业不同，讲解的内容也不同。同时加强馆员尤其是新入职馆员的图书馆业务学习和在数字信息技术等方面的培训，从各个方面提升馆员的专业技能和知识素养，使其掌握现代信息技术，更好地履行多媒体服务的职责，推动馆员成为创新思维的促进者、知识交流的引导者，阅读活动的组织者和先进文化的推广者。

（三）设计阵地影音欣赏栏目

影音欣赏惠民服务效果最大化。为让广大读者喜欢、认可、接受并愿意到图书馆来参与多媒体立体式阅读活动，在活动主题、内容、活动形式上，从吸引人、感染人和服务特色下功夫，挖掘影视、音乐、戏剧、电子书刊资源，定期开展主题影音导聆赏析活动，形成主题化、系列化、多样化的影音欣赏栏目。全新影音设备和精选影片让读者体验立体阅读，“佳片有约——主题影片欣赏”结合到馆读者群体的欣赏需求，设儿童专场和 3D 影片体验专场，每月主题以红色经典和题材大片相结合，累计推出 700 部佳片。音乐赏析栏目包括图书馆员自创品牌“谈谈音乐——主题音乐赏析”，音乐爱好者参与的“留声岁月——黑胶品鉴会”和“音响沙龙”，由馆员查找乐曲背后的故事素材，提供赏析讲解服务，与读者交流分享欣赏感受，让每一位来欣赏的读者度过一段幸福时光，从先进文化中吸取营养和力量。

（四）打造艺术品牌

1. 创建“戏曲音乐欣赏季”品牌

推送优秀文化和经典艺术，实现高雅艺术走向大众的文化辐射，发挥图书馆作为城市文化名片的作用。利用先进的视听音响设备和馆藏文献资源，与多方合作，打破台上、台下距离，以艺术表演的形式现场演示，专家即时讲解，读者体验互动，打造多维立体阅读模式。拓展读者的阅读视野，将作品阅读与动态表演结合在一起，加深读者的阅读理解和兴趣，提高阅读效果，提升服务效果，吸引读者爱上图书馆。

以听书、品戏、看经典三国戏曲欣赏活动为例，为弘扬和传承中国戏曲国粹这一集诗歌、辞赋、音乐、绘画、舞蹈、说唱、武术各个方面之大成的最具传统文化意象的艺术，集合多方资源，通过邀请评书传承人说书、京剧传承人演戏、专业学者现场讲解和解读戏曲的艺术表演形式，带领读者走近国粹京剧，感受戏曲魅力，为广大读者带来了耳目一新的视听感受。

2. 创建“辽图电影院”品牌活动

“辽图电影院”是辽宁省图书馆出品的一档结合馆藏文献推荐的读书赏电影性质的免费公益视频节目。项目拓展和提升多媒体影片赏析水平，结合馆员智力，多方合作，创作文本，设计拍摄方式，通过专业主持人讲述影片背后故事的方式，让读者在光影中阅读。主创人员将“电影”和“书”有机结合，探究每一部电影背后涉及的历史背景、文化特征、传说故事以及相关书籍，通过旁征博引，使书中的文字和银幕上的影像相映成趣，使人物形象更加鲜活、故事情节更加生动，使读者和观众穿越时空直接与作者或导演、演员对话，获得前所未有的奇妙感受。与此同时，在视频节目

◎ “辽图电影院”地面电影读书会活动

里还推送相关主题的图书信息，引荐阅读，读者可在电影读书会中交流分享阅读心得。

二、创新方式，形成特色，让读者“扎营”在图书馆

（一）创新多媒体服务方式

1. 注重新技术的应用，多媒体立体化式阅读活动线上线下同步进行

实时联动，采取微信平台线上（微信群+ QQ 群）线下（读者+馆员+专业人士）互动的阅读推广方式，开展依托辽图移动图书馆平台同步直播

的嵌入式视听数字资源推广系列活动，搭建互动交流分享平台，扩大受众群体，共享文化成果。

2. 注重文献推荐与现场活动的结合，设立导读岗

多媒体立体式阅读服务包括非书资料导读岗和数字资源导读岗，有主题、成系列地向读者提供基于窗口业务的阅读指导工作。包括视听服务阅读器使用指导，经典影音视听资料主题阅读赏析，利用智能终端开展数字资源阅读指导等。

3. 注重社会资源的整合与专业人士的能量释放，图书馆主办、专业人士主导，提高阅读推广质量和效果

“专业人士提方案、专业人士主导”，其具有的专业性，可以将当前最新的特色阅读推荐给广大读者用户，图书馆作为平台，在公益服务的前提下，充分发挥专业人士的思维和能量，既提升服务品质，又提高服务效能。

4. 馆员也创客，主动开创新服务

辽宁省图书馆建立了一个有创造力和执行力的团队，主动开发有创新性和推广价值的项目。打造众创空间，开展创客活动。将科学素质教育和创客项目结合起来，开展科普实践与动手操作相结合的体验活动，通过辽图创客的文创成果展示为读者带来不一样的阅读体验，实现共赢发展。

5. 结合多媒体工作性质，开展视频节目录制制作

利用馆藏文献和视听演播设备，制作以阅读为主题的系列专题片，包括“辽图电影院”“辽图公开课”“戏曲音乐欣赏季”“电影读书会”等，作为主题视频文献的二次开发，它既丰富了自建视频资源种类，也助推了阵地视听欣赏活动内涵提升，实现新设备的有效利用，实现工作成果的积累和重复利用。

（二）多媒体立体化式阅读形成特色

1. 立体化式阅读推广规律化

自推广立体化式阅读活动以来，多媒体服务区每天都进行阵地宣传，利用多媒体宣传屏循环播放“多媒体服务宣传片”“图书馆数字资源推介”“电子书利用指导”等幻灯片。每月1期电子图书推荐，投放到数字阅读体验区、视听阅览区及新媒体平台上。在节目单、易拉宝、海报等宣传物品上附印电子图书二维码的形式很受欢迎，扫描二维码缓存电子书到手机中，突破了时间、空间的限制，让读者可以随时随地阅读。

2. 立体化式阅读推广主题化

为实现人人会用数字图书馆的目标，开展贴近读者阅读习惯，吸引读者来使用数字资源的主题活动。“利用智能终端阅读图书馆数字资源”系列活动，包括扫一扫电子书带回家活动、手机图书馆推广活动等。“阅读，请到数字图书馆来”活动，包括数字资源利用有奖调查、数字图书馆利用信息检索比赛。“全省专题数据库有奖阅读”系列活动，包括线上“‘中科杯’智赢未来·我爱阅读·诗词篇知识竞赛”活动、“十九大知识”有奖答题活动、“视界杯”安全知识竞赛活动、“辽宁省英语在线写作大赛”活动；线下的“我与辽图有个约会”有奖答题、“我对辽图数字资源的使用心得”有奖征文等。

3. 立体化式阅读推广实用化

充分研究现有商购资源特色，针对不同人群开展宣传推广和培训。邀请专业老师为公众讲解各类数据库的内容及使用方法，全面推介数字工程资源，如辽宁省全民学习平台提供电子图书、期刊、报纸、多媒体教学等综合资源的在线学习，实现了中华人民共和国成立后社科类文献在线查阅等。近年随着智能终端的普及和阅读方式的转变，以微信、移动图书馆为

◎ 数字资源推广活动现场

平台开展数字资源推广活动，关注图书馆微信公众号，成为网上电子读者，以此来引导读者利用智能终端，利用海量资源。

4. 立体化式阅读推广智慧化

提供多种阅读方式，让阅读不只限于书本。依托数字阅读服务区，通过智能馆员、教学机器人，向读者提供全新的虚拟阅读体验，VR 虚拟场景阅读体验及教学机器人现场讲故事活动，让读者体验一次时空穿越，进行奇妙的“悦读”之旅。

（三）内容丰富、形式多样的多媒体服务让读者走进图书馆

通过多媒体立体化式阅读服务，为读者提供了立体阅读体验，为群众提供了交流互动空间，为文化提供了推广展示平台。2016 年 1 月至 2018

年3月年累计开展153个主题，806场读者活动，多媒体服务区到访读者429172人次，数字体验区阅读浏览读者57397人次，各类活动参与读者69379人次。

三、多媒体服务效果及影响

（一）实现文化融合与服务对接

通过多媒体立体化阅读形式打开阅读大门，突破传统阅读模式，实现新媒体技术与平台的融合，实现资源的整合与推送，实现文化的引入与传播，提供良好的阅读体验分享空间。

（二）读者对图书馆的关注度创新高

2018年第一场大型多媒体阅读推广活动信息一经发布，微信活动500个报名名额15分钟被抢光。2017年首届全省“‘中科杯’智赢未来·我爱阅读·诗词篇知识竞赛”活动，是由辽宁省图书馆学会牵头联合省内各系统图书馆在读书节期间开展的基于文献资源推广的线上阅读有奖活动。活动期间有近3万名读者参与线上答题活动，有效提升了图书馆的影响力和社会效益，丰富了阅读推广形式，探索了全省图书馆联合推广阅读的新模式。

（三）多媒体立体化式阅读服务

多媒体立体化式阅读服务不仅充分发挥了公共数字文化服务的网络优势，还有的放矢地对广大读者进行了主流文化引导，丰富了广大读者的数字生活，满足了广大读者对于多元文化与数字时代新资源的需求与渴望，是顺应网络数字时代的必行之举。

（四）多媒体立体化式阅读服务受到了外界的关注

《辽宁日报》与《沈阳晚报》、沈阳电视台、辽宁省政府网、辽宁省文化厅网站纷纷对多媒体立体化式阅读进行报道，其中，《沈阳晚报》载：多媒体立体化式阅读服务中的“辽图电影院”“从历史和文化的角度，发掘优秀电影与辽图馆藏图书的联系，由一部优秀电影引出一系列文化图书，由一位著名的作家引出一连串的改编电影，开拓读者的欣赏视野、激发读者的求知欲、丰富读者的读书阅历”。

四、结语

辽宁省图书馆利用先进的阅读设备、智能系统和丰富的馆藏资源，开展系列影音欣赏、音乐沙龙、众创空间和视听数字资源推广等特色读者活动。活动以读者为中心，以需求为导向，加强读者用户的参与，与多方合作，融合读者、爱好者、专家、社会机构和团体等资源。在馆员智力的支持下，以打造多维立体化式阅读推广和创新创业实践基地成果展示为主线，搭建读者学习、互动、交流、分享、设计创造空间，继续推进多媒体立体化式阅读服务。

RFID在辽宁省图书馆的应用

∷ 撰写／张恩铭

RFID（Radio Frequency Identification）即射频识别技术。随着物联网技术的迅猛发展，RFID 作为实现物联网的核心，其应用被公认为是本世纪最具发展潜力的技术之一。早在 20 世纪 90 年代末期，国外的一些图书馆就已经开始尝试在图书借还领域中应用 RFID 技术。近几年，随着 RFID 技术的不断成熟和发展，在国内的公共及高校图书馆的管理中，已经开始普遍采用该技术。

RFID 技术的应用是以智能管理系统为基础，将先进的 RFID 技术和图书管理方法、管理系统有机结合起来，提高图书管理的效率、简化图书管理的流程、降低图书管理人员的劳动强度，并为读者提供更加便利快捷的图书借还书、查询等服务。

辽宁省图书馆于 2013 年筹备 RFID 技术的应用；2014 年开始进行外

借部门图书的 RFID 标签转换工作；2015 年搬入新馆后开始在 24 小时自助借阅处部署 RFID 并投入使用；2015 年辽宁省图书馆试开馆，完成了少儿借阅处的 RFID 部署及标签转换；2017 年辽宁省图书馆全面正式开馆，同时完成了对“社会科学”“自然科学”及所有自助借还图书的 RFID 标签转换工作，共计转换图书标签 140 余万个，这项工作的完成也标志着辽宁省图书馆新馆在图书借阅的读者服务中全面使用了 RFID 技术。

一、辽宁省图书馆 RFID 系统应用情况

2013 年，辽宁省图书馆经过产品和技术调研、论证后，确定采用 RFID 高频标签（HF）。其工作频率为 13.56MHz 的无源标签，阅读距离小于 1 米，典型距离为 5~10 厘米，此类标签也是目前国内外图书馆所使用的主流产品。

（一）图书 RFID 标签

RFID 标签分为高频标签（HF）和超高频标签（UHF），它是一种带有天线、存储器与控制系统的无源低电集成电路产品，可在其中的存储芯片中多次写入及读取图书的基本资料，如条码号、馆藏地点、馆代码等，免除人工干预，在文献资料借还过程中以无线射频的方式进行非接触通信，用于图书和多媒体光盘资料的流通辨识。

（二）馆员工作站

馆员工作站是图书馆文献和读者间重要的纽带，以 PC 机为基础，集成 RFID 读写装置、读者证识别装置、条形码识别装置等设备。馆员工作站不但有处理条形码到 RFID 的自动转换功能，同时还具有处理条形码和 RFID 标签借书和还书功能，主要用于采编部门的图书代码转换及外借部

◎ 阿法迪图书放置区

门的借阅。

辽宁省图书馆新馆共部署了 19 台馆员工作站，主要分布在采编及流通部门。可以说是一款多用途的工作站，由于它既能作为馆藏文献流通工作站，也能用作标签编码站，因此它不但提高了采编部门的工作效率，也提高了外借部门的流通效率，从而改善了馆员的工作环境。

（三）自助借还系统

在图书馆，自助借阅是读者自主服务的一种方式。2015 年，辽宁省图书馆用 360 平方米左右的空间建设成了 24 小时自助图书馆，预计藏书为 3 万册左右，与阵地借阅分开进行管理。

图书馆新馆 24 小时自助借阅服务。一经推出，便受到了广大读者的欢迎。自助借阅服务的推出不但延长了辽图借阅服务的时间，同时也提高了馆藏文献的利用率。服务效率提高了，读者也感到非常满意。

自助借阅是将现代科技手段与“以人为本”的图书馆服务理念相结合，真正体现了“读者至上”的服务模式。目前，我馆的自助服务模式有四种形式：（1）馆内24小时图书自助借还服务；（2）馆内各阵地借阅部门的

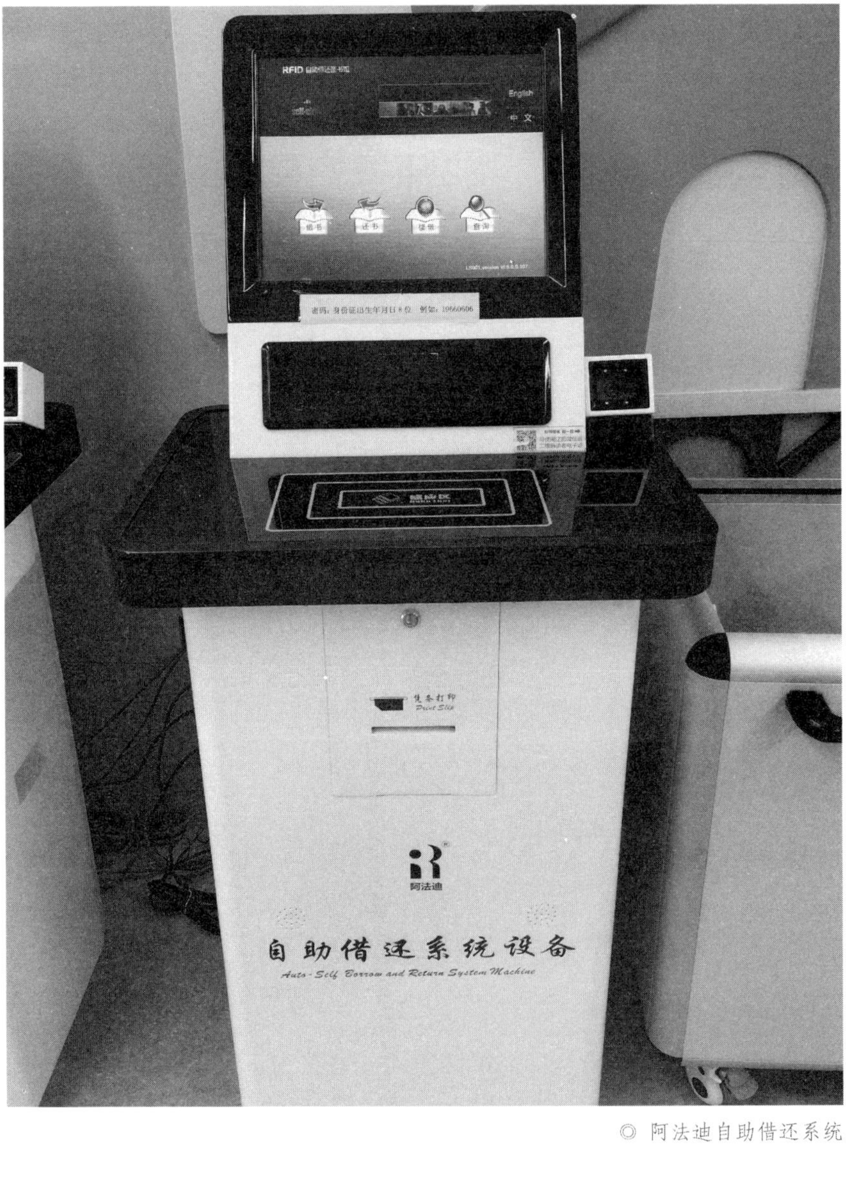

◎ 阿法迪自助借还系统

自助服务，如少儿外借、社科外借和科技外借等，新馆全面开放后，我馆在馆内共投放了45台自助借还及自助办证设备，基本上实现了外借窗口图书借还服务的全自助模式；（3）流动车自助服务，作为我馆的一项特色服务，定期到社区、单位为读者服务；（4）馆外自助借阅书柜，我馆目前在馆外的公共区域及场所共计设有13个自助书柜，为该区域读者提供24小时的图书借阅服务。

（四）读者自助办证机

辽图目前在馆内投入了4台自助办证机，读者到馆后可凭二代身份证自行办理，自助办证免除了人工办证的烦琐手续，方便快捷，读者20秒钟内即可自助申领新证。同时，我馆在馆外设立的自助借还书柜也具有自助办证的功能，读者无需到馆，在自助借还柜上操作便可完成办理读者证、借还图书等事宜。

（五）RFID门禁系统

门禁系统是图书馆在流通管理中一个重要组成部分，一是用来防止图书失窃；二是用来提醒读者办好借书手续。目前，在国内大多数图书馆均已安装了电子安全门，图书内有磁条，用来防止失窃。该系统用起来十分麻烦，有的在借还书时还需要充、消磁，检测时也未必准确。我馆引入RFID系统后，在借阅大厅设置了单通道智能全向检测安全门，此门禁系统具有更安全、更智能化的特点。当有读者未经许可带离图书馆的图书经过智能安全门时，此系统就会自动声光报警，及时提醒读者办理借书手续。这是因为RFID图书标签自带双重安全报警功能，读者借书时，RFID系统自动关闭RFID图书标签的双重安全报警功能，还书时重新启动。RFID智能全向检测安全门还可以实时记录进出图书馆人次，阅读读者个人信息，为图书馆的统计工作提供了准确的数据。

目前，辽宁省图书馆应用的 RFID 系统部署体系完整，结构框架科学合理，在系统的软硬件结合上均实现了无缝连接。无论是读者的借还服务、馆藏排架、馆藏清点等，都极大地提高了工作效率，实现了服务与业务的智能化管理。

二、辽宁省图书馆 RFID 系统应用的显著成效

（一）有效延长了读者服务的时间

相对于人工服务，使用 RFID 系统使图书馆为读者提供全天候服务成为可能，将图书馆借阅服务从每天的 8 小时延长到 24 小时。同时，RFID 系统的应用完全摆脱了人工服务时间对读者借阅图书的限制，在一定程度上也避免了借书高峰期人满为患的现象，方便了读者借书，体现了“读者第一”的服务理念。

（二）提高了文献的借阅频次

RFID 系统能帮助读者深入接触和了解馆藏文献资源，使图书馆的借阅流程变得更加顺畅，使读者的借书过程更为自由和便利。图书馆服务时间的延长，使读者可随时到馆，进而提高了借书频次和图书的利用率。

（三）让读者服务变得方便、快捷

RFID 系统的应用，使图书馆的服务从单一的人工借书扩展为人工与机器并存的服务模式；使图书馆的服务更显自由、灵活、方便，能满足读者多样性、个性化的需求；在节省借还书时间和方便读者的同时，保护了读者的隐私。

（四）提高了服务效率

传统图书馆的书刊借还工作简单而重复，即使投入大量人力，也常常

出现读者排队等候的现象。RFID 系统的实施，将借阅服务改由读者自行完成，既节约了读者时间，提高了图书馆服务效率，又减少了图书馆人力的投入。

引入 RFID 技术后，在采编室设置两个固定标签转换站，标签转换站由天线、读写器、电子标签转换应用软件及计算机组成。到馆新书仍按原来的程序，分编、加工、输入计算机，完成后，再经过标签转换站写入信息。电子标签转换站的工作程序十分简单，即给加工完成的图书贴上电子标签，在天线板上扫入条形码，显示器即刻显示绿色，此书加工便可完成。当对书库原有的图书电子标签加工时，只需在书库设置几个临时电子标签转换站，集中将有使用价值的图书贴上电子标签，通过电子标签转换站加工，转换至 RFID 系统。

（五）提高了馆藏图书清点工作效率

图书馆馆藏图书盘点工作是图书馆一项十分重要的工作。过去因为条件有限，盘点馆藏图书工作费力、费时，十分辛苦，很多图书馆十几年不做馆藏图书盘点工作。有了 RFID 技术，馆藏盘点工作就变得简单多了，在书库设一个移动工作站，配有电源的书车、笔记本电脑及手持扫描天线。盘点馆藏图书时，工作人员仅需要推着书车，手持扫描天线在书架上扫描，即可准确知道馆藏图书册数、每册图书的流通情况等信息，为图书馆决策提供了科学的依据。

三、RFID 在图书馆应用的重要意义

（一）给图书馆带来革命性变化

图书馆经历了从手工操作到网络化再到数字化的变革过程，虽然服务

手段不断进步和发展，但仍无法满足读者对文献的需求。随着 RFID 技术在图书馆的应用，这种智能化管理可以满足读者需求。RFID 技术给图书馆带来了机遇和挑战，也为图书馆事业发展赋予了更大的空间，它将促进图书馆管理形式和管理结构改革。在改革过程中，图书馆的有些岗位将会得到加强，有些岗位将要弱化甚至消失。图书馆可以按照 RFID 技术要求，重新构建业务工作流程，使各项业务工作流程得以简化，达到更好的满足读者需求的目的。RFID 技术对图书馆管理产生的一系列影响是具有革命性的。

（二）实现了图书馆“以人为本”的服务理念

自引入 RFID 技术后，自助还书机在借阅大厅设立，全天候为读者服务，读者随时都可以来图书馆还书，既方便了读者，又解决了还书高峰期排队的紧张状况，节省了读者还书的时间，真正体现了图书馆“以人为本”的服务理念。

（三）成为图书馆的亮点，提高了文献利用率

RFID 技术引入图书馆后，这种高新技术成为图书馆的亮点。读者可以通过自助借还书机办理借、还书等手续，方便、快捷、智能化，也激发了读者浓厚兴趣，吸引越来越多的读者来图书馆，提高了文献资源的利用率。

微信服务平台建设

:: 撰写／李　欣　赵　楠　韩冬青

随着信息技术的应用发展，移动应用不断涌现。2011 年 1 月 21 日，腾讯公司推出一个以智能手机为依托的即时通信服务应用程序——微信。这款程序实现了跨通信运营商、跨操作系统平台并通过网络快速发送文字、图片、语音及视频文件。经过几年的发展，微信平台目前已经成为拥有亿级用户的应用平台，并逐步渗透到人们的日常生活当中。微信平台的迅猛发展无疑让图书馆人看到了一个潜力巨大的宣传与服务媒介。

2013 年开始，随着辽宁省图书馆新馆信息化建设的不断推进与更新，移动服务成为新馆为读者提供多元化的信息服务形式和重要的移动服务手段。

2014 年，辽宁省图书馆正式开通了辽图微信公众平台。平台建设初期，通过分析读者的服务需求及辽图已有的服务资源，同时参考了众多省、市级图书馆微信平台的建设，针对我馆微信平台整体功能框架做出了全面细致的设计和功能规划，力争为辽宁地区读者提供一个融快捷服务办理、活动、信息发布及数字资源服务为一体的综合性移动服务平台。同时为读者营造一个良好的用户体验环境，让读者感受到新技术、新思维所带来的服务上的创新和改变。

一、辽图微信服务平台建设目的

辽图建立微信平台的目的有两个：一是拓展辽图读者服务范围、服务方式、服务内容，使图书馆服务更个性化、实用化和高效化，让读者不受地域和时间的限制享受到辽图提供的 24 小时在线服务。同时，为辽宁地区读者营造一个独特的、具有地域特色的文化生态圈。二是利用微信平台庞大的用户群体宣传辽图，使更多的人关注图书馆、利用图书馆，为读者提供多元化的信息服务手段的同时，也提高了辽图的读者服务水平，增强与读者的互动交流，达到双赢的效果。

二、辽图微信平台的服务模式

微信公众平台有订阅公众号和服务公众号两种，图书馆微信平台既可以选择订阅号也可以选择服务号。辽图根据本馆实际需求，经过充分的调研和论证，最终采用了微信服务号形式。服务号是腾讯公司提供给企业用户，用于向粉丝提供服务的一种公众号。它给予企业和组织更强大的业务服务与用户管理能力，帮助企业快速建立全新的公众号服务平台，比订阅号的功能更全面。服务号平台主要偏重于服务交互，提供服务查询，可群发消息，并且所发的消息会显示在聊天列表中，用户会收到即时消息提醒。

（一）微信服务号平台系统架构

微信公众平台的建设理念来源于 SOA（Service-oriented architecture）服务总线理论，即面向服务的体系结构，其是构造分布式系统的应用程序的方法。它将应用程序功能作为服务发送给最终用户或者提供其他服务方式，采用开放标准与软件资源进行交互。

SOA 的核心主体是服务（Service）。所谓“服务”，从业务角度而言，服务是一个可重复的经过标准封装的任务，通过服务的流程化可实现业务的灵活性。辽图微信公众平台在基于 SOA 软件架构上，通过构建、操作管理标准的 Web 服务（Web Services）来实现不同系统的集成，采用平台相关的接口标准和文档格式，保证不同系统之间的互操作性；采用松散耦合

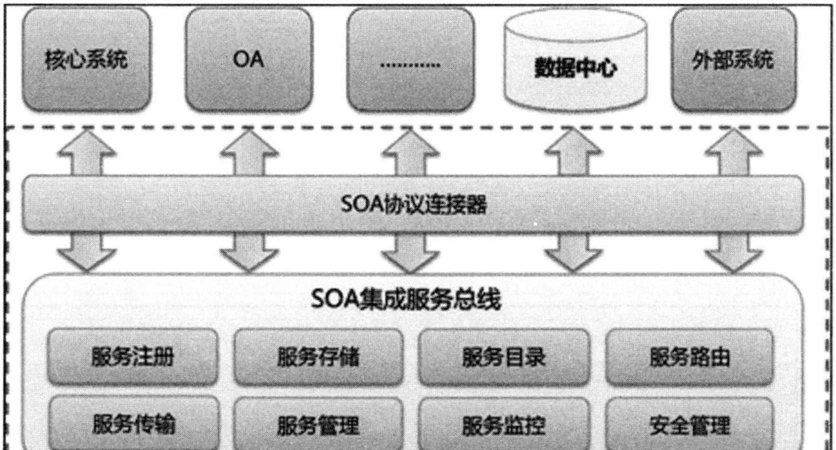

◎ SOA服务总线逻辑结构图

的架构，支持服务的动态绑定和针对流程的服务编排。同时，其他系统可以通过统一的标准对接到服务总线里面，后台点菜式添加功能进行编辑，即可把服务功能调用到微信前端展示。微信公众号可成为一个多功能的服务大厅，向读者提供服务，极大地提高了微门户信息服务大厅的敏捷性和可扩展性。

（二）微信服务号平台的后台管理

微信服务号平台后台管理对接系统有活动管理系统、大数据分析平台、OPAC 书目检索等，管理员登录后台一键即可编辑添加到微信端展示。第三方平台则按照服务总线的统一接口标准对接微门户信息服务大厅，也是同样的点菜式一键操作。

三、辽图微信平台的设计思想与理念

平台建设之初，我们大量研究了国内多家省、市级图书馆的微信平台建设，同时对我馆所能提供的移动服务项目加以评估和讨论，总结出自身服务的特点，最终确定了我馆微信平台的三大类即时服务功能：功能性服务、推广与发布、资源揭示。

（一）功能性服务

功能性服务主要体现在“微服务大厅”，如“图书续借”“读者证挂失”“二维码电子证”“过期使用费”“智慧墙”等。同时，我们将网上办理借阅证的功能在后台作为预留功能，随时可对读者开放。另外，在微信平台“辽图微悦”服务中，我们提供了读者网上办理“数字读者证”的服务。读者通过该功能自行注册后，不但能在微信端浏览和检索我馆数字资源，也可在辽图网站上检索、浏览和下载我馆所有的数字资源。截至 2018 年 4 月份，

◎ 微服务大厅

通过网上办理“数字读者证”的人数已经超过 31000 余人。

2017 年，我们在微信平台推出了二维码读者电子证功能，该功能是辽图为读者提供的一项创新服务。辽图读者在关注和绑定辽图微信后，使用微信平台生成的二维码读者证即可在自助借还机或服务台借阅图书，不必再携带实体读者证，实现了读者无证借阅，切实地方便了读者使用。

截至 2018 年 3 月，仅“微服务大厅”就为读者提供了 21 项服务功能。2018 年 4 月，通过对服务功能的再次精简，最终根据读者实际需求和使用保留了 13 项服务功能，同时也推出了最新开放的“网约图书”功能。

（二）推广与发布

与读者建立良好互动机制是图书馆为读者服务的一项重要工作内容。如今，辽宁省图书馆开展的读者活动内容非常丰富，各类读者阅读活动、竞赛、报告、讲座、沙龙、展览、表演等，都深受广大读者喜爱。而“辽图活动”栏目中的“微公告”“活动报名”“活动签到”等内容可以实现图书馆对读者的活动告知及与读者互动，实现了点对点为读者服务，随时让读者了解图书馆的各项活动动向，为读者节省了时间和精力。

（三）资源揭示

一个成熟的图书馆微信服务平台应当是一座突破时间、空间限制的移动图书馆。辽图微信公众平台的“数字阅读”“在线试听”“每周易读”“统一检索”等内容，都是以互联网为依托，充分利用先进的通信科技与当前智能手机的普及很好地契合，在某种程度上讲，是将数字化阅读进行了无限的拓展与延伸。

辽图在微信平台的数字资源揭示上，充分考虑到人们使用手机阅读的习惯和大部分人的手机阅读倾向，在资源内容上明确了以休闲性、娱乐性

◎ 辽图微悦

为主要内容揭示。精选了我馆部分数字资源，并且以电子图书、报刊和精品短视频为主要发布内容，让读者在休闲之余也能利用图书馆的资源，同时考虑到年轻读者和少儿读者的需要，提供了大量的具有科普意义的精品视频数据库，如“知识视界”“有声读物”“公开课”等。

“辽图微悦”中的“统一检索”功能是为方便读者快速、准确、有效地在我馆海量数字信息中查找和获取所需的内容。读者可在微信版电子资源“统一检索”功能中检索我馆 40 余个数据库，其检索范围涵盖了期刊、论文、会议论文、博硕论文、评论、报告等数字资源，为读者提供了全新的应用体验。

四、微信公众平台应用于图书馆服务的实际意义

（一）无限扩大图书馆服务的外延

随着互联网信息技术的飞速发展，信息更新甚至颠覆了信息原有的传播模式，分散化、多渠道传播成为趋势，图书馆信息发布面临移动互联网趋势下全媒体环境的挑战。如何拓展图书馆信息传播空间和渠道，实现从传统单一媒介平台为主向立体化多功能平台的转型，促进图书馆服务外延，有助于扩展图书馆信息服务的深度和广度。从传统的纸质阅读到以电脑为终端的数字化阅读，再到如今的手机微信公众平台的“数字阅读”，图书馆服务的外延不断地扩大，提供给读者的便利指数也在不断攀升。

（二）提高读者满意度

按照未来发展的趋势，通过信息技术把图书馆所有信息装进口袋成为一种可能，体现图书馆的可信价值，图书馆的发展将进入一个崭新的时代，满足读者的个性化需求，极大地提高读者服务水平。同时，图书馆通过移

动设备开展微信公众平台服务，延伸了图书馆服务时空，增加了图书馆与读者的互动交流，扩大了图书馆外延服务，使图书馆服务更加个性化、实用化和高效化。

无论是辽图公众号的“微服务大厅”“辽图活动”，还是“辽图微悦”，无一不体现了目前图书馆读者服务的最高水平，真正践行了“资料随手可得”和泛在式的服务理念，使辽图的读者服务满意率也越来越高。

（三）提高信息服务关注度

如果推广宣传不到位，图书馆官网和其他组织的官网一样，很难逃过被淹没在浩瀚的互联网海洋里的命运。而点击率低，网站就会愈加疏于管理，如此一来就形成了恶性循环。在人们越来越依赖网络搜索引擎获取信息的时代，如何提高图书馆信息服务的受关注度变得日益重要，微信平台在这方面的优势显而易见。辽图公众号利用了微信可以推送消息的优势，定期推送活动通知、讲座预告、荐读文章等内容，这种信息传递方式是主动地进行，能激起受众的关注及被尊重感觉，因而更能让读者感受到辽图读者服务的主动和热情。

截至 2018 年 4 月，辽图微信平台读者共计关注人数为 53470 人。“微服务大厅”是最受读者喜爱的栏目，2017 年“微服务大厅”点击次数为 312316 次，点击人数为 194717 人，平均点击人次为 1.6 次 / 人。

（四）开展文化传播活动

图书馆是信息交流的世界，辽图微信公众平台起到了读者之间与图书馆之间相互沟通、交流的作用。通过微信平台为读者及时准确地推送自己所喜欢的信息，通过大数据分析本馆读者的阅读兴趣、活动兴趣和性别及年龄结构，并准确地为每一位读者量身推荐图书信息。同时，平台数字资源的揭示也强化了读者数字阅读的能力，为读者利用图书馆资源开辟了一条全新的、更具特色和人性化的知识平台，促进了读者和图书馆间的互动与分享。

五、结语

作为一个新兴的事物，微信公众平台使辽图在读者服务工作中获得了很多的灵感，并取得了一定的收获，在服务上事半功倍，公众的关注度日益增长。但是，作为辽图人不能局限于此，图书馆信息化建设和读者服务建设可谓路漫漫兮，还需所有辽图人不断求索、不断改进。唯有如此，才能将辽图的事业不断地推进和壮大，更好地为社会及读者服务。

数字资源检索系统

:: 撰写／赵　楠　王传金

随着信息数字化的不断进步，数字图书馆建设以前所未有的速度蓬勃发展，数字图书馆为读者所提供丰富的数字资源和多种多样的信息服务是传统图书馆无法比拟的。日益庞大的数字图书馆电子信息资源虽然为读者获取信息带来了方便，但是也存在着一些弊端。例如，数字图书馆具有不同的资源数据库以及它们发布的方式具有多样性，不同的数字图书馆的数据库在数据结构、检索机制等方面各自不同，不同的数据库在资源覆盖的范围方面交叉重复而各个数据库又都是独立的，相互的关联度不高。因此，读者在获取信息资源时，不得不对这些数字图书馆的数据资源分别、逐个地进行访问，然后对多个数据库的检索结果进行筛选，进而得到自己想要的信息。这不仅浪费了读者的时间，给读者造成了负担，也降低了服务的效率。

因此，辽宁省图书馆从满足读者对信息需求的角度出发，推出“一站式数字资源检索平台”，旨在为读者提供全新的数字应用体验，使读者可以在该平台检索到图书馆收藏的纸质资源信息以及各种数字资源信息，不但在操作上方便了读者，也提高了获取检索结果的效率。

一、辽宁省图书馆数字资源现状

辽宁省图书馆在 20 世纪 90 年代中期开展数字图书馆建设，并于 1996 年建设了国内第一家数字图书馆，这项工作为辽宁省图书馆日后的信息化建设奠定了较好的技术和物质基础。

时光荏苒，斗转星移，辽宁省图书馆经过了 20 多年的数字化建设，目前已经拥有自建数据库 42 个、各种商用数字资源数据库 60 多个，数字资源存储总量达到 100 多 TB。在数字资源的揭示上实现了统一检索、统一认证，同时辽宁省图书馆还通过专线和 VPN 技术与国家图书馆及辽宁省内十几家各级图书馆实现了数字资源整合、共享和统一用户认证。

二、数字资源统一检索建设宗旨

辽宁省图书馆建设数字资源统一检索平台的宗旨是将本馆各类数字资源进行有效整合，为读者提供一个更好的整合检索服务，从而提高资源利用率，实现我馆不同数据库文献资源之间的互通，最大限度地保持了数字资源知识体系的完整性，使读者获得高质量、可信赖的信息资源成为可能。

在实际应用中，读者通过统一的用户交互接口检索， 提高了检索效率及资源使用率， 其系统响应速度快，同时具有信息代理和信息推送功能、分类元数据管理功能。辽宁省图书馆数字资源统一检索系统的建设，也便于图书馆做各方面的数字统计（访问量、使用率等），实时指导图书馆各环节的运作。以知识交流活动为中心的知识传递活动，可以提高知识获取效率，增强读者利用资源的能力。

三、数字资源统一检索系统范围以及应用情况

辽图数字资源统一检索系统帮助图书馆为读者提供统一资源的发现与获取服务，内容包括图书馆自身的物理馆藏和数字馆藏，以及图书馆订购的各类远程数据库、电子资源。所有的发现与获取服务均基于 Web 2.0 标准构造，结合 SFX 开放链接服务系统，完全可以胜任下一代数字图书馆读者服务门户。

辽图数字资源统一检索系统可以检索数据库约 600 多个、数据商 130 余个，资源包括了 SpringerLink、Elsevier ScienceDirect、Emerald、IEL、Wiley、万方数据资源系统、维普期刊资源整合服务平台、中国知网数据库等。

（一）检索方式

检索方式分为简单检索和高级检索。简单检索是直接输入检索词进行单条件检索，而不进行检索条件之间的逻辑匹配。它得到的检索结果数量比较多，也不够精确，但是操作简单快捷。如果读者只掌握很少、很模糊的资料时，应该使用简单检索，这样可以得到的结果更多，不会错过有用的结果。高级检索是通过多个检索条件之间的逻辑匹配来进行检索，可以使用 AND、OR、NOT 进行逻辑检索以及用通配符进行模糊检索。其中通配符“*” 替代词尾多个字符；“？” 替代一个字符。它得到的检索结果

比较精确，但相对于简单检索而言数量较少。如果读者掌握很详细的资料，那么就应该使用高级检索，这样得到的结果更加精确，也可以节省更多时间。

◎ 简单检索

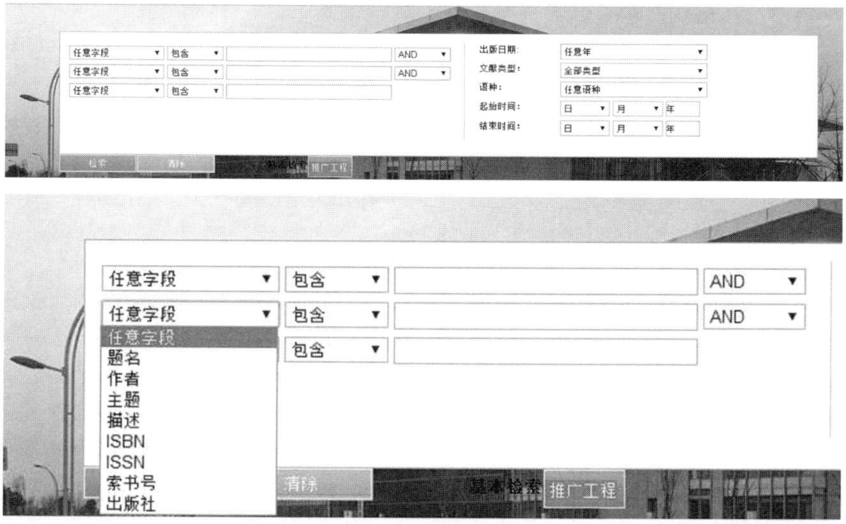

◎ 高级检索

当读者在检索框里输入检索词以后会显示出检索结果列表，检索结果包括图书、文章、论文等多种类型。在扩展结果显示区可以勾选，既可选择限定在本馆订购的资源范围内进行检索，也可选择扩展发现更多资源。在获取途径处，针对不同类型的资源，提供不同的获取途径。获取途径包括中国国家图书馆馆藏目录、清华大学图书馆馆藏目录、北京大学图书馆馆藏目录、中国科学院文献情报中心馆藏目录、万方学术期刊、中国期刊全国数据库（CNKI）等。针对读者的喜好在检索页面左侧设置了数据来源导航以及文献类型导航等，方便读者更加简单快捷地检索到自己所需资源。高级检索除了具有简单检索的功能外，读者还可以根据题名、作者、主题、描述 ISBN 等信息进行检索。

（二）检索系统特性

检索配置：支持用户自定义检索点，最多可达 60 个检索点。支持任意字段的全文检索，用户可自行定义需要建立全文索引的字段。

中文检索：提供中文简繁体汉字的通检。

分面功能：提供可由图书馆自行配置的丰富的分面，包括按主题、作者、图书分类法、馆藏、出版年、语种、资料类型等进行分面，并且提供可扩展的分面接口。而且按图书分类分面时，系统还能依据图书馆采用的分类体系，自动转化为具体分类名称或者描述。

相关度排序：提供可由用户管理的相关度算法控制。因而可以实现本馆馆藏记录与集中索引检索结果的混合显示控制，可以确保图书馆本地馆藏相对优先地显示，从而方便读者查找和获取图书馆本地馆藏。

其他检索功能：可提供标签检索、检索建议、检索历史等系统功能。

四、数字资源的发现和获取方法

在统一资源的揭示能力上，数字资源检索系统可以一站式涵盖现代图书馆的所有馆藏，包括馆内的物理馆藏和数字馆藏，以及图书馆订购或通过其他方式拥有使用权限的远程电子资源或数据库。本地物理馆藏和数字资源的元数据将通过系统的发布平台收录进入系统中，进行统一的规范化，并建立全文索引。图书馆订购或通过其他方式拥有使用权限的远程资源可通过三种方式进行检索发现：一是通过元数据集中检索方式；二是通过联邦检索；三是通过第三节点 API 接口对外部搜索引擎（如读秀图书、Google Scholar）进行检索。

在统一资源发现的基础上，数字资源检索系统还为各类记录提供了完善的获取手段。对于本馆物理馆藏，系统提供实时馆藏状态查询，可以具体到单册状态；对于自动化系统里的书目记录，系统还提供了 OPAC 接口，允许已登录读者直接预约、续借图书；对于本馆数字资源，系统会根据来源数据库的不同，分别提供不同的在线查看链接，读者只需点击记录正文的“查看全文”或点击“详细信息”页中的相应链接，均可直接到达在线查看 / 下载页；对于远程电子资源，系统对所有记录提供 SFX 菜单，可正确引导读者进入全文下载或其他服务页面；对于部分电子资源还提供了直接下载 / 观看链接。

五、数字资源统一检索系统应用中的几点思考

（一） 网络安全问题

由于数字资源统一检索系统要连接各种不同软硬件环境的数据库服务

器， 因此病毒与黑客就可能会入侵我们的数据库服务器。检索系统通过各种脚本和 CGI 程序来实现 Web 页面的交互功能（如数据采集和结果的反馈）。CGI 程序能够提供一个连向 Web 服务器操作系统的直接链接给互联网上的任何人，因此攻击者们可以利用 CGI 程序来修改 Web 页面或者窃取账号，给攻击后门提供了方便。“ 预防是理想的，但检测是必须的”，统一检索系统设置的安全措施有及时更新安全补丁、定期做系统修复以及查杀木马等。在系统日志方面应定期做输出日志，并且日志应定期保存和备份，以便发现攻击者都做了哪些攻击操作。

（二）知识产权和用户认证

读者想访问的数字资源都可以通过数字资源检索系统来进行检索，这些数字资源包括有版权的数字资源、平台供应商提供的数字资源、签订许可协议的数字资源和自建或自有版权的各种数字资源。因此，从安全角度出发，辽宁省图书馆所建立的跨库检索系统有严格的用户认证审核功能，来保证只有合法读者才能使用，可以通过用户名和密码控制，也可以通过 IP 地址来控制。

（三）全局共享与独特性

数字资源检索系统方便了读者从统一界面来访问图书馆各类数字资源，从而使读者不必再一一了解不同检索系统的界面结构、各种功能和检索规则。但由于各个资源数据库的字段和索引条件有所不同，原检索系统数据的查准率和查全率是依靠系统本身完备的检索规则和功能，因此数字资源检索系统应尽量实现原检索系统的功能。

（四）具有区别外文资料的能力

随着社会的发展和进步，数字资源也呈现全球一体化，因此外文资料也是数字资源的一个重要组成部分。但是由于中文资源和外文资源在检索式的构建方面有所不同，应该根据读者的需求对各类电子资源加以区分检索，避免读者因为检索结果的混乱而产生困惑。尽可能为读者提供实用而有效的检索帮助，有针对性地进行人性化的服务，使读者在面对大量的、各类型的数据资源时能够得心应手，顺利获取所需的数字资源。

（五）应制定统一的技术标准

数字资源检索系统的实现必须依赖数据库。大部分数据商出于商业利益和数据安全的考虑，都不愿意将自己数据库的特定接口和规则开放，辽宁省图书馆在平台建设初期也遇到这样的问题。这样给访问数据库的读者带来了不便，如果能制定出业内统一的技术标准，各数据商都能按照统一的标准来提供数据，那么实现跨库检索系统将变得容易得多，读者可以不必关心数字资源的出处、结构等，自由地使用数字资源。这样数字资源检索系统才能最大限度、最大范围地提高数据库的利用效率，更方便为读者服务。

六、结语

总之，数字资源检索系统的基础应用是数据整合、信息整合，通俗的说法就是实现全馆数据库资源的整合。不同的数据商开发的数据库拥有各自不同的检索系统，在检索方式、检索式构造规则、检索算符、检索字段等上都存在着差异，这给实现同一检索平台下的分布式检索造成了困难。相对于发展比较规范的国外数据库资源来说，数据库构建技术不同、标准不统一的国内数据库更是很难兼并到统一检索界面上去。因此，辽图数字资源检索系统应注意与国际标准接轨，使其具备与其他系统的兼容性。辽图数字资源检索系统随着数字图书馆建设的发展将应用得更加普及和深入，随着技术的不断改进和创新，相信未来图书馆数字资源整合会更加合理和完善，数字资源检索系统也会越来越成熟。

Part 6

文化传承篇

东北抗联历史资料馆的建立与实践

∷ 撰写／姜　猛

经过近一年的紧张筹备，2017 年 4 月 23 日，东北抗联历史资料馆正式开馆。该馆是辽宁省图书馆的馆中馆，由地方文献部负责管理，开展东北抗联历史资料的征集、加工整理、典藏、保管、研究、开发、出版和读者服务工作。辽宁省图书馆的前身是东北图书馆，这里收藏着大量的东北历史文献。东北抗联历史资料馆的建立，旨在利用辽宁省图书馆丰富的东北历史文献馆藏，全面、真实、准确、系统地反映东北抗日联军 14 年艰苦卓绝的斗争历史，生动再现东北抗联抗击日本帝国主义的英雄壮举，力争将其打造成为东北地区乃至全国最权威、最全面、最详实的抗联历史资料中心。

◎ 东北抗联历史资料馆

一、建立东北抗联历史资料馆的重要意义

东北抗日联军是中国共产党创建和领导的东北各族人民的抗日武装，是中国人民抗日军队的组成部分，是一支用爱国主义和国际主义精神武装起来的人民军队。它的前身是东北抗日义勇军余部、东北反日游击队和东北人民革命军，是 20 世纪三四十年代中国人民抵抗日本帝国主义侵略的伟大民族解放战争的重要力量，是世界人民反抗法西斯战场上一支开始时间最早、坚持时间最长、所处环境最恶劣的抗战部队。它在中华民族的危亡时刻，奋起自卫，坚持斗争，在长达 14 年之久的极其艰难困苦的岁月里，同日本帝国主义侵略者进行艰苦卓绝的斗争，牵制 76 万日军，消灭日本关东军 18 万，有力地支援了全国的抗日战争和世界反法西斯战争，为东北和全国抗日战争乃至世界反法西斯战争的胜利作出了重要贡献。他们可歌可泣、英勇无畏的牺牲精神，是中华民族争取独立、宁死不屈精神的集中体现。

为贯彻落实省委组织部的有关精神，发挥省图书馆在革命历史文献收集、整理、保存和研究方面的作用，弘扬东北抗日联军在14年的艰苦斗争中体现出来的“天下兴亡，匹夫有责”的爱国情怀；视死如归、宁死不屈的民族气节；不畏强暴、血战到底的英雄气概；百折不挠、坚韧不拔的必胜信念，辽宁省图书馆决定建立东北抗联历史资料馆，征集、整理、保管和研究东北抗联历史资料，为读者提供东北抗联历史资料的书目查询和课题咨询服务。通过举办有关东北抗日联军的讲座、展览和学术研讨等活动，传承抗联精神，弘扬爱国主义精神，对社会公众开展广泛的爱国主义教育。

二、筹建东北抗联历史资料馆的准备工作

地方文献部的有关同志精心酝酿筹建东北抗联历史资料馆的准备工作，

◎ 东北抗联历史资料馆

在调研考察阶段、资料采集阶段、资料加工整理和典藏入库阶段、设备采购和场馆建设阶段做了大量卓有成效的工作，具体情况如下：

（一）调研考察阶段

首先，采用互联网和实地调研考察相结合的方式对以下个人、单位和机构收藏的关于东北抗联历史资料的情况进行调研考察：

各级图书馆：对辽宁省图书馆、吉林省图书馆、黑龙江省图书馆、东北各市级图书馆、国家图书馆、重庆图书馆等可能收藏东北抗联历史资料的所有图书馆进行调研考察。

各地的纪念馆、博物馆和陈列馆：对本溪东北抗联史实陈列馆、朝阳赵尚志纪念馆以及吉林、黑龙江乃至全国各地与东北抗联有关的纪念馆、博物馆和陈列馆进行调研考察。

各级档案馆：对辽宁省档案馆、吉林省档案馆、黑龙江省档案馆、东北各市级档案馆和国家档案馆等可能收藏东北抗联历史资料的所有档案馆进行调研考察。

对其他所有可能收藏东北抗联历史资料的图书馆进行调研考察。

对互联网上所有可能载有东北抗联历史资料的网站进行调研考察。

通过咨询部队、民政部等相关部门确定健在的东北抗战老兵、抗战战士家属或后代、东北抗战亲历者和东北抗战历史研究者。

其次，起草《东北抗联历史资料馆建设方案》和《东北抗联历史资料馆建设专项经费预算方案》，并根据调研情况不断改进完善。

最后，制定缜密的切实可行的《东北抗联历史资料馆工作计划》，为上级单位决策提供翔实可靠的依据。

（二）资料采集阶段

在调研考察的基础上，通过采购、复制、拍摄、交换等多种方式对

1931 年至 1945 年之间反映东北地区的政治、经济、文化等基本情况的文献资料和与东北抗联相关的图书、报刊、档案、访问录、佐证资料、照片、影像资料、日记信件、实物和数字资料等史料进行采集，尽全力保证资料的全面性、完整性和权威性。

第一，对所有调研考察的机构和单位进行资料采集，查重后分门别类收集起来。

第二，在辽宁省图书馆网站和媒体上刊登征集东北抗联历史资料的征文，面向社会公众采集相关资料。

第三，对互联网上有关的东北抗联历史资料进行收集和整理。

（三）资料加工整理和典藏入库阶段

第一，对采集来的所有东北抗联历史资料进行编目、分类、标引、典藏入库。

第二，对于采集来的图书，按照中华人民共和国国家标准《文献著录总则》（GB 3792.1）、《普通图书著录规则》（GB 3792.2）、《国际标准书目著录》（ISBD）、《中国机读目录格式》（WH/T 0503-96）进行著录，形成图书机读目录数据库，方便在电脑和网络上检索和利用，按照《中国图书馆分类法》进行分类标引，排架入库。

第三，对于采集来的期刊和报纸，按照中华人民共和国国家标准《连续出版物著录规则》（GB/T 3792.3-1985）和《中国机读目录格式》（WH/T 0503-96）进行著录，形成报刊机读目录数据库；按照《中国图书馆图书分类法》进行分类标引，排架入库。

第四，对于采集来的音像资料，按照中华人民共和国国家标准《文献著录总则》（GB 3792.1-83）、《非书资料著录规则》（GB 3792.4-85）和中国机读目录格式（WH/T 0503-96）进行著录，形成音像资料机读目录数据库；按照《中国图书馆图书分类法》进行分类标引，排架入库。

第五，对于采集来的档案，按照中国档案著录标准 GB/T 3792.5-1985 进行著录，形成档案目录数据库；按照《中国档案分类法》分类标引，排架入库。

第六，对于采集来的照片，按照中华人民共和国文化行业标准《图像数据加工规范》（WH/T 46-2012）进行加工处理，方便检索和利用；按照中华人民共和国国家标准《照片档案管理规范》（GB/T 11821-2002）进行管理，排架入库。

（四）设备采购和场馆建设阶段

在资料征集的同时，按计划进行相关设备的购入和场馆建设。

第一，确定并腾置馆舍空间用于东北抗联历史资料馆建设。

第二，采购书架、书柜、展示柜、阅览桌椅、组合沙发、电脑、投影仪、复印机、扫描仪、电脑、照相机、摄像机、录音笔、书车、平板车等相关设备。

第三，对东北抗联历史资料馆区域进行装饰、装修，使资料馆具备以下功能区：

①抗联史料保存与阅览区：对资料按原始档案、现代出版物类、音像资料类、图片资料类等分类存放，为读者提供阅览服务；

②电子检索与多媒体服务区：提供东北抗联有关图片、音像资料、电子文献的检索与多媒体阅览服务；

③抗联实物史料展示区：展示东北抗联相关的照片、日记信件、实物资料等；

④研究讨论区：组织开展东北抗联史料研讨。

三、东北抗联历史资料馆开展的业务工作

东北抗联历史资料馆开馆以来，相关工作人员脚踏实地、真抓实干，开展了以下工作：

第一，在调研考察互联网和本馆、全省、东三省乃至全国的个人、单位和机构收藏的有关东北抗联历史资料情况的基础上，通过购买、复制、交换等方式，查缺补漏，全面收集东北抗联相关历史文献资料。

第二，通过在《辽沈晚报》、本馆网站及微信平台发布征集启事以及在服务大厅设置征集易拉宝等形式广泛宣传东北抗联历史文献资料征集工作。征集范围包括从1931年九一八事变到1945年9月3日抗战胜利期间与东北抗联有关的能够反映抗联史实及当时东北地区政治、经济、文化、科技、教育、体育、卫生、宗教等各方面社会情况的文献资料，包括图书、报刊、档案、访问录、手稿、日记、信件、照片、影音以及相关实物等。此外，关于日本军国主义对东三省进行军事、经济、交通、文化、商业、工业侵略罪行的相关文献，关于战后审判日本战犯及遣返战俘的相关文献，为纪念东北抗联而创作的书法、绘画等相关艺术作品，均在征集之列。

第三，通过采访健在的东北抗联战士、东北抗联战士家属或后代、抗战亲历者、抗联历史研究者等，拍摄、采集“东北抗日联军专题”口述史料，将战争亲历者头脑中的活资料及时地抢救并妥善地保存下来。

第四，对东北抗联专题文献资料进行数字化加工，建立专题数据库，方便读者检索和利用。

第五，利用东北抗联历史资料馆的平台面向社会公众开展有关东北抗联历史资料的阅览、书面查询和课题咨询等工作。

第六，组织东北抗联史料研究人员进行座谈或举办学术报告会及学术

交流活动等。2017年7月9日，邀请原辽宁省委党校王建学教授做了题为《东北抗日联军战斗历程及历史地位》的讲座。王教授给大家讲述了东北抗联建立的背景、发展的历程，深刻解读了抗联精神的实质及弘扬抗联精神的现实意义。2018年5月12日，邀请赵尚志四胞妹赵尚英次子、赵尚志研究会副会长、尚志市东北抗联文化研究会副会长、齐齐哈尔党史研究室原研究员、历史学教授李龙做“尚志精神与尚志家训”专题讲座，为读者宣讲东北抗联英雄赵尚志的精神与家训。

第七，举办大型抗联专题展览《铁血雄魂　丰碑永铸——辽宁省图书馆藏东北抗日联军抗战十四年历史图片文献展》。该展于2017年9月3日在辽宁省图书馆展厅展出，展览持续一个月。展览甄选馆藏图片400余幅，分三个部分展示东北人民14年抗战的艰苦历程。第一部分为东北抗日联军开展抗日战争的背景，主要介绍日本发动九一八事变及其在东北的殖民统治；第二部分为中国共产党领导的抗日武装东北义勇军、抗日游击队、东北人民革命军、东北抗日联军的战斗历程；第三部分为对日本侵略者的审判与对抗联先烈的缅怀。展览展出了辽宁省图书馆藏珍贵抗战文献。例如，1936年出版的由车向忱多年收集资料整理出版的《东北抗日联军对日作战之经验》；东北抗日联军的著名将领冯仲云所著的于1946年出版的《东北抗日联军十四年苦斗简史》；抗日联军著名将领周保中著述的《东北抗日游击日记》；还有东北抗联将领的相关传记以及反映抗联文艺的相关文献。展览通过图片和文献的形式，展示东北抗联14年抗战历史，讴歌牺牲在白山黑水的抗联英烈，弘扬东北抗联坚贞不屈、保家卫国的牺牲精神，让抗联精神鼓舞人们同心同力，为实现中华民族伟大复兴的民族梦不懈努力。

做好古籍保护，赓续传统文化

∷ 撰写／娄明辉

辽宁省图书馆的古籍和历史文献藏量相当可观。古籍文献 61 万册，包括善本 6200 余部、12 万册，普通古籍 32000 余部、34 万册，以及正在进行编目的 15 万册的原未整理古籍。在辽宁省图书馆浑南新馆正式开放后，通过空间布局的调整和馆藏结构的优化，古籍的存藏条件更为优越，工作环境也极大改善。

2007 年“中华古籍保护计划”正式实施。经过十余年的不懈努力，基本形成了以辽宁省古籍保护中心、国家级古籍修复中心、国家级古籍修复技艺传习中心辽宁传习所和国家古籍保护中心人才培训基地为核心的架构体系，继续着力建设并打造集“藏、用、学、修、研”合一的古籍和历史文献资源的保障中心。

◎ 宋绍兴二十二年（1152年）荣六郎刻本《抱朴子内篇》

一、 百年大计，分而护之

2007 年成立的辽宁省古籍保护中心，充分发挥了对全省古籍保护工作的引领、示范和推广职能，协助省文化厅制定了《辽宁省古籍保护工作实施方案》《辽宁省古籍普查登记工作实施方案》等多种规范性文件，使得古籍保护工作有章可循，开展了五次《国家珍贵古籍名录》活动和进行全国古籍重点保护单位的申评工作。辽宁省图书馆共有 317 部珍贵古籍入选。在已经公布的四批《辽宁省珍贵古籍名录》中，辽宁省图书馆共有 1409 部珍贵古籍入选。

二、古籍普查，典册有目

从建馆开始，通过几代古籍编目人员的努力付出，辽宁省图书馆已经进行了四次大规模的古籍编目整理工作，形成了比较规范的古籍著录卡片和财产登记账。对于善本，更是设立了详尽的鉴定大卡。自“中华古籍保护计划”实施以来，古籍保护工作迎来新的发展机遇。2017年年初，《辽宁省图书馆古籍普查登记目录》由国家图书馆出版社出版。通过古籍普查，我们做到了古籍的典册有目，纠正了以往编目工作中的若干瑕疵，磨砺了年轻的业务骨干，同时为下一步开展《中华古籍总目·辽宁卷》打下了坚实的基础。

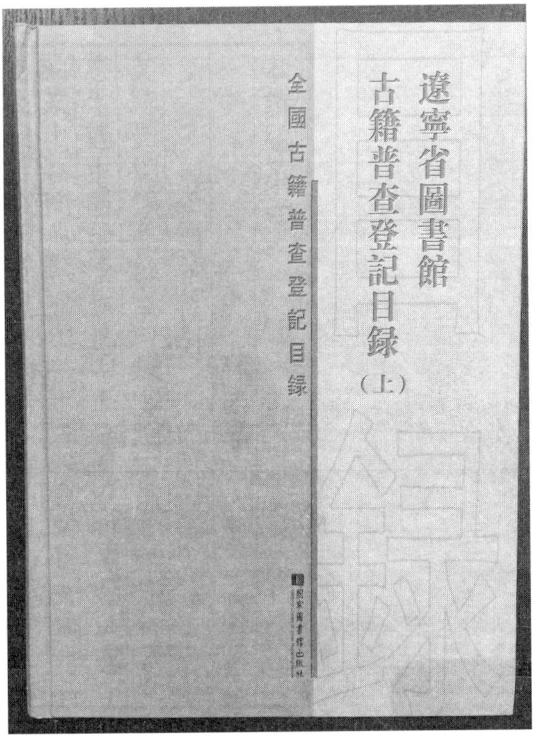

◎《辽宁省图书馆古籍普查登记目录》（全3册）

三、口手传授，如切如磋

对于人才的培养，一方面，充分发挥辽宁省图书馆硬件环境较好、师资力量充足、管理制度健全、教学体系完善的优势，举办多期古籍普查、编目、鉴定及修复等方面的业务培训，同时我馆多次选派业务骨干参加国家古籍保护中心举办的各类型的古籍培训班。另一方面，也“请进来”，如多次邀请知名专家来辽宁授课，我馆培养了一批责任心强、有一定专业技能、层次较高的古籍保护人员。

我馆利用老同志的业务经验，通过“传”“帮”“带”，培养年轻的业务骨干，这是比较切实可行的人才培养路径。比如，由古籍专家韩锡铎先生带领年轻同志，经过数年的辛勤工作，将原未整理的15万册古籍每一部都著录了古籍卡片。通过此种形式，年轻的古籍编目员迅速成长为业务骨干。修复工作则利用“国家古籍修复技艺传习中心”，由赵嘉福先生系统传授古籍修复的传统技艺。

2016年，辽宁省图书馆开始着手进行原未整理古籍的登记入藏工作。这项工作是古籍的基础，也是重要却容易被忽视的工作。通过写卡片、录入数据、数据审核、盖登记号、破损古籍简单修复、钤印入藏等一套工作流程，极大地提高了年轻古籍人员的业务水平，也是对传统古籍工作的回归。工作中还补充了馆藏，发现了一批有价值的文献，如一些拓片是在《辽宁碑志》等文献记载中所遗漏的，待整理完毕后，考虑按照专题进行影印出版。

四、用锓于梓，化身千百

“藏以致用”一直是辽宁省图书馆的传统。几代辽宁省图书馆古籍工作者参与了《中国丛书综录》《中国古籍善本书目》《清代内府刻书目录解题》《东北地区古籍线装书联合目录》等大型联合目录的编纂，同时也编纂了《辽宁省图书馆孤本善本丛刊》《明代闵凌刻套印本图录》《辽宁省图书馆藏古籍精品图录》《辽宁省图书馆藏稀见方志丛刊》，对特色古籍文献予以揭示。特别是“中华古籍保护计划”实施以来，我们积极对馆藏古籍和历史文献进行挖掘整理。其中有两点是我们在工作中非常注意的：

一是将出版与展览结合起来。如2013年以“辽宁珍贵古籍特展”为契机，出版了《文明的传承——辽宁省珍贵古籍特展》一书。2014 年“清宫遗珍——‘天禄琳琅’‘石渠宝笈’典籍书画展”期间，出版了《清宫遗珍：天禄琳琅、石渠宝笈典籍书画集》，丰富的内容、精美的装帧，既是对展览最好的总结，也是具有学术和艺术价值的收藏品。

二是古籍修复、古籍数字化等与古籍整理出版相结合。如在出版《辽宁省图书馆藏民国时期东北大学毕业论文全集》时，其中一批论文破损非常严重。我们将其作为优先修复项目，得以在较短的时间内修复完毕，保证了该书的顺利出版。《辽宁省图书馆藏陶湘旧藏闵凌刻本集成》一书，也是我馆对馆藏珍贵古籍进行数字化的专题式的阶段性出版成果。

近几年来我们一直在开展“辽宁省图书馆孤本善本数字资源库”的建设，数据容量近 30TB。2017 年我馆“中国古籍”数据库正式发布了 101 部闵凌刻套印本古籍全文影像。2018 年，在适当的时间节点将发布该资源库的

◎《辽宁省图书馆藏陶湘旧藏闵凌刻本集成》（全130册）

数字化成果，以更好地为学界和公众所用。

五、宣之于口，以广其传

古籍工作不能孤芳自赏，酒香也怕巷子深。古籍文献是中华传统文化的重要载体，让古籍脱离社会大众，只能使民众对传统文化的原典日益疏离。为此，我们努力使单一的宣传模式多元化，将以往分散式的宣传手段整合起来，着力打造古籍和传统文化的宣传展示平台。

（一）展览

古籍的展览是一种很好的宣传形式，但容易形成模式固化。因此，在展览实际中，我们注意将小型展与大型展相结合，原创展与引进展相结合，阵地展与巡回展相结合，个体展与区域展相结合，实体展与网络展相结合，并借助于纸媒体、新媒体的宣传，实现学术型与普及型相结合，让展览“常展常新”。

（二）展示

在重要的时间节点，有针对性地开展传统文化的展示活动，如珍贵古籍特展期间进行的古籍雕版和修复展示活动，读书节期间举办的“妙手回春展故颜”古籍修复技艺展示。古籍修复体验走进高校，让莘莘学子觉得古籍和传统文化不再遥不可及。

（三）“一站式”传统文化体验

辽宁省图书馆以建设浑南新馆为契机，建设“一馆一院一区”，使图书馆成为传统文化的又一教育中心。

一馆，即典籍展示馆，主要用于馆藏古籍（以及历史文献）的专题展览，定位于“小而精、有品位、有温度”。

一院，即复建“萃升书院”。依托辽宁省图书馆的文献资源，开展相关的展览、讲座、文化沙龙、传统文化体验等特色活动，打造弘扬传统文化和东北地域文化的品牌，深入挖掘和利用地方文化资源，使之逐步成为传承地方文化的基地。

一区，就是在历史文献阅览区单独设立传统文化体验区。在世界读书日、文化和自然遗产日等重要时间节点，进行古籍修复等传统技艺的展示。如 2018 年世界读书日期间，我们邀请了赵嘉福、陈义时和杨淑华三位大师在传统文化体验区进行了有关传拓和古籍刷印、修复的技艺演示，深受公众喜爱。

六、阐扬经典，规划未来

今后的工作，将以传统文化的传承为核心，以古籍的整理和宣传为两翼，以人才建设为支撑，打造五大中心。

（一）古籍和历史文献收藏中心

完成原未整理的 15 万册古籍的整理和入藏，丰富馆藏古籍品种。对民国文献、旧外文文献进行初步整理，将辽宁省图书馆打造成为古籍和历史文献的收藏中心。

（二）文献研究中心

加大对馆藏古籍的挖掘力度、深度和维度，揭示传统文化的丰富内涵，做好传统文化的整理、阐释、普及，整理出版一批有价值的成果。

（三）文献保护中心

做好破损古籍修复理论、修复方法的科学研究，实现古籍的传统修复技艺与科技手段的有益互补。

（四）文献数字化阅览中心

本着边建设边服务的原则，进行馆藏古籍数字化资源的建设、发布工作。整合历史文献数字化项目，实现古籍和历史文献的统一检索、阅读，服务社会大众。

（五）传统文化体验中心

完善“图书馆 + 书院 + 典籍馆 + 传媒 + 互联网”模式，使图书馆成为传统文化的体验中心。通过古籍文创产品开发等形式，传统文化潜移默化地融入公众日常生活。

工作中，还应该做到四个结合。

1. 传统与现代的结合

实现古代典籍与现代科技的有机结合，充分发挥科技的传播手段、传播速度、传播力量。

2. 专业与普及的结合

既要培养专业研究人员读者群，也要重视普通公众对于传统文化的渴求。要善于把晦涩难懂的古代典籍通俗化，讲好典籍故事。

3. 阵地服务与走出去相结合

大力推进传统文化的全民阅读，形成公共文化服务体系的完整链条。让传统文化“进学校、进社区、进军营、进乡村”，让传统文化逐步走向省外，走出国门。

4. 整理国故与关注现实相结合

对传统文化进行创造性转化、创新性发展，重要的一点就是要将传统文化与时代特色紧密结合，充分发挥典籍中优秀思想的现代化传承，与弘扬东北地域文化相结合，与为大众提供丰富的中华智慧相结合，与全省的经济文化建设紧密结合。

民国文献保护工作：不使旧籍湮故纸

∷ 撰写／娄明辉

民国时期虽然只有短短的数十年，却留下了宏富的文献资料。1990 年代出版的《民国时期总书目》，仅仅以当时的北京图书馆、上海图书馆和重庆市图书馆三家馆藏为基础，就收录了民国时期的中文图书约 10 万种。

辽宁省图书馆民国时期历史文献收藏十分丰富，其中民国中文图书 3 万余册，虽然在数量上不占优势，但其中包括了大量珍贵的东北地方史料。如关于近代东北铁路、矿藏、金融等方面的地方史料，民国时期出版的东北各地方志（一般状况）。另外，像《毛泽东选集》的早期版本以及革命文献的较早版本，都是非常珍贵的文献。辽宁省图书馆所藏民国期刊 2000 余种，有关东北的文献众多，如《东三省公报》《东省经济月刊》《盛京时报》《东北丛刊》等，以及可观的伪满时期的期刊。此外，辽宁省图书馆还收藏旧日文图书 10 万余册、旧英文图书 8 万册、旧俄文图书 14 万余册。

一、民国文献保护工作的意义

1988 年，著名历史学家周谷城先生在给即将出版的《民国丛书》题词中说："了解时代，资料第一。资料大源，便是书籍。民国时代，书籍浩繁，编成丛刊，给人便利。分门别类，翻阅不难。教育后代，大有裨益。"可以说，对民国文献的重要性做了言简意赅的概括。

2007 年"中华古籍保护计划"开始实施，将书写或印刷于 1912 年以前、具有中国古典装帧形式的书籍悉数纳入保护范围。但美中不足的是，还有大量的民国时期中文线装书，因为是 1912 年之后书写或印刷的书籍，被排斥在了"中华古籍保护计划"之外。而这部分旧籍的价值同样不容忽视，如民国铅印本《葛月潭方丈甲子四百二十度寿言》，是研究葛月潭的重要史料。其他如日本影印本《热河》《奉天昭陵图谱》，更是研究东北历史的第一手资料。又如民国时期的一些精刻本，以及著名学者的学术著作，

◎ 辽宁省图书馆民国文献库房一角

都有非常高的价值。

习近平总书记在党的十九大报告中指出："中国特色社会主义文化，源自中华民族五千多年文明历史所孕育的中华优秀传统文化，熔铸于党领导人民在革命、建设、改革中创造的革命文化和社会主义先进文化，植根于中国特色社会主义伟大实践。"可以说，民国文献既是传统文化的重要载体，也是中华民族民族独立、国家振兴奋斗历程的忠实记录者，具有极高的文献价值和现实意义。

2012 年，"民国时期文献保护计划"项目正式实施，可以说与"中华古籍保护计划"实现了很好的对接，避免了文献保护遗漏，也为民国文献的保护工作提供了重要保障。

二、辽宁省图书馆民国文献保护的实践

（一）民国文献数字化建设

辽宁省图书馆民国保护和数字化建设工作起步较早，在 2001 年年底即完成了馆藏民国图书书目数据库的回溯建库工作，共著录民国文献机读目录数据约 48000 条。2012 年"民国时期文献保护计划"开展以来，辽宁省图书馆作为成员馆之一，积极将馆藏民国数据导入到该计划的"民国时期文献联合目录"之中。

从 2000 年开始，辽宁省图书馆就开展了对包括珍贵民国图书、期刊在内的馆藏文献的缩微复制工作。近年共完成 1524 种图书（其中 1000 余种为民国时期革命历史文献）、216 种（316 卷）期刊、117 种（2157 卷）报纸的缩微拍摄。

在专题数据库建设方面，1997 年 9 月，辽宁省图书馆与东大阿尔派签

订了 IBM 数字图书馆集成方案实施协议，包括办公自动化、图书馆业务管理系统和数字化图书馆三个部分，而数字化图书馆又是其中的重中之重。结合馆藏文献特色，构建各类型特色专题数据库，又是建设数字图书馆的重要内容。1999 年，辽宁省图书馆“东北图录数据库”建成，文献中的图片按照 CNMARC 格式著录，图片总量达到了近 9000 幅，为相关的学术研究提供了有力的依据，深受好评。

2005 年，辽宁省图书馆参加了“国家清史纂修工程图片征集”项目工作。从馆藏文献中精选出 4000 余幅历史图片，其中有相当部分是从民国文献中筛选出来的。通过该项目，辽宁省图书馆也进一步加强了馆藏文献的开发，并促进了相关人才的培养。

全文数据库建设方面，主要有以下几个重要的数据库：

1.《盛京时报》全文数据库

《盛京时报》创刊于清光绪三十二年（1906 年），由日本人中岛真雄创办，历时 38 年，至 1943 年左右停刊。该报可以说是研究中国近代史的重要文献来源之一。2009 年，辽宁省图书馆与清华同方合作，利用 TPI 系统，在较短的时间内把该数据库建设完成。读者可以通过题名、作者、栏目、发行年等多字段进行查询，为研究者节省了宝贵的时间。

2. 馆藏新中国成立前东北期刊数据库

该数据库共收录东北期刊 550 种，1150 册合订本，共计 7725 期 45 万页，篇名数据 23 万条，数据库容量 100GB。该数据库在辽宁省图书馆网站发布后，为国内外的众多研究者提供了相关研究资料。

3. 辽宁省图书馆家谱数字化建设项目

家谱的重要性不言而喻。辽宁省图书馆的家谱全文数字化项目，主要以民国线装书为主，采用清华同方 TPI 系统，累计采集家谱图片 28 万余页，涉及全国 19 个省区的姓氏 106 个，数据容量在 440G 以上。

4. **民国中文图书全文数据库**

该项目是辽宁省图书馆与超星公司的合作项目，将馆藏全部民国中文图书进行了全文数字化扫描，并可以实现多字段的检索，极大地方便了研究者的使用，也有效保护了民国图书原件。

（二）整理出版

多年来，辽宁省图书馆一直致力于民国文献的整理出版工作，并取得了一定的成绩。特别是在“民国文献保护计划”开展以后，辽宁省图书馆在民国文献调研和整理基础上，推出了报纸、地方志、毕业论文等数种涵盖民国时期文献的出版形式，初步形成了以地方为特色的体系与规模。2012 年，国图出版社出版了《辽宁省图书馆藏稀见方志丛刊》，共计 18 册，

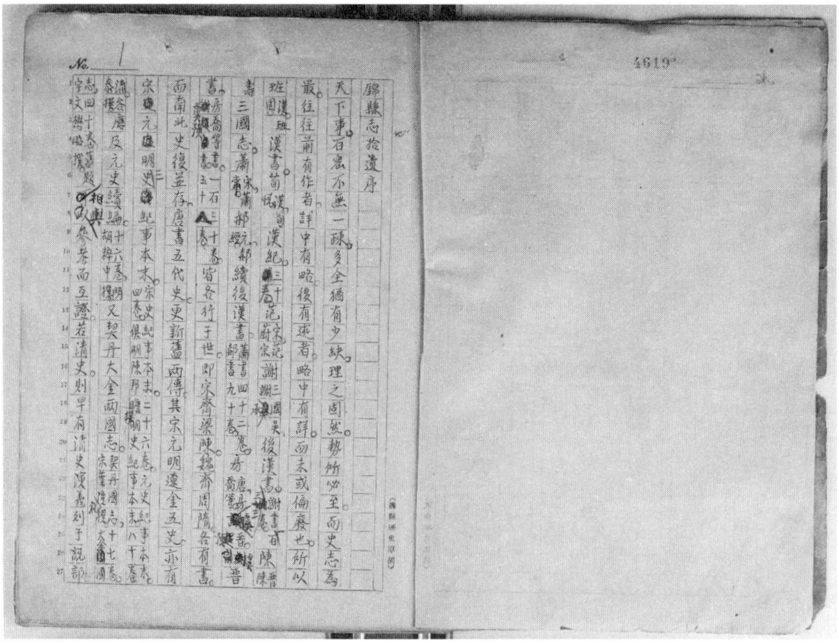

◎ 收入《辽宁省图书馆藏稀见方志丛刊》中的民国稿本《锦县志拾遗》

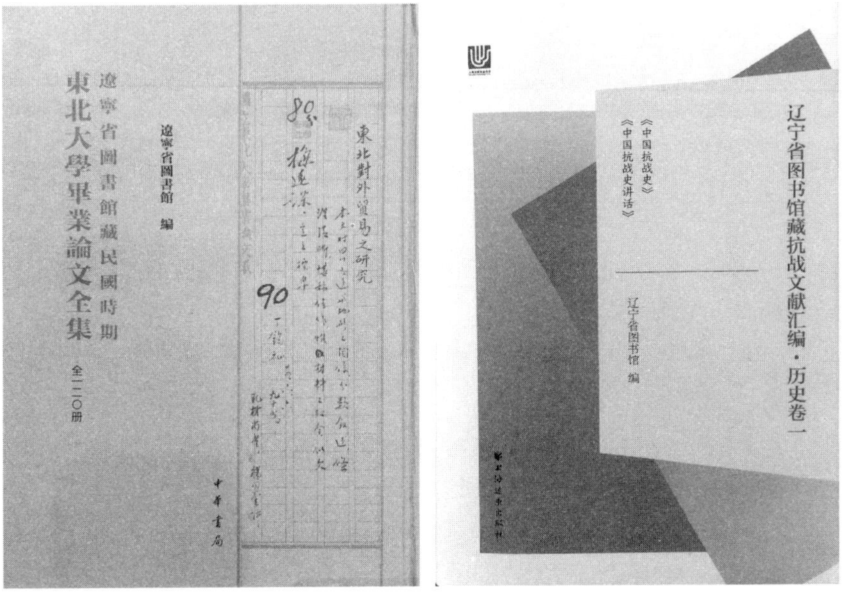

◎ 辽宁省图书馆近年来出版的部分民国文献整理项目

收录了历代珍贵且稀见的方志近 50 种，其中民国文献就占将近一半的数量，且颇具学术价值。例如，民国四年石印本《磐石县乡土志》，据《中国地方志联合目录》著录，属辽宁省图书馆独藏。民国时期的稿本还有《锦县志拾遗》《凌源县志初稿》，民国时期的抄本有《法库县乡土志》《新民府乡土志》《奉天西丰县乡土志》《梨树县乡土志》等。

2015 年，中华书局与辽宁省图书馆合作出版了《辽宁省图书馆藏民国时期东北大学毕业论文全集》（全 120 册），该书是辽宁省图书馆整理馆藏文献的阶段性成果。这批论文共有 525 篇，包括了从 1930 年到 1946 年东北大学文、法、理 3 个学院 7 个专业的论文。这批论文有着鲜明的时代特色，是研究东北大学和民国教育史的重要文献，对相关学者的专项研究具有积极意义。

2016 年开始，辽宁省图书馆与上海远东出版社合作，出版了《辽宁省图书馆藏抗战文献汇编》系列丛书。该书分为历史卷、经济卷和文献卷，共计 58 种，是有关东北抗战的政治、经济、军事、文化等方面的珍贵资料。

通过大量的前期调研和认真、科学的筹备工作，2016 年民国时期文献整理出版项目，辽宁省图书馆“民国时期东北工业文献汇编”成功获得国家民国文献保护中心出版课题的资助。该项目对馆藏东北工业文献做了细致的梳理和体例编排，具有很高的史料价值，对于今日东北老工业基地的振兴也不无借鉴意义。

三、对民国文献保护工作的思考

（一）关于民国线装书的普查与保护

天津图书馆李国庆先生曾在《关于 < 古籍定级标准 > “部标升国标”的几点说明》一文中，对日渐边缘化的民国线装书的开发、利用做了探讨，笔者对此深以为然。民国时期线装书数量大、价值高，还有深入开发整理的空间。一是要摸清这部分旧籍的家底，做好相关的普查登记工作，免其成为“被遗忘的朋友”；二是要有计划地开展整理、出版和保护工作。

（二）充分发挥民国文献的“史鉴”作用

民国文献既是对中华传统文化的延续，也是革命文化的重要组成部分。应该采取多种形式，予以大力弘扬。民国文献中的众多资料，比如调查资料等，对于当今的经济发展，仍有不可替代的“史鉴”作用。因此要做好相关人才的培养，也要做好民国文献的征集、补藏、宣传等工作。

（三）开展民国文献的科学保护

与古籍文献相比，各收藏单位对民国文献的重视程度明显不够，因此在文献存藏条件、资金扶持等方面非常薄弱。2014 年，民国时期文献保护工作办公室制定完成了《民国时期文献库房建设规范（征求意见稿）》，为各民国文献收藏单位提供理论指导。

民国文献，由于多采用机器制、酸性制浆造纸工艺，文献纸张酸化、脆化非常严重。民国时期文献保护中心设立的“民国时期文献脱酸研究与脱酸设备研制”项目，据悉已经取得了阶段性进展，如果在业界推广的话，可以有效改善民国文献的存藏条件。

对于重要的民国文献，可以借鉴古籍保护工作的经验，进行珍贵文献的定级评选，制定统一的“新善本”入藏标准，以便给予更好的存藏条件和保护措施。

此外，在民国文献的再生性保护中，应该努力构建统一的民国文献数字化平台，避免重复建设，减少对文献原件的损坏。

展古代典籍之美，览传统文化之韵

:: 撰写 / 娄明辉

作为中华传统文化的重要载体，古籍历经千百年的传承保存至今，已经成为中华民族宝贵的精神财富。辽宁省图书馆庋藏古籍 61 万册，向以版本特色鲜明、文献内容价值较高而为业界所瞩目。东北图书馆（后更名为辽宁省图书馆）成立伊始，历届馆领导和古籍工作者都非常重视古籍的保护和利用：编制馆藏古籍分类目录，举办“中国古籍分类知识业务讲座”和“馆藏善本书展览”等活动，参与古籍图籍的编纂，为相关研究者和大众所采用。如今，新馆三楼开辟历史文献区，仿古桌椅，书籍环列，古色古香，典雅别致。阳光射入，更显温暖且书香怡人。三楼的尽头，一扇大门映入眼帘，里面别有洞天。这就是辽宁省图书馆新馆创建的典籍展示馆。恒温恒湿的展柜、珍贵的古代典籍、定期举办的展览……徜徉其中，可以近距离地感受古籍的纸墨装帧，以及抄写之工、刻印之美。

一、古籍展览展示是传承传统文化的重要手段

2007年以来，随着“中华古籍保护计划”的实施，对古籍进行展览、展示、宣传、推广逐渐成为图书馆的共识。

纪录片《我在故宫修文物》之所以受到国人的热捧，很大的原因就在于其中的传统文化标志与工匠之心。片中无所不在的历史、传统、文化，能深深抓住每个中国人的心。

可以说，古籍更是浓缩了中华传统文化的符号。古籍展卷，扑面而来的墨香，美轮美奂的版画，雕刻精绝的字体，朴素古雅的装帧，琳琅满目的钤印，叹为观止的背后故事……观者只有在与之面对面、亲身体验的时候才能有更为深刻的体会，会更为传统文化的独特魅力所折服。

近年来，古籍保护工作受到了党和国家领导人以及各级政府和相关机构的高度重视。习近平总书记关于“要系统梳理传统文化资源，让收藏在禁宫里的文物、陈列在广阔大地上的遗产、书写在古籍里的文字都活起来”“坚定文化自信，推动中华优秀传统文化创造性转化、创新性发展”等重要论述，对如何做好古籍的展览展示、宣传普及等工作，起到重要的理论指引作用。图书馆应该也可以成为存世古籍的守护者，传承传统文化的践行者和生力军。

二、辽宁省图书馆近年来的古籍展览实践

（一）利用典籍展示馆进行古籍专题展

在图书馆中设立博物馆（展示馆），辽宁省图书馆虽非首创，但也是在国内设立较早的公藏单位之一。在辽宁省图书馆浑南新馆进行整体布局

设计时，预留了单独的空间，将其作为展示馆藏古籍的场所，并按照珍贵古籍的保护条件，在安防、温湿度控制等方面进行了高标准设计，并将之命名为辽宁省图书馆典籍展示馆。

典籍展示馆面积在200平方米左右，设置了恒温恒湿的固定展柜和移动展柜，定期进行主题展。其定位就是要让公众得以直观地感受典籍文化的魅力，并作为传统文化普及的场所，实现民众终身教育的目标，由此让固化的古籍实物活起来。

2017年，辽宁省图书馆新馆全面开馆伊始，在典籍展示馆举办了“册府菁华——辽宁省图书馆馆藏珍贵古籍展”活动。此次展览从辽宁省图书馆12万册善本中精心挑选46部珍贵古籍，包括蒲松龄手稿《聊斋志异》，唐代写本《大般若波罗蜜经》，宋版《扬子法言》《韵补》，目前所知明代套印色数最多的《刘子文心雕龙》，以及我国现存规模最大的清代雍正铜活字印本《古今图书集成》等，都是馆藏中最具代表性的缥缃精品。这也是辽宁省图书馆新馆全面开放以来，首次在馆内举办珍贵古籍展。展览通过微信公众号、报纸、新闻媒体的宣传，取得了非常好的效果。

（二）省内联合办展

2017年12月初，由辽宁省文化厅主办，辽宁省古籍保护中心、辽宁省图书馆和辽宁省博物馆承办的“藏之名山，传之其人——辽宁省珍贵古籍特展”在辽宁省博物馆新馆举办。这也是省图书馆搬迁新馆后，与博物馆的又一次合作。此次展览从入选《辽宁省珍贵古籍名录》的3179部中挑选展出150部珍贵古籍，可以说基本囊括了辽宁省古籍藏书的精华。

充分发挥辽宁省古籍保护中心的职能，采取联合办展、巡回展览等形式，可以更好地宣传全省古籍保护工作，向社会普及传统文化常识，传播优秀传统文化。同时，也可以有效调动各收藏单位的工作积极性，形成全省工作联动。

（三）跨区域展览

近年来，辽宁省图书馆（辽宁省古籍保护中心）策划参与了几次跨地区、跨部门的大型展览，社会反响热烈。

2013年1月18日至31日，由国家图书馆、国家古籍保护中心、辽宁省文化厅共同主办，辽宁省图书馆（辽宁省古籍保护中心）、辽宁省博物馆承办的“辽宁省珍贵古籍特展”在辽宁省博物馆举办。此次展览包括了省内古籍收藏单位的藏书，如旅顺博物馆所藏，距今已有1700余年历史，世界上已知最早有明确纪年的纸本文献《诸佛要集经》，被誉为辽宁省图书馆“镇馆之宝”的蒲松龄《聊斋志异》手稿以及《抱朴子内篇》等一大批珍贵稿本、宋元刻本。被国家图书馆列为“四大专藏”、举世闻名的《永乐大典》《赵城金藏》等六部国宝级珍贵古籍也首次抵沈。展览一经推出，引发了公众极大的参观热情，观展者络绎不绝，各大主流媒体也争相予以报道。

2014年4月19日，“天禄琳琅、《石渠宝笈》典籍书画展”在辽宁省博物馆开幕。此次展览，汇集了收藏于我省的43部天禄琳琅典籍和《石渠宝笈》手卷12件。国家图书馆此次提供了《资治通鉴》《朱文公校昌黎先生集》《学易记》《易小传》等五部天禄琳琅典籍，其中《朱文公校昌黎先生集》《学易记》两部古籍与辽宁省图书馆所藏可合为完璧。

2018年4月24日，由辽宁省图书馆和北京模范书局联合举办的“纸境——模范书局＋煮雨工坊雕版、印刷、装帧特展”，在辽宁省图书馆典籍展示馆开展。此次展出的展品是模范书局完全按照中国传统古籍雕版流程刻印的书籍，包括莫言先生的《大风》、国学大师饶宗颐先生的《饶宗颐诗钞》、著名诗人北岛的《北岛诗集》等，这也是我们将省内外的优势资源引进来，实现“联合互通”“合作双赢”的有益尝试。

此外，近年来，辽宁省图书馆的珍贵古籍也多次参与了国家古籍保护中心举办的珍贵古籍特展，得以让更多的民众了解辽宁省图书馆的古籍特色。

由此可见，在古籍的展览展示中实现省内外，乃至国内外公共馆、高校馆、博物馆之间的资源共享和有效联动，宣传“走出去”和“引进来”，使传统文化的传承既有“主阵地”，又有“分会场”，这是一种有效的模式。

三、公共图书馆古籍宣传展示工作的思考

（一）古籍的宣传展示是古籍保护工作的重中之重

古籍与传统文化之美，只有在与之面对面、亲身体验的时候才能有更为深刻的体会。从这点来说，古籍的展览展示对于宣传古籍保护工作，增强民众对于传统文化的热爱，有不可替代的作用。按照习近平总书记关于“坚定文化自信，推动中华优秀传统文化创造性转化、创新性发展”等重要论述的指引，对于今后的古籍保护工作，我们所要做的，就是深入思考如何发挥古籍文献的特色，将其真正地容纳吸收，做好古籍文献的宣传推广、展览展示工作。

（二）古籍的展览展示要进行科学规划

与博物馆的文物不同，古籍相较而言显得更为“平面化”。因此，在进行古籍文献的展览时，应该在展览的形式上多下功夫，避免出现单一化、同质化的趋向。在展览内容的设计上，也应该选取趣味性、知识性、互动性高度融合的专题，以吸引更多的公众关注。

在展览时间的选择上，可以结合重要的时间节点进行，如 2017 年，“中

华古籍保护计划”实施10周年，辽宁省图书馆（辽宁省古籍保护中心）策划举办了“努力名山接薪火——辽宁省古籍保护工作十周年成果展”，既是总结过往古籍保护工作，也是向公众宣传古籍在传承中华传统文化中的重要作用。

（三）打造古籍展览展示品牌

虽然古籍工作的宣传力度在逐年加大，宣传路径也日益多元化，但不得不承认的是，古籍的宣传展示工作仍属于比较“小众”的工作，尚未形成有效的文化品牌，没有培养出一大批忠诚度较高的受众群体，对公众的影响力依然有限。

品牌的打造并非朝夕可成，需要古籍工作者在展览前做好充分的调研分析，展览策划筹备，同时一定要紧密结合文献特色，做好定位，深入挖掘古籍文献内涵，形成自己的风格，在展览的维度、力度、深度上下足功夫，而不能盲目跟风、哗众取宠。不为宣传而宣传，不将宣传流于形式，而是要真正形成有品位的宣传品牌。

（四）展览与传统文化传承紧密结合

展览、展示、讲座、数字化平台等，都是传承传统文化的重要手段。在展览中应该充分考虑上述元素的综合运用，如2014年“天禄琳琅、《石渠宝笈》典籍书画展”期间，我们邀请了天禄琳琅藏书领域的著名专家刘蔷女士，进行了一场有关天禄琳琅藏书的讲座；2018年“纸境——模范书局＋煮雨工坊雕版、印刷、装帧特展”期间，我们邀请了模范书局的创办人姜寻先生，进行了一场有关古籍雕版方面的大众讲座，都取得了很好的效果。

在辽宁省图书馆举办的几个大型展览中，将展览与古籍修复、碑帖传拓、雕版刻印等有机结合起来，与古籍展览实物实现了很好的互补。

展览是文化传承的形式，其目的还是让公众感知并喜爱上传统文化，进而有意识地阅读古籍的原典。因此，展览应该大力推进传统文化的全民阅读，与探索让传统文化“进机关、进学校、进社区、进企业、进军营、进乡村、进家庭”相结合，与开发趣味性知识性相结合，与贴近生活的文创产品开发相承接。

此外，随着时代的发展，古籍的展览也必然与科技的发展日益融合。科技的进步为古籍展览的宣传形式和表现手段提供了无限的可能性，并可以使展览的传播速度、传播力量最大化。图书馆可以与科技公司联合，发挥各自的优势，实现合作共赢。在运用科技手段实现文化传承方面，古籍工作者可以大有作为。

Part 7

管理与队伍建设篇

服务大局　规范管理　优化流程　提高质效
——辽宁省图书馆财务管理工作回顾

:: 撰写／姚　杰　庞　飞　盖玲月

时光回溯到 2015 年 4 月，辽图人怀着对新馆建设开放的憧憬，参与并见证了具有划时代意义的历史上第三次大搬迁。随着新馆建设的逐步完善，2015 年 8 月新馆部分投入使用并开放。图书馆以全新的建筑、全新的设备、现代化的信息化管理技术、不断创新的服务内容和服务手段为社会提供了优质的公共文化服务。随着新馆的逐步开放，服务面积几何式地增长，预算经费也在大幅地增加。我馆 2017 年年初预算安排 8311.00 万元，比 2016 年预算数 7766.17 万元增加了 544.83 万元，比上一年增加 7.02%，财政预算的加大投入，为图书馆事业的发展提供了保障。与此同时，面对新馆的投入使用，经费的增加，特别是近年来财税体制改革不断深化，要求财务管理要与时俱进，不能因循守旧，图书馆财务管理工作坚持以服务图书馆事业发展大局为前提，以规范预算、预算支出为保障，在财务活动过程中，优化财务流程，提高财务管理的质效水平，为图书馆的事业发展保驾护航。值此建馆 70 周年之际，我们怀着对前辈的崇敬，怀着对共事同仁的感谢，怀着对图书馆事业发展的憧憬，回顾近年来财务工作的发展历程，总结财务工作的经验。

一、随着财政对文化事业发展投入的不断加大，图书馆的财务状况发生翻天覆地的变化，为图书馆服务社会提供了资金保障

2010 年财政部、文化部颁布了《关于推进全国美术馆公共图书馆文化馆（站）免费开放工作的意见》，2016 年中华人民共和国第十二届全国人民代表大会常务委员会第二十五次会议通过了《中华人民共和国公共文化服务保障法》，并于 2017 年 3 月 1 日起施行，2018 年 1 月 1 日《公共图书馆法》实施，随着一系列公共文化服务政策的出台，财政对图书馆事业发展的经费投入也在逐年加大，为图书馆事业的健康发展提供了强有力的经费保障，图书馆的资产进入了快速增长期，财务状况发生了翻天覆地的变化。2012—2017 年，图书馆的资产总额由原来的 3.36 亿元增长到 12.72 亿元，净资产由原来的 3.23 亿元增长到 11.18 亿元，固定资产由原来的 2.94 亿元增长到 11.01 亿元。

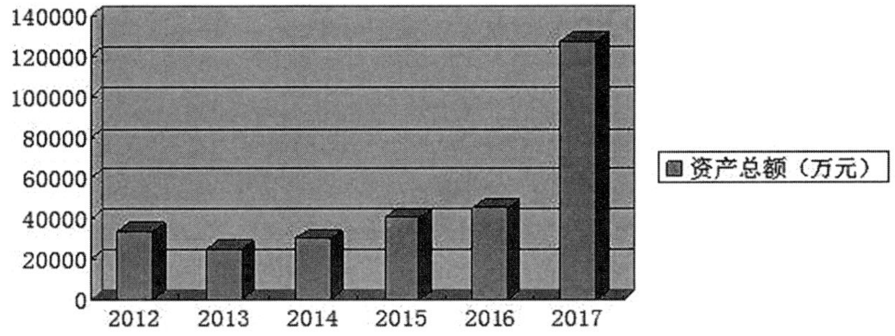

◎ 2012—2017年资产总额变化柱形图

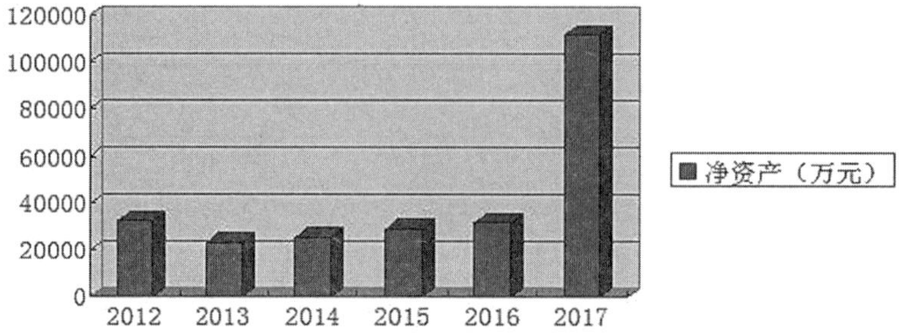

◎ 2012—2017年净资产变化柱形图

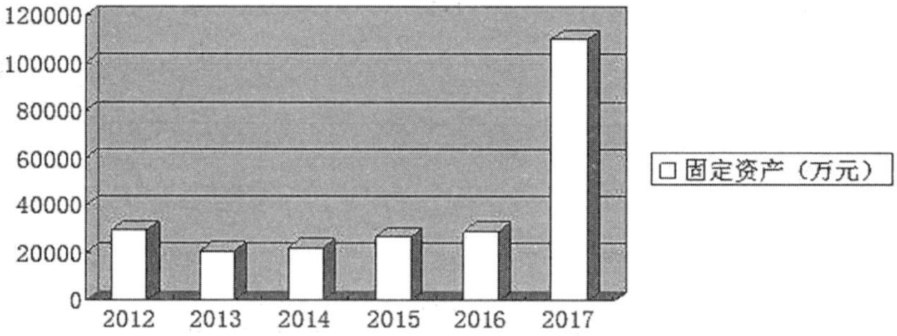

◎ 2012—2017年固定资产变化柱形图

财政资金的投入为图书馆服务社会、服务大众提供了强有力的资金保障。我们以馆藏特色文献为支撑，以各类创新阅读活动为载体，探索图书馆阅读推广空间建设，如具有历史特色的“萃升书院”“文溯书房”阅读推广空间，含有现代科技元素的“众创空间”“影音欣赏”空间，富有人文关怀的“少儿天地”“特殊群体服务中心”等。与此同时，我们以读者需求为出发点和立足点，不断探索服务的创新发展，在维护、升级现有“手语世界”“对面朗读”“乐龄俱乐部”等服务品牌的同时，也逐步推出一批阅读推广品牌，如“辽宁省公共图书馆全民读书节”“辽图展览”“辽图讲坛”“图书馆嘉年华”“童阅乌托邦”“听书品戏看经典”“百万图书万里行”等服务品牌，内容雅俗共赏，形式多元灵活，极大地丰富了广大人民群众的精神文化生活，深受各界读者的欢迎和喜爱。省图书馆真正成了市民的“第三空间”。

二、打造一支具有坚定理想信念、业务素质过硬的财务队伍，为图书馆事业发展提供优质服务

2016年年初，为顺应新馆发展管理的需要，单位进行了内部机构改革，财务科改成财务部，编制由原来的5人增加到现在的7人，财务管理的职能也越来越凸显。

《预算法》于2015年完成了首次修改，财务管理不断向科学化、精细化、规范化发展，会计时代也从会计2.0“电算化会计时代”进入会计3.0“共享会计时代”，会计制度和专业知识不断更新，在实际工作中，财务人员不断地学习，更新自身的财务知识储备，时刻准备应对财务管理发展所带来的新的挑战，并为此做出了以下努力。

第一，定期组织全体会计人员参加《会计法》《事业单位会计准则》《政府采购法》《国有资产管理暂行办法》等一系列会计政策及法律法规的学习，不断地更新自身的知识储备。

财务人员要熟悉掌握财务会计相关法律法规，并能够应用到实践工作中去，提高实践操作能力。我们深知，会计人员除了必备的基本素养，更需要明确自身作为会计从业者需要担负的责任，并在工作中去执行，防止违法犯罪的发生。

第二，为了提高财务人员的职业素养，解决工作与学习的矛盾，我们采取灵活多样的学习方法。

比如采取集体学习与自我学习相结合的方式，有针对性地带着问题导向去学习。坚持“以老带新”，相互沟通交流，取长补短的方式学习。不

断更新专业知识结构和层次，提高自身素质，达到岗位要求，并在做好日常记账、算账的同时，注重会计信息分析，为单位领导决策提供服务，当好领导的参谋助手。

通过学习，我们逐步建立起一支“业务精、能力强、素质高、行得正、信得过”的财务队伍。财务管理水平不断提高，有关财务管理工作及工作文本作为文化厅财务工作的样本在厅内进行推广，并号召各厅直单位学习。

三、加强制度建设，强化预算管理，财务管理规范化

新时期，事业单位体制改革不断优化，财政预算管理领域也发生了巨大变化。部门预算改革、国库集中收付制改革、财政收支分类改革、政府采购改革等，形成了财政预算管理的新形势。随着我国新的财政政策、新的财政管理办法和管理措施的出台，单位财务管理也要顺应新的财政预算管理，从实际出发，在国家大的政策框架下，为自身提供完善的财务管理制度和管理模式，用制度规范财务行为，达到财务管理的目的。

财务管理从制度建设入手，规范预决算管理、绩效管理、内部控制管理等。

（一）制度建设

财务制度建设是单位财务管理的重中之重，用制度规范财务行为，促进各项财务工作健康、有序发展。在实际工作中，财务部在国家各项规章制度出台并实施的同时，也在不断制定、修订和完善符合本单位的财务制度。我们先后制定了《辽宁省图书馆财务管理制度》《辽宁省图书馆办理政府采购及招标工作流程及实施细则（试行）》《辽宁省图书馆差旅费管理办法》《辽宁省图书馆公务卡管理实施细则》《辽宁省图书馆劳务费支付管理规

定（试行）》《辽宁省图书馆专项资金管理暂行办法》《辽宁省图书馆购买社会服务规范》《辽宁省图书馆对外合同签订与管理规定》等二十余项规章制度。完善的制度建设为图书馆的财务管理规范化提供了保障。

（二）预决算管理

事业单位的预决算是财务工作的重要组成部分，并贯穿财务活动始终，因此做好预决算管理工作尤为重要。预决算管理过程中我们严格遵循《会计法》《预算法》《行政事业单位会计决算报告制度》《辽宁省本级预算管理规定》及本省相关文件（如《辽宁省预算审批监督条例》）等相关规定，坚持收支平衡的原则、量力而行的原则、完整细化的原则、严格预算约束的原则、讲求绩效的原则编制单位年度预算。

1. **确保基本支出预算，优先安排必保刚性支出**

本馆严格按照《省本级基本支出预算管理办法》有关规定，准确上报单位人数、工资、资产等基础信息数据，以及各项收入情况，认真编报物业管理、网络租赁和专业设备运维等经费类项目，完善基本支出预算编制，使预算编制科学、合理、全面。

2. **完善项目支出预算，提高项目预算编制水平**

按照《辽宁省文化厅项目支出预算管理办法（试行）》有关规定，加强了项目专项资金设立、调整和撤销、预算编制和执行、绩效评价和监督

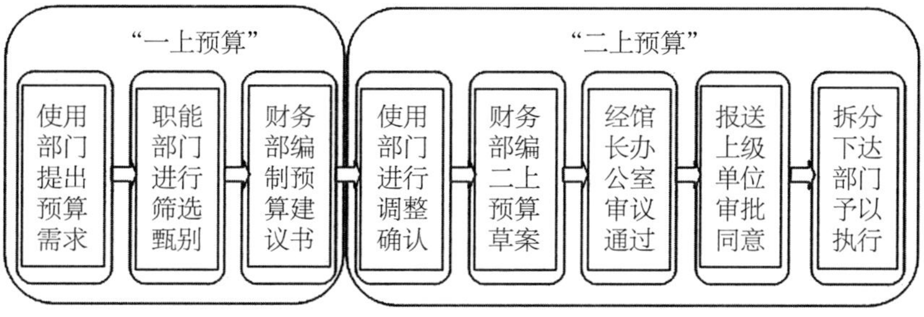

◎ 预算业务管理流程图

检查等管理。编制项目预算做到“三符合”：符合有关法律、法规、规章和国家政策方针，符合省委、省政府重大决策部署，符合公共财政支持方向和财政资金补助范围，与升级财政事权与支出责任相匹配。项目依据做到科学、合理、真实、准确、完整，确保重点项目不多报、不漏报、不留硬缺口，切实提高了项目预算到位率。2018年项目预算金额达到6093万元，达历史新高。

与此同时，按照国家和省关于实行中期财政规划管理的要求，开展了三年项目预算编制工作，为图书馆事业可持续健康发展提供资金保障。

（三）项目预算绩效管理

为更好地提高资金使用效益，从2012年开始，我们结合单位实际情况，积极探索，开展项目预算绩效管理。我们从“文献资料采购”项目入手，先易后难，逐步摸索。管理过程中，我们明确工作目标、理清工作思路、理顺工作机制，科学、真实、客观、公平、公正地设计绩效指标，在此基础上，积累经验，在财政大的框架下，搭建起适合本单位实际情况的预算绩效管理体系，设计好内部工作流程，稳步将绩效管理引入到“免费开放专项经费”“古籍保护专项经费”“设备维修维护专项经费”等项目中，逐步建立了“预算编制有目标、预算执行有监控、预算完成有评价、评价结果有反馈、反馈结果有应用”的预算绩效管理机制。

（四）内部控制管理

内部控制是保障组织权力规范有序、科学高效运行的有效手段，也是组织目标实现的长效保障机制。我们紧密结合单位实际情况，落实“三重一大”，以问题为导向，查找风险点，规范建立内部控制制度，将财务风险降到最低。针对经济活动和经济活动的重大风险制定了《省图书馆关于重大项目安排和大额资金使用事项决策制度》，针对固定资产的报损、报废、核销、调拨、出租、出借等制定了《省图书馆国有资产管理办法》，针对政府采购制定了《省图书馆询价采购实施细则》《省图书馆目录外政府采购管理办法》等，形成了在单位内部的部门管理、职责分工、业务流程等方面相互制约和相互监督的完整内部控制体系。首先，在单位层面，领导高度重视，单位主要负责人是内部控制小组负责人。内部控制覆盖到预算管理、收支管理、政府采购管理、资产管理、合同管理等范围。其次，在业务层面，分事行权、分岗设权、分级授权、定期轮岗、专项审计。对经济活动的决策、执行、监督，明确分工、相互分离、分别行权；对涉及经济活动的相关岗位，权责明确；对管理层级和相关岗位，分别授权，明确授权范围、授权对象、授权期限、授权与行权责任等。每年聘请会计师事务所专业审计人员对单位财务核算的规范性和内部控制执行的有效性进行审计，有效地防范了经济活动的风险。

（五）监督机制

在逐步完善财务管理工作的同时，我们在各环节建立健全了内部监督机制，确保财务工作在内部牵制环节、资产保全环节及内审等环节进行有效监督。首先是制度保障，我们建立了健全的财务制度；第二是科学设岗，设置财务人员与不相容的岗位相分离，在预算执行过程中，财务人员发挥自身的监督职能，对单位日常财务活动进行监督；第三是集体决策，财务重大开支和重大事项需经过馆长办公会集体讨论决定方可执行；第四是纪检监督，在资产验收等环节，有本单位纪检人员全程参与监督验收等；第五是接受监督，对馆内重大开支、“三公”经费、年度财务收支等经济行为面向单位和社会进行公示。每年聘请会计师事务所对本单位财务收支行为进行审计监督。在财政厅、审计厅组织的财务预算执行审计、专项经费审计中，本单位没有违纪现象的发生，得到了审计部门的一致好评，在聘请社会第三方内部审计过程中也得到优秀的评价等级。

在图书馆发展转型、全面免费开放条件逐渐成熟的情况下，在财税体制不断深化改革的今天，财务人员在财务管理上，做了大量扎实有效的工作。特别是近年来，我们认真学习习近平新时代中国特色社会主义思想，以党的十九大精神为统领，依法从严、精细做好会计核算和财务管理工作，真实、完整、及时反映单位财务状况，通过加强全面预算管理、预算绩效管理、内部控制制度管理等，单位财务管理水平不断提高。

70年的历史长河中，辽图人用勤劳和智慧创造了辽图的辉煌。展望未来，任重道远。新时代，在全面建设文化强国的伟大征程上，公共图书馆承担着历史责任和使命，财务工作者也将充分发挥财务管理在公共图书馆服务过程中的作用，助推社会文化大发展、大繁荣，为构建全民学习、终身学习的学习型社会做出贡献。

对外交流与合作探索

:: 撰写／韩　宁　王方圆

辽宁地处东北亚重要节点，是连接日、韩、朝、俄等国的交通枢纽，自古以来就是各国贸易往来、文化交流的战略要地。在中国推进“一带一路”建设的今天，辽宁省充分发挥区位优势，不断扩大对外开放，采取“引进来”和“走出去”紧密结合等方式，努力将我省打造成为面向东北亚开放的重要门户。

文化交流是对外开放的重要内容，辽宁省图书馆作为我省的文献信息储存中心和地方文化传播中心，具有开展对外文化交流与合作的悠久历史。在20世纪90年代和21世纪初，曾先后与韩国大邱图书馆、日本富山图书馆互建为友好城市图书馆，有着长期的深入合作和密切交往。迁入新馆后，辽宁省图书馆各项工作得到长足发展。特别是党的十八大以来，辽宁省图书馆乘“一带一路”倡议等国家战略的东风，依托区位、历史、资源等多方优势，按照《公共图书馆法》的要求，持续深化对外交流与合作，坚定文化自信，讲好中国故事，推动中华优秀传统文化和地方文化走向世界，增强了世界对中华文明的认同和理解。

一、讲好中国故事，积极加入国家对外文化交流大局

“相通则共进，相闭则各退。”作为国家对外文化交流大局的组成部分，图书馆对外交流与合作是实现文化外交使命的一种有效方式。国家推进“一带一路”建设以来，我馆进一步增强大局意识和责任意识，精心谋划、不断探索，积极主动融入国家整体发展战略中。

（一）融入海外中国文化中心建设，促进“一带一路”国际合作

“一带一路”建设是纵贯古今、统筹陆海、面向全球的世纪蓝图，是中国领导人在世界格局发生深刻复杂变化之际提出的新的合作倡议。辽宁省图书馆作为“一带一路”沿线东部节点的省级公共图书馆，勇于承担文化交流使命，积极融入国家战略，2015 年、2016 年连续两年牵手中国“一带一路”重要合作伙伴俄罗斯，与莫斯科中国文化中心、俄罗斯国立图书馆合作，举办系列文化活动，以图、文、影、音、物等多载体相结合的方式，向俄罗斯人民讲述精彩的“中国故事”。

2015 年 3 月 17—30 日，辽宁省图书馆主办的“中国传统节日系列图片展”在俄罗斯国立图书馆玫瑰展厅展出，现场播放同主题纪录片，展出中国结、龙舟、爆竹和脸谱等传统节庆物品，多角度、全方位地向当地群众展示出中国节俗文化的独特魅力和中华优秀传统文化的博大精深，为推动中俄文化的交流互鉴、加深两国人民的友谊发挥了积极作用。2016 年 5 月 22—27 日，受莫斯科中国文化中心邀请，辽宁省文化厅、辽宁省图书馆

◎ 俄罗斯读者在“中国传统节日系列图片展”展览现场阅读展览说明手册

一行 5 人组成文化代表团赴莫斯科参加“莫斯科中国文化中心第四届‘品读中国’读书周”活动。辽宁文化代表团在莫斯科中国文化中心举办了“中国汉字发展史图片展”和“汉字的演变与书法的魅力”专题讲座，现场进行的书法展示受到俄罗斯读者的欢迎，活动用直观生动的方式弘扬民族文化，向俄罗斯人民展示了真实、立体、全面的中国，为增进两国人民的友谊和信任搭建起文化之桥。

海外中国文化中心是由我国文化部在世界各国设立的中国文化传播和交流平台。党的十八大以后，为贯彻落实习近平总书记中国特色大国外交思想，我国的海外中国文化中心如雨后春笋般不断涌现，向全世界弘扬了中国文化，成为中国文化与世界各国文化交流互鉴的窗口。为了积极融入国家文化战略，辽宁省图书馆寻求与莫斯科中国文化中心的深入合作，

◎ 辽宁省图书馆专家在“莫斯科中国文化中心第四届‘品读中国’读书周”活动。现场书写书法作品

2015 年，在莫斯科中国文化中心图书馆设立“辽宁书架”，首批捐赠 500 册图书，涉及文化、历史、人物、风俗等方面，全方位展示了辽宁地方文化及其独特的民族魅力。2016 年，辽宁省图书馆继续向“辽宁书架”捐书 200 余册，储备更丰富的“辽宁书架”实现升级，为更多的俄罗斯读者带来精神文化享受。“辽宁书架”的设立进一步丰富了莫斯科中国文化中心的文化资源，成为展示辽宁悠久历史文明及现代化建设最新成果的一扇窗口，为加强中国文化的传播力、影响力、吸引力和感染力发挥了积极作用。

（二）把握中法外交关键时刻，创新模式实现“文物回归”

2015 年是中法关系新一个 50 年的开启之年，两国元首和政府首脑实现了互访，中法关系进入了承前启后的重要时刻。辽宁省图书馆及时把握这一外交时机，与法国国家图书馆、上海远东出版社合作，共同举办了“《圆明园四十景》原件再造文化特展”。展览于当年 11 月 25 日在辽宁省图书馆开幕。辽宁省文化厅副厅长杨世涛、辽宁省图书馆馆长王筱雯、上海远东出版社社长徐忠良、法国驻沈阳总领事馆文化领事李岚等出席了开幕式并致辞。杨世涛在致辞中对此次展览给予高度评价，他说：“此次展览增进了中法两国文化界的相互了解，对加强合作具有重要意义。”王筱雯在致辞中指出，此次展览让辽沈民众直观感受到了中华优秀文化遗产的独特魅力，是以多元化形式推动我省公共文化服务的大胆尝试和全新探索，辽宁省图书馆将在今后的工作中继续加强国际文化交流与合作，为推动中法共建“一带一路”发挥积极作用。

《圆明园四十景》是乾隆登基伊始命宫廷画家所做，被誉为圆明园的“孤版照片”，价值珍贵。1860 年被英法联军劫掠而去，后一直藏于法国国立图书馆。此次展览，通过两国图书馆界和出版界的共同努力，令珍宝以数字化的形式实现回归，并以 1∶1 原尺寸、原材质、原装裱工艺和精度无限接近原件的高品质与世人见面。

展览引起了良好的社会反响，加深了中法两国图书馆的合作与交流，为广大国人回顾历史，走近艺术，感受中华传统文化的魅力搭建文化平台，被相关专家誉为“海外中华遗产数字化回归的一次成功尝试”，为深化中法全面战略伙伴关系发挥了积极作用。

二、增强国际影响，全面拓展对外交流的深度与广度

“文明交流互鉴，是推动人类文明进步和世界和平发展的重要动力。”加强对外文化交流是习近平总书记新时代大国外交政策的重要内容。在此

大背景下，辽宁省图书馆高度重视对外交流、合作工作，不断把工作方向调整到坚持社会主义核心价值体系，坚定文化自信，推动社会主义文化繁荣兴盛上来。一方面，辽宁省图书馆全面拓展对外交流合作的领域，在数字化建设、资源建设、图书馆“创客空间”建设、古籍保护利用等领域积极开展国际交换、业务交流、学术研究等合作，各项事业融入国际化发展体系，树立了良好的国家形象，向世界展示了中国文化、华夏文明的动人风采和独特魅力；另一方面，辽宁省图书馆对外交流与合作持续向深入化发展，多次参加国际学术会议，在国际会议上做大会发言，国际影响力日渐增强。

2014年10月13日，“中国—阿拉伯国家图书馆馆长论坛”在北京开幕。辽宁省图书馆副馆长杜希林应邀参会，并做了题为“加强交流与合作　促进繁荣与发展”的大会发言。在发言中，杜希林向与会代表介绍了辽宁省图书馆的基本情况，回顾了中阿两国人民交往的悠久历史和深厚情谊，并就两国图书馆继续深入合作、共同发展提出了建设性意见。发言深受中阿两国代表的赞同，引发了积极反响。

2016年10月18日，浙江图书馆和北京大学信息管理学院共同主办的“公共数字文化论坛”在浙江图书馆举行。我馆副馆长卢丹应邀参会，面向150余位中外专家做了题为《辽宁省公共数字文化工程的体系建设》的发言，详尽介绍了辽宁省公共数字文化工程的建设情况、取得的成就、成功的经验、存在的问题和发展的趋势，发言获得与会代表的高度评价。

2016年11月4日，第九届海峡两岸文化产业博览交易会在厦门举办，我馆副馆长杜希林应邀参会，并做大会发言。杜希林在发言中介绍了辽宁省图书馆古籍保护与利用的基本情况，并就文创产品的设计与开发等问题发表了观点，引发了与会者的热烈讨论。

2016年11月7日，由中国古籍保护协会、中国台湾古籍保护学会联合主办的“第五届古籍保护与交流学术研讨会暨第二届海峡两岸古籍论坛”在中国台北举行，来自海峡两岸各大图书馆、知名院校、古籍学术机构的60余名专家学者齐聚一堂，就两岸古籍编目、家谱、尺牍、修复、馆藏等问题进行专门研讨。辽宁省图书馆特藏部主任刘冰参加了此次论坛，并做了题为“辽宁省图书馆未编目古籍的整理与保护工作”的大会发言，向海峡两岸的古籍保护专家们介绍了辽宁省图书馆古籍保护与利用的情况，并就如何进一步推动两岸古籍保护与交流工作的深入发展提出了建设性意见。发言引发了专家们对我馆古籍保护与利用工作的高度兴趣，不少专家提出希望能够来馆做进一步访问、交流。

三、彰显文化自信，以开放的胸怀欢迎四海来客

志合者，不以山海为远。

借着国家公共文化战略的东风，近年来，辽宁省图书馆各项事业进入快速上升期。特别是迁入新馆后，辽宁省图书馆的服务空间、服务设施、服务环境得到根本改善，图书馆行业前沿的新理念、新技术、新模式在管理与服务的实践中得到广泛应用，接待能力、服务质量、办馆水平实现全面优化，读者满意率和好评率持续拉高。习近平在党的十九大报告中指出，“没有高度的文化自信，没有文化的繁荣兴盛，就没有中华民族伟大复兴”。对准“中国一流，世界先进”的发展目标，辽宁省图书馆正以坚定自信的姿态走向世界，也以开放包容的胸怀欢迎世界的到来。

2017年4月，在国际图联图书馆管理和市场营销分会组织的第14届IFLA BibLibre国际营销奖评选活动中，我馆选送的“童阅乌托邦”少儿公

益阅读推广活动引起了奖项评审委员会的高度关注，从全世界65个申请项目中脱颖而出，被评委提名为10个最富于启发性的项目之一。“童阅乌托邦”少儿阅读推广活动，是我馆面向3至8岁小读者及其家庭推出的以四维绘本阅读、传统文化体验、指间创意阅读、儿童戏剧游戏、玩具总动员、阅读书目推荐、主题展览及儿童文化集市等多种形式进行的阅读推广活动，此项品牌在全省少儿阅读推广工作中发挥了重要作用，在社会上有着较为深远的影响，此次获奖也更好地向全世界展示了我馆与时俱进的办馆理念和鲜活生动的服务风采。

新馆开放后，我馆除了做好本地区读者服务外，也迎来了大量国际友人和港澳台同胞的到访。这些来自世界各地、行业内外人士的参观和访问，一方面彰显出辽宁省图书馆的国际影响力和文化辐射力；另一方面也带来了先进的国内外经验和理念，推动我馆进一步融入全球化发展的庞大体系。2016年8月11日，以“传承民俗文化　筑梦精神家园”为主题的中国台湾青年学生沈阳夏令营非遗展演活动在我馆举办，100余名台湾青年学生参加了活动；2016年8月12日，巴基斯坦中国文化中心2名优秀学员在省文化厅外联处处长舒晓燕带领下来到我馆参观交流；2016年9月6日，美国加州大学伯克利东亚图书馆中文部主任何叶剑来到我馆进行交流访问；2016年9月19日，巴基斯坦中国文化中心10名知名艺术家和艺术机构负责人到我馆参观交流；2016年11月6日，国家图书馆的交换馆员金孝经（韩籍）来到我馆，就我馆韩国古文献收藏、数字化情况及相关书目进行调研；2017年6月13日，以澳门街坊总会副理事长欧家辉为团长的澳门社会服务工作者代表团一行21人来到我馆参观……

文化因交流而多彩，文明因互鉴而丰富。在《图书馆学引论》中谢拉（J. H. Shera）提出，“图书馆是由文化浇铸而成的，交流在文化构成中占中心地位。图书馆是文化交流体系中的重要组成部分”。中国图书馆界自古以来即以“四海一家，天下文明”为己任，通过多种途径向亚洲乃至世界各国推送和传播中华优秀传统文化，加强中华文明对世界文明的影响。2018 年 1 月 1 日《中华人民共和国公共图书馆法》正式施行，其第九条规定:“国家鼓励和支持在公共图书馆领域开展国际交流与合作。”在今天，现代公共图书馆更应担负起历史和时代赋予的使命，发挥文化优势，创新协作模式，主动融入国家战略，发挥更大、更重要的作用。

响应时代的召唤，顺应发展的潮流。辽宁省图书馆将按照党的十九大报告的具体部署，在习近平总书记提出的“大国外交”政策的指引下，继续拓展对外交流与合作的广度和深度：以国家“一带一路”倡议为抓手，推进与沿线国家的交流与合作；以海外中国文化中心为依托，进一步弘扬中华优秀传统文化；加强辽宁省公共、高校图书馆联盟建设，打造规模化、常态化、品牌化的合作项目，为辽宁省开创对外开放新格局搭建文化桥梁，打造文化名片，促进不同文化的交流互鉴和共同发展，在各国文明碰撞融汇的大语境下“讲好中国故事”，提升中华文化的影响力和辐射力，为实现“两个一百年”奋斗目标和中华民族伟大复兴中国梦发挥更加积极的作用。

行稳致远，砥砺前行。在一步一个脚印的探索中前行，在一点一滴成果的积累中成长，辽宁省图书馆正在走向更加美好的未来。

宣传工作与文化同行

∷ 撰写／杨丹丹

民族的根在文化，文化的殿堂在图书馆。文化的作用，是其他社会要素无法取代的。图书馆作为社会文献、信息、知识乃至数据的收藏、组织、传播和服务中心，承担着文化传承与发展的重任。图书馆对优秀文化进行宣传的同时，引导人们朝着先进的舆论方向发展。辽宁省图书馆宣传工作高举文化旗帜，紧跟时代主旋律，关注百姓需求，利用媒体渠道，营造了主旋律高昂、积极向上的文化氛围，推出了大量特色鲜明、定位准确、总结到位的宣传稿件，呈现出网上网下、对内对外、传统媒体和新兴媒体同步发展的新态势。

一、着眼于国家文化工作的整体布局，从图书馆中心工作出发把握宣传工作的重要性

（一）国家对宣传工作重视力度空前

党的十八大、十九大以来，以习近平同志为核心的党中央，系统规划并全面推进宣传思想文化工作。习近平总书记在全国宣传思想工作会议上发表的重要讲话和在党的新闻舆论工作座谈会上的讲话等重要指示精神为宣传工作举旗定向。习近平总书记对宣传思想文化工作有着深远思考，反复强调宣传思想文化工作在党和国家工作全局中的重要地位和突出作用。

（二）宣传是图书馆引领全民阅读的有力抓手

2017 年，“全民阅读”第四次写入政府工作报告，足见国家对阅读的重视。近年来，我国推动全民阅读的进程轰轰烈烈，各地区、各部门特别是图书馆在阅读推广上都开展了许多工作，取得了相当好的成绩。但是，现有情况距离全民阅读的理想仍有较大差距。图书馆作为开展全民阅读活动的重要场所，肩负了引导阅读和推广阅读的责任，加大引导、宣传力度，就显得尤为重要。

（三）宣传是图书馆自身发展的需要

《公共文化服务保障法》《公共图书馆法》的相继出台，彰显了公共图书馆事业在中国特色社会主义文化中的重要地位，体现了公共图书馆在新时代满足人民日益增长的美好生活需要的重要作用，同时也开启了图书馆事业发展的新时代。为了吸引更多的读者走进图书馆、了解图书馆、利用图书馆，辽宁省图书馆新馆试开馆后，加大宣传力度，多角度、多渠道地宣传新馆温馨舒适的阅读环境，以及一流的设施设备、特色的服务空间、创新的服务品牌。

二、紧跟文化事业发展方向，围绕工作主题，多种宣传手段并用

（一）认真领会文件精神，把握宣传重点

当前，现代公共文化服务体系建设步入了发展快车道。省委、省政府、省文化厅对进一步完善辽宁省公共文化服务体系，深入实施文化惠民工程，开展丰富的群众性文化活动提出了一系列要求。省图书馆紧紧抓住这些重点工作，深入学习各类文件精神，把握实质要义，切实将文化宣传工作与图书馆工作深度融合。用文化宣传营造文化氛围，用文化宣传渲染文化活动。例如，2017 年 4 月至 6 月，全省一年一度的读书节活动期间，省图书馆充分发挥全省龙头和引领作用，联合全省各级公共图书馆广泛开展展览、讲座、读书会、报告会、主题论坛、专题阵列、网络竞赛、音乐欣赏、影视观摩等阅读推广活动。为了使活动更具声势，广大人民群众广泛参与，宣传人员提前准备活动方案、编辑宣传通稿，联系省内媒体，在各大主流媒体上发布信息。同时，在撰写宣传通稿时，注重新闻宣传的计划性、整体性、协同性，聚焦最优新闻资源，腾出更大宣传空间，围绕读书节主题营造阅读氛围，并且注意“点”“面”结合，既把读书节作为有机整体，注重活动前、活动中、活动后新闻宣传的统筹谋划，又将每一类专题活动作为宣传“点”进行逐一宣传，提升活动的社会影响力和关注度。每年春节、国庆节、建军节等重要的时间节点，省图书馆都会推出系列纪念、宣传活动。在《纪念长征胜利 80 周年系列活动》《情系家国·放歌振兴——辽宁省群众文化系列活动》《喜迎党的十九大系列活动》等系列报道中，宣传人员结合活动内容，把握时代特色，反映时代变化，传播时代新声，撰写相关新闻稿件，用新闻宣传营造积极向上的舆论氛围，使活动更具时代特色，彰显文化自信。

（二）突出图书馆建设亮点，宣传创新服务品牌

2015 年 8 月 22 日，省图书馆新馆投入试运行阶段。2016 年 1 月 9 日，二期开馆。2017 年 4 月 23 日，全面开馆。新馆独特的建筑风格和设计理念，为读者营造了温馨舒适的阅读环境；一流的设施设备和贴心的服务，为读者开启了全新的阅读之旅；传统服务品牌的升级与创新，使读者活动呈现出繁荣景象；传统阅读与数字阅读的无缝衔接，使阅读学习与文化休闲有机地结合。为了使读者充分了解这些服务，省图书馆在宣传工作方面加大了力度。宣传人员撰写了《省图书馆新馆宣传通稿》《辽图 24 小时自助图书馆全天不打烊》《省图书馆众创空间特色服务》《走出深闺　让古籍“活”起来》等稿件，将省图书馆新馆空间布局呈现给广大读者；制作了开馆各区域宣传折页、邮折、书签等；开展了开、闭馆音乐征集活动。《人民日报》、《中国文化报》、《辽宁日报》、辽宁电视台、沈阳电视台、辽宁广播电台、央视网、搜狐网、腾讯网等各媒体纷纷报道了开馆盛况。

新馆开馆两年多来，省图书馆在“对面朗读”“手语世界”“乐龄俱乐部”等原有服务品牌进行创新、发展的同时，推出了一批如“童阅乌托邦”“乐·读”“辽图电影院”等新的服务品牌。特别是 2017 年我馆更是推出了古籍系列展览，让公众认识、了解藏在深闺中的古籍。宣传人员捕捉工作中富有创意、影响广泛、备受关注的活动，及时进行整理加工并对外进行宣传报道。对《藏之名山　传之其人——辽宁省珍贵古籍特展》《册府菁华——辽宁省图书馆馆藏珍贵古籍展》《努力名山接薪火——辽宁古籍保护十周年成果展》等系列古籍展览进行相关宣传报道，深入挖掘和细致阐发中华优秀传统文化。通过各类媒体及微博、微信的宣传报道，在全社会引起广泛关注，社会团体和个人纷纷打电话进行咨询、预约。观众在享受视觉盛宴的同时，感怀中华文化的博大精深，自觉学习传播祖国优秀传

统文化。

（三）加强新旧媒体融合，精准对接各方需求

当前，人们的价值观念和利益诉求日益多元化，互联网的快速发展使人们越来越热衷于新媒体的运用。省图书馆的宣传工作与时俱进，在宣传内容、传播渠道等方面精准对接各方需求，以内容建设为抓手，多种手段方式并用，注重传统媒体与新兴媒体的融合发展。例如，在微博、微信宣传方面，注重网络语言的运用，让百姓觉得亲切、接地气，达到“圈粉”的目的。政务信息宣传上力求做到准确提炼，主题鲜明、凝练，准确反映工作情况，及时向上级机关报送信息。2016 年《辽图众创空间火热开放》的相关报道，围绕省委、省政府推进大众创新创业的指导意见，我馆建设创客空间，推进大众创业工作，为业内提供了一定的借荐经验。《2016 年金秋文化惠民季》宣传报道精心组织素材，力求全方位呈现内容丰富的展览、讲座和文化活动，为庆祝中华人民共和国成立 67 周年，纪念中国共产党成立 95 周年和红军长征胜利 80 周年营造浓郁文化氛围，发挥了文化引领风尚、教育人民、服务社会、推动发展的作用，被文化部网站、省政府网站、文化厅网站、文化简报纷纷转载报道。

三、借助媒体平台，加强交流互通，提高文化宣传工作水平

媒体是对外宣传的重要介质，没有各类媒体的支持，宣传工作就是无源之水、无本之木。省图书馆根据媒体特点、活动内容和受众群体等来选择媒体。一是热情接待媒体。无论是纸媒记者还是电视媒体，无论是打电话还是亲自来的记者，都能做到热情接待，积极落实采访对象，安排采访时间，及时帮助他们解决采访中遇到的困难和问题，同时，又做到有礼有节、

不卑不亢。二是主动联系媒体。在大型活动前，省图书馆都积极与媒体进行联系，主动为媒体提供新闻通稿和影像资料。2015 年 8 月 18 日，为给新馆试开馆做好宣传和铺垫，提前报道新馆各大亮点，让社会各界关注新馆，省图书馆邀请了辽宁新闻、新北方等广播电视台，《辽宁日报》《沈阳日报》等报纸，以及新华社、央广新闻等其他媒体共 20 余名记者召开了见面会。2016 年 3 月 25 日，为全面准确学习宣传习近平总书记在党的新闻舆论工作座谈会上的重要讲话精神，切实把思想和行动统一到总书记重要讲话精神上来，统一到省委要求上来，进一步做好新闻舆论工作，提振信心，凝聚共识，为实现辽宁老工业基地全面振兴营造良好舆论氛围，省图书馆组织召开了 2016 年新闻媒体恳谈会，央广新闻、新华社、中国新闻网、辽宁广播电视台、沈阳电视台、沈阳电台等近 20 家新闻媒体参加了恳谈会。

◎ 辽宁省图书馆组织召开2016年新闻媒体恳谈会现场

实践证明，这种方式取得了良好的效果，2015年至2017年，省图书馆被各类媒体报道的数量明显提升，平均每年被报道220篇次。三是事后沟通。采访后，省图书馆认真听取媒体的意见和建议，及时掌握媒体对图书馆工作的感受和印象，在选题策划、创新报道形式等方面征求媒体意见，保持良好的互动，加强交流互通，并不断推进双方的深层次合作，将宣传工作推向新高度。

四、合理进行宣传效果评价，提升宣传工作社会效益

在全体宣传工作者的共同努力下，省图书馆的宣传工作在文化厅厅直各单位中一直名列前茅，编辑的《辽宁图书馆界》《新馆宣传手册》《新馆宣传折页》等简报和宣传品都得到了社会各界的赞誉。另外，为了能够客观呈现省图书馆一定阶段内新闻宣传的真实效果，为下一阶段的宣传工作提供有效的优化方案，省图书馆定期编辑出版《媒体关于辽宁省图书馆的报道汇编》，为宣传工作的良性、有序开展提供借鉴。

（一）社会效益

2015年，《他陪盲童寻找光明——记辽宁广播电台交通广播主持人宁家宇》《“中国传统节日系列图片展”在莫斯科举行》《那半部〈聊斋〉手稿，你在哪里？》《做视障儿童最明亮的眼睛》等10篇报道发表在《人民日报》《光明日报》《中国文化报》等国家级报纸上，《流动图书馆送6000余本书到新民实验小学》《辽宁省文化志愿服务连续三年获文化部表彰》等29篇报道见诸人民网、光明网等全国性网络媒体上，《辽宁：紧扣需求公共文化扎根基层》《公共文化新保障》在中央电视台“新闻联播”和“焦点访谈”栏目中播出；2016年，省图书馆网络媒体报道142篇，纸

质媒体报道62篇，电台、电视台报道50篇，其中，全国性媒体报道22篇；2017年，省图书馆获《人民日报》、《辽宁日报》、辽宁卫视、中国新闻网等媒体的深度报道300余次，《中国文化报》以“砥力奋进　谱写新篇”为题，就省图书馆5年来的文化服务成果进行了全面报道；辽宁省委《辽宁信息》、《每日汇报》、省政府《各地信息》分别对省图书馆开展“‘对面朗读’助盲服务”“童阅乌托邦——少儿公益活动获得IFLA国际营销奖提名”等工作进行了报道。这些宣传报道或是活动前的宣传造势，或是活动后的总结提炼，形成了“报刊＋网媒＋官网＋新媒体＋广播电视”全媒体融合的宣传阵容，实现了省图书馆宣传工作全网多层次覆盖的格局，从另一个方面也说明宣传工作的效果也是看得见、摸得着的。

（二）读者评价

当然，对于宣传效果，有肯定的，也有反对的，这些都是必然结果。“《辽图讲坛》追溯历史，谈古论今，亲耳聆听，受益匪浅。”“如期到场，聆听赵凯老师对《荆棘鸟》2个多小时图文并茂的透彻分析，这种感觉真好！名师讲名著，好！”“祝辽图越来越好，成为文化中心。”“弘扬正能量，威武大辽图。”“省图墨香四溢，新时代更展辉煌，增加活动的新颖性，趣味性，不要太陈腐观念，一成不变。”这些都是读者在看了宣传报道后的留言，既是对省图书馆工作的肯定，也是鞭策。让宣传工作者觉得宣传工作在树立图书馆形象的同时，更重要的是引领舆论导向，弘扬中华优秀传统文化，宣扬社会主义核心价值观。

五、结语

倡导全民阅读，建设书香社会，最终的目的是让所有人都在精神文化世界里拥有富足，拥有多彩、美丽的人生。省图书馆充分发挥社会教育职能，让这种文化观念深入人心，并能够在思维方式和行为习惯层面上发挥其广泛、稳定而持久的影响。宣传虽然是文化工作链条上的一个小环节，但省图书馆宣传工作者充分发挥其作用，用“滴水穿石”“跬步累土”的精神，用“细心”“用心”“耐心”与“恒心”为文化建设工作添上一抹颜色。

近几年，省图书馆宣传工作虽然取得了一些成就，但还有很大的提升空间。在文化信息素材的提炼上、素材的深加工上，要提高整合、升华能力，力求把小素材做成大新闻，大新闻做成好文章，好文章做成好专题；在宣传工作创新性上，要做到“旧材”新用、“量材”截用，打开全新宣传思路，增加文化宣传的感染力和穿透力；在宣传工作者队伍建设上，要打造一支思想过硬、业务精干、作风优良的宣传队伍。传播文化信息，为提升广大公众的精神文化生活层级服务，展示地方公共文化服务能力提高的成果，是文化宣传工作者义不容辞的责任。与文化同行，为文化造势，用宣传这样一种方式为人们送去源源不断的精神食粮，以文化人，赠人玫瑰，富足内心。

微信平台运营服务

:: 撰写／魏　雯

进入 21 世纪以来，随着全球信息化、数字化、网络化发展的趋势，越来越多的公共图书馆的服务方式开始由单一的传统服务向传统服务与新媒体服务相结合的方式转型。

辽宁省图书馆新媒体服务的应用和实践始于 2011 年，以腾讯微博、新浪微博与微信为载体，形成三大互联网新媒体服务平台，三个平台定期推送图书馆服务信息，与读者即时互动，第一时间接收读者的反馈信息，每周在平台上开展阅读推广活动及读者互动活动，在实际应用中取得了良好的服务效益和社会影响。

一、顺势而生，数字时代的新媒体服务

近年来，国内智能手机普及率大幅提高，公共图书馆新媒体服务的重点也逐步向智能移动设备转移，2011 年上线即处于行业领先地位的腾讯微信产品，因为其覆盖 90% 以上智能手机的高推广度和高覆盖率，吸引了公共图书馆的注意。据不完全统计，国内已有 76 所省级、地市级公共图书馆开设微信公众平台，其中省级公共图书馆 35 所。

目前，国内公共图书馆的微信服务大多处于探索运营阶段，我馆微信公众平台服务始于 2014 年，自 2015 年 8 月 22 日新馆试开放以来，我们加大了微信平台的服务力度，粉丝数量、阅读量及后台点击率都呈明显上升趋势。

初创期的微信平台能为读者提供在线咨询、书目检索、活动通知、到馆路线等基础服务，2015 年，在更换业务系统，实现第三方技术对接后，形成了现在的微服务平台、辽图活动、辽图微阅三大表单，及表单内部的图书续借、逾期使用费、读者证挂失、流动图书馆、活动报名、数字阅读等更即时、更方便、更具效能的服务页面。截至 2017 年 12 月 31 日，微信平台的累积关注人数为 46573 人，在应用中取得了良好的服务效益和社会影响。

二、凝微聚力，大数据视角下的多元化服务

随着微信平台业务系统的不断完善，辽图逐渐加大了运营服务的力度，通过举办线上活动、在实践中适当应用营销手段、尊重舆论宣传规律等方式，以多元化的服务凝微聚力，不断在微信平台的运营服务中实现突破和

创新。

（一）线上活动形式丰富，提升读者关注度

2017 年以来，辽图微信平台推出许多创新的读者活动，提升关注度。元宵节期间我馆推出微信有奖猜灯谜活动，新增粉丝 600 余人。暑期举办的留言赠书系列活动，每期精选一本读者感兴趣的书籍，通过点赞排序的方式评选出排名前三位的留言，留言作者可相应获得一本图书。该活动共举办四期，经过第一期的预热后，读者参与踊跃，活动累计点击量 16000 余次，留言 650 条。为了丰富活动形式、提升读者参与兴趣，微信平台还举办了有奖答题活动，活动在线上线下同步进行，累计发出 1000 余份答卷，线上读者的参与数量超过线下，这也说明平台的即时性、互动性和对空间距离的消解。

微信平台也为图书馆与读者之间架起沟通的桥梁，通过对读者后台留言的积极反馈与互动，我们能第一时间了解读者对图书馆的需求，及时改进服务，满足读者需求。有些线上活动即使没有奖项设置，也得到读者的

◎ 微信平台线上活动

热情参与。比如，辽图曾通过微信平台发布“读者满意度调查”，主要考察图书馆在馆舍、服务、资源等方面的读者满意度，这些调查让读者有机会与图书馆产生互动，作为图书馆一员，在互动的过程中产生参与感与责任感。同时，读者意见与满意程度也是衡量图书馆服务水平的重要标志，通过这样的读者互动，本馆进一步提升图书馆服务效能。

通过形式多样、内容丰富的读者活动，微信平台的关注人数迅速增加，2015 年 12 月累积关注人数比 2014 年同期增加了 4.5 倍，2016 年 12 月累积关注人数比 2015 年同期增加了近两倍，2017 年 12 月累积关注人数比 2016 年同期增加了一倍。

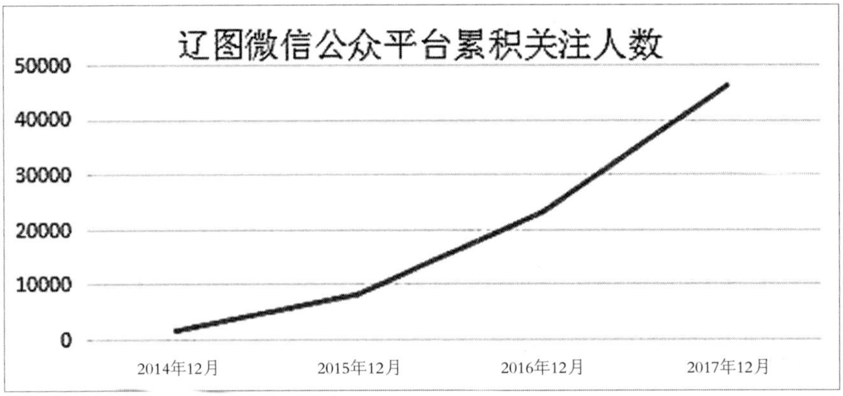

◎ 2014年12月—2017年12月辽图微信公众平台累积关注人数曲线图

（二）营销与分析结合，主打服务宣传

辽宁省图书馆微信平台采用服务号，每月可发送 4 次消息，每次最多可发送 8 条，主要目的是侧重服务宣传，每周的推送 90% 以上都是原创作品。推送内容主要以读者活动为主，目前形成了“一周活动预告”“少儿活动”“每月活动预告”“辽图讲坛”“戏曲音乐欣赏季”“真人图书馆”等数个固定栏目。此外，平台为不同类型的读者提供差异化服务，每月定期推送“新书预告”“少儿书目推荐”“地方文献精品推荐”等书籍推荐、新书导读栏目。除了服务读者，微信平台还不定期推出“辽图通讯”栏目，对动态新闻予以展示和报道，一方面将辽图的风采展示给读者，另一方面，对于本馆职工而言，也可通过类似的推送活动增强图书馆员的自豪感和向心力。

根据后台的图文应用情况统计来看，自 2015 年以来，推送消息的阅读次数有非常明显的提升。笔者分别截取了 2014 年 8 月、2015 年 8 月、2016 年 8 月及 2017 年 8 月的数据，以做比较。

表1　2014—2017年图文页阅读相关数据表

时间	2014	2015	2016	2017
图文页阅读人数/次	845	10107	24535	28631
图文页阅读次数/次	1760	19332	39270	43090
图文日最高阅读次数/次	259	2890	9305	10029

上述数据表明，虽然每月只能推送 4 次消息，但是微信读者对推送消息的阅读率还是相当高。除初创期由于信息推送不规律，关注人数较低，导致图文页阅读次数不高外，2015 年 8 月、2016 年 8 月和 2017 年 8 月最高日阅读次数分别为 2890、9305 和 10029 次，均有明显提升。此外，图文页阅读次数也与当日发布的内容是否吸引人有很大关系，2017 年 4 月 21 日，辽图微信发布新馆全面开放的消息，阅读次数在短短的半天内便已经破万。随着微信粉丝的逐年增加，其微信图文页阅读人数、次数等也在以不同的速度上升。

在营销推送之余，辽图微信平台也注重大数据分析。比如每年年末，微信平台为绑定读者证号的读者推出“个人阅读单”，其中涵盖了读者该年度的总阅读量、借阅周期、阅读取向、借书量排行等个性化数据，同时根据读者的借阅记录，为读者推荐合适的图书，这种大数据的严谨与互动式的体验，能让读者在阅读之余感受传统图书馆与现代科技的交融。

（三）积极应对舆情，收获读者认同

新媒体时代，由于网络传播的不确定性及网友评论的主观性，导致信息的异化与失实，产生负面效应。辽宁省图书馆微信平台在运营过程中，积极关注网络舆情，即时应对，营造了正面的网络形象，收获了读者的口碑。

2017 年年中，一则“掌中图书馆”的活动在全国微信用户中传播，活动以“省图书馆”的名义发布消息，邀请网友下载该 APP，声称可以免费阅读万余种书籍。辽图微信后台陆续收到读者的问询信息，运营者敏锐地发觉这是一则假消息。出于保护读者的目的，辽图迅速应对舆论，在全国省级公共图书馆微信号中率先发布声明，称该消息非辽宁省图书馆的活动。此后几天，国内各省级公共图书馆也陆续发布声明，虚假宣传渐渐销声匿迹。

微信平台在面对网络舆论时，本着速报事实、重在逻辑的原则，第一时间解除读者疑惑，也得到广大网友认可。微信消息发布当天，阅读量超过 20000 人次，新增粉丝 2000 人。

三、固本开新，自媒体时代微信平台的发展策略

（一）精准宣传，打磨内容

为了使公共图书馆微信公众平台服务更多读者，需要加大宣传力度，提升宣传手段，做到定位精准、宣传到位。为了保证粉丝黏度，在日常推送消息时，要精心打磨推送内容，通过不断创新的阅读推广活动和营销手段吸引读者关注，我馆增强了微信粉丝的数量和黏度。

在推送内容上，既要向读者提供有本馆特色的资讯，切合图书馆的社会职能，也要吸引读者阅读，推送读者爱看的内容。在推送过程中，可以适当利用传播学规律和手段，打磨吸引眼球的醒目标题，采用“倒金字塔”

式的结构摘编文章，根据当前热点事件和话题，设计推送内容和阅读推广活动。比如，2017 年 4 月利用《中国诗词大会》话题的火爆，辽宁省图书馆在微信上推送“诗歌欣赏季”主题活动，读者反响强烈。

同时，在推送形式上，在以传统的文字静态推送为主体的前提下，可以适当加入视频、音频等多媒体的编辑形式，排版整齐美观，能为读者留下清晰愉悦的阅读感受。

（二）不断推新，提升多媒体服务力度应对市场需求

时下正值有声阅读市场的繁荣阶段。碎片化时代，为了缓解人们的阅读焦虑情况，提高碎片时间的利用率，各种有声阅读产品应运而生，作为公共文化服务机构的公共图书馆，也顺势推出各种有声阅读服务，以满足读者需求。比如，国图、浙图、湘图、深图等公共图书馆均在微信服务表单上推出移动阅读板块，利用数据商的资源，为读者提供音、视频阅读服务。2016 年，在微信平台升级系统后，辽图也优化了服务界面，推出在线试听、有声读物等菜单服务。但是，各图书馆的微信有声服务始终依托于数据商，即由数据商提供有声资源，图书馆微信平台仅仅提供挂接功能，这样一来，与懒人听书、酷我听书、氧气听书等热门有声阅读 APP 或喜马拉雅 FM 等在线音频软件相比，无论是内容的丰富程度，还是读者的使用体验上，都有着不小的差距，读者的使用率并不高。

对于公共图书馆而言，有声阅读推广是一个全新的领域，最初的有声阅读服务是为视障人士提供的，面对市场繁荣的新局面，公共图书馆在借助第三方平台开展有声阅读服务的基础上，还充分发掘馆内优势，利用新媒体工具，将本馆讲座、读书会等读者活动资源录制成音频、视频放在微信平台供读者阅读，同时，加强横向合作，邀请电台、电视台的主持人录制读书音频等图书推荐、美文赏析类素材，供读者在碎片时间选择收听。

（三）提升研发水平，优化服务界面

在微信公众平台的自定义菜单上，公共图书馆应在保障基础服务，及时优化应用界面的基础上，不断推新，注重新技术的应用，为读者提供新的服务内容。

2016 年 11 月，辽宁省图书馆微信公众平台推出“逾期使用费”功能，读者不用到馆，可以直接通过手机微信缴纳图书逾期使用费，大大提高了微信公众平台的服务力。次月，微信公众平台又推出“图书馆借还书提醒”功能，提前一周为即将有图书到期的读者发送提醒消息，这一举动让许多读者在微信留言为辽图点赞。

再比如，时下流行虚拟现实技术（简称 VR），国内不少公共图书馆在自己的网站和微信平台上采用 VR 技术虚拟图书馆场景。反观辽图，也可以在现有功能的基础上，加强技术研发的力度，扩充服务功能，除了利用 VR 技术实现在手机上漫游、浏览图书馆，直观感受图书馆的布局结构外，更进一步尝试对一些数字资源场景进行形象化、立体化、可视化处理，或者将图书以 VR 的形式呈现出来，激发读者的阅读兴趣。

此外，微信公众平台的运营者还应充分利用后台的数据统计功能，包括用户分析、图文分析、菜单分析、消息分析等。通过用户分析，监测图书馆微信粉丝的成长曲线，找出粉丝数量突然上升和急剧下降的时间节点，结合具体情况分析总结规律；通过图文分析，了解读者点击率、转发率、点赞率最高的推送内容，观察哪类推送消息最受读者喜爱；在菜单分析界面，可以观察读者使用率最高的服务窗口和服务菜单，对于点击率低的菜单分析原因，及时调整或优化。

在日常运营过程中，还可以通过有奖调查等读者活动开展微信公众平台的问卷调查，听取读者意见，感知微信服务存在的不足，为日后工作的改进提供方向。

（四）双向互动，提升读者参与感

公共图书馆微信公众平台在内容运营上，应当采取双管齐下的方式，一方面，面向读者发布图书馆的各种推送信息；另一方面，也应当鼓励读者参与到微信内容的运营中，如采用读者原创投稿、设立读者活动体验分享专栏等，将单向的传播变成双向的交互式沟通，提升读者的兴趣，增强其参与感。在这方面，国内一些公共图书馆的做法可提供借鉴，比如天津图书馆设立“表单荐书”，江西省图书馆设立“我的荐购”，山东省图书馆咨询平台设立“投票活动”“问卷调查”“留言板”等服务项目，这些有趣的互动往往能促进读者参与，让读者在使用微信的过程中感受愉悦。

互联网时代，公共图书馆迎来的既是机遇也是挑战。微信公众平台是公共图书馆在新媒体服务领域的新尝试、新探索，这种尝试和探索可能会流于形式，也可能会激发出新的服务方式和服务手段。在运营工作中，公共图书馆微信运营人员应当充分发挥公共图书馆的自身优势，结合高效便捷的新媒体平台，更好地为读者服务。

人才培养实践与探索

∷ 撰写 / 李 佳

人才培养、育人树人是辽宁省图书馆发展的不竭动力，是我们培养德才兼备、富有创新意识、敢于担当、以兴馆为己任的馆员队伍的内在需求。长久以来，我馆坚持不懈地探索着人才培养的新方式、树立新理念、发展新途径，开展了多层次、多类型、多领域的多元教育培训项目，制定了适应新馆发展、以需求为导向的人才培养规划，并为馆员搭建展示工作风采、加强业务交流的平台，截至 2017 年，我们的人才培养覆盖率已达 100%，年教育培训人均学时增速已超 20%，培训效果有目共睹，培训影响力与日俱增，人才培养理念深入人心。

一、走出去，请进来，不拘一格育人才

什么样的人才培养模式能够适应新时代提出的新要求，能为我馆新馆建设打造高素质人才队伍，这是我们在人才培养中时刻铭记于心、反复自问的问题。继而“走出去，请进来”的人才培养理念应运而生。我们拒绝“闭门造车”，我们相信“行万里路胜读万卷书”，我们需要学以致用、常学常新。走出去，我们打开认识世界的一扇窗；请进来，我们足不出户晓世界。几年来，我们将这一理念融入到人才培养实践中，开展了各具特色的馆内、馆外联动的人才培养项目。

（一）高级管理人员研修班

2015 年 12 月至 2016 年 3 月，我们与中央文化管理干部学院合作，举办了三期“高级管理人员研修班”，参训职工 99 人。为了让培训更加契合，适应图书馆的事业发展和职工的个人发展需求，我们与文干院在课程设置

◎ 辽宁省图书馆高级管理人员第三期研修班学员合影

与安排上进行了多次沟通，最终在培训课程中既设置了专题教学也安排了现场教学，如实地参观国家图书馆，与首都图书馆老师面对面交流。在培训过程中，除了听取图书馆行业专家的新理念、新观点，还针对大家感兴趣的话题增设了座谈研讨，力求做到学以致用，理论与实践完善结合。每期培训，大家都是收获满满。大家用不同的方式表达了对培训项目的感受，如学员们自编自导记录培训的微视频，书写了《培训学习偶得》诗篇，提炼了培训的“四新”内涵，即“新高度、新角度、新思路、新观念”。

（二）高校图书馆学课程进修

在对业务骨干和青年职工的培养方面，我馆既尊重馆员的个人意愿，又尊重各部室的推荐意见以及业务工作的个性化需求，通过自荐、推荐、考试考核等方式确定重点培养对象。2011—2015 年，我馆先后选派了 12 名青年馆员分别到东北师范大学、武汉大学和华东师范大学进行为期半年的图书馆学课程进修。这 12 名进修人员，近年来共发表论文 30 余篇。其中，核心刊论文两篇，3 人获得中国图书馆学会年会论文一等奖，2 人获三等奖。通过高校图书馆学课程的进修，让参训学员们有机会站在了图书馆学专业知识的前沿和制高点上。

此外，为了加强青年馆员之间的交流，分享学习成果，我馆组织青年馆员参加了王爽和李佳两名同志到武汉大学进修学习后的汇报交流会。会上，王爽以“分享与交流”为题，向大家展示了课程进修的收获和感受；李佳以“美丽的武汉大学”为题，向大家介绍了武汉大学美于景、美于人、更美于无限丰富的知识。在她们二人的分享中，青年馆员们了解到她们在进修期间不仅认真参加课程的学习，同时也积极参与武大学生的分组研讨、课堂演讲、业务交流，还有幸获得图书馆学专家陈传夫、肖希明等老师的指导，融入到了武汉大学课程进修的点点滴滴，体会图情发展前沿，领略名师风采。

（三）馆内全员讲座

在举办馆内讲座方面，为了开阔职工视野，让大家了解图书馆行业的新理念、新成果、新方式，我们先后邀请了国内著名图书馆学专家李国新教授、范并思教授、刘兹恒教授、王余光教授等来馆举办讲座。讲座内容有涉及图书馆理论与发展方面的，如《公共图书馆的理论问题》《阅读推广的理论与方法》《图书馆发展趋势展望》等；有图书馆法律法规方面的，如《开启我国公共图书馆事业发展新时代——〈中华人民共和国公共图书馆法〉宣讲》《中华人民共和国公共文化服务保障法》；有个人职业发展与服务礼仪方面的，如《图书馆人的职业人生与学术人生》《礼仪助推你的事业发展》；还有社会发展、党史党建方面的，如《建设文化强省——辽宁文化发展新事业》《全面从严治党，贯彻“三个推进”，在促进新一轮辽宁振兴中践行“讲懂守”》等。

（四）个性化培训

1. 新馆员入职培训

近年来，随着新馆的全面开放，各项业务工作不断拓展，新的服务方式层出不穷，凡是新入馆员工，都将参加一周左右的岗前培训，从了解馆史，到学习图书馆学基本理论；从实地参观，到亲身体验读者服务、操作现代化设备等，通过培训，大家在了解图书馆的同时更爱上了图书馆。

2. 窗口服务人员培训

2014 年 9 月，我馆与辽宁省经济管理干部学院合作，举办了两期“图书馆服务与管理人员培训班”，共培训一线窗口服务人员 99 名。其中“有效沟通与人际关系处理”“服务礼仪与专业形象塑造”“责任心与执行力”和“职业发展测评”“素质拓展训练”等课程深受参训职工的喜爱。通过培训，大家深刻体会到人与人之间沟通的重要性、专业形象塑造的必要性和责任重于一切。

3. 专业技术人员进修

2013—2014 年，我馆与东北师范大学合作，举办了 9 期专业技术人员培训班，参训职工 176 人次，培训覆盖所有专业技术人员。这种大规模的专业技术人员培训，不仅提升了专业技术人员的理论与专业水平，也从不同层面指导了各个工作岗位的实践操作。

4. 参加行业内培训

多年来，我馆积极参加由国家图书馆、中国图书馆学会等行业机构举办的利于提高馆员业务技能和专业知识的培训班，如国家图书馆举办的“著录规则培训班”、国家古籍保护中心举办的“全国古籍普查登记目录审校人员培训班”、中国图书馆学会主办的“2017 全国少年儿童阅读年”系列活动启动仪式暨“阅读推广人”培育行动第七期培训班等。通过参加此类培训，有针对性地提高专业技术人员专业水平，为我馆各项业务工作的创新与发展奠定了良好的基础。经统计，近几年我馆每年均派出 30 余名业务骨干参加此类培训。

二、明特点，为需求，制度建设为人才

（一）人才培养，特点彰显

这些人才培养项目，办在经常，用在日常，融入我馆人才队伍建设各个环节中，服务我馆中心工作，打造图书馆的梦之队。我们用心将人才培养项目精雕细琢，培养特点处处彰显。一是普遍培训，重点培养。培训普及每位职工，同时加大对业务骨干和青年职工的培训力度，即在提高馆员

整体综合素质和业务素质的同时，重点培养一批精通业务和专业能力强的馆员。二是业务为主，兼顾其他。业务培训是提升馆员的核心竞争力和专业度，如图书馆理论、图书馆职业发展。综合素质培训是提升馆员的综合实力和适应力，适应新时代对馆员综合素质提出的更高要求，如服务礼仪、道德教育、历史文化、思想政治。三是培训类型，多种多样。培训项目的多样性源于每次培训的目标、需求、人员、时间、地点以及经费等多因素的差异性，以便充分利用人力、物力、财力等多种资源。四是合作培训，广开思路。广泛邀请图书馆学领域的学者和专家为馆员授课，并重视与高等教育机构、科研院所的合作。

（二）需求调查，引领方向

2016 年我馆进行了一次面向全体职工的培训需求调查，此次调查包括了培训内容、参与人员及培训方式三方面的内容，共收回有效问卷 204 份，并对问卷数据进行录入及分析，形成分析报告和培训发展建议。通过分析，我们了解到在公共教育培训方面，大家在内容上的需求差异不大，在培训形式上以讲座支持率最高，学历学位教育最低，在业务知识培训方面，大家在培训内容方面的需求略有差异，其中读者活动及宣传与推广方面需求最高，讲座和进修是大家最为喜爱的培训方式，另外大家在问卷中还提出了 21 条关于培训内容的具体建议，如社会活动部提出应加强辽宁省图书馆的品牌营销战略培训，采编部提出应加强馆员的文化素养提升培训。

（三）制度建设，注重细节

在人才培养制度建设方面，从 2016 年开始馆里将人才培养纳入各部门目标考核责任书中，建立培训月统计制度，通过每月上报的培训计划表、统计表和登记表，了解各部门培训情况和发展趋势。此外，还建立了培训联络员制度，目前共有来自 16 个部门的 16 名培训联络员活跃在部门培训工作的前沿，通过他们认真细致的工作，我们了解到各部门的培训动态，统计到了更为全面准确的培训数据。同时，为了提高各部门培训的针对性和有效性，各部门可以根据需要提出培训需求，由人力资源部负责协助、安排和监督。制度建设，为人才培养提供了有力的机制保障，建立了馆员、部门、图书馆三位一体的人才培养模式，打造全方位、立体化的培训联动模式，落到实处、重在细节，为人才培养持续发展保驾护航。

三、硕果显，重交流，搭建舞台展人才

几年的人才培养，让我们体会到了人才的力量。在新馆建设中，随处可见图书馆员工作中展现的新亮点、树立的新品牌、取得的新成效，可谓“硕果累累芳华展，无处不闻新果香”。因此，为加强交流合作，展现广大职工锐意进取、开拓创新的精神风貌，展现几年来的人才培养丰硕果实，我馆于 2017 年 5 月举办了首届业务成果案例展示大赛。

此次大赛共有来自 12 个部门的 23 个团队或个人参加。在历时近半年的筹备阶段，他们精心设计、用心凝练、多番研讨，力求将工作亮点和成果用朴实的语言、丰沛的情感展示给大家，让大家从不同角度了解我馆新馆开馆以来的特色工作和成绩。大赛邀请了我馆学术委员会的 10 名委员担任评委。比赛中，每名参赛选手全力以赴，尽展风采，有的选手如清新的风，让我们感受到了春天万物复苏的萌动；有的选手如陈酿，让我们感受到了时光的凝练和厚重；有的选手如火红的玫瑰，让我们感受到了火般的热情和热忱……同时，观众们感受到了比赛的庄重和意义，体会到了每名参赛选手几年来工作的兢兢业业和开拓创新精神，以及图书馆发展取得的新成绩。经过激烈的角逐，大赛评选出了个人奖项 10 个，

◎ 王筱雯馆长为案例大赛一等奖获得者颁发证书

集体奖项 12 个。在颁奖仪式上，王筱雯馆长在对参赛团队和选手给予肯定的同时，也号召大家在今后的工作中，加强作风建设、努力专研、爱岗敬业，为辽宁省图书馆发展，为辽宁省公共文化事业的繁荣和发展贡献智慧和力量。

四、新时代，望未来，人才培养新作为

俱往矣，我们在人才培养上取得的成绩，只是我们未来工作的起点；新时代，我们展望未来，使命呼唤担当，在人才培养方面我们将继续以“树人”为己任，探索新的努力方向，展现新作为。

（一）建立开放交流的学习型组织文化

建立馆员共同认可的学习型组织文化，并不断传播开放交流的学习理念，将开放、自由、交流的学习风气贯穿于培训之中，用规章制度约束，用机制建立保障。例如，组织“研讨会”式教学，可以将学员从教学“旁观者”的身份转化为“参与者”，使其更深入地思考问题和解决问题；或者以游戏的形式组织教学过程，使学员在学习上更具主动性和参与感，在参与业务游戏和业务实训的过程中学员可以无拘束地相互交流，以此培养他们的协作能力及合作意识，提高自身，以平和的心态面对和解决难题。

（二）利用现代化培训手段开展多元培训

信息技术的发展，多媒体环境的应用，为图书馆提供了更多的远程、虚拟、视听等培训手段和方法。另外，图书馆也可以根据自身情况，借鉴国外的培训经验，开发多元培训模式。例如，德国 BIBWEB 课程，建立图书馆 E-learning 学习环境和平台，图书馆员无须在一个确定的时间和一个统一的地点集中培训，提升图书馆员有效利用网络资源的能力。不断积累视频资料，建立视频教学档案，通过 E-learning 平台分享给馆员。

（三）加强内部讲师队伍建设

内部讲师是图书馆培训的人力资源，他们富有丰富的工作经验和理论知识，能够因地制宜、因时制宜地为图书馆人才培养提供智力支持。他们是图书馆的财富，是馆员知识和技能的开拓者和延伸者。我馆有丰富的内部讲师潜在资源，如何开发和利用这些高素质专业人才，建立图书馆的内部讲师队伍，将是未来需要解决的又一问题。

（四）完善激励机制

馆员作为经济人和社会人的综合体，不仅存在物质需求，也存在较高层次的精神需求。因此，激励机制应当是物质与精神激励相结合，在肯定馆员工作业绩的同时，探索制定适当的激励制度。例如，建立培训与考核、评优、职务聘任等方面的联系，强化培训在这些方面的指标作用，提高馆员对培训的重视程度，对积极参与培训，并产生积极工作效益的馆员给予适当的物质奖励。

（五）重视创新型人才队伍培养

建立与创新相适应的图书馆文化和规章制度，鼓励馆员创新创造。运用因需、因岗、因人而施的选人用人机制，最大限度地发挥馆员的主观能动性；关注工作例行性的调解效用，通过岗位轮换的方式，降低工作例行性，克服工作中的惰性，避免形成“按老规矩办”的思维定式，创新意愿降低。

千里之行始于足下，我们将持之以恒把人才培养、队伍建设摆在首位，服务中心工作，培养德才兼备的馆员队伍，成为图书馆发展的领航员和护卫队，为图书馆事业发展、为文化事业发展贡献智慧和力量。

科研管理工作实践

:: 撰写／刘博宇

公共图书馆是构建公共文化服务体系及推动图书馆事业发展的重要组成部分。在推进基础公共文化服务建设和完成社会主义文化大发展大繁荣的伟大目标中，担负着重要的历史责任与使命。在科技进步的推动下，公共图书馆正在经历本质内涵的升级及服务方式的拓展，做出了积极的努力与尝试。在开展实践探索的同时，需要通过推进科研工作，不断总结、思考，及时调整工作策略和方向，理清公共图书馆事业发展的现状与未来，为探索与实践总结经验，为事业发展指引方向。因此，新形势下推进科研工作已成为公共图书馆的重要工作之一。

一、辽宁省图书馆推进科研管理工作

辽宁省图书馆于2013年起，通过制定《学术委员会章程》，建立辽宁省图书馆学术委员会，制定实施《辽宁省图书馆科研项目管理办法》和《辽宁省图书馆科研成果奖励办法》等一系列激励和管理制度，鼓励全馆职工将科研工作与岗位实践相结合， 努力实现两者间的互通、互助、互利。在不断探索、创新各项事业的同时，积极推进科研工作保障体系建设，促进各项科研活动发展。各项措施实施以来，在全馆职工广泛参与和大力支持下，在全馆范围内营造出良好的科研氛围，各项科研工作不断取得新的突破。

二、推进科研工作实践

（一）成立馆学术委员会

成立“辽宁省图书馆学术委员会”是构建科研推动力主体的顶层设计，是推动科研工作开展的结构性措施。从成立伊始，其在决策我馆科研发展规划、制定科研管理和激励制度、促进本馆及全省图书馆学术交流方面起到了决定性作用。2013年3月，《辽宁省图书馆学术委员会章程》（简称《章程》）顺利通过并实施，对学术委员会的宗旨、成员构成、职权进行了准确的定义和详细的规范。由此，辽宁省图书馆第一届学术委员会经过推荐和审议正式成立。首届成员由我馆11名高级职称人员组成，科研管理工作由1名副馆长牵头，由人力资源部负责科研相关制度建设及日常管理工作。学术委员会成立后，立刻针对学术工作中的重大问题展开研究，探讨科研发展规划，审议学术管理方案。经多次讨论后，组织牵头制定《辽宁省图书馆科研成果奖励办法》和《辽宁省图书馆科研项目管理办法》，两项办法分别于2013年6月和12月颁布实施。科研管理主体机构的建立及科研管理制度的颁布，在短短1年内迅速弥补了我馆有效管理科研工作制度和机构的空白，建立起制度、管理、人员、经费等多方面保障，使我馆科研工作得到了有效的支持，多项科研项目开始稳步推进。

学术委员会成立以来参与了多项科研活动及专业技术领域的决策管理工作。于2014年和2016年牵头组织设立辽宁省图书馆“馆级科研课题”，项目的建立填补了我馆缺乏规范性的馆一级科研项目空白。牵头组织审核申报多项各级别科研课题，编著多部学术著作。随着学术委员会工作的逐步深入，科研项目立项通过率及科研质量都有大幅提升，在多个研究方向上取得了突破，产生了一批行业内颇具影响力的科研成果。2013—2017年年末，组织推荐申报并结合文化部国家公共文化服务体系制度设计课题，中共辽宁省委宣传部舆情项目，辽宁省社会科学规划基金研究课题，中国图书馆学会阅读推广课题项目，辽宁省社会科学界联合会课题项目，辽宁省文化厅科研项目等厅级以上科研项目19项。其中，文化部《国家公共文化服务体系制度设计》课题基于辽宁省文化志愿服务现状开展全国文化志愿服务机制建设研究，为积极推动全国文化志愿服务机构和制度的建立，提供了实践依据和理论研究基础。由辽宁省图书馆组织编著和本馆职工自主编著出版的专著有16部，其中在全国古籍普查登记工作基础上，编辑出版了《辽宁省图书馆古籍普查登记目录》《辽宁省第一批珍贵古籍名录图录》等多部图书，为“中华古籍保护计划”及全面开展古籍抢救、保护和利用工作做出了积极的贡献。

学术委员会还积极参与到推进专业技术岗位聘任制度的科学化发展中，在组织多次调研工作后，牵头制定了《辽宁省图书馆专业技术职务聘任及等级晋升办法》，并于2013年6月颁布实施。新的聘任办法坚持以科学发展为核心，坚持消除“唯学历、唯资历、唯论文”的评价倾向。在专业技术岗位聘任工作中采用量化评价方案，进一步鼓励职工参与监督，并在完善评价标准和合理分配评价权重等方面进行优化。2013—2017 年年末，共开展专业技术岗位聘任工作 13 次，完成了 131 人次的岗位聘任，占专业技术岗位总人数的 62.7%。截至 2017 年年末，我馆专业技术岗位利用率达到 88.5%，十级以上岗位利用率接近 100%。聘任办法的实施进一步提升了我馆专业技术岗位聘任的工作效率和岗位配置效率，开创了岗位聘任工作新格局。学术委员会的成立为我馆科研项目的建立、科研质量的提升及相关管理工作的推进奠定了坚实的基础。

（二）创立“馆级科研项目”

设立“馆级科研项目”是辽宁省图书馆推动科研发展的创新性措施。为使科研项目能够规范、持续地发展，学术委员会制定了《辽宁省图书馆科研项目管理办法》。该办法进一步健全了我馆科研管理机制，明确了各级、各类科研项目“立足本馆，鼓励交流，结合实践，大胆创新”的宗旨，从科研项目立项、申报、审批、管理、鉴定验收及宣传奖励方面做出了明确、详细的规定。

2014 年 3 月，馆学术委员会以基础理论研究与实践应用研究并重为原则，同时体现对中青年学术骨干的支持，组织辽宁省图书馆首批馆级科研课题立项工作，内容涵盖新馆设计与功能定位研究，公共图书馆区域发展研究；公共图书馆基础研究与服务创新研究；岗位管理、培训体系建设等多项研究内容。最终批准立项重点项目 3 项，一般项目 5 项，青年项目 2 项，自选项目 2 项，共计 12 项（申报 16 项）。为了保障科研成果的高质量，责成科研管理机构全面跟踪科研课题进展，并外聘专家与馆学术委员会部分专家共同组成鉴定委员会，对科研课题进行严格的审核、评议。最终审核结项9项，共颁发项目支持资金9800元整。2016年为了促进科研热度的持续发酵，切实提升馆级科研项目质量，经馆学术委员会研究，继续开展馆内科研课题立项工作。本次科研立项，充分总结首次科研项目过程中的问题和经验，在新项目中明确科研方向，紧密围绕我馆发展实际和决策需要，强调并挖掘科研成果的学术价值，并将科研内容具体化，使其具有较强针对性和指导性。选题既包括公共图书馆区域资源合作的策略性、决策性研究，又包括公共图书馆服务模式深化与转型的可操作性研究，以及公共图书馆服务机制建设研究等。目前，第二批科研项目已经顺利开展立项研究。

经过几年的探索，以科研项目为起点，推进科研能力提高与学术成果转化，取得了实质性突破。与科研课题紧密相连的多项科研成果、服务成果，在全省、全国及世界级各类评比活动及工作实践中获得了骄人的业绩。例如，科研课题《开放获取环境下图书馆多媒体服务转型研究》实践成果，让阅读“活”起来的多媒体读书活动。以“辽图电影院”及电影读书会为例，“乐·读”辽宁省图书馆多媒体阅读推广创新服务成果案例，分别获得中国公共图书馆学会第一届公共图书馆创新创意征集推广活动优秀奖和最佳创新奖。科研课题《早期阅读推广的“辽图模式”研究》实践成果——“童阅乌托邦少儿公益阅读推广活动项目”获得最佳青年创新奖，“童阅乌托邦少儿公益阅读推广活动品牌”提名第14届IFLA BibLibre国际营销奖。从实践结果来看，“馆级科研项目”的建立，充分结合了实践探索与理论研究，不但拓展了参与科研的广度与深度，而且形成了从实践到理论的升华，建立起成果转化的有效渠道，呈现出了互相促进、共同提升的发展格局。

（三）落实激励机制

科研奖励是鼓励职工深入科研，提升科研成果质量的一项具体化推动措施。在构建科研机构、制定科研管理制度、设立科研项目等一系列措施逐步落实的同时，制定实施《辽宁省图书馆科研成果奖励办法》，从制度上进一步完善科研鼓励政策，探索以适当的激励机制加大科研扶持力度。辽宁省图书馆十分重视科研奖励工作，在经费有限的情况下，每年仍坚持列支一部分专项资金作为科研奖励经费。受奖励项目坚持由馆学术委员会审核批准，既保障了资金来源，也确保了奖励资金的准确落实。

科研奖励工作以制度建立为出发点，最终体现在落实。辽宁省图书馆科研奖励制度从奖励范围、学术领域、科研成果、奖励金额、奖励方式等几个方面进一步落实科研奖励工作。奖励范围限定在馆内在岗职工。学术领域是围绕图书馆学、信息学及与岗位工作紧密相关的专业，科研成果包括在岗职工主持结项的列入馆级以上级别的科研计划项目，独立或合著（编）的学术著作，收录在国际图联大会，国内、国外行业核心期刊，重要报纸等学术论文及获得厅级以上奖励的高水平著作、学术论文、学术成果等。奖励工作的落实，是以科研项目为奖励单位，根据项目类型或科研成果获奖等级的不同进行奖励。例如，列入国家级科研计划的项目和省级科研计划的项目，重点课题和一般课题，均有不同金额的奖励资金政策。奖励金额在不同项目类型间，保持总体均衡和适当的额度等级差。为鼓励科研项目的合作开展，对参与合作类科研项目也制定了详细的奖励比例政策。科研奖励在实施过程中始终保持自愿和公开的基本原则，采取自愿申报、统一审核、馆内公示的方式，以年度为周期，统一汇总，一次性发放。

科研奖励政策是一项力度空前的科研鼓励政策，单项奖励最高额度达到了 8000 元。2014 年至 2017 年间，我馆共开展科研成果奖励工作 4 次，共奖励科研课题 18 项，学术著作 7 部，学术论文 24 篇，各类学术成果 82 项，发放奖励资金共计 13.1 万余元，年均奖励额度达到 3.2 万元。随着获奖科研成果逐渐增多，奖励金额也逐年上升。2013 年奖励科研成果 34 项，发放奖励资金 2.6 万元；2016 年奖励科研成果 47 项，奖励金额已达到 5.1 万元。在科研奖励工作的推动下，多项科研成果在厅级以上各类学术成果评比中获得嘉奖，涌现出一批为全省公共文化事业发展做出贡献的优秀科研成果。科研奖励政策的落实，进一步调动起广大职工开展科学研究的积极性和创造性，科研成果质量和影响力显著提升。

三、结语

经过几年坚持不懈的努力，辽宁省图书馆成功探索出一条适合我馆实际发展轨迹的科研工作道路。在国内图书馆学主流杂志、国内主流文化传媒及科研领域，越来越多地看到辽宁省图书馆人的风采和智慧。未来，我们将继续以营造科研软环境、提升科研硬实力为核心，夯实科研基础，创新科研服务模式，卓有成效地增强我馆科研影响力，以科研为助力，为推进辽宁省图书馆各项事业开展提供强有力的支持。

新馆搬迁纪实

∷ 撰写 / 李晓东

辽宁省图书馆新馆工程交付后，为推进新馆搬迁工作，早日向社会提供公共文化服务，按照省政府关于加快推进省图书馆搬迁工作的精神，辽宁省图书馆决定于 2015 年 4 月正式搬迁。

一、搬迁准备工作

（一）加强组织保障，成立搬迁领导小组

馆领导高度重视搬迁工作。首先，在组织机构上加强保障，成立搬迁工作领导小组，由馆长王筱雯任组长，由党委书记、副馆长孙成珂、副馆长杜希林、卢丹、姚杰任副组长，各部、科室主任和科长担任小组成员。组长、副组长负责搬迁工作的总指挥、总协调、总调度；小组成员负责各

自部室搬迁工作的具体落实，具体协调和调度由行政科科长卢长林负责。领导小组定期召开工作会议，听取搬迁工作准备和落实情况，及时处理搬迁过程中遇到的问题，确保按进度完成各阶段搬迁工作。

（二）加强宣传工作，争取读者理解支持

作为公益性文化服务单位，辽宁省图书馆新馆工程建设得到了社会各界的广泛关注，但因搬迁闭馆给读者带来的不便也会造成大众不解、猜疑等负面影响，如任其发展，不仅图书馆多年来良好的公众形象易受到损害，图书馆各项事业的开展也将会遇到阻力。因此，我馆决定不完全闭馆，对外服务窗口保留报刊阅览室、电子阅览室、法律及工具书阅览室等，以满足读者的基本阅读需求。同时利用多种媒体通告我馆部分闭馆准备搬迁的消息，避免读者在不知情的情况下来图书馆办理业务。另外，采取减免超期使用费的方式，使读者能够主动将滞留在手中的图书归还。通过这些措施，最大限度地满足了读者的阅读需求，保障了读者的知情权，减少了读者的不满情绪。

（三）做好保障工作，租购搬迁设备及用具

辽宁省图书馆藏书量巨大，办公设备及用品较多，需要聘请搬迁能力强的搬迁公司，配备充足的搬迁设备与耗材。行政科经过考察选定了实力较强的搬迁公司。根据馆藏与办公用品数量采购相应的搬迁用具与耗材。根据实际需求共租赁卷扬机 2 部，采购平板车 60 台、三层书车 40 台、塑料材质的图书周转箱 3000 个、报纸周转箱 400 个，定做硬纸板包装箱 5000 个；采购其他耗材如打包纸、打包绳、打包机、分类标签、记号笔等若干；劳保清洁用品，如口罩、手套、毛巾、香皂等按需采购发放。

（四）科学整理，有序分装文献

2014 年 5 月 7 日正式关闭部分服务窗口，开展搬迁前的文献排序整理

◎ 分类打包的图书被有序地排列堆放

工作。特藏部、报刊部开始对文献进行清洁除尘及盘点；外借部、少儿部开始闭馆催还图书，进行 RFID 芯片的加贴、录入及逐册顺架。外借部图书较多，他们采取分架、分书到人的办法，每个人负责自己所分图书的顺架工作，将图书顺架后，依顺序打包，并在包装纸上标记图书的大类号和区位号。在顺架期间，同时开展图书催缴工作，保证图书有序排列，共拨打催还电话 5000 余个，催还图书近万次，总计收回图书近 10 万册，至 2015 年 10 月份将全部在架图书（包括部分英、日、俄、韩）40 余万册分类打包加工完毕。另外，特藏部、少儿部、报刊部根据文献的整理需要如期将文献打包整理完毕。

（五）齐头并进，做好新馆接收工作

2014 年 5 月，图书馆新馆建设办公室、网络数字中心、行政科、保卫科等与工程接收相关的部门和人员先期入驻新馆，开始全面了解大楼主体结构、功能区域、管道走向、网络布线、设备安装等情况，对空间布局和功能区域做进一步的细化，加强与监理单位和施工单位沟通协调，对存在问题的设备、设施进行整改与优化。同时，物业、安保人员入驻新馆，对新馆进行保洁开荒，对建筑设备、设施进行运维管理，对设备提供安全保障。网络维保单位对网络设备及线路进行检测调试。进一步细化读者阅览区、库房区、办公区的室内装饰装潢与设备安装。旧馆搬迁与新馆设备配置工作同步进行，保证科学、高效的新旧馆交接工作。

二、无缝链接，搬迁工作高效有序实施

（一）科学规划，制定高效的搬迁方案

2015 年 1 月 15 日，图书馆以红头文件形式向省政府、省财政厅采购监管处提出《关于省图书馆藏普通文献和部分专业设备搬迁有关工作的请示》，将图书馆文献和阅览设备搬迁的特殊性和要求，以及搬迁方式及搬迁预算做了详细的汇报，得到了政府主管部门的批准和支持。

搬迁计划方案共分四个阶段：第一阶段定于 2015 年 4 月开始，对保存本、报刊部、少儿部、外借部 24 小时自助图书馆、特殊群体服务部等部室的普通文献及盲文文献进行搬迁；第二阶段于 6 月底启动，完成外借部在架图书、地方文献部、社会活动部、信息部文献的搬迁及采编部、档案室和部分阅览设备的搬迁；第三阶段于 8 月底启动各部门办公家具及专用设备的搬迁工作；第四阶段为古籍善本的搬迁，在新馆特藏库房温度、湿度达到保存条件后，择机启动搬迁工作。古籍善本聘请专业公司武装押运，以确保珍贵文献的安全。

（二）齐心协力，搬迁工作有序进行

2015 年 4 月 9 日上午 9 时许，随着满载着文献的两辆大卡车缓缓驶离

沈阳市沈河区万柳塘路111号辽宁省图书馆南塔老馆舍，奔向浑南区新址，标志着辽宁省图书馆搬迁工作正式启动。

第一阶段的搬迁工作采取文献搬迁多点、有序、同时进行的搬迁方式。各部门根据自身文献的特点，采用打捆、纸箱及周转箱相结合的方式进行编号包装，上架下架“点对点”一步到位。旧馆下架文献和新馆上架文献“两点”同时进行，不积压、不堆放。截止到5月26日，第一阶段搬迁结束，共发车553车次，运送各类书刊132009箱（包）、286万册（件）。

第二阶段搬迁工作由于新馆装潢施工工期延长等原因，9月中旬开始启动。为了加快搬迁工作，领导小组决定从9月14日起，方案中的第二、第三阶段同时启动，力争“十一”国庆之前结束。接到命令后，各部门积极落实搬迁实施方案。图书搬运部门、设备搬运部门及后勤保障部门相互配合，全力抢抓搬迁进程，其间克服了新、旧馆同时运行带来的诸多困难，周六、周日不休息，加班加点，在保证人员和财产安全的基础上，搬迁工

◎ 武装押运古籍善事

作似一部高速运转的机器，精密而高效地运行。经过全馆职工的共同努力，9 月 30 日圆满完成了本阶段的搬迁任务，除古籍图书外的 258 万册（件）文献搬迁完毕，同时完成了古籍修复、缩微等 35 件专业设备的搬迁及各部门 350 件（套）办公设备及个人办公物品的搬迁工作，共发车 663 车次。

第三阶段的搬迁工作从 2015 年 10 月 12 日至 12 月 11 日，历时两个月，顺利完成了包括 12 万册善本图书在内的 61 万册古籍的搬迁。整个搬迁过程做到了安全有序、万无一失。至此，辽宁省图书馆由旧馆到新馆的搬迁工作全部结束。

三、经验与思考

（一）建立责任制，确保文献搬迁的安全性

辽宁省图书馆作为东北地区最大的公共图书馆，藏有 600 余万册文献。在文化部颁发的《省（自治区、市）图书馆工作条例》中指出，省（自治区、市）图书馆是全省（自治区、市）的藏书、图书目录和图书馆间协作、协调及业务研究、交流的中心，是全省的总书库。因此，省图书馆的文献具有完整性、重点性和资料性的特点，在古籍文献之外，辽宁省图书馆还藏有数量较多的民国文献、东北历史文献和旧日文、俄文、英文文献，有较高的文献价值和一定的文物价值，因此在搬迁过程中需确保文献的安全、有序、无散失。在此次搬迁过程中重点强调安全保卫工作，全馆上下要树立大局意识、资产的保全意识以及安全事故防范意识，建立各部门主任为安全第一负责人，业务骨干为安全员的安全责任机制，参与搬迁的工作人员和劳务人员必须服从统一指挥，严守操作规范，牢固树立防火、防盗、防破坏、防灾害的“四防”意识，确保人身和财产安全。

（二）军地合作为搬迁提供有力保障

为有效推进搬迁工作，2013 年年底以来，我馆对沈阳市内搬迁公司进行了详细的市场调研，但是任何一家公司都无法独立完成图书馆文献和设备的安全搬迁。如采用多家搬迁公司同时实施搬迁工作，除地方车辆限行外，管理协调、人力资金等搬迁成本也较高。因此，图书馆在总结以往搬迁工作经验的基础上，结合外省图书馆和我省档案馆搬迁工作的成功案例，制定了以军地共建为主导，由部队协助馆方共同完成的搬迁方案。实践证明，通过军地合作，安全、高效地完成了搬迁工作。

（三）科学论证，保证古籍搬迁万无一失

为了制定科学安全的古籍善本搬迁方案，馆领导多次组织召开古籍搬迁论证会议。2015 年 9 月 16 日，图书馆邀请了省内知名的文博专家，对古籍搬迁方案进行了讨论，决定采用公开招标的方式由专业古籍、文物包装运输公司来承担搬迁工作，确保古籍文献在包装、装卸、运输过程中不受到任何的损害。在搬迁日期的选择上，图书馆本着遵循客观规律和加强历史文献保护的原则，根据文化部《古籍特藏书库标准》“古籍库房温度、湿度需参考文物库房所需数值区间且运行稳定方可搬迁”。因此，新馆古籍库房恒温恒湿机组在经过半年以上时间的运行测试，达到规定且稳定的数值后，才确定搬迁日期。

（四）创新搬迁方式

我馆工作人员在此次搬迁工作中，琢磨出了高效、科学的搬迁方法，创新了文献搬迁方式，如外借部采用文献 “点对点式搬运策略”，使旧馆在架图书一步到位地准确定位在新馆书架上。所谓“点对点式搬运策略”，是指文献在由旧馆向新馆搬迁过程中，将搬迁单位由一个广大空间具体细化分割为一个点——即书架上的每一个“书格”，进而完成由旧馆书格对新馆书格的搬迁，它的最大优点就是使大型图书馆的文献搬迁过程“模块化”，从而使搬迁过程更可调控，便于管理，使文献资料在最短时间内有序上架，省去了倒架、顺架的步骤，并预留出足够的文献增长空间。

文献与办公设备的成功搬迁为新馆的开放提供了文献与服务保障。2015 年 8 月 22 日，新馆正式对外试开放，形成了旧馆闭馆与新馆开放的无缝对接。

行政后勤工作社会化管理

∷ 撰写 / 李晓东

一、行政后勤工作实行社会化管理的背景

辽宁省图书馆旧馆建筑设备、设施现代化程度较低，除保洁由物业公司提供服务外，变电所、锅炉房、安防监控及消防设施等均由在编的工勤人员值守和维运。这样的管理方式不仅牵扯图书馆大量人力、财力、物力，而且管理及维护水平不够专业，工作效率及保障效果也不尽如人意。随着新馆建筑面积大幅增加，设施、设备现代化程度大幅度提高，先进的服务功能和手段不断完善，对图书馆行政后勤服务的要求也越来越高。行政后勤工作中一些深层次的矛盾逐渐显露，主要体现在：编制内行政后勤人员数量有限，且不具备相关行业知识及专业技能，缺乏核心竞争力，技术、能力等方面不能满足当前图书馆对行政后勤服务的高要求，工作效率和服

务质量都难以跟上时代发展的步伐。

我馆充分认识到后勤保障社会化改革的重要性和紧迫性，准确把握现有行政后勤工作与新时期图书馆事业发展不平衡、不充分的矛盾，在广泛调研的基础上，新馆工程建设同时启动了行政后勤社会化管理工作。决定通过公开招标的方式引进购买专业企业的专业服务，借助其丰富的管理经验、专业化服务和全方位技术能力，从整体上提升公共图书馆的服务质量与水平，使图书馆工作人员可以全身心地开展本行业工作，并为读者提供更舒适的借阅环境，提高图书馆的服务水平。

二、行政后勤社会化管理服务内容

2014年5月，经过公开招标，图书馆将物业、安保、图书整理排架等工作交由物业公司和保安公司负责，将消防、中央空调、弱电、电梯等各系统的维保工作交由专业公司负责进行运维保障。中标企业第一时间进驻新馆，全面了解大楼的主体结构、功能分区、管网走向、设备安装等情况，特别是对一些隐蔽工程做详细的记录，再根据物业管理模式和各岗位要求配备专业技术人员，建立较为完备的规章管理制度，确保专业化管理。

新馆后勤保障社会化管理共包含7项服务，主要包括物业及变配电管理、安保服务、图书排架整理服务、弱电系统维保服务、中央空调系统维保服务以及电梯维保和消防系统维保。

（一）物业及变配电管理

图书馆物业及变配电管理服务人员159人，其中物业人员143人，主要负责完成10.3万平方米馆舍及5.73万平方米园区的卫生保洁、绿化养护、前台引导、会议服务、食堂餐饮、家具维修、建筑设施设备的日常运行管理。变配电管理值守人员16人，保证全年每天24小时的变电值守工作。

◎ 会议服务

（二）安全保卫

图书馆现有安保人员100人，主要负责维护图书馆各个区域的安全防护以及读者的正常阅览秩序，以防火、防盗、防恐为重点。重点岗位保证24小时定点值守，并设流动安保人员定时巡逻，排除安全隐患。

（三）图书排架整理服务

图书馆将借阅部、少儿部以及24小时自助图书馆的日常排架整理工作外包给企业完成，由45名图书整理人员提供每人每周40小时的文献排序上架服务。此项服务满足了图书馆2万平方米开放区域的文献整理需求，服务质量也得到图书馆的认可及读者的好评。

（四）弱电系统维保

图书馆弱电运维主要包含多媒体会议、安防、信息发布、智能建筑四大部分，共计17套系统的维护保养工作。并为社会活动部、借阅部、多媒体服务部、少儿部开展讲座、展览、演出等阅读推广活动以及各项会议提供设备使用支持和现场保障，确保活动顺利开展。现有技术人员4人，提供全年每天24小时的驻场服务。

（五）中央空调维保

图书馆中央空调系统主要包括 79 台组合式空调机组，5 台恒温恒湿机组，3 台冷水机组，6 台换热机组，3 台冷却塔，16 台水泵，244 台风机盘管，5000 平方米地热以及空调水系统等。现有驻场技术人员 3 人，负责相关专业设备操作、现场保障及维修保养工作。

（六）电梯维保

图书馆共设电梯 23 部，其中客梯 10 部、货梯 5 部、自动扶梯 8 部。由专业的电梯维保公司进行维护保养，确保安全运行，较好地满足了图书馆日常工作和大型活动的使用。

（七）消防系统维保

图书馆消防安全系统包括室外消防给水，室内消火栓系统，火灾自动报警系统，自动喷水灭火系统，气体灭火，水炮系统，防排烟系统，防火卷帘门系统等。形成了技术防范严密、管理功能完备、操作简便、全区域覆

◎ 检修空调机组

盖的消防安全综合体系。现有消防安全维保人员 2 人，全天 24 小时在岗值班，保障馆内消防设备正常运转及突发情况的处理。

三、行政后勤工作社会化管理成效显著

行政后勤社会化管理运行至今，成效显著。新馆全面开放后，活动越来越丰富，直接体现就是日接待读者量显著上升，而专业的行政后勤管理保障了图书馆高效、顺利地运行。

以物业工作为例，实行 PDCA 全方位管理模式，让工作指令有计划、有落实、有跟进、有反馈；完善的培训与考核机制，在提升服务标准的同时，保证现场服务质量；工程、保洁、会议、餐饮等各项服务有效结合，一体化全员联动，达到 24 小时随时可以接受指令，协助图书馆各部门完成一些紧急的任务。2017 年全年完成重大接待任务 16 次，各项活动服务支持 192 次，会议服务 139 次，服务参会人员 874 人，全年累计完成 3450 万平方米的区域清洁工作，累计清洁玻璃 110 万平方米，完成各类报修 5470 件，维修合格率 99%，保障变电所、生活用水系统、恒温恒湿空调全年安全运行 8640 小时，确保了各项工作的顺利开展。

依托专业的运维企业，配备足够的管理和服务人员，使图书馆工作人员从烦琐的行政后勤工作中解放出来，发挥专业特长，致力于研究及服务工作，创造了最大的社会效益，实现了人力资源全方位开发与合理配置。而物业、安保、各维保企业对图书馆也有了新的认识，形成从理念上尊重图书馆工作，从制度上关心图书馆馆员的爱馆爱岗意识，努力营造良好的工作氛围和环境。同时，这些公司的专业人员直接或间接地加入到读者服务的工作中，无形中壮大了图书馆的服务力量。

四、加强合作，后勤社会化管理将发挥更有效的作用

随着科技的进步、智能化系统在楼宇中的运用、图书馆事业的发展、物业行业的兴起、事业单位的人事改革，种种因素促使公共图书馆后勤保障工作向社会化管理的方向发展。但是，社会化服务公司是以营利为目的的企业，部分管理和服务人员是临时工，人员流动性大，不利于工作上的衔接和稳定，对于安全管理工作也存在一定的隐患。同时物业、安保及各维保公司员工不具备图书馆专业素养，员工素质好坏直接关系到图书馆形象及业务工作的正常开展，其结果与风险必然由图书馆去承担。因此，图书馆的管理者要具备行政后勤专业知识和管理能力，加强与物业、安保公司的交流，共同研究制定相关规章制度，控制人员流动，形成有效的管理机制，图书馆可以设计培训课程、提供场地，邀请专业培训讲师对物业、安保等直接与读者接触的岗位员工进行包括相关礼仪、沟通技巧方面的培训，了解图书馆的馆情，妥善解答读者的问题，提高服务质量和综合素质。同时，图书馆也要在编制内培养行政后勤管理人才，对社会化服务进行有效监管，熟悉全馆的后勤管理情况，了解各系统的基本运行操作，这样在与服务企业谈判和沟通的时候，才能做到心中有数，以少量的投资，获得高效的服务回报。

我馆行政后勤管理走向专业化和社会化后，最大限度地减轻了财政负担和人员编制的压力，不仅提高了事业的保障能力，激发了内部职工的积极性及创造性，有利于图书馆管理的全面发展，同时也促进了服务企业管理质量和水平的提高，无形中提升了服务企业的专业能力和品牌形象，两者相互融合、共同发展。

“辽图视线”项目探索与实践

∷ 撰写／亢　月

在自媒体时代的冲击下，图书馆作为传统的文化交流及传播中心，面临着创新与转折。文化建设发展已成为新思想、新理念、新战略的重要组成部分，具有重要的战略意义。辽宁省图书馆以新馆建设、开馆为契机，在重新定义图书馆，改变图书馆传统职能，做好文化传播及传承的关键点上，进行了一系列的创新及改革工作。“辽图视线”作为其中一个建设项目，经过实践检验，取得了初步成效。

一、以需求为导向，建设创新项目

辽宁省图书馆新馆开放后，随着工作环境与硬件条件的提升，对全馆数字化建设工作提出了新的要求。如何把握新时代赋予数字资源建设的新机遇，如何应对新机遇带来的新挑战，如何将新挑战转化为新成果，这些都亟待工作人员以新的思维模式和队伍建设方式做出应对。适时而变，应机而行，数字化不能只限于单纯的纸质图书的数字化加工，需要以全新的视角审视资源建设工作，寻找创新之路。2016 年 11 月，由馆长王筱雯牵头，副馆长卢丹主持工作，网络数字资源建设部的 5 名工作人员为主力的创新项目“辽图视线”团队正式成立。

“辽图视线”项目跳出图书馆传统的服务模式，利用新馆先进的设备及技术条件，以辽宁省图书馆为基点，服务范围辐射全省各级公共图书馆，体现辽宁省图书馆界的业态和工作风貌，同时增加我馆数字资源的储备量级，长期保存我馆特色活动及精品培训档案， 提升数字化服务水平，利用现有设备积极进行图书馆自我宣传，以新闻视角记录图书馆特色服务、主要活动及培训学习等。2017 年 4 月 23 日，在“辽宁省图书馆第六届全民读书节”活动举办之际，推出第一期节目，开始正式在我馆内部播出。项目推出一年的时间里，共播出 13 期、消息 127 条、专题视频 1 个，总时长约 170 分钟；拍摄专题培训视频资料 7 个，总时长约 20 小时。“辽图视线”制作工作被评为辽宁省图书馆 2017 年度创新工作单项奖。

二、狠抓业务能力，打造学习型团队

为了应对服务对象和工作方式的改变，需要对工作人员进行相应的素质培养和技能转型培训。2017 年 1 月，我馆开始对项目参与人员进行了为期 3 个月、以新闻信息拍摄和节目后期制作为主要培训内容的零基础培训，为工作人员夯实业务基础。

为了更高效、更精准地掌握新设备的使用方法，项目筹备期间，邀请多名专业技术人员对参与项目具体实施工作的人员先后进行 7 次岗前技能培训。培训内容包括摄影棚内相关设备的使用、便携式摄影机的使用及摄影技巧、EDIUS8.0 非编软件的使用等。工作人员实践与理论相结合，边拍摄边学习。培训后，团队成员能够熟练掌握各种设备的基本操作，并顺利完成视频的影音录制及后期剪辑。与此同时，为了更好地适应数字化工作新形态，实现从资源加工者到资源创建者、从信息搬运工到信息制造者的转变，提高实际应用文字的能力，邀请辽宁广播电视台资深新闻记者，全面讲解新闻摄影的技巧及新闻稿撰写的方法。高强度、高压力、高要求使项目团队成员在短期内迅速掌握要领。

三 、以服务为根本，细化项目管理

“辽图视线”项目秉承社会主义核心价值观，以旁观者的角度通过影视资料客观、真实、公正地反映我馆及全省图书馆人热情向上、积极进取、勇于创新的工作状态，体现辽宁图书馆界“读者至上，服务第一”的精神理念。节目每月推出一期，不定期推出大型活动专题片，每期时长约 10 分钟。以新闻拍摄为标准，视频的制作主要有前期准备、实景拍摄、撰写新闻稿、录制配音和后期合成 5 个步骤，经过复审确认无误后播出。项目工作人员在保证完成日常自建数据库加工工作的同时，对我馆党团工作、业务培训、讲座展览、读者活动、专题竞赛及行业交流、调研等进行了全方位的记录。针对活动性质，对不同类型的服务及活动采取不同的制作方法。

（一）突出精品活动，做好馆内阵地服务采风

新馆开馆后，对外服务部门以此为契机，开展了种类繁多、内容丰富的读者活动。我们对活动及讲座进行跟踪拍摄，制作系列活动合集，以此展

示新馆服务的新创意，反映活动主旨，体现活动的内涵和意义。2017年年初，少儿部“童阅乌托邦”系列活动受到文化部表彰，入选2016全国基层文化志愿服务活动百个典型案例后，项目团队在第一时间对活动进行资料搜集拍摄、跟踪活动后续开展情况，先后制作了“走进童阅乌托邦”“少儿文化集市圆满结束”“少儿部举办幼儿启蒙教育讲座”等资料，在总结积累资料的基础上，先后编辑制作了2018年“阅读的N次方”儿童文化集市资料档案、2017最美图书馆故事活动“童阅乌托邦”项目视频资料等档案。

对借阅部系列活动真人图书馆、“领读者”系列活动等进行纪录拍摄，制作了《盛京满绣——“文溯书房·真人图书馆”首秀》《“行走的图书馆”——辽图真人图书馆掠影》《借阅部“领读者”系列活动拉开帷幕》《“领读者”系列活动——解读〈唇典〉》等纪录片。及时将活动制作成可视资料，并积累素材，为今后活动的开展及策划提供档案支持。

◎ 拍摄前调试设备

（二）追踪亮点活动，报道馆外流动服务特色

作为省级馆，其作用不仅仅是服务某一地的固定人群，还要兼顾全省范围内的读者群，我馆为此而开展了多项流动服务。流动类服务具有覆盖面广、涉及地区及人员多、内容多元、规模较大等特点，针对此类活动，团队指派固定人员随队连续拍摄。团队先后到丹东边防总队、沈阳市第二监狱、沈阳师范大学、丹东辽东学院等多家单位，拍摄制作了借阅部《武警总队边防分馆开馆》《辽宁省图书馆沈阳第二监狱教育分馆开馆》《银行里的图书馆“开张”了》；社会活动部《“家文化”系列活动启动》《“春雨工程”学雷锋志愿服务新疆兵团行》《大地情深——全省学雷锋志愿服务基层行暨迎接十九大胜利召开经典美文诵读会活动》；决策咨询部《文献服务走进农展会》等纪录片。拍摄活动记录了我馆读者服务、文献服务、精准扶贫等各项服务走进基层、走进弱势群体的历程。

（三）详尽记录活动，全程录制培训学习内容

培训、讲座是图书馆必不可少的活动之一，包括为读者组织的知识普及类公益讲座和对馆内职工及省内图书馆的专业业务培训。针对我馆人力资源部不定期举办的馆内职工培训和在全省范围图书馆业务建设的培训学习、专家讲座的内容，我们进行全程内容录制，多机位全程跟拍，将需要留存资料的学习内容制作成讲座视频长期保存。2017 年我馆录制了馆内《公共图书馆法》讲座、华东师范大学教授范并思《阅读推广的理论与方法》的讲座、全省《公共图书馆法》培训班上的专家讲座等，制作可重复观看的讲座视频十余个。

（四）深挖专题活动，记录全省大型活动

2017 年 11 月辽宁省图书馆联合省内 33 家公共图书馆共同开展了全省公共图书馆学习宣传贯彻党的十九大精神专题数字阅读系列活动。活动在全省范围统一开展，在拍摄前积极与各级图书馆沟通，了解各地不同的特色活动，制定活动拍摄方案。拍摄时间短、工作量大、区域广，团队成员分别到省内不同的地区，深入基层，走进各市级、县（区）级图书馆及边防检查站、学校、文化宫等进行活动的实地拍摄。活动结束后，结合省内参与活动的各级公共图书馆提供的新闻报道资料，在短期内完成多地、多单位、多项目的后期剪辑，制作了“学习宣传贯彻党的十九大精神专题数字阅读活动”辽宁省活动视频专题。专题视频在2017年全省数字图书馆推广工程馆长培训班上播出，引起了与会人员的普遍关注。

四、坚持创新，开发栏目多元化功能

《辽图视线》项目团队全体编创人员齐心协力、默默奉献，以极大的工作热情克服困难，团结协作，共同努力，顶着压力与困难，完成跨领域、跨专业的既定工作任务，保持图书馆员朴素的情怀，在平凡的岗位上牢记使命、始终如一。

（一）打造宣传及交流平台，促进省内行业交流

在节目首次播出时，王筱雯馆长寄语《辽图视线》说：“以新馆开馆为契机，推出这档节目，能够反映我们馆员的心声，展示我们图书馆的服务，展示我们全省图书馆界比较好的业态，通过这个窗口能够传递出去。”在项目实施过程中，团队以此为基点，不断拓展业务范围，多次深入基层，将视频节目制作融入其他日常工作中。对我馆新馆建设及开展的大型活动进行翔实的报道，在创新工作中卓有成效地完成了工作部署。为我馆创新工作的成果展示和自我宣传提供舞台，让图书馆员了解图书馆在做什么、了解其他馆员在做什么、了解工作取得的成果；同时，提供部室间的互相沟通、互相学习的平台，通过比对找出差距，学习相互间值得借鉴的实践和做法；打开探讨和交流工作新思路、新方法的突破口，找到“盲点”与“忙点”，更科学地做出工作计划，更高效地实施工作安排，更合理地构建工作目标。在与其他图书馆、其他行业、其他地区的工作交集中不断学习，与此同时，促进省内行业交流，做好辽宁省图书馆的对外宣传，建立良好的社会形象，树立辽宁图书馆界创新工作的典范，起到先锋带头作用。

（二）为图书馆活动提供数字化档案保存

随着项目的深入开展，将积累的视频资料以数据库形式建立可查阅档案，明确分类，细化规则，实现资料保存标准化，能够及时准确地调取档案，为馆内各部室提供原始素材和剪辑视频。以阵列服务器为中转站，馆内资源共享更加方便快捷，数字资源的保存也更加持久稳定。数字化的档案以数据库标准存储，类目详细，并建立档案查询制度，提供网上自助查档。

（三）提升图书馆数字资源存储能级

随着数字资源的种类和数量的几何级增长，图书馆的数字资源保有量已成为评估图书馆的重要标准之一。文字型数据库、图片型数据库等原始的数字资源类型已不能满足图书馆自身和读者服务不断加速的需求。《辽图视线》项目在实施过程中，拍摄了大量的培训视频，经过后期加工剪辑，制作成专题视频数据库，成为读者自主学习和单位培训的资源。视频数据库是“互联网 +”时代背景下，数字图书馆读者服务的重要手段之一，自建视频数据库的完成，不仅能够大幅度提升我馆数字资源的存储量级，同时也为我馆数字图书馆增加一项新的服务项目。

习近平总书记指出：“新时代属于每一个人，每一个人都是新时代的见证者、开创者、建设者。”经过一年多的探索与实践，《辽图视线》项目以创新为根本，持续强化队伍建设，保存了我馆90%以上活动的视频档案，从阵地服务到跟踪服务，实现了工作思想的根本转变，适应变革并在改变中不断进步。项目制作团队将紧随新时代脚步，以新思想武装自身，制定合理的新目标，发挥辽宁省图书馆自我宣传的窗口作用，在数字化图书馆资源建设创新的新长征路上，不忘初心，砥砺前行。

典藏部的开辟与实践

:: 撰写 / 郭　彧

2016 年 3 月 13 日，辽宁省图书馆新馆试开放后，在以新建的馆舍、多元的空间、先进的设施和丰富的活动满足读者多样化需求的同时，馆领导班子研究决定，将特藏部的保存本书库和保存本阅览室以及原报刊部的报刊库房合并，成立典藏部，旨在打造辽宁省图书馆的藏书中心。典藏部书库内文献资源总量约 194 万册，包含 1949 年之后出版的所有保存本文献、报刊，以及新中国成立前出版发行的报纸，如《盛京时报》《东北画报》等。随着典藏部的成立，馆内其他部分业务部门的业务范围也随之改变，如报刊部的分解、特藏部业务范围的改变等。

一、新馆设立典藏部的初衷与意义

所谓典籍，就是指法典、图籍等重要文献，也是人们记录做事要遵循的常规和法则的重要书籍，亦泛指古今图书。从这个意义上引申，图书典藏就是根据图书馆的发展目标、任务和特点，有目的、有计划地组织保管好各种文献资料，使图书馆库藏的文献资料，成为一个完整的、系统的库房体系。图书典藏对图书馆的发展和读者研究利用都有很重要的意义和作用。

（一）图书馆保存人类文化遗产功能的凸显与强化

图书馆随着人类文字的产生而逐渐发展起来，拥有悠久的历史，并对人类的发展起到了特殊而不容忽视的作用。一直以来，公共图书馆因拥有丰富的文献资源和其公益性质而成为读者学习、研究等的最佳场所之一。而随着社会的发展和科技的改变，图书馆被赋予越来越多的社会职能，其职能越来越呈现多元化趋势。但就图书馆的基本职能而言，始终离不开对文献资料的保存。1975 年，在法国里昂召开的图书馆职能科学讨论会上，国际图联将图书馆的社会职能总结为四个方面：①保存文化遗产；②开展社会教育；③传递科学技术情报；④开发智力资源。其中，保存文化遗产位于首位。1978 年出版的《美国百科全书》中“图书馆”词条指出：“图书馆出现以来，经历了许多世纪，一直担负着三项主要职能：收集、保存和提供资料……”

新馆开辟典藏部作为全馆的藏书中心，正是对图书馆保存文化遗产这一基本职能的再次强化。通过设立典藏部，使图书馆的文献资源得到有计划、有组织的统一管理，使其成为完整系统的库房体系。

（二）业务部门分工更明确、职责更清晰

典藏部由原特藏部管理的保存本库房、保存本阅览室以及原报刊部管

理的报刊库房及报刊合订本组成。由此，报刊部分解，其现刊划归借阅部管理，部分期刊可实现外借功能。特藏部专门负责新中国成立前古籍文献的保存、阅览、加工、管理等工作，业务更加专一。典藏部成为全馆的藏书中心，是全馆新中国成立后图书和报刊文献的汇集地。三大部门三条业务链齐头并进，职责更明确清晰，保证图书馆发挥保存文化遗产职能的同时，又增强了期刊的使用性能。

（三）方便读者对图书文献的研究与利用

新馆开馆后，馆内多元的空间和丰富的活动吸引了不少读者，而查阅历史文献参考咨询的读者同样有增无减。完备的藏书中心是保证读者充分利用的前提。将新中国成立后的文献统一管理有利于图书文献更好地保存，也在一定程度上方便了读者统一检索和查阅。

二、典藏部的基本情况与安全管理

（一）面积与藏书

典藏部书库位于图书馆书库区一、二层，总建筑面积 11406 平方米。一层分为两个区域，分别是报纸库和期刊库，报纸库占地面积 2280 平方米，库藏中文报纸 1407 种、58586 册，外文报纸 119 种、10329 册。期刊库占地面积 3422 平方米，库藏中文期刊 23386 种、287069 册，外文期刊 6528 种、167072 册。二层为保存本库房，占地面积 5704 平方米，库藏文献总量 1424690 册，其中包含社科类图书 1004811 册、科技类图书 419879 册。

（二）文献储存方式

一、二层书库所有文献存储方式均采用电动密集书架，书库总设计容量为 300 万册以上，可以满足未来至少 10 年的图书增量。密集架的轨道采用预埋式，尽量保证地面平整。所有密集书架均可以实现电动控制，功能包括：①触摸、液晶显示功能（菜单式管理）；②自动合架功能，当开架存取资料，没有及时关闭架体时，系统检测到架体内没人，一段时间后自动关闭架体；③自动开架功能，当工作人员存取资料不方便使用电脑和按钮时，只要站在需要进入的架体旁 8 秒钟，架体就会自动开架；④灯光定位功能，当资料查找到时，发指令后，架体自动开架，资料所在列的层和节的灯光会闪烁指示；⑤语音提示功能，架体的各种状态都可语音播报；⑥架体开架到位，系统处于自动保护状态，此时日光灯处于照明状态；⑦红外线主动感应保护功能，当架体没有处于保护状态时，人进入架体，架体检测到有人进入后自动进入保护状态；⑧自动断电功能，当人在架体中遇到紧急情况时，用脚挤压底盘边上的条形传感器，系统中的电源就会切断。

（三）库房硬件设施

1. 防火

典藏部的一层报刊库房及二层保存本库房全部采用高压细水雾及灭火器两种消防灭火手段，库房的烟感报警器等消防报警系统与全馆消防系统联动，能及时发现火情并处理。高压细水雾系统相比传统喷淋系统具有更佳的降烟和降温效果，为人员的逃生创造了极为有利的条件，同时水渍损失小，高压细水雾灭火系统用水量较少，仅为喷淋系统的 1%~5%，可以有效避免过量排水对文献资源的损坏，是目前降高温，降解烟尘、毒气最有效最简单的手段。

2. 防盗

库房采用门禁系统及监控系统，集成于我馆的弱电系统中，与我馆保安监控室对接，并通过建筑结构的设计规划以及门禁权限的设置以保证读者与库房区及无关工作人员与库房区的隔离，以实现书库文献的防盗功能。

3. 防虫、防潮、防尘

一、二层书库全部采用中央空调系统，文献存放全部使用密集架，地面为地坪漆及地胶，未使用木质地板等易生虫的装修材料，室内温湿度可以通过中央空调进行自动调节，以保证室内环境处于适合文献保存的温湿度区间，密集架体具有自动通风功能，各架体可以定时自动开启一定距离，实现通风防潮的功能，平时是全部关闭状态，可以起到很好的防尘效果。

三、典藏部的文献整理及阅览工作

（一）成立之初的积存文献整理上架工作

在新馆搬迁的大背景下，典藏部成立后的首个重要工作就是积存文献的整理工作。

典藏部书库由保存本书库及报刊库组成，原保存本书库由特藏部负责管理，由于新馆搬迁等原因，2013 年至 2015 年的保存本文献被采编部接手后，没有进行上架整理排序，而是直接进行封包，准备在新馆搬迁后再统一进行文献整理排架工作。2013 年至 2015 年的待整理保存本文献总量约为 30 万册。

报刊库原由报刊部管理，部门重新调整后，报刊库房划归到典藏部，其中报纸库内文献资源量不大，在新馆搬迁后很快就完成了报纸库的整理工作，而期刊库与保存本库情况相同，都仅做了封包处理，需要搬迁后统一进行文献整理排序，待整理文献约为 4 万册。因此，在新馆搬迁工作完成后，典藏部面临总数约为 34 万册的文献整理工作，不及时进行积存文献的整理上架工作，势必会影响后续文献的接收。2017 年又是图书馆的评估年，文献整理上架的质量也影响评估分数的获取，典藏部只有8名工作人员，平均年龄49.5岁，时间紧、任务重、人员老化现象严重，在这些不利的条件下，典藏部克服种种困难，仅用了50个工作日，就完成了约34万册文献的拆包、分拣、整理上架工作，确保了文献资源及时向读者开放，并且保证质量，准确率完全达到评估标准。

（二）文献典藏组织工作

典藏部的典藏工作主要包括藏书的组织与管理：入藏的文献按照一定的要求进行合理的布局、排列、保存和清点，主要是指接收文献、移库操作、整理上架等。经过加工整理过的图书，由典藏部门按照科学的体系组织排列起来，成为布局合理、使用方便、管理妥善的有机整体，从而使藏书系统与读者系统有序地结合运转。

截至2018年4月，典藏部书库文献总量194万册，其中保存本文献142万册、期刊45万册、报纸7万册，每年预计新增入藏文献9万余册。

（三）保存本阅览室接待工作

典藏部保存本阅览室开展读者接待工作，集阅览、咨询、复印及自动化检索等多种服务为一体，最大限度地利用现有文献资源满足读者的需要。新中国成立后出版的图书、报刊均可阅览，不可外借，每次限提5册。在充分满足读者需求，提高保存本利用率的同时，工作人员时时刻刻对读者进行宣传：一方面，宣传保存本的作用，让读者了解保存本对图书馆藏书建设的意义；另一方面，加强对图书馆图书保护的宣传，从而让读者自觉爱护图书，在阅读时避免涂抹、画线、折叠等有损图书文献的行为发生，充分保护图书馆的文献资源。

Part 8

协作协调篇

辽宁省古籍保护工作实践与发展

:: 撰写／杜希林

2007 年，国务院办公厅颁发了《关于进一步加强古籍保护工作的意见》（国办发〔2007〕6 号）。自此，“中华古籍保护计划”正式启动，古籍保护工作步入新的历史发展时期。按照“保护为主，抢救第一，合理利用，加强管理”的总体方针，我省积极改善古籍保护环境，推进古籍普查，加强古籍整理出版，强化队伍建设，扩大古籍宣传路径，古籍保护工作成绩显著。

一、建立古籍保护工作机制

2007 年 11 月，辽宁省人民政府办公厅《关于进一步加强全省古籍保护工作的意见》（辽政办发〔2007〕75 号）颁布实施，明确了全省古籍保护工作的指导思想、基本方针和总体目标，对重点古籍工作做出了安排。这标志着新时期辽宁省古籍保护工作的全面展开。

其后成立了由辽宁省文化厅牵头，省发展改革委、省财政厅、省教育厅、省科技厅、省民委（省宗教事务局）、省新闻出版局、省文物局等部门组成的全省古籍保护工作厅际联席会议，以及古籍保护工作专家委员会。辽宁省文化厅先后制定了《辽宁省古籍保护工作实施方案》《辽宁省古籍普查登记工作实施方案》等规范性文件。

2007 年 10 月，经省编办批准，辽宁省古籍保护中心在辽宁省图书馆挂牌成立。辽宁省古籍保护中心积极履行相关职能，负责协助省文化厅全面统筹、协调全省古籍普查、人员培训、业务辅导等工作。此后，各市先后成立了市一级的古籍保护工作领导机构。

辽宁省委、省政府十分重视古籍保护工作，从 2009 年开始，省财政每年为省文化厅拨付 100 万元古籍保护专项经费，各市普遍加大了对古籍保护工作的资金投入，使得全省古籍的存藏条件得到了很大的改善。

二、同心同德，稳步开展全省古籍保护工作

（一）摸清家底，努力做好全省古籍普查工作

辽宁省共有古籍公藏单位 30 家，古籍藏量约 150 万册。2007 年，辽宁省图书馆、大连图书馆被确定为全国古籍保护工作试点单位。为了做好古籍普查工作，我省先后两次召开全省古籍普查工作专题会议，并与省内古籍收藏单位签订古籍普查任务书，明确职责和时限，全省共向国家古籍保护中心提交普查数据 55602 条，位居全国前列。其中，辽宁省图书馆的 2.1 万条，2017 年已由国家图书馆出版社出版。其余的古籍数据，由省古籍保

护中心组织人员进行审校工作。

在古籍普查中，发现了尘封多年的珍贵古籍，发掘出一批具有特殊价值的古籍精品。如辽宁省图书馆藏宋台州公使库刻本《扬子法言》，被列为古籍普查中的重大发现，辽宁省图书馆整理未整理古籍中发现的宋版藏经残卷《广大宝楼阁善住秘密陀罗尼经》，申报入选了《第二批国家珍贵古籍名录》。

（二）实行古籍分级保护，建立珍贵古籍档案

2007年至今，文化部组织开展了5批“国家珍贵古籍名录”和“全国古籍重点保护单位”的评审工作。辽宁省共有12家收藏单位的544部古籍入选，辽宁省图书馆、大连图书馆、沈阳市图书馆、辽宁大学图书馆、辽宁省博物馆、辽宁省档案馆、沈阳师范大学图书馆和旅顺博物馆入选“全国古籍重点保护单位”。

2010年、2012年、2014年和2016年，省文化厅组织开展了4批“辽宁省珍贵古籍名录”和“辽宁省古籍重点保护单位”的申报评审工作。全省共有3179部古籍入选，沈阳市图书馆、辽宁大学图书馆、辽宁省档案馆、沈阳师范大学图书馆、锦州市图书馆和旅顺博物馆、辽阳市图书馆和辽东学院图书馆被先后命名为“辽宁省古籍重点保护单位”。由于在古籍保护工作中取得的成绩，我省先后受到文化部的通报表扬，被国家民委授予“全国少数民族古籍工作先进集体”光荣称号，古籍专家韩锡铎同志荣获“2014年中国图书馆榜样人物”，辽宁省图书馆、大连图书馆被评为全国古籍保护工作先进单位。

（三）古籍修复工作初见成效

2010年，辽宁省图书馆被文化部授予“国家级古籍修复中心”，成为全国首批12家跻身此行列的单位之一。2015年，辽宁省图书馆浑南新馆规划出1000平方米的空间，进行古籍修复中心的建设，面积是以前的3倍，集修复、实验、教学实训、库房存储为一体，为全省的古籍修复事业发展提供了更大的发展空间。

2014年，辽宁省图书馆先后被命名为“国家级古籍修复技艺传习中心辽宁传习所”和国家古籍保护人才培训基地，二者在人才培养上既各有侧重又互为补充，形成了较为完备的人才培养模式。

此外，大连图书馆、沈阳市图书馆也相继建立了古籍修复中心或文献修复室。目前，我省藏有古籍的市一级图书馆都已配备了经过专业培训的古籍修复员。2016年和2017年，在省古籍保护中心的支持和帮助下，抚顺市图书馆、锦州市图书馆、辽宁大学图书馆、沈阳师范大学图书馆、辽阳市图书馆和辽东学院图书馆先后成立了小微古籍修复室，为古籍修复事业的发展创造了良好条件。

（四）古籍整理研究、出版取得丰硕成果

长期以来，我省各古籍收藏单位都非常重视古籍文献的整理开发，并取得了一批古籍保护研究成果。既参与了国家级项目如《中华再造善本》《辽宁省图书馆藏稀见方志丛刊》的编纂，也有跨省的区域性古籍成果，如《东北地区古籍线装书联合目录》，还有省内古籍收藏单位结合自己馆藏特色的出版成果，如《辽宁省图书馆藏陶湘旧藏闵凌刻本集成》《辽宁省图书馆藏民国时期东北大学毕业论文全集》《大连图书馆藏古籍书目》《辽宁大学图书馆藏古籍线装书目》等。结合近年来全省的古籍保护工作，也出版了《辽宁省入选国家珍贵古籍名录古籍图录》《辽宁省珍贵古籍名录图录》《辽宁省图书馆古籍普查登记目录》等成果。

（五）利用古籍传承中华传统文化

2007年以来，辽宁省结合古籍保护工作实际，多次在《中国文化报》《辽宁日报》《辽沈晚报》等媒体通过新闻报道、专栏和专版的方式宣传我省的古籍保护工作。尤其是2013年以来举办的“辽宁省珍贵古籍特展”和“天禄琳琅·石渠宝笈典籍书画展”，参展的古籍文献都是缥缃精品，展览现场安排了雕版印刷现场演示，取得了良好的社会反响。

近年来，辽宁省各古籍收藏单位都在有序开展珍贵古籍的数字化工作。如辽宁省图书馆建设了该馆的孤本善本数字资源库，大连图书馆、丹东图书馆、辽宁大学图书馆、辽东学院图书馆等单位也积极建设馆藏古籍全文数据库。珍贵古籍数字化之后逐步在互联网上公布，使得古籍数字化的成果真正实现了全民共享。

（六）多措并举培养古籍保护人才

近年来，省文化厅联合国家古籍保护中心联办或独立承办了多期的古籍普查、编目、版本鉴定、古籍数字化、古籍修复、碑帖拓片的业务培训班，累计为我省培养古籍保护人员500余人次。

2010年开始，我省还创新古籍人才培养模式，采取“对面辅导”的方式，为省内图书馆培训古籍普查人员，各馆对此种培训方式有较高的满意度，这一培训模式受到国家古籍保护中心的赞扬，并在业内推广。

目前，我省基本上形成了辽宁省古籍保护中心、辽宁省国家级古籍修复中心、国家古籍保护人才培训基地、国家古籍修复技艺传习中心辽宁传习所四体合一的古籍保护和人才培养体系。尤其是人才培训基地，利用省内高校的学科优势和师资力量，以及公共图书馆的文献优势，整合资源，探索古籍人才培养长期、有效的模式。辽宁传习所聘请赵嘉福同志为古籍修复技艺传承人，采取“师徒传承、口手相授”形式来培养古籍修复人才，是对中国传统的古籍修复模式的继承和创新。2016年在国家古籍保护中心的支持和帮助下，省古籍保护中心先后与辽宁大学、沈阳师范大学合作，培养古籍保护方面的专业硕士，此项工作的开展，为我省古籍方面的人才培养提供了一个新的发展方向。

三、古籍保护工作未来的主要任务

（一）完善古籍分级保护机制

在省古籍保护工作厅际联席会议制度框架下，我省继续组织开展《国家珍贵古籍名录》和国家古籍重点保护单位的申报评审，建立古籍保护分级制度，开展5批《辽宁省珍贵古籍名录》和“辽宁省古籍重点保护单位”的申报评审。

（二）全面推动古籍库房标准化建设，实施古籍文献寄藏制度

严格古籍保护专项经费管理，鼓励和引导社会资金投入古籍保护工作，做好古籍收藏单位的库房改造、改建工作，推动新建图书馆建设标准化的古籍库房，帮助列入省古籍重点保护单位古籍库房的改善工作，逐步改善省内古籍收藏单位的古籍装具，改善古籍修复室的硬件设施；在统筹安排的基础上，添置古籍数字化设备；鼓励和引导社会资金投入古籍保护工作。

建设辽宁古籍文献寄藏书库，为不具备古籍文献收藏条件的收藏单位代为保存古籍，在辽宁省图书馆建设省古籍寄藏书库。

（三）加强古籍数字化工作

配合国家古籍保护中心“中华古籍数字资源库”的建设，建设全省珍贵古籍数字化工程。省古籍保护中心将从入选《国家珍贵古籍名录》的文献入手，建设辽宁省“孤本善本数字资源库”项目。整合现有家谱数据库、方志数据库等项目，建设东北古籍资源数据库，论证并建设如满文古籍数据库等一批专题数据库。

（四）完成全省《古籍登记目录》出版工作，启动《中华古籍总目·辽宁卷》编撰工作

2018年完成全省《古籍登记目录》出版工作，其中省图书馆3册、大连图书馆2册、沈阳市图书馆1册、辽宁大学图书馆1册、其他高校图书馆1册、其他公共图书馆及文博1册，共9册。2018年启动《中华古籍总目·辽宁卷》编撰工作，举办总目编撰培训班，制定编撰规则与计划，与古籍收藏单位签订编撰目标责任书。有计划地开展民国文献、新善本、特藏文献的普查工作。

（五）加强古籍的整理、开发出版力度

编纂出版《辽宁省珍贵古籍名录图录》《辽宁省图书馆馆藏珍本古籍丛书》，辽宁省古籍收藏单位《古籍普查登记目录》等系列图书。申报一至两项古籍出版课题，提高学术研究水平。计划开展全省珍稀古籍整理出版复制工作，预计“十三五”期间影印整理10部古籍。

（六）科学推进古籍修复工作

以辽宁省图书馆国家级古籍修复中心为依托，对破损古籍进行修复。举办相关的古籍修复研习班；申报古籍修复课题与研究，实行珍贵古籍修复的项目化管理。2018年向国家古籍保护中心申报辽宁省图书馆藏碑帖、拓片修复项目；建设市一级的古籍修复中心（室），均衡全省的古籍修复水平。“十三五”期间，在辽东、辽南、辽西、辽北及高校系统资助建设10家小微修复室，资助、扶持基层古籍收藏单位提高古籍修复能力，现在已经建成6家。

启动省级古籍修复中心的申报评审工作，承担区域内古籍修复的指导与传承工作；注重古籍修复中传统技艺与现代科技的结合，实现古籍修复中的科学化、规范化；建设全省的古籍修复工作管理系统；探索古籍修复工作中视频直播、即时互动等现代技术手段的运用。

（七）培养古籍保护专业人才队伍

创新人才培养模式，实现以国家古籍保护中心人才培训基地、国家古籍修复技艺传习中心辽宁传习所为中心点，辐射全省的立体式、多方位的人才培训体系；继续实施走出去、请进来的人才培养模式，鼓励人才的国内外学术交流；尝试以项目代培训，以培训促工作；发挥省内高校的学科优势，探索与高校合作开展学科建设，实现人才培养的联动机制。

（八）宣传推广古籍保护的阶段性成果，挖掘古籍的传统文化价值

加强古籍收藏机构古籍服务设施建设，探索公藏古籍资源对社会公众开放的机制，提升古籍服务质量与水平；加强与博物馆合作，举办系列的古籍展览展示，举办讲座、研讨和古籍修复展演、雕版印刷、传拓体验、古籍鉴定等文化体验活动，拓展传统文化传播途径，加大民众参与度。依托辽宁省图书馆典籍展示馆和萃升书院，举办系列的展览展示、讲座、研讨和文化体验活动，打造“萃升”这一传统文化品牌，拓展传统文化传播途径，为经济社会发展提供文献和智力支持；承办国家古籍保护中心、中国图书馆学会与辽宁省文化厅联合主办的年度古籍保护宣传展览及读者活动；举办中华古籍保护计划实施十周年的系列宣传活动；利用报纸、电视、网络等媒体形式宣传全省的古籍保护工作；扩大受众群体。

（九）开发文创产品，让百姓把“古籍”带回家

结合文献特色，深入挖掘古籍文献中的字体、纸张、墨色、装帧、钤印等传统文化符号，采取高仿复制或研发创意古籍书签、笔筒、辽图藏书票等文创产品的方式，让传统文化符号越来越接地气，让文创开发融入普通大众的生活。

利用“全国图书馆文化创意产品开发联盟”整合资源，将特色馆藏元素推介出去，形成有文化内涵、贴近生活、注重实用的古籍文创产品。

古籍保护是一项深具历史责任感又任重道远的工作，需要从战略和全局的高度出发，充分认识古籍保护工作在传承传统文化、建设文化强省中的重要作用，需要全省古籍保护工作者的共同努力，也需要各级政府和全社会的支持，以形成全省古籍保护工作的合力，实现古籍保护、古籍修复和人才培养的可持续发展，实现规范化和制度化的古籍保护体系。

古籍工作时不我待，古籍工作又要“日日新，又日新”。未来几年将是我省古籍保护工作持续发力，向纵深推进的关键。我们要总结经验，放眼未来，有勇气、有责任、有能力、有信心、有担当，来保护好、利用好、传承好古籍。用好古籍载体，挖掘古籍原典，讲好古籍故事，阐扬古籍智慧，推进我省古籍保护工作深入推进和可持续发展。

辽宁省公共、高校图书馆联盟建设实践

:: 撰写／韩　宁　魏　雯

进入 21 世纪，我国的图书馆联盟建设进入飞速发展阶段，据不完全统计，到 2014 年，全国已有 95 个不同系统与类型的区域图书馆联盟，江苏、北京、广东、浙江等经济发达地区的图书馆联盟数量众多。自 2015 年以来，辽宁省图书馆致力于辽宁省公共、高校图书馆联盟的构建，开展了前期调研、可行性分析、专家论证等工作，在广泛征求意见的基础上，出台《辽宁省公共、高校图书馆联盟建设方案》，并于 2016 年 12 月在沈阳举行辽宁省公共、高校图书馆联盟启动仪式，宣告辽宁省公共、高校图书馆联盟正式成立。

经过一年多的实践，辽宁省公共、高校图书馆联盟进一步完善组织机构建设和专业技术小组的搭建；不断推进行业基础业务的规范化建设，推进资源共建共享；依托联盟，开展了内容丰富的全省性阅读推广活动；通过联盟网站建设，加强成员馆之间的沟通，实现联盟信息发布，为成员馆提供良好的展示平台。我省图书馆联盟建设起步晚，但在文化志愿服务和跨系统开展人才培养等工作方面，有突破、有创新，为推动书香辽宁和文化强省的全面构建发挥了积极作用。

一、更好地满足人民群众对文化生活的需要——联盟建设缘起

为贯彻落实党的十八届三中全会审议通过的《中共中央关于全面深化改革若干重大问题的决定》的有关要求，2015 年中办、国办印发了《关于加快构建现代公共文化服务体系的意见》（简称《意见》）。《意见》提出“以改革创新为动力，以基层为重点，构建体现时代发展趋势、适应社会主义初级阶段基本国情和市场经济要求、符合文化发展规律、具有中国特色的现代公共文化服务体系，促进基本公共文化服务标准化、均等化，推动社会主义文化大发展大繁荣”的指导思想；明确“坚持共建共享原则。加强统筹管理，建立协同机制，明确责任，优化配置各方资源，做到物尽其用、人尽其才，发挥整体优势，提升综合效益”。

作为以实现资源共享、互惠互利为目的而组织起来的图书馆联盟是图书馆在构建现代公共文化服务体系过程中实现共建共享、协同协调、优化资源配置、发挥整体优势、提升综合效能的有力抓手。在现代公共文化服务体系建设的重大战略期，省图书馆抓住发展机遇，筹划启动全省图书馆联盟建设，按照省文化厅的工作要求，对联盟建设发展的可行性和必要性进行调研和论证。

联盟筹备伊始，省图书馆对全省 129 家公共图书馆及部分高校图书馆的现状进行调研，对各馆的馆舍、资源、服务等情况及信息化建设、人员配备等信息进行调研。调研结果显示，随着我省公共文化事业的不断发展，

公共图书馆服务体系化建设的基本条件，如资源储备、软硬件建设等因素基本具备；同时，我省各级图书馆先期在联合编目、联合参考咨询、阅读推广等方面进行过合作，有着良好的协作经验，为联盟的组建打下了坚实的基础。各级图书馆都认识到，只有联合起来才能更好地发展，开展图书馆联盟建设，整合各馆资源，充分发挥全省图书馆馆藏资源和人力资源，才能更好地提高图书馆的服务效能。

因此，省图书馆在充分调研的基础上，形成《辽宁省公共、高校图书馆联盟建设方案（征求意见稿）》，并通过专题会讨论、发函等多种方式向省内各馆广泛征求意见，在多次修改并经专家论证后形成我省图书馆联盟建设方案。

2016年12月14日，辽宁省公共、高校图书馆联盟启动仪式在沈阳举行，来自省内各市图书馆、市少儿馆与部分高校图书馆的馆长和代表参加会议。与会代表讨论通过了《辽宁省公共、高校图书馆联盟建设章程》，签署了合作协议，首批29家公共、高校图书馆参与联盟。

联盟启动仪式上，省文化厅副厅长杨世涛代表省文化厅对联盟的成立表示祝贺，也对联盟建设提出了具体要求，他说："在当前形势下，图书馆联盟需要合作共建，打破馆际壁垒；需要省内公共、高校图书馆转变观念，以更好地满足读者需求，适应信息化时代的发展；反对形式主义，要追求实效，互建互惠；同时，还要加强品牌意识，打造服务精品。各图书馆可以利用自身优势，多角度合作，提供读者用得上的服务。"

同时，图书馆联盟的成立也让省内公共、高校图书馆参会代表感到振奋。沈阳市少年儿童图书馆馆长周佳兵说："我们会积极参与联盟活动，无论是资源，还是各项服务工作，都可以毫无保留地拿出来与联盟成员馆共享。"辽宁大学图书馆馆长刘宁宁说："资源共享一直是高校馆坚持的宗旨，联盟

◎ 辽宁省文化厅副厅长杨世涛（右三）、辽宁省图书馆馆长王筱雯（右二）等共同出席联盟启动仪式

成立后，高校馆在为公众服务这方面将会有更多发展。”

二、推动现代公共文化服务体系的全面构建——联盟建设的深入开展

共建共享是辽宁省公共、高校图书馆联盟建设的核心内容。联盟的建设打破了传统图书馆各自建设、各自发展的管理模式，通过采购协调、联合编目、联合建库、联合咨询、共同开展阅读推广活动策划与组织等多种方式，打造出一个融文献信息资源建设和服务于一体的统一平台。

借助联盟这一平台，广大读者可通过文献传递、馆际互借、流动服务等多种方式，共享成员馆文献资源；通过数字分馆、数字阅读卡等渠道，可随时随地访问成员馆共享的丰富的数字资源；同时，联盟集中全省图书

馆力量，整合了省内优质的阅读推广活动，打造更精、更强的活动品牌，把精品讲座、巡回展览、主题阅读等精彩文化活动带到各地，尤其是文化资源贫瘠的偏远地区。广大群众，尤其是基层群众，将在共享公共文化服务资源上获得更多便利。

为充分发挥联盟作用，辽宁省公共、高校图书馆联盟建设实行分级管理方式，以省图书馆为中心馆，各市图书馆、高校图书馆为区域分中心或成员单位。为加强组织领导，促进各馆间的协调配合，组建辽宁省公共、高校图书馆联盟建设领导小组，下设办公室和专业技术小组。

一年来，辽宁省公共、高校图书馆联盟以加强沟通、夯实基础为起点，不断发展。

（一）加强沟通，建立联盟网站

为完善联盟组织构建，加强成员馆之间的沟通与展示，2017 年，辽宁省公共、高校图书馆联盟网站测试上线。

网站以统一的计算机管理系统为基础平台，下设联盟概况、联盟动态、联盟工作、数图工程等子页面，使得联盟成员馆和广大群众足不出户，就能全面了解联盟的各项工作，实现对联盟相关规章制度和各项服务的了解咨询，同时也是反映各成员馆工作动态，展示形象风采的一个平台。

联盟网站既实现了信息资源共享、网上互动，又体现了“一站式”服务的特点，还能实现联盟信息的综合检索，促进联盟健康发展。

（二）夯实基础，联合目录检索系统建设与人员培训

联合目录检索系统是图书馆联盟共建共享的前提和保障，通过建设统一的联合目录检索平台，能够实现对联盟成员馆书目数据的整合管理，完善联盟网络服务布局，从而实现资源共享，实现服务效益最大化，形成服务全省读者的资源保障体系。

辽宁省公共、高校图书馆联盟自启动以来，便把联合目录建设列为首期重点项目。目前，全省公共图书馆联合目录系统已经建成，平台采用Interlib系统，截至2017年年底，系统已整合17家成员馆的联合目录数据，目录总量在600万条以上，能实现书目数据发布和维护、检索与展示等功能。未来，联盟将依托这一平台，开发全省馆际互借系统，并研究分析与异构平台的数据整合问题。联合目录检索系统的建立，能够最大限度弥补文献信息资源在全省分布不均衡的状况，在最大限度上降低建设成本，为广大读者获取文献信息提供便利。

由于我省各地区图书馆之间存在发展不平衡情况，联盟各成员馆也存在着专业技术人员匮乏，对提供图书馆创新服务不适应、不及时的问题。为了提升成员馆的馆员素质和专业技能，提高成员馆的服务能力，联盟成立以来，在人员培训上做了大量工作。以2017年为例，联盟组织开展了“全省数字资源联合建设培训”“全省图书馆学雷锋志愿服务培训”“全省公共文化保障法培训班”“全省公共数字文化服务推广培训班”等全省性培训工作，建设人才培养机制，加强人才合作与交流。

（三）不断发展，成员馆数量持续上升

截至2017年12月，辽宁省公共、高校图书馆联盟成员馆已有30家，其中公共图书馆24家（含省馆），高校馆6家。同时，联盟也鼓励省内各公共、高校图书馆根据自身需要，参与联盟协作，如联合编目工作已吸纳成员馆112家，馆际互借工作吸纳成员馆53家。在数字文化服务方面，联盟持续发挥协作协调与共建共享的作用，近两年来，丹东、营口、辽阳、铁岭、鞍山等12个市级图书馆先后成为省图书馆数字分馆，为数字资源全省共享搭建了平台。

在联盟不断发展壮大的同时，各成员馆在技术服务、地方文献资源联合征集、联合参考咨询服务、阅读推广及讲座、展览服务等方面，平稳有序协同开展工作，致力于搭建更加便捷和强大的全省图书馆公共文化服务体系。

三、努力打造可持续发展的协作联合体——联盟建设亮点频现

辽宁省公共、高校图书馆联盟在建设过程中，坚持标准化、大众化、特色化的构建理念，在制度建设、活动资源推广、文化志愿服务、人才培养模式等方面，打造辽宁特色。

（一）以标准化、制度化建设为本

联盟成立后，首先着手推进行业基础业务的规范化建设，启动相关工作标准及规则的制定工作，促进联盟建设的标准化、制度化发展。

随着《辽宁地区图书馆联合书目数据库建设章程》《辽宁地区公共图书馆数字资源联合加工协议书》《全省图书馆地方文献联合征集制度》《全省图书馆联合参考咨询章程》《全省图书馆全民阅读推广活动章程》《辽宁地区图书馆馆际互借协议书》等章程协议的制定，阐明了联盟各技术小组的基本准则，保障了各成员馆的权利与义务，规范成员馆的行为。

同时，联盟启动并完成了《图书馆行业条码辽宁省公共图书馆使用规范》《辽宁省公共图书馆自动化行业规范图书馆代码》《辽宁地区图书馆中文图书联合编目规则》《辽宁地区图书馆文献传递服务制度》《联合参考咨询工作细则》《全省图书馆全民阅读推广活动细则》《文化志愿服务联盟管理办法》等相关规则的起草工作，提高了联盟的服务效能，奠定了联盟建设标准化、制度化的基础。

（二）以大众化、规模化服务为引领

联盟成立之初，为了充分提高各成员馆的参与度，也为了将联盟共建共

享的精神惠及更多普通民众，以省图书馆为中心馆，从全省读者的需求和兴趣出发，协调整合全省的优秀阅读推广活动资源，积极促进各成员馆在阅读推广活动方面的密切协作，以阅读推广活动为抓手，最大限度地为成员馆和读者服务，推进全民阅读。

自成立以来，辽宁省公共、高校图书馆联盟在全省各地举办活动近百场，组织了“图林文华——中国图书馆近现代学人墨迹展”“迎接党的十九大胜利召开”等巡展活动。利用喜迎十九大、全民读书月、金秋惠民季等重要时间节点，联合成员馆组织了书友会、读书主题征文、经典诗文诵读、摄影大赛、阅读知识竞赛、少儿故事大赛、数字阅读推广等形式多样、内容丰富的文化活动，激发全省群众的阅读兴趣和参与热情。

为了进一步提高服务效能，缓解基层图书馆展览、讲座资源不足和经费困难的问题，全省图书馆联盟通过走进基层图书馆、部队、学校、社区等开展专家讲座和视频讲座，实现各地讲座联动；同时，对联盟成员馆坚持每月至少推送一个展览资源，实现全省巡展，部分公共图书馆还将展览送到基层单位，使联盟服务触角得到进一步延伸，在探索解决图书馆事业发展不平衡、不充分的问题上获得了宝贵的经验。

（三）以特色化、创新化建设为发展之道

1. 特色化发展

辽宁省公共、高校图书馆联盟建设借鉴了兄弟省份的成功经验，同时也积极发挥自身优势，创建特色化服务体系。其中，辽宁省文化志愿服务起步早、成效好，“口语世界”“对面朗读”等多个文化志愿服务品牌项目多次荣获文化部优秀文化志愿服务活动案例，将文化志愿服务纳入联盟建设，建立全省性文化志愿服务体系，可以进一步扩大我省文化志愿服务的凝聚力、影响力。

目前，通过联盟各成员馆的协同配合，辽宁省已经建立起全省图书馆学雷锋志愿服务总分队，以省图书馆为总队，全省 41 家文化志愿服务单位为分队，深入开展覆盖全省的文化志愿服务工作。

通过总分队的管理模式，全省图书馆联盟开展了“大地情深”文化志愿服务基层行、文化志愿服务优秀案例推广交流会、全省文化助盲志愿者骨干培训班、中华传统礼仪手语大赛等丰富的交流培训活动，不断提高省内文化志愿服务的科学化、规范化、项目化和制度化的管理水平，推动全省文化志愿者服务事业规范有序、持续健康发展。

2. 创新性服务

辽宁省公共、高校图书馆联盟充分发挥成员馆作用，进一步加强协作协调。其中，省图书馆分别与沈阳师范大学、辽宁大学联合，在人才培养工作上探索出一条新路径。

◎ “大地情深”学雷锋志愿服务基层行——喜迎党的十九大经典美文诵读（沈师站）

2016年，省图书馆与沈阳师范大学签署合作培养古籍保护专门人才的协议，目前，第一批研究生的招生工作已完成，并依托省图书馆在文献资源、古籍编目、古籍整理、古籍修复等方面得天独厚的条件，以及高校在学术水平、科研能力、师资力量等方面的工作基础开展教学，深受广大师生好评。

2017年，在总结前期合作经验的基础上，省图书馆与辽宁大学历史学院签署了合作培养“古籍保护与修复”方向研究生协议，致力于有针对性地培养高素质古籍保护、古籍修复相关从业人员。这种联合培养的方式在解决古籍保护人才短缺的问题上是一次积极的尝试和有效的实践，是联盟协作协调工作深入开展的有益探索。

未来，辽宁省公共、高校图书馆联盟将不断总结经验、开拓思路，全面推进联盟建设的深入开展，加强全省范围内文献信息资源的共建共享，加强图书馆间的协作协调及业务研究与交流，还将在人才培养、学术研究等领域组织各成员馆开展交流研讨，同时进一步扩大图书馆联盟宣传，深化合作，整合图书馆各类资源，建立更加便捷、更加强大的资源保障体系，推进互利共享。

辽宁省图书馆学会新型智库服务实践与思考

∷ 撰写／徐向东　刘　芳

辽宁省图书馆学会成立于1979年3月，现有团体会员121个，个人会员1979人。经过2016年辽宁省图书馆学会第八届理事会研究调整，省学会下设公共系统委员会、高校系统委员会、科研系统委员会、党校系统委员会、少儿系统委员会、医学系统委员会、学术研究委员会、阅读指导与推广委员会，同时在各分委会之下又设置了若干个专业委员会。健全的管理机制，科学的服务机制，与时俱进的服务理念，求真务实的工作精神，为学会各项工作的持续健康发展奠定了扎实的基础。

多年来，辽宁省图书馆学会在省科协、省社科联和省文化厅的正确领导下，以及挂靠单位的大力支持下，在全体会员的共同努力下，以服务社会发展大局为己任，以推进科学普及工作为根本，以促进学术交流为重点，深入实践科学发展观，坚持“交流、协调、服务、发展”的办会理念，注重发挥学会在事业发展中的引领与协调作用，积极为广大会员和图书馆工作者搭建图书馆理论研究和业务交流的平台，促进图书馆与图书馆之间、图书馆与政府职能部门之间、图书馆与社会各界人士之间的合作，在繁荣学术研究、促进事业发展、普及科学知识、推广全民阅读等领域积极探索，大胆实践；在学术交流、活动组织、奖项申报、课题研发、职能延伸、争优创先等方面，立足实践前沿，准确把握时代脉动，科学定位、求真务实、顺势而为，积极探索为图书馆事业发展提供智力支撑和智慧服务的有效途径，为新时代的图书馆学会工作注入了无限的生机与活力。辽宁省图书馆学会连续多年被辽宁省社会科学界联合会授予“标兵社团”称号。

2017 年，辽宁省图书馆学会被评为“全国社科联创建新型智库先进社会组织”。这是对辽宁省图书馆学会过去几年来各项工作的肯定、鞭策和鼓励。为进一步总结辽宁省图书馆学会聚智凝神，服务学术研究、服务事业发展的经验，现就辽宁省图书馆学会“聚天下英才，汇八方之智”，创建智库型学会组织，为图书馆事业建设提供智慧服务的实践案例进行梳理，以求立足新时代，立足图书馆实践前沿，牢记服务宗旨，把握科学定位，以更加智慧的服务，服务于广大会员，服务于学术研究，服务于事业发展，以更加智慧的服务，引领图书馆事业发展的未来。

一、创建智库型学会的目的

图书馆学会是广大图书馆工作者自愿结成的群众性社会组织，是联系广大会员、广大图书馆工作者、各类型图书馆的纽带和桥梁。为会员服务，为图书馆工作者服务，为图书馆学研究服务，为图书馆事业发展服务，团结广大会员和图书馆工作者，依靠会员和图书馆工作者的智慧和力量，推动图书馆学理论繁荣和事业发展，这是学会工作的重要任务和目标。近年来，辽宁省图书馆认真贯彻“以人为本”的发展理念，以会员为中心，以推动图书馆事业发展为目标，积极探索学会工作的有效形式和内容，以智库建设为抓手，深化开展智慧服务，促进了图书馆队伍建设，繁荣了学术研究，推动了图书馆事业的发展。

二、智库服务的形式与内容

（一）搭建交流平台，促进学术创新

立足辽宁图书馆事业发展实际和各项文化工程建设的实际，积极策划组织学术研讨活动，发扬理论联系实际的学风，为广大会员和图书馆工作者搭建高水平、多元化、开放性的学术研讨与交流平台，传播先进理念、先进技术和先进经验，激荡思维，鼓励创新，极大地调动了广大会员和图书馆工作者的积极性与创造性，为学科建设和业务建设提供了智慧服务。

1. 以学术会议推动理论创新

结合图书馆学理论研究和图书馆实践领域的重点、难点和焦点问题，辽宁省图书馆学会精心策划、科学组织学术研讨活动，以不同形式、不同主题、不同层次的学术研讨会为平台，鼓励和倡导广大会员和图书馆工作者，密切关注事业发展的前沿，积极开展理论研究和业务研究。

学术年会是辽宁省图书馆学会进行学术交流、业务交流的一个品牌。在过去的4年，我馆组织策划了两次学术年会。每次年会，作为组织策划者，我们都力求立足图书馆理论研究和实践发展的前沿，密切跟踪新思维、新理念、新技术、新模式，密切关注图书馆实践领域的焦点问题、难点问题和重点问题，精心策划研讨的主题和研讨的形式，力求理论联系实际，力

求内容与形式的有机融合，力求启迪创新思维，拓展学术视野，取得学术研究与交流的成效。贴近时代、贴近实践的选题策划，激发了广大会员和图书馆工作者学术研究和业务研究的热情，两次学术年会共征集学术论文600余篇。为了扩展会员视野，让会员了解业界的新知识和新理念，每一次学术年会都采取学术研讨与专家讲座相结合的交流方式。2014年学术年会，特邀黑龙江大学信息管理学院副院长蒋永福教授、辽宁社会科学院副院长梁启东研究员分别做了“现代图书馆基本理念与中美图书馆比较”和“经济新常态下的文化发展”的专题讲座。2016年学术年会上，特邀辽宁社会科学院研究员张天维做了《当前经济形势与新一轮辽宁振兴》的专题讲座。

结合社会热点问题和经济社会发展的趋势，积极组织开展专题研讨活动，这是辽宁省图书馆学会为会员服务、为事业发展服务的又一着力点。针对图书馆服务理念、服务内容、服务形式的嬗变趋势，我们与《图书情报工作》杂志社联合举办了从传统参考咨询到虚拟参考咨询专题研讨会；为配合省文化厅文化志愿服务年主题活动，辽宁省图书馆学会面向全省开展了以“奉献·友爱·互助·进步”为主题的征文活动。这种专题研讨活动，旨在引导广大会员和图书馆从业者对图书馆理论与实践发展前沿问题的关注，进而助推实践发展。

东北三省图书馆学科学讨论会已连续举办了16次，成为东北地区图书馆界加强交流、合作发展的重要标志。2017年10月，来自辽宁、吉林、黑龙江三省图书馆界的专家学者和图书馆工作者140余人参加了在盘锦市举行的东北地区第十六次图书馆学科学讨论会。本次会议为辽宁省科协2017年学术交流平台资助项目，会议以“驱动社会融合发展”为主题，共征集会议论文213篇，经三省图书馆学会学术委员会评审，共有134篇论文分获一、二、三等奖。会议特邀《图书情报工作》杂志社社长、主编初景利做了《从传统服务能力到新型服务能力的转型变革》的学术报告。

与此同时，辽宁省图书馆学会将引导和组织会员参加中国图书馆学会及其所属分委员会举办的学术研讨活动作为重要工作内容。在历次学术活动中，学会及时转发各种通知，要求各理事单位、会员单位、各分支机构积极组织和引导广大会员参与研讨，踊跃撰稿，并通过学会网站跟踪报道学术活动的最新进展和动态信息，及时收集、汇总、上传会员提交的论文，竭诚为广大会员服务。近年来，学会为中国图书馆学会学术年会及其各分委员会会议征集论文 691 篇，其中，359 篇论文分别获得一、二、三等奖。

主题多样、形式各异、层次不同的学术会议，有效推动了理论创新和实践创新，为我省图书馆事业的持续健康发展提供了动力源泉。

2. 以科研立项和评奖繁荣学术研究

为提升我省图书馆学理论研究水平和档次，辽宁省图书馆学会每年都组织会员参加省科协和省社科联的科研立项及学术成果评奖工作。仅最近 4 年，学会先后组织会员申报辽宁省自然科学学术成果奖和辽宁省哲学社会科学成果奖参评成果 207 项，其中 98 项分别获得一、二、三等奖，有两部著作被评为全额资助出版成果，上报省社科联各立项研究课题 34 项，其中 10 项课题被确认为省级立项课题。

为了促进图书情报学科的发展，辽宁省图书馆学会 2016 年与辽宁省社会科学界联合会联合开展基础研究合作课题立项工作。省学会经调研后确定基础研究合作课题选题指南，向广大会员征集基础研究课题 64 项。2017 年，经省社科联评审后，12 项基础研究课题被定为立项课题。

通过组织会员参与成果奖评选和申请课题立项活动，丰富了会员的学术视野，锻炼了会员的学术研究能力，拓展了会员课题研究、业务探索的深度和广度，对提高广大会员的综合素质，繁荣学术研究具有重要意义。

3. 以学术信息交流园地促进成果转化

《图书馆学刊》秉持繁荣图书馆学研究、服务图书馆事业发展的办刊宗旨，坚持“百花齐放，百家争鸣”的方针，为图书馆工作者搭建了良好的学术交流平台。

常设“专家视点”“案例赏析”“理论园地”“管理纵横”“信息组织”“服务经纬”“数字网络”“文献考略”“研究综述”等栏目，并紧密跟踪行业前沿热点、难点和焦点问题，不断加强选题策划和专家约稿工作，适时推出新栏目。

近5年，《图书馆学刊》编辑出版60期，刊发学术文章2400余篇。其中，省内作者文章约占发稿量的1/3，充分彰显了地方特色。既为广大图书馆工作者了解掌握国内外图书馆学研究最新成果以及发展趋势提供了平台，也使一大批反映辽宁图书馆学理论研究和实践发展的优秀成果和典型案例得到展示、宣传和转化交流，为图书馆实践提供了丰富的理论营养和智力支持。

（二）强化培训职能，提高从业者素质

近年来，辽宁省图书馆学会充分发挥社会联系广泛、专家资源丰富、熟悉实践发展前沿的优势，积极承办或主办各种形式的业务培训，积极向广大会员和图书馆工作者传达新理念、新技术、新方法，以多种形式的业务培训为依托，在图书馆人才培养和专业队伍建设方面进行了有益的探索。

2014年以来，辽宁省图书馆学会相继承办、主办、协办了中国图书馆学会主办的现代公共文化服务体系建设——辽宁省市、县区图书馆馆长培训班，全省公共图书馆中文图书、音像电子资源著录培训班，辽宁省公共图书馆全民阅读推广工作培训班，2016年全国基层文化队伍示范性培训——全国县级图书馆馆长培训班，“民国时期文献保护计划”宣传推广活动——辽宁站系列活动，第六次全国县级以上公共图书馆评估定级培训班（沈阳站），全省《公共文化服务保障法》暨参加全国县级以上公共图书馆评估定级工作培训班，全省《公共图书馆法》培训班。来自辽宁省内以及全国各地的图书馆工作者1500多人次参加了培训。这些培训采取专家授课、案例分析与经验介绍相结合的形式，有效提升了广大会员和图书馆馆员的专业素养和实践能力。

这些内容丰富、形式多样、贴近实际的业务培训活动，不仅让受训者学到了新理念、新知识、新技术、新思维，同时也充分体现了学会的智库职能。

（三）发挥社会教育职能，传播科学文化知识

几年来，辽宁省图书馆学会立足实际，充分挖掘与利用资源优势，通过举办讲座、展览、送文化下乡等形式，积极进行科普宣传，广泛传播先进科学文化知识，有效发挥了学会的社会教育职能，彰显了学会的智库作用。

1. 发挥讲座的品牌效应，普及科学文化知识

辽宁省图书馆学会与挂靠单位联合承办的“辽海讲坛”，历经多年的发展，已逐渐趋于成熟，产生了品牌效应。几年来，学会以“辽海讲坛”为平台，举办公益文化系列讲座200余场，讲座内容紧密联系社会发展现实和百姓生活实际，密切关注社会热点问题，积极传播先进文化和科学知识，很好地满足了广大群众学习知识、开阔视野、文化休闲的需要。

2. 发挥展览的教化功能，积极倡导全民阅读

2013年以来，辽宁省图书馆学会相继举办与图书馆藏书、读者阅读 、文献保护等主题相关的展览6次。其中包括2013年承办的中国图书馆学会会员摄影展、与省社科联联合举办的党员进社区活动展览，2015年与辽宁省图书馆联合举办的“我与中华古籍”摄影大赛优秀摄影作品展，2016年组织辽宁地区11家公共图书馆承办了“同筑中国梦，共度书香年”楹联展览，“创客 @ 图书馆——‘我与中华古籍’创客大赛”辽宁巡展以及“民国时期文献保护计划”展览。

这些展览切合藏书、读书的主题，与图书馆业务密切相关，对宣传文献知识、教化读者、倡导阅读、推广阅读起到了积极的作用。

3. 依托特色与优势资源，深入开展科普宣传活动

辽宁省图书馆学会充分发挥组织宣传优势和人才资源、信息资源优势，积极发掘教育职能，科学策划和开展科普活动。每年学会都积极参加社科联和科协组织的活动月、活动日、科普日活动，因这些活动贴近实际、特色鲜明、卓有成效，得到了省社科联和科协的大力扶持。2013—2016 年学会申报的省社科联和省社科重点学术活动，以及省科协重点学术活动和重点科普活动，累计 9 项。这些活动均被立项并获得相应的活动经费资助，而且均收到了预期的效果。

（四）延伸学会职能，承接政府委托

随着政府职能的转变，学会必然需要承接部分政府托付的工作任务，这是学会工作未来的发展趋势。2016 年辽宁省图书馆学会承接辽宁省文化厅 2013—2015 年度公共图书馆优秀服务成果奖及图书馆应用科研成果奖评选的前期筹备工作，共征集服务成果 124 项，应用科研成果 98 项，并对这些征集到的成果进行了评审前的整理。2015—2016 年，学会受省文化厅委托完成了《走进图书馆——辽宁公共图书馆概览》从提纲设计、书稿征集到编辑出版的全部工作；2016 年学会受省文化厅委托，完成了辽宁省最美基层图书馆的评选工作；2017 年学会承接辽宁省文化厅委托的第六次全国县级以上公共图书馆评估定级工作任务，在评估工作的组织、培训辅导、材料审核、平台维护、问题咨询解答、评估实施与总结等方面，发挥了重要作用，为圆满完成全省公共图书馆评估定级工作提供了系列化的服务。

在承接这些工作的过程中，学会充分发挥了学会组织专业人才集中、专业信息丰富的优势，不仅提高了工作效率，更体现了政府部门对学会智库建设、智库服务的信赖与支持。

（五）倡导创先争优，重视典型示范

近年来，辽宁省图书馆学会积极倡导创先争优，重视发挥典型的示范与引导作用。通过创先争优活动激发广大会员参与学会活动的热情和积极性，通过典型人物、典型案例的引导与示范，以点带面，助推事业发展。2013年以来，我省共有73名会员获得“中国图书馆学会优秀会员”及“优秀学会工作者”称号；有5人荣获“辽宁优秀科技工作者”称号，1人获2014年“中国图书馆榜样人物”称号，两人获“中国图书馆学会青年人才”称号。2016年，省学会推荐的大连甘井子区图书馆获“中国最美基层图书馆”称号，大连金普新区被命名为“书香城市”。几年来，省学会推荐的本溪市图书馆、鞍山市图书馆、营口市图书馆、抚顺市图书馆被中国图书馆学会命名为科普基地，大连市图书馆学会、海城市图书馆、鞍山铁东区图书馆、朝阳市图书馆、沈阳师范大学图书馆被中国图书馆学会授予全民阅读先进单位和优秀组织奖单位。

三、学会智库服务的效果与反馈

辽宁省图书馆学会立足于现实和辽宁图书馆事业发展的实际，坚持以会员为本的办会原则，以促进学术繁荣、推动事业发展为己任，积极为会员搭建学术信息、业务信息交流的平台，通过丰富多彩、独具特色的业务培训和学会活动凝聚人心、启迪心智，传播先进的专业知识和学术信息，为广大会员和图书馆工作者提供了一系列的智慧服务，为图书馆实践储备了人才，为促进图书馆事业的大繁荣、大发展做出了积极的贡献，充分发挥了学会组织的智库功能，成为图书馆事业发展的助推器和孵化器。学会工作得到广大会员的积极响应和大力支持，充满了无限生机与活力。

几年来，因辽宁省图书馆学会各项工作成绩突出，先后受到中国科协、中国社会科学界联合会、中国图书馆学会、省科协、省社科联等多家单位的表彰，所获得的奖项、荣誉称号可谓不胜枚举。比如，辽宁省图书馆学会连续获中国图书馆学会年会征文组织奖，2014 年获中国图书馆学会“2009—2013 年度先进学会”称号、省社科联 2013—2014 年度标兵社团；2015 年获全国社科联“先进学会”称号；2016 年获中国图书馆学会“我与中华古籍”创客大赛优秀组织奖，“信息时代　数字未来——2016 年数字图书馆业务技能竞赛”最佳组织奖，中国图书馆学会“第二届全国图书馆未成年人服务论坛案例征集组织奖”；2017 年被中国图书馆学会评为“同筑中国梦　共度书香年”活动表现突出单位，还被评为全国社科联创建新型智库先进社会组织。

四、学会智库建设与服务的启示

智库也称思想库、顾问团，是一种以知识库为基础的咨询研究机构，其中凝聚了不同学科、不同行业专家学者的思想结晶，通过集众人之力，为咨询者答疑解惑，为决策者收集整理决策有关资源，为设计者设计项目方案等提供参考依据。智库是一个国家“软实力”的象征，在政治、经济、社会等领域均发挥着不可估量的重要作用，是修正、完善决策体系，建立健全智力保障机制的主要途径之一。从一定意义上说，图书馆学会具有智库的性质，属于智库型社会组织。

学会是群众性的社会组织，立足现实，放眼未来，深入调查研究，积极开展理论创新、技术创新、业务创新、服务创新，为社会实践提供强有力的智力支撑，是其重要的任务与使命。学会是凝聚专家学者的纽带，学会是新思维、新理念、新技术、新模式的渊薮。繁荣理论研究，助推实践发展，这是学会工作永恒的主题；开展智慧型服务，创建智库型社会组织，是学会工作未来的发展趋势。基于辽宁省图书馆学会创建智库型社会组织的实践，我们可以得到以下几点启示。

（一）坚持以人为本的理念，创建智库型学会组织

每一位会员都是智慧的载体，每一位会员都有理论创新、业务创新的潜质，每一位会员都是学会活动、事业建设的主体。图书馆要创建智库型社会组织，必须坚持和贯彻以人为本的理念，即以会员为中心，以会员为依托，组织策划开展丰富多彩的学会活动；以形式多元、内容丰富的学会活动凝聚会员，培育和激发广大会员的想象力和创造力，塑造具有较高专业素养和实践经验的图书馆从业者队伍。这是学会工作的核心任务与目标。

从辽宁省图书馆学会创建新型智库的实践来看，无论是各种层次的学术研讨活动，还是内容丰富的业务培训；无论是立足实际的项目研究、学术评奖，还是讲座展览、科学普及；无论是政府转移职能的承接，还是创先争优活动的开展……这些工作和活动的目的和归宿，无不是为了提升会员的专业素养，拓展会员的眼界，优化会员的知识结构，激发会员的工作积极性，让会员在工作和活动中获得宝贵的实践经验，实现图书馆专业人才队伍素质的整体提升。以智慧的服务凝聚会员，会员以智慧的服务反哺事业发展，这是学会组织创建新型智库、开展智库服务的核心要义所在。

（二）发挥角色优势，服务事业建设

学会创建智库型社会组织具有角色优势：①始终立足于理论研究和实践发展的前沿；②汇聚着优秀的专家资源；③拥有理论创新和实践创新的丰富经验；④联系社会各界和从业人员的桥梁和纽带。紧跟时代步伐，顺应时代潮流，立足于图书馆理论研究和实践发展的前沿，不断发现图书馆事业发展过程中存在的不平衡、不充分的问题，深入研究解决问题的办法和方略；不断发现国内外图书馆事业发展中的新理念、新技术、新模式以及优秀案例、典型案例，立足实际，及时加以借鉴、融合与宣传推广，为图书馆事业发展提供不竭的智力源泉，促进图书馆理论创新和业务创新，这是学会组织提供智慧服务的体现，更是学会智库建设重点内容。

辽宁省图书馆学会智库服务的实践告诉我们，学会智库建设与服务需要科学定位，加强调查研究，始终把需求放在首位，做到有的放矢。学会智库服务必须以会员需求、从业者需求、事业建设需求为中心，以提升从业者素养能力、提高事业建设水平为目的，精心策划服务的内容与形式，有针对性地提供高效的服务。这就要求图书馆学会智库服务必须做到以下两点：第一，树立服务意识。学会的一切工作都需要立足于图书馆实践的前沿，以提高从业者素质、促进事业发展为目标，广泛调研，精心策划，科学设计。第二，因时而化，不断创新。图书馆实践在不断发展变化，在不同的历史发展阶段图书馆的管理与服务必然面临很多新的形势、新的任务、新的挑战，学会智库建设必须因时而化，不断创新，不断赋予新的服务形式与内容。多年来，辽宁省图书馆学会结合图书馆学理论研究和图书馆实践领域的重点、热点及难点问题，精心策划、科学组织了许多主题多样、形式各异、层次不同的学术研讨活动，引导广大会员和图书馆工作者立足实际，积极开展学术研究和业务探索。这些学术活动有效地促进了图书馆

学理论研究和学术交流，有力地推动了全省图书馆事业的发展。

（三）健全工作机制，务求服务成效

学会智库建设是一项系统工程，必须科学规划，建立健全相应的工作机制和规章制度，以确保智库建设的规范化，以确保智库服务卓有成效。

多年来，辽宁省图书馆学会不断健全组织机构和各项工作制度，理事会工作制度和民主管理制度不断完善。为保证各项工作充满生机与活力，适应新时代的要求，2016年11月3日获得中共辽宁省文化厅直属机关委员会批准，成立了以王筱雯同志为党委书记的中共辽宁省图书馆学会委员会，进一步加强了党对学会工作的领导，为学会工作的规范化发展奠定了基础。

同时，为更好地履行学会的职能，辽宁省图书馆学会从图书馆事业发展的实际出发，科学规划学会的各项工作，明确学会工作的目标、责任与使命，有的放矢地开展各项学会活动，做到了年度工作有计划、有总结，同时每项工作、每项活动都力求做到目的明确、计划科学、策划周密、实施高效、效果显著。通过丰富多彩的学会活动，凝聚会员和图书馆工作者的智慧，通过智慧的服务激发会员和图书馆工作者的潜能，这是辽宁省图书馆学会工作的初衷和归宿。科学的办会理念、健全的管理机制、周密的工作策划，为各项学会工作的科学实施和取得成效夯实了基础，提供了保障。辽宁省图书馆学会的各项工作在计划—实践—总结—再计划—再实践—再总结的循环往复过程中，推动了学会工作的科学健康发展。计划让学会的各项工作方案科学，执行有力、有条不紊、稳步前行；总结让学会工作不断回顾和反思，不断发现不足，不断汲取教训，不断走向新的高度。

（四）创建新型智库，延伸服务功能

智库建设与服务之于辽宁省图书馆学会而言，并非新生事物。多年来，辽宁省图书馆学会一向以智库的姿态服务于会员和图书馆从业者，服务于图书馆学理论研究，服务于图书馆实践，服务于政府部门以及社会各界，较好地履行了智库的职能。随着现代社会信息生态的变化，图书馆事业的生存与发展环境发生了巨大变化。图书馆学会智库建设必须适应这种变化，对其服务内容、服务形式适时做出调整、改革和创新。创建新型智库，延伸服务功能，已成为学会工作必须面对的重要课题。

首先，应加强新技术应用，提高智库服务能力。在“互联网 +”时代，图书馆学会智库建设应融入大数据、云计算等技术元素，同时充分利用微信、微博、BBS 等新媒体技术，搭建现代化、立体化的智能服务平台，准确把握服务需求，提高智库服务的针对性和有效性，为因需服务、个性化服务和精准服务创造条件。

其次，要加强合作，协同发展。在大力倡导跨界合作的今天，学会要发挥智库的作用，应加强与会员、与专家学者的合作，同时更应重视与各类型图书馆、政府机构、企业公司、社会组织的合作。合作可以拓展学会智库建设的空间，可以扩大智库服务的影响力，同时也可以丰富学会智库服务的资源，促进学会智库建设良性发展。

图书馆学会是图书馆理论创新、业务创新的孵化基地，是图书馆专业人才成长的摇篮，是支撑图书馆事业繁荣发展的智库。当前，辽宁省图书馆学会智库建设仍处于初期阶段，虽然取得了一定成绩，但也存在一定的问题，无论是服务意识、服务能力，还是服务水平，距新型智库建设的要求尚有较大差距。

智慧服务，引领未来。辽宁省图书馆学会应把握历史机遇，正视严峻挑战，继承优良传统，不断加大新型智库建设力度，为建设普遍均等的图书馆服务体系，为实现图书馆事业的繁荣发展提供优质的智库服务。

继往开来，砥砺前行。创建新型智库，服务事业发展，辽宁省图书馆学会正在路上。

辽宁省公共电子阅览室建设计划

∷ 撰写／南晓凡　李品升

近年来，党中央、国务院提出一系列坚定文化自信，推动社会主义文化繁荣发展，建设社会主义文化强国的重大战略部署。我国公共文化基础设施发展迅速，一批重点文化工程取得丰硕成果，覆盖城乡的公共文化服务体系正在形成。为进一步加强公共数字文化建设，提高公共文化服务能力，推动覆盖城乡公共文化服务体系建设，保障数字化、信息化、网络化环境下公共文化服务的公益性、基本性、均等性、便利性，满足人民群众日益增长的精神文化需求和基本网络文化需求，调和新时代我国人民日益增长的美好生活需要和不平衡、不充分的发展之间的主要矛盾，打破传统文化服务所面临的时间、地域等限制，借助互联网的优势，从 2010 年开始，文化部、财政部着手重点推进公共电子阅览室项目建设。公共电子阅览室以计算机技术、互联网技术、数字图书馆技术为支撑，以中华优秀数字资源为内容，以现有公共文化服务网络为依托，在充实基层公共文化服务资源、丰富服务手段、创新服务形式、拓展服务范围等方面具备独特优势。该项工作的开展对全国公共图书馆事业发展起到了积极推动作用。

辽宁省作为全国首批试点的9个省份之一，在中共辽宁省委、省政府的主导下，经过反复论证、多方调研，积极稳妥地推进公共电子阅览室建设。2011年11月，辽宁省文化厅、财政厅联合下发《辽宁省“公共电子阅览室建设计划”实施方案》和《辽宁省文化厅关于开展公共电子阅览室建设试点工作的通知》，明确试点范围、标准，确定试点工作时间表。按照文化部关于试点工作的要求，辽宁在2012年年底完成了100个县区图书馆、360个乡镇文化站公共电子阅览室建设任务，并在“十二五”期间完成了全省所有乡镇公共电子阅览室的建设，实现网络文化资源全覆盖，群众在家门口就可以免费享受绿色的网络服务。

为保障公共电子阅览室项目建设，辽宁省文化厅积极协调省财政，多方筹措建设资金，按照县级公共图书馆30万元、乡镇文化站5万元的建设

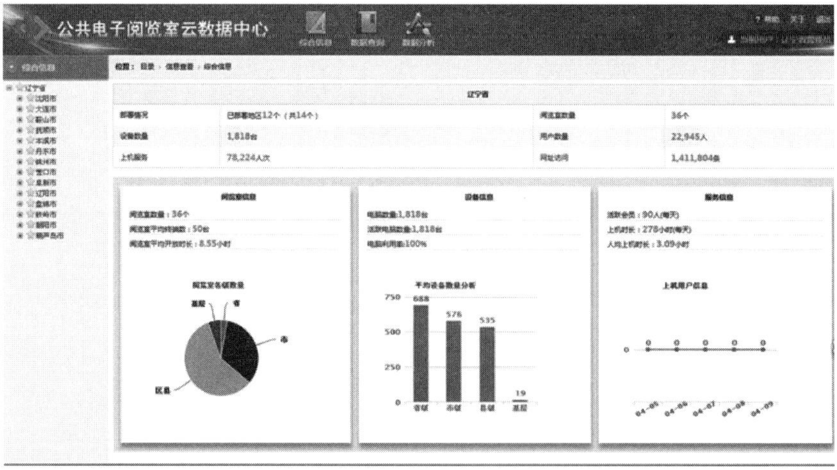

◎ 辽宁省公共电子阅览室建设基本情况

标准，为该项目投入专项资金4890万元，并规定省、市图书馆的公共电子阅览室建设资金由本级财政承担，县、区公共电子阅览室建设资金由省财政和各有关县区财政按1∶1的比例共同负担，乡镇文化站公共电子阅览室建设资金由省财政全部承担。资金的有效落实，为公共电子阅览室建设提供了重要的保障。

一、辽宁省公共电子阅览室的建设主旨、模式及意义

（一）辽宁省公共电子阅览室的建设主旨

“公共电子阅览室建设计划”以科学发展观、新时代中国特色社会主义思想为指导，以保障人民群众基本的文化权益、调和新时代社会主要矛盾为宗旨，依托图书馆、文化馆、全国文化信息资源共享工程基层服务点等公共文化服务网络，整合文化共享工程和国家数字图书馆的资源，建设内容健康、服务规范、环境良好的公共电子阅览室。

（二） 辽宁省公共电子阅览室的建设模式

近年来，国家先后实施了一系列文化惠民工程，这些工程尽管建设内容不同，建设周期不同，服务方式不同，但服务载体、服务功能、硬件配置以及受众面是基本相同的。充分整合这些工程已取得的成果，用好有限资金，不仅是省委、省政府领导的要求，更是文化部针对实施公共电子阅览室建设计划提出的原则要求。

辽宁省有着丰厚的文化底蕴和鲜明的地域文化特色，随着经济建设的快速发展，辽宁省加快了推进文化大发展大繁荣的步伐，以更加彰显文化自觉、文化自信，突出文化强省、文化惠民的经济社会发展目标，为辽宁省公共文化服务能力的拓展进行了积极的实践与探索。

辽宁省的公共电子阅览室建设并不是单纯考虑单一的互联网服务功能，而是以扩大公共文化的覆盖面、提高公共文化服务水平、打造完善的公共文化服务体系作为出发点，依托之前已有一定建设基础的五级公共文化服务网络，将共享工程基层点建设、数字图书馆推广工程、公共电子阅览室建设、辽宁文献资源合作网建设紧密结合在一起，从资源平台、服务平台、共享平台等方面去全面规划辽宁省公共电子阅览室的体系建设，采用既满足各项工程建设需求、提高设备使用效率，又能惠及更多百姓的建设方式，此举不仅节约投资，同时提高了效率，打造了具有辽宁地方特色的多功能合一的公共文化服务平台。

（三）辽宁省公共电子阅览室建设的意义

1. 加快全省数字化软、硬件环境建设

公共电子阅览室建设不仅仅是为了配合国家及省里的工作，还在于通过电子阅览室的系统建设推动全省公共文化网络建设，提高市、县（区）图书馆数字化、自动化的水平。硬件水平提升之后，软环境即相关工作从业人员的工作能力和素质提升也变得意义重大，没有专业的从业知识和职业道德，任何工作都将举步维艰。为此，辽宁省图书馆不仅派出专业人员参加国家中心和国家图书馆的相关培训，同时积极配合辽宁省文化厅面向全省开展了相关培训工作。培训内容包括计算机基础知识、数字资源使用、网络管理与安全知识等。通过这些培训，在全省范围内培养了近2000名熟悉和掌握计算机网络知识的业务骨干，从一定程度上提高了全省公共电子阅览室的服务能力和水平，也为公共电子阅览室建设顺利实施提供了基本保障。今后此类面向全省范围的培训工作还将按需开展，从而推动全省公共电子阅览室建设健康可持续化发展，加快文化辽宁、和谐辽宁的建设速度。

2. 完善全省公共文化服务体系建设

依托于公共图书馆服务网络，通过工程建设，全省公共图书馆数字化、自动化水平将取得一次跨越式的发展。辽宁省在制定市、县（区）公共电子阅览室建设标准时，结合广泛调研的实际情况，充分考虑各图书馆的基础业务需求，调整了部分配置，并与国家图书馆、共享工程国家中心的相关专家进行了沟通。通过互联网、VPN、数字图书馆专线建设、移动存储等多位一体的方式建立覆盖城乡的公共电子阅览室网络体系，完善了全省公共文化信息服务的网络体系建设。

二、辽宁省公共电子阅览室的服务实践

（一）信息查询

辽宁省公共电子阅览室以未成年人和进城务工人员等社会低收入群体为主要服务对象，除了提供基于互联网的浏览、信息检索、影视欣赏、健康益智游戏等数字服务之外，最主要的是提供电子文献的查询、阅览及下载。但是由于各市、县（区）公共图书馆采购经费的制约，目前整个辽宁省公共电子阅览室的文献资源除来自互联网的以外，重点以辽宁省图书馆的数字资源为主。辽宁省图书馆在购买数据库的时候全部获得面向全省服务的授权，同时利用数字图书馆推广工程再将国家图书馆的海量资源作为资源保障的基础，建立融文献资源建设和基本服务于一体的全省公共图书馆服务网络，保障了读者多样化、个性化的信息检索、查询的需求。辽宁省公共电子阅览室在兼具了学习与休闲娱乐功能的同时，也为广大人民群众提供健康、便捷的网络文化服务，成为网络环境下公共文化服务的新平台、新渠道。

（二）文献资源全覆盖

在公共电子阅览室建设过程中完善全省文献信息资源共建共享建设。通过工程建设增强图书馆的服务能力、扩大图书馆服务范围，借助现代化技术手段拓展传统图书馆文献服务方式。

辽宁省图书馆文献年购置经费超过全省公共图书馆文献购置费的三分之一，馆藏累计 600 余万册，特别是数字资源总量达到 650TB，除了自建资源外，几乎涵盖了国内所有大型数据库资源，建立了超过 100 万条数据的全省联合目录系统，通过跨库检索平台，完成全省书目数据和数据库数据的统一检索。这些数据库资源全部获得面向全省服务的授权，且在辽宁省内的任何信息需求者都可以通过广域网访问获得数字资源服务，体验现代技术带来的方便、快捷的服务。强化资源的有效整合，避免重复浪费，推进共建共享，从根本上改善了我省各级图书馆资源匮乏的局面。

（三）辽宁省数字图书馆服务平台

辽宁省图书馆作为辽宁省公共电子阅览室的中心管理平台，通过指导和协调各市、县（区）公共电子阅览室的建设，整合了全省公共图书馆馆藏电子图书、电子期刊等数字资源信息，实现了电子文献信息资源的一站式检索、在线阅读和下载服务。所有文献资源合作单位范围内的读者都可以通过统一认证，实现全省公共图书馆范围内的统一登录，从而打造出一个面向全省的数字图书馆服务平台。

（四）文化共享工程支中心和基层服务点

公共电子阅览室同时具备文化共享工程县区支中心和乡镇基层点的功能。由于辽宁省共享工程采用的是广电模式，也就是通过广电网络，采用机顶盒频道和模拟频道两种方式，将文化信息资源共享工程的资源直接送进百姓家中，实现了进村入户。目前按照国家中心的要求，我省共享工程支中心以及基层点已实现全覆盖，将共享工程基层点建设与公共电子阅览室建设紧密结合起来。百姓不但可以在这里接收资源，看到共享工程辽宁平台的节目，还可以通过登录共享工程网站直接查询所需要的内容，满足广大农民朋友的政策查询、农技学习、文艺娱乐以及家庭教育等方面的需求，实现文化共享工程基层服务点的功能。

（五）加强监管，营造安全的网络环境

辽宁省公共电子阅览室建设按照文化部的总体要求，在满足人民群众基本文化需求的前提下，通过技术手段、监管软件以及全面规范的各项规章制度等措施，加强对公共电子阅览室的监管，为群众营造一个安全的网络环境。

1. 技术保障

通过几项国家重点文化工程的融合互通，实现资源的有效整合与使用，通过互联网、VPN、移动存储建立覆盖城乡的公共图书馆服务体系，目前我们通过 VPN 已经与国家图书馆建立文献资源共享模式，全面推进全省 14 个市、100 个县区图书馆实现 VPN 通道的贯通也在逐步完成中，从而为辽宁公共文化服务网络搭建一个基础平台。

2. 监管保障

网络管理和网络安全是公共电子阅览室建设的一个重点环节，互联网的复杂性、多样性、不确定性等因素也在考验对公共电子阅览室的管理能力。辽宁省图书馆作为全省“公共电子阅览室建设计划”的管理控制中心，以高效、合理、安全、稳定的网络架构为项目平台运行提供重要技术保障和资源保障，并按照《公共电子阅览室管理信息系统技术规范》的要求，建立完善的网络管理系统，尤其加强了对未成年人的上网行为的管理。为此，除安装必要的防病毒软件以外，还重点加强对各个县区公共电子阅览室的网络安全和网络监控的设计，建立有效的上网行为规范控制机制，实现对全网的即时监控、资源利用情况分析、统计与反馈。通过上网行为信息浏览监控系统、客户端应用软件管理系统、远程管理控制系统的设计，全面提升客户端的安全保障。目前，辽宁省图书馆基于 B/S 架构的远程管理系统已经完成系统测试和部分功能模块的修改，通过远程监控、上网行为控制、不良信息过滤等方式，建立网上绿色通道，筑起防止不良信息侵入的“防波堤”。对于省市图书馆公共电子阅览室建设，辽宁省图书馆建议采用成人区和少儿服务区分级管理来保障未成年人的上网安全。

3. 制度保障

建立健全与服务相适应的保障制度，是公共电子阅览室长效运行的重要保证。为此，辽宁省图书馆配合省文化厅专门制定《辽宁省公共电子阅览室管理规范》《公共电子阅览室使用须知》等一系列标准规范，建立健

名称	电脑终端数	有效开机率	服务人次	服务人数	服务时长(分钟)	单机服务人次	单机服务时长(分钟)	单人上机时长(
直属阅览室	760	5.97%	24792	19063	5028977	32.62	6617.08	263.81
沈阳市	70	0.31%	73	53	8310	1.04	118.71	156.79
大连市	299	14.40%	452025	25709	4821270	1511.79	16124.65	187.53
鞍山市	97	12.95%	5353	4536	421979	55.19	4350.30	93.03
抚顺市	24	2.97%	820	553	129730	34.17	5405.42	234.59
本溪市	71	0.55%	148	137	16302	2.08	229.61	118.99
丹东市	206	4.15%	2266	2064	145352	11.00	705.59	70.42
锦州市	122	1.06%	850	566	185879	6.97	1523.60	328.41
营口市	161	2.88%	3502	2492	202093	21.75	1255.24	81.10
阜新市	207	4.10%	6257	5040	443193	30.23	2141.03	87.94
辽阳市	275	7.85%	10500	7686	1686327	38.18	6132.10	219.40
盘锦市	118	12.05%	11351	8047	922706	96.19	7819.54	114.66
铁岭市	96	19.65%	21722	14541	2689148	226.27	28011.96	184.94
朝阳市	91	2.63%	1423	857	113859	15.64	1251.20	132.86
葫芦岛市	60	7.01%	830	619	73604	13.83	1226.73	118.91
总计	2657	6.75%	841812	91963	16888729	308.86	6356.31	183.65

◎ 辽宁省公共电子阅览室服务情况详细统计

全实名管理、巡查监督、限时上网等制度，切实保障了公共电子阅览室的安全、平稳运行。

三、辽宁省公共电子阅览室建设的工作构想

辽宁省公共电子阅览室建设是辽宁省公共文化建设项目的重要组成部分，在接下来的工作中，辽宁省图书馆将积极探索四位一体的公共文化服务体系建设，加强培训，提高工作人员素质，加大宣传力度，积极开展各项活动，加强制度建设和监管力度，充分发挥其功能，提升全省公共图书馆的数字资源服务能力。长远的规划是将全省公共电子阅览室建设纳入资源保障体系之中，最终实现省、市、县（区）公共图书馆网络资源的共建共享，从而提高为百姓服务的质量，扩大公共文化服务网络受众人群，真正把文化惠民工程办成人民满意的工程，让老百姓享受到文化带来的快乐。

为此，辽宁省图书馆将发挥地区文化龙头的作用，积极加强与省内各级图书馆之间的沟通，深入了解需求，积极与国家图书馆、全国公共文化发展中心协调，争取获得更多的政策性资金支持。

四、结语

重点文化工程建设是解决基层图书馆资源匮乏问题、提升基层图书馆服务能力的关键。公共电子阅览室建设计划可以进一步加强全省公共图书馆之间的合作发展和协调发展，加速省内图书馆之间共建共享的进程，对加快形成覆盖全省的公共图书馆文献服务体系，贯彻落实辽宁省“四个着力”“三个推进”，实现全省数字图书馆建设成果的全民共享大有裨益。

辽宁省公共电子阅览室建设即是借力全国文化信息资源共享工程基层点建设、数字图书馆推广工程的网络优势进行的一种融合发展建设，不但提高了服务效益，更重要的是建立了一种高效、便捷的服务方式，建立覆盖城乡的文献资源保障体系，最终实现共享工程、数字图书馆的海量资源、公共电子阅览室的终端服务、数字资源合作网的共建共享、地域范围的通借通还、全省联合目录之下的馆际互借等全方位、立体式的联合服务模式，让老百姓在家门口就能享受优质的公共文化服务。

辽宁省数字图书馆推广工程建设与实践

:: 撰写 / 亢　月

一、引言

数字图书馆推广工程(以下简称推广工程)是文化部、财政部在"十二五"期间面向全国实施的一项惠民工程。自 2012 年辽宁省开始实施推广工程工作以来，辽宁省图书馆在平台建设、资源建设、推广服务等方面，按照国家制定的各项建设任务标准，积极推广软、硬件平台安装与使用，不断整合地方特色数字资源，认真开展推广工程基层技术骨干培训，着力推进有地域特色、有针对性、有显著成效的服务举措。辽宁省图书馆在省文化厅、省财政厅等各级相关领导部门的大力支持下，以 2011 年文化部办公厅印发的《文化部、财政部关于实施"数字图书馆推广工程"的通知》文件中《"数字图书馆推广工程"建设方案》为基准，与辽宁省各级公共图书馆通力协作，将推广工程在辽宁地区全面铺开，取得了良好的成效。

二、辽宁省数字图书馆推广工程实施概况

（一）统一步调，为推广工程落地提供便利条件

辽宁省图书馆充分发挥在省内图书馆界的协作协调职能，配合省文化厅积极推行全省数字图书馆建设的规划与协调工作，提升全省公共图书馆数字资源服务能力。以《文化部关于加快实施数字图书馆推广工程的意见（文公共发〔2012〕33号）》文件精神为纲领，进一步提高认识，增强实施推广工程的使命感、责任感和紧迫感，统筹规划，完善全省基础设施的统一管理，依照国家图书馆对工作开展的原则与要求，为推广工程的实施提供基础技术支持；强化省馆自身业务骨干培养，带动省内基层图书馆推广工程资源建设及技术人员业务能力提高，从而促进辽宁区域内推广工程建设的发展与繁荣。

2012年年初，辽宁地区推广工程仅有辽宁省图书馆、鞍山市图书馆、

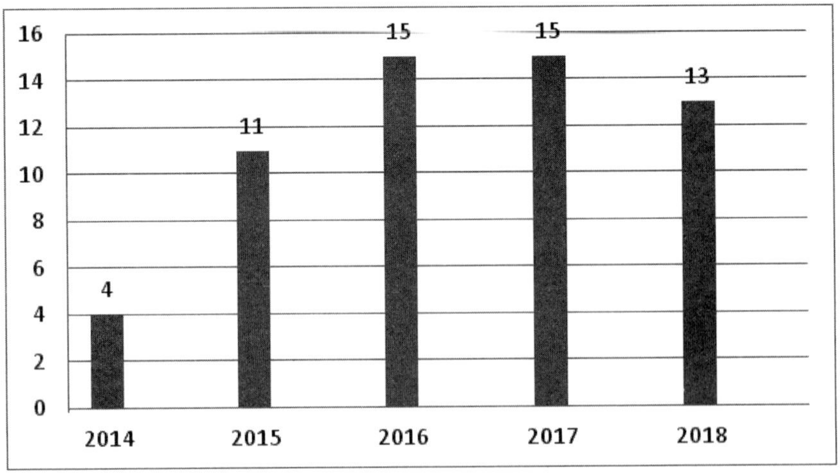

◎ 2014—2018年辽宁省资源联建参与馆数量情况

本溪市图书馆、丹东市图书馆4家参建单位。自2013年下半年推广工程建设在辽宁省大范围推开后，全省先后共有1个省级图书馆、2个副省级图书馆、12个市级图书馆和5个少儿图书馆参与了推广工程数字资源建设项目的申报与建设工作，辽宁地区推广工程的实施取得了长足的进步。中央补助地方公共数字文化建设专项资金重点逐年向基层公共图书馆倾斜，使具有地方特色、民族特色的传统文化资源，得到数字化保护，利用推广工程平台使其得以更加有效地利用、传承和发展。

（二）完善计划，全面铺开省内推广工程建设

1. 平台建设

按照《文化部办公厅关于印发“数字图书馆推广工程”省级、市级数字图书馆硬件配置标准的通知（办社文发〔2011〕28号）》文件要求，依托推广工程平台建设的开展，结合辽宁地区实际情况，辽宁省图书馆制定并完成了辽宁省推广工程平台建设目标规划。2012年年底完成与沈阳市图书馆、丹东市图书馆、锦州市图书馆的VPN虚拟专网建设；2014年年底完成了全省范围市级图书馆的VPN专网覆盖及数字图书馆平台搭建，所需的服务器、存储设备、网络设备等硬件设备全部到位；至2017年年底，已完成5个县级图书馆的基层图书馆互联互通搭建及3个市级图书馆的大数据整合工作。2017年8月启动的数字图书馆推广工程网络书香资源检索平台部署工作也即将在省内全面铺开，部署完成后将实现推广工程数字资源的一站式检索服务。此外，在实际工作中，面对部分市级图书馆提出的缺少数据发布平台的问题，为了实现省内资源建设的元数据发布与整合，强化与地市各级图书馆合作，加强数字图书馆的区域合作，辽宁省图书馆利用结余经费采购了TRS数字资源加工发布系统，提供给省内的各级公共图书馆共享使用。

推广工程在平台建设上的大力投入，整体提高了辽宁省基层图书馆现代化、信息化、数字化水平，为数字资源建设的井喷式发展提供了技术支持和保障。

2. 资源建设

推广工程开展以来，辽宁省图书馆在资源建设工作中，提交了《东北画报》数据库、《盛京时报》数据库、《辽宁省图书馆馆藏家谱》数据库、《中国共产党党史图片集》数据库等多个自建数据库；2014 年完成“中国政府公开信息整合服务平台辽宁分站”的建设，如期完成每年度的数据采集任务；参与推广工程资源建设项目中元数据仓储、地方文献数字化、专题资源库、网事典藏、大数据推广与整合、图书馆公开课等全部子项目的建设。辽宁省图书馆在做好馆内推广工程数字资源建设工作的同时，组织协调区域内相关图书馆参加资源建设工作，按照相关文件要求，如期完成年度中央补助地方数字图书馆推广工程建设专项资金的申报工作。

表1　2014—2018年度辽宁省中央补助地方数字图书馆推广工程建设专项资金

项目建设年	专项资金（万元）	项目种类（种）	专题资源库（个）
2014	85	2	0
2015	547	7	1
2016	666.8	12	1
2017	480	12	2
2018	498.5	12	2

表2　2014—2018年辽宁省资源联建项目及申报馆数量

资源联建项目名称	2018年	2017年	2016年	2015年	2014年
元数据仓储	2	1	3	9	2
政府公开信息	11	11	9	6	4
唯一标识符注册与维护	1	2	4	3	-
地方图书数字化	4	3	9	8	-

续表

资源联建项目名称	2018年	2017年	2016年	2015年	2014年
图书馆公开课	8	10	5	6	-
专题资源建设	2	2	1	1	-
网事典藏	6	5	4	-	-
地方报纸数字化	7	5	5	-	-

对省内所辖各市图书馆数字资源建设项目申报工作的开展，辽宁省图书馆积极配合上级部门工作，充分发挥行业内辅导与协调的作用，督促辽宁地区的各级公共图书馆开展数字资源建设，在汇总本地区项目申报工作结束后，按照文件要求收取工作报备表、中期检查表等资料，完成后续工作，做好中间项，发挥文件中转站的职能，配合国家图书馆工作开展的同时，对市馆推广工程工作推开给予指导和协助，推进全省数字图书馆资源整合工作顺利实施。

3. 推广服务

2013 年至 2016 年，除因馆舍搬迁而闭馆的时间外，辽宁省图书馆开展了多种类型的数字图书馆推广宣传活动，组织开展辽宁地区数字资源建设人员培训工作，并积极配合国家图书馆的各项宣传。

（1）以学促建，着力培养业务骨干

在馆内人才培养方面，着重以点带面，重点选拔一个或几个精通推广工程建设标准和技术指标的专业人才，发挥苦干、实干的精神，在实践中通过口耳相传、手把手指导、交流心得的方式，深化推广工程建设项目建设和人才建设。2013 年至 2017 年，辽宁省图书馆先后选派 6 名从事推广工程的工作人员参加国家图书馆组织的专题研讨培训，通过一周到两周的短期集中学习，有针对性地展开业务实操和理论灌输，深度解读业务需求，交流工作难点，探讨解决办法，从而提高参训人员的实际业务能力，在区域内培训发挥应有的作用。推广工程实施期间，辽宁省图书馆充分发挥地区行业带头作用，协调组织辽宁地区推广工程建设各类线下培训班 9 次，参训人员 733 人次，组织各级公共图书馆参与推广工程“网络书香讲坛”14 场，参与 800 余人次。

（2）抓好重点，打造推广工程亮点服务

截至 2015 年年底，推广工程通过多种渠道建设的数字资源总量已达 1160.98TB，辽宁省图书馆在推广工程建设进入第二个“五年计划”时，利用现代化网络信息技术，与多家数据商合作，利用推广工程海量信息资源，发挥数字资源能效，将建设成果转化为服务手段，在省内开展了一系列特色活动，力求将工作做到实处、把服务送到群众身边，先后举办了大型推广工程服务推广活动 9 次。

“网络书香过大年”系列活动是推广工程的品牌项目，在每年的农历新年前后推出。2013 年辽宁省图书馆以此为蓝本，利用旧馆有限的空间，在辽宁地区线上、线下同步开展了“网络书香迎新年系列活动”，目的在于普及和推广数字图书馆的应用，反映我省数字图书馆推广工程的最新成果，帮助社会公众平等、有效、健康、便捷地获取数字资源，培养自主学习、终身学习的能力。辽宁省图书馆组织鞍山市图书馆、丹东市图书馆、营口市图书馆和盘锦市图书馆共同开展数字阅读，省市联动，通过互联网访问国家数字图书馆和辽宁省数字图书馆，并评选出自己喜爱的数字资源。“网络书香迎新年”数字阅读活动内容囊括了国家数字图书馆、辽宁省图书馆移动图书馆、万方数字资源、维普数字资源、辽宁省图书馆馆藏民国图书数据库、辽宁省全民学习中心等 46 个对象。此次活动展示了辽宁省图书馆丰富的数字资源，也借此活动向更多的读者介绍数字阅读、移动图书馆等丰富的网络数字资源，从而使读者能够利用数字资源更加便捷地阅读。此次活动整体效果良好，覆盖面大，参与人数多，读者年龄、知识、职业等层面涵盖广，取得了较好的社会文化效益，促进辽宁地区数字图书馆区域联合及进一步平衡发展。2013 年至 2018 年，“网络书香过大年”系列活动共服务读者 6 万余人次。

2015 年新馆开馆后，在数字资源极大丰富的情况下，利用推广工程平台和资源，先后开展多个专题活动。响应上级号召，将推广工程推广活动推进老少边穷远地区。2015 年起开展的“文化触手可及　阅读与你同行”文化驿站下乡活动中，现场参与活动 2000 余人次，活动惠及辽宁省内偏远地区普通群众，活动被评为“2016 年辽宁省直属机关第三季度最佳实事”。2016 年为全省所有市级图书馆及计划单列县图书馆发放数字资源阅读卡两次，总计 3040 张。

2017 年 11 月，辽宁省图书馆联合省内 33 家公共图书馆共同开展了全省公共图书馆学习宣传贯彻党的十九大精神专题数字阅读系列活动。活动参与人数多，覆盖范围广，省内 13 个市图书馆、5 个市少儿图书馆、15 个县（区）图书馆开展了在线学习、知识竞答、红色影片欣赏、展览、讲座、征文及电子资源阅读推荐等形式多样、内容丰富的活动。各地利用展板展架、宣传单、网站、微信公众号、移动图书馆平台、QQ 群、微信群、朋友圈等多渠道、多手段、多维度的宣传为活动开展拓宽参与人群。活动开展前后，各地广播、电视、报纸三大传统媒体对本次活动的报道达 30 余次。共有 15.5 万多人参与了本次活动，其中各馆数字阅读活动现场参与读者 4.6 万余人，参加党的十九大知识在线竞答 9956 人，党史教育题材动画影片《冲锋号》观影人数近 9.4 万人，以党的十九大精神和长征精神为主题的征文 4696 篇。除文化主管部门外，活动得到各级党政机关的支持。同时，与教育局、文化宫、大中专学校、院线剧场、文化创意企业等开展了广泛的合作，跨部门协作与社会力量的参与为专题活动的开展提供了更广阔的平台。活动充分体现了《文化部“十三五”时期公共数字文化建设规划》中对鼓励社会力量参与公共数字文化服务的指示精神，为今后全省联动类活动的开展夯实基础。

三、辽宁省图书馆推广工程的成效

（一）构建多级服务网络，丰富公共数字文化资源

经过数年的工程推广，辽宁省基本形成了以省馆为中心，市、县级图书馆为节点，覆盖全省范围的多级、多面、多点的立体化数字资源服务网络。依托数字图书馆推广工程在辽宁地区的开展，我省数字化建设力度逐年加大，建设范围不断增加，服务能力大幅度提高。数字资源的积累，为服务的开展提供支持。文化驿站、数字分馆、专题活动的建设与开展，以自建数字资源与商购数据库相结合的模式，提供平等优质的公共阅读服务，大大提升了基层图书馆的数字资源“软实力”和读者服务“硬能力”，将公共数字文化服务对象无差别化，实现社会服务的公平，为构建和谐社会添砖加瓦。

（二）深抓各级人才培养，优化服务推广人员结构

推广工程在辽宁地区实施以来，利用新媒体时代的便捷条件和现代化的培训手段，结合推广工程建设需要，通过观看在线视频、线下集中学习等多种手段，设置有侧重、有目标、有实践的学习内容，不断加强公共图书馆自身的人才培养与教育，增强公共图书馆工作人员的文化自信，提高专业素养，传递文化理念。多管齐下，培养基层业务骨干，使业内基层工

作人员在基础技术、资源加工、平台建设、服务能力等方面得到不断提高。

（三）促进文化发展繁荣，助力辽宁老工业基地振兴

辽宁省推广工程中数字资源的建设，在根本上改变了地方资金缺少、数字资源匮乏、服务能力弱的情况，以资源建设的发展带动服务能力的提升，拓宽服务方式。在贫困地区，搭建文化服务通道，打通文化扶贫“最后一公里”。将数字化服务推进基层，走进民众，使推广工程成为辽宁地区社会发展和文化发展的有机组成部分。结合数字文化资源的海量内容和移动终端设备的便捷使用，从而发挥更大的服务效能。“东北振兴，文化先行”，从根本上改变群众获取资源的手段，让科学技术和先进的思想观念落地生根，在群众的土壤中发芽，推动辽宁地区的新发展。

四、结语

2012 年辽宁省开展数字图书馆推广工程建设以来，辽宁省图书馆组织协调全省各级公共图书馆，形成了各馆通力协作、相互学习、共同进步的良好态势。以提升公共数字文化服务能力、满足省内人民群众不断增长的精神文化需求，提高中华民族文明素质，构建社会主义核心价值观体系为目标，加强推广工程的硬件平台、数字资源和推广服务的建设力度。以平台建设为基础，以资源建设为依托，以推广服务为手段，打造辽宁省各级公共图书馆数字文化服务整合平台，发挥行业优势，在“互联网 +”的时代背景下，进行知识创新、服务创新，为促进省内文化事业蓬勃发展彰显文化自信提供强力支撑。

联合编目工作实践与发展

:: 撰写 / 刘语涵

联合编目是指逐步建成具有一定规模的联合书目数据库，供各类图书馆共享书目成果与文献资源。其宗旨是有效整合数据资源和人力资源，避免数据资源重复建设，提高编目工作质量。近年来，我国公共文化服务体系建设蓬勃发展，联合编目工作已经逐渐从单一的书目数据资源共享、编目人力资源共享延伸到文献资源服务领域，通过网络化的服务手段，为构建公共文化服务体系打下坚实的基础。

一、联合编目发展概况

计算机联合编目出现在 20 世纪 60 年代的美国，旨在避免重复劳动、共享编目成果、降低编目成本。1967 年总部设在美国俄亥俄州的联机计算机图书馆中心（Online Computer Library Center，简称 OCLC）成立，发展至今已形成世界上最大的提供文献信息服务的机构之一，它是一个非营利性的组织，以推动更多的人检索信息、实现资源共享并减少使用信息的费用为主要目的。从世界范围看，联合编目工作与计算机网络技术发展相同步，欧洲、日本、澳大利亚等国家和地区也开展得较早。

进入 20 世纪 90 年代，我国的联合编目事业开始起步。依托不同行业系统和地域核心单位，先后成立了多家联合编目机构，其中影响力大、开展工作较好的一是由中国国家图书馆牵头，以公共图书馆为主体的全国图书馆联合编目中心（Online Library Cataloging Center，简称 OLCC），二是在教育部领导下，以高校图书馆为成员的中国高等教育文献保障系统（China Academic Library & Information System，简称 CALIS）。除以上两个跨地域联合编目机构以外，经过多年的建设和发展，以针对不同类型图书馆开展个性化服务为特色的上海市文献联合编目中心，由深圳图书馆、湖南图书馆、福建省图书馆、上海图书馆、天津图书馆、辽宁省图书馆共同创建的地方版文献联合采编协作网（China Regional Libraries Network，简称 CRLNet）也发展成为我国具有较大影响力的联合编目机构。

辽宁省图书馆联合编目工作起步于 1997 年。1997 年 10 月，辽宁省图书馆加入 OLCC，成为第一批成员馆，参与创建了 CRLNet，并于 2000 年 12 月正式开通，2004 年 6 月加入上海市文献联合编目中心成为其成员馆。随着地区联合编目事业普遍开展，为满足辽宁地区图书馆对书目数据共享的需求，2002 年 3 月，我馆向 OLCC 提出申请，成立了辽宁地区图书馆联合编目中心。辽宁地区图书馆联合编目中心是 OLCC“中心—分中心—成员馆”组织框架下的二级分中心，主要负责组织开展辽宁地区的联合编目工作，积极拓展成员馆，扩大联合编目工作的影响。

二、开展辽宁地区联合编目工作

辽宁地区图书馆联合编目中心自成立以来，在全省范围内积极、有效地组织和推进各级公共图书馆联机联合编目工作，本着“合作建设、互利互惠、协调管理、共同发展”的原则，最大限度实现计算机网络环境下书目数据资源的共建共享。主要职责是在本省范围内全面发展联合编目中心成员馆，健全辽宁省内的联合编目用户体系；组织或收集成员馆的馆藏信息提交 OLCC，同时授权 OLCC 收录辽宁省范围内各图书馆的馆藏信息；对成员馆书目数据制作标准化和规范化进行业务指导与培训，指导用户使用联合编目系统平台，实现本地区书目数据资源的共建共享；免费为成员馆提供标准、规范的书目数据。辽宁省图书馆采编部作为组织管理机构负责全省联合编目业务的组织和协调。截至 2017 年，辽宁省内公共图书馆总计 129 家，借助第六次县级以上公共图书馆评估定级工作的东风，我馆大力宣传、拓展用户，已发展成员馆 112 家，占全省公共图书馆总量的 86.8%。

为加强联合编目工作规范化管理，辽宁地区图书馆联合编目中心成立后制定了《辽宁地区图书馆联合编目中心章程》《辽宁地区图书馆联合编目中心成员馆协议》《辽宁地区图书馆联合编目中心二级中心章程》《辽宁地区图书馆文献联合编目中心二级中心协议书》等工作章程，通过召开全省编目工作会议、组织业务培训、建立网络工作群等形式服务于成员馆。

为确保书目数据制作的标准化、规范化，辽宁地区图书馆联合编目中心依据相关标准与规则制定出四项本地区图书馆中文图书联合编目规则，即联合编目工作要求、联合编目著录规则、联合编目分类标引规则、联合编目主题标引规则。同时，我中心始终把提高全省编目员的专业水平作为一项重要工作来做，加强对从业人员编目规则和机读目录格式的培训。我们在2015年举办“辽宁省公共图书馆中文图书、音像电子资源著录培训班”，免费培训专业编目员132人；2016年举办“辽宁省公共图书馆中文图书数据审校与应用培训班”，针对中文图书书目数据共建共享中的规范著录、全国联合编目中心辽宁分中心书目数据下载基本操作、中文图书套录数据分类标引等专题授课，免费培训专业编目员123人。

辽宁地区图书馆联合编目中心成立时使用UACN_CN联合编目系统，由中心管理部分（central）与成员馆部分（user）组成。随着我省联编事业的发展，中心数据库书目记录日趋增加，早已超出系统设计范围。特别是2015年9月底辽宁省图书馆搬迁至新馆后，原来使用的UACN_CN联合编目系统多次瘫痪，虽几经修复，成员馆服务器仍连接不上无法下载。管理系统陈旧，已不能支持联编工作的正常开展。经反复调研，馆领导决定使用Interlib联合编目管理系统，该系统由图创公司进行系统开发和技术调试，我馆采编部和技术部积极配合完成测试工作，2016年年底联编系统调试完成进入日常维护和使用阶段。该系统能够实现对成员馆用户的管理、中心数据库维护、质量控制等功能。成员馆用户可免费下载书目数据，免费下载的数据包括国家图书馆书目数据和辽宁省图书馆审校数据两部分。国家图书馆书目数据来源为我馆自2010年至今从OLCC购买的即时版中文图书书目数据，辽宁省图书馆审校数据来源为我馆自2009年至今的中文图书中央书目数据库。当前，中心数据库包含国家图书馆书目数据近160万条，辽宁省图书馆审校数据74万余条，并逐年稳定增长。

三、开展跨区域联合编目工作

2013—2017年，辽宁省图书馆作为成员馆，与国家图书馆、上海图书馆、深圳图书馆开展跨区域的联合编目工作，并取得了丰厚的成果。

（一）参与全国图书馆联合编目中心工作

我馆履行成员馆、二级分中心权利义务，配合 OLCC 完成我省联合编目各项协调工作。

1. 积极开展书目数据共建共享工作

作为成员馆，我馆严格按照 OLCC 数据制作要求控制书目数据质量，上传以辽宁省出版物为主的书目数据和本馆馆藏。2013—2017 年，我馆实时上传书目数据 1.3 万余条，按年度提交馆藏数据 43 万余条。OLCC 有完备的质量监控制度，每年发放数据质量调查表，采取交叉评分的办法，对各上传馆的数据质量进行测评，并在年会上进行总结，对数据质量优秀的成员馆给予嘉奖。根据 OLCC 年度工作会议报道，2015 年原编上载机构达到 43 家，仅表彰数据质量优秀图书馆 8 家，我馆名列其中并排在第二位。我馆享有免费使用 OLCC 提供的书目数据和规范数据的权利，并按照协议规定已将书目数据无偿提供给辽宁地区联合编目成员馆使用。

2. 配合 OLCC 开展异构系统对接并协助完成测试

我馆是全国第一家能够使用异构系统向 OLCC 实时上传书目数据的图书馆。2013 年 6 月，我馆开始使用 Interlib 图书馆集群管理系统，受到 B/S 开发模式的限制，系统没有提供上载功能，不能在系统内直接向联编中心上传书目数据，只能每天将待上载数据批量导出，用 QQ 上传，再由 OLCC 工作人员批导入联编系统。这种工作方式既影响数据上传的即时性和唯一性，又降低了工作效率。为了解决上述问题，OLCC 开发出多个自动化系统异构上载接口，我馆参与了异构系统对接协试的全过程，在具体编目业务中发现系统存在的问题并提出修改建议。参与测试的姚红同志在 2014 年 OLCC 工作会议上与全国同行分享了联合编目异构接口的部署和使用的整个过程。

3. 业务交流

为了能够更好地开展全国联合编目工作，配合 OLCC 做好辽宁地区的咨询辅导工作，我馆积极开展联合编目工作的业务交流和培训。每年我馆都派员参加 OLCC 工作会议，定期汇报本中心的发展情况，配合 OLCC 做好数据质量监控工作，我馆两名同志被聘为质量监控员，并多次选派业务骨干参加上传资格培训。我馆还常年通过 QQ 在线咨询、电话咨询的方式，为成员馆来访业务人员进行一对一辅导等业务培训。

4. 用户发展

宣传、推广和使用联合编目的信息资源，促进书目数据资源共建共享的进程，是地区编目中心的重要工作。我馆通过多年宣传，联合编目工作已被越来越多的基层图书馆重视，联编思想已深入人心，共享书目数据资源范围进一步向县区馆延伸。

在 2017 年度工作会议上，我馆被评为“2016—2017 年度分中心组织优秀成果展示单位”，以表彰辽宁地区图书馆联合编目中心在推动地区联合编目事业发展进程中发挥的重要作用以及取得的工作成绩。

（二）参与上海市文献联合编目中心工作

我馆与上海市文献联合编目中心签订上传用户协议书，参与书目数据上传与下载工作。我馆上传的中文图书书目数据质量高、数量多，曾获得“2014 年度上海市文献联合编目中心书目数据共建奖”“2016 年度上海市文献联合编目中心合作共建优秀奖”。每年我馆均派员参加该中心年度工作会议，与同行交流研讨，学习先进编目理念。基于参与 OLCC 异构系统对接并协试成功的经验，我馆受邀在 2014 年工作会议上做“联合编目异构接口的部署和使用”主题发言，分享异构上传工作经验。2015 年我馆两名业务骨干通过考核，取得上海市文献联合编目中心外文书目上传资格。

协助编制《ALEPH V20 联合编目系统（UCS）编目操作手册》第六章第 2、4 节，该手册在 2016 年度工作会议上作为交流材料，发放给每位与会代表。

（三）参与地方版文献联合采编协作网工作

CRLNet 于 2000 年 12 月正式开通，由我馆与深圳图书馆、湖南图书馆、福建省图书馆、上海图书馆、天津图书馆共同创建。2014 年 4 月，经协商六家发起馆决定把 CRLNet 深圳网络中心业务合并到深圳图书馆，不再保留深圳网络中心，但 CRLNet 按照“自愿加入、平等协作”的合作原则和以管理委员会作为决策机构的基本管理模式保持不变。目前 CRLNet 只保持中心数据库的正常更新，并免费为成员馆提供书目数据下载服务，我馆参与 CRLNet 书目数据的上传与下载工作。

四、结语

在各方关心和支持下，辽宁地区联合编目工作经历了起步、发展，目前各项业务正在稳步推进。特别是新馆启动以来，我馆加强人力、物力投入，更换了新的联合编目管理系统。依托新系统建设、管理联编中心数据库，为成员馆提供更加稳定、高效的共享服务。

目前，辽宁省内联合编目用户已经面向县区馆、基层中小图书馆发展，尝试将共建共享范围从书目数据扩展到文献内容，解决基层图书馆电子文献资源匮乏问题，保证大多数人就近获得公共图书馆服务，让公共文化服务网络惠及更多人群。

伴随网络的普及，人们的阅读习惯发生变化，编目行业正在转型分化，图书馆职能也在发生变革，有效、有序地对知识信息进行揭示和关联是图书馆人面临的新课题，联合编目必将面临从文献客观信息的共建共享向知识内容的关联转型。今后，我们将继续发挥地区联合编目中心作用，注重优化联合编目的资源结构，深化共建共享的应用领域，积极应对编目工作新挑战。

后　记
Postscript

随着社会的进步与发展，图书馆承载的社会功能越来越多，图书馆的转型发展也越来越明显。公共图书馆事业的科学发展，不仅有利于加快构建现代公共文化服务体系，还能更好地保障人民群众基本文化权益。辽宁省图书馆发展至今70年，始终坚持“读者至上，服务第一”的工作方针，砥砺前行。在浑南新馆投放使用后，努力践行“创新、共享、开放、均等”的服务理念，在不断探索和实践基础上取得了一定的成绩，受到社会各界人士的关注和好评。

为更好地总结和梳理新馆开馆以来取得的工作成绩和工作经验，在2018年新年伊始，馆里召开专门会议，决定编辑出版《砥砺前行　继往开来——辽宁省图书馆新馆建设与服务创新实践》一书，并责成地方文献部安排人员组成编辑部，专门负责该书的编辑工作。在该书的编辑策划过程中，省图书馆多次组织召开专题会议，对全书框架结构、文章选题以及行文体例等提出指导性意见，并积极协调相关部门及人员，为书稿撰写工作提供保障。各部门积极配合，负责书稿撰写的人员深入实际广泛调研，精心选题，对工作实践进行认真梳理和升华；编辑人员以严谨认真的态度，积极加强与撰稿人、有关部门以及出版社的沟通，统一要求，精选范例，对全部书稿仔细推敲，最终完成了统稿和编辑加工工作，保证图书按时按质出版。

我们应该感谢为本书编辑出版付出心血和智慧的所有辽图人。

全书 8 个篇章，61 篇文稿，每一篇文章都是辽宁省图书馆新馆建设与服务创新的实践展示，每一篇文稿的字里行间都凝聚着辽图人牢记使命、开拓创新、成就梦想、续写辉煌的信念与执着。

70 年的峥嵘岁月，70 年的执着探索，70 年的砥砺前行，几代辽图人用智慧和汗水铸就了一个又一个的辉煌，推动各项事业不断攀上了新的高峰。值此辽图建馆 70 周年之际，编著出版这样一册图书，无疑是一种很好的纪念方式。这份生日礼物无比厚重，弥足珍贵。

岁月人间促，烟霞此地多。辽图的变化是多元的、立体的、精彩的，有限的篇章难以全面呈现这些日新月异的变迁与发展。海纳百川，包容开放，这是辽图永恒的追求、不变的信念。我们坚信，辽图必将以更加宽广的胸怀去拥抱新时代，以更加稳健的步伐走进新时代。继往开来，砥砺前行！

在本书编辑出版过程中，辽宁人民出版社的同志给予我们很多支持和热情帮助，在此谨表谢忱。

因时间仓促或受学识水平所限，本书疏漏和不足之处难免，敬请读者不吝批评指正。

编　者